Revista de Direito Tributário 102

MALHEIROS EDITORES

Revista de Direito Tributário

Publicada sob os auspícios do
Instituto Geraldo Ataliba — IDEPE — Instituto Internacional de Direito Público e Empresarial
Presidente: Prof. Aires Barreto

ISS 0102-7956

REVISTA DE DIREITO TRIBUTÁRIO
publicação trimestral de
MALHEIROS EDITORES LTDA.
Rua Paes de Araújo, 29, 17º andar - conj. 171
CEP: 04531-940 - São Paulo, SP
Tel. (011) 3078-7205
Fax. (011) 3168-5495
Diretor Responsável: Álvaro Malheiros
Diretora: Suzana Fleury Malheiros

Assinaturas e comercialização:
CATAVENTO DISTRIBUIDORA
DE LIVROS S.A.
Rua Conselheiro Ramalho, 928
CEP 01325-000 - São Paulo - SP
Tel. (011) 3289-0811 - Fax. (011) 3251-3756
Supervisão Gráfica: Vânia Lúcia Amato
Composição: *Scripta*
Impressão: Paym Gráfica e Editora Ltda.

SUMÁRIO

CADERNOS DE DIREITO TRIBUTÁRIO

TENDENZE DELLA FISCALITÀ NELL'UNIONE EUROPEA 7
– Victor Uckmar

SEGURANÇA JURÍDICA E MODULAÇÃO DOS EFEITOS 18
– Paulo de Barros Carvalho

COMPETÊNCIA TRIBUTÁRIA E A SUA ESTRUTURA NORMATIVA 29
– Tácio Lacerda Gama

GUERRA FISCAL NO ICMS – BENEFÍCIOS FISCAIS *X* BENEFÍCIOS NÃO FISCAIS 53
– Argos Campos Ribeiro Simões

AS SÚMULAS DOS TRIBUNAIS ADMINISTRATIVOS E OS LIMITES DE SUA OBRIGATORIEDADE POR SEUS ÓRGÃOS JULGADORES 67
– Fernando L. Lobo d'Eça

LA RIVALUTAZIONE DI AREE E PARTECIPAZIONI SOCIETARIE 89
– Riccardo Casadei

TRIBUTAÇÃO SOBRE A PRESTAÇÃO DE SERVIÇOS INTELECTUAIS 110
– Julio Cesar Pereira

SINTAXE DA DECADÊNCIA E PRESCRIÇÃO 127
– Cássio Vieira Pereira dos Santos

APLICAÇÃO DOS PRINCÍPIOS DA LEGALIDADE E DA TIPICIDADE AO INSTITUTO DO PLANEJAMENTO TRIBUTÁRIO 143
– Juliana Ferreira Pinto Rocha

ESTUDOS E COMENTÁRIOS

DESVIO DE FINALIDADE DAS CONTRIBUIÇÕES DE INTERVENÇÃO NO DOMÍNIO ECONÔMICO 156
– Daniel Monteiro Peixoto

ICMS-COMUNICAÇÃO: DA EFETIVA PRESTAÇÃO DE SERVIÇOS *VERSUS* EFETIVA COMUNICAÇÃO 179
– Rubya Floriani dos Anjos

AS VICISSITUDES DO CRÉDITO PREVIDENCIÁRIO EM FACE DAS OBRIGAÇÕES ACESSÓRIAS 195
– CARLOS VALDER DO NASCIMENTO

APLICAÇÃO DO ART. 27 DA LEI N. 9.868/1999 NO CONTROLE DIFUSO DE CONSTITUCIONALIDADE 208
– VANESSA VILELA BERBEL

APONTAMENTOS SOBRE PRINCÍPIOS INTERNACIONAIS TRIBUTÁRIOS 219
– FLÁVIA CAVALCANTI

NÃO-CUMULATIVIDADE DO ICMS: DIMENSÃO NORMATIVA E EFICÁCIA 231
– ANDERSON TRAUTMANN CARDOSO

BASE DE CÁLCULO DA COFINS NO REGIME CUMULATIVO, EM FACE DA DECLARAÇÃO DE INCONSTITUCIONALIDADE DA LEI N. 9.718/1998 PELO STF E DA LEI N. 10.833/2003 251
– MANUELA BALAROTTI ALHO DA SILVA

O ISS - IMPOSTO SOBRE SERVIÇOS E A CESSÃO DE LICENÇA DE USO DE *SOFTWARE* 264
– ROSANA OLEINIK PASINATO

Revista de Direito Tributário

CADERNOS DE DIREITO TRIBUTÁRIO

Fundador: Rubens Gomes de Sousa (†)

CADERNOS DE DIREITO TRIBUTÁRIO

TENDENZE DELLA FISCALITÀ NELL'UNIONE EUROPEA

Victor Uckmar
Emerito nella Università di Genova

1. Ben poche sono le disposizioni del Trattato di Roma (1957) e successive integrazioni – in particolare l'Atto Unico Europeo firmato (1986) – dedicate specificamente alla materia fiscale, e neppure nella Costituzione Europea (2004) che peraltro non è entrata in vigore, in quanto non tutti gli Stati membri (oggi 25) l'hanno approvata.

Vi sono da ricordare innanzitutto l'art. 25 per il quale "i dazi doganali all'importazione o all'esportazione o le tasse di effetto equivalente sono vietati tra gli Stati membri" e l'art. 26 secondo il quale "I dazi della tariffa doganale comune sono stabiliti dal Consiglio, che delibera a maggioranza qualificata su proposta della Commissione".

Con norma generale l'art. 93 statuisce che il Consiglio assume le disposizioni che riguardano "l'armonizzazione delle legislazioni relative alle imposte sulla cifra d'affari, alle imposte di consumo e alle altre imposte indirette, nella misura in cui detta armonizzazione sia necessaria per assicurare l'instaurazione ed il funzionamento del mercato interno", intendendosi per armonizzazione (Cosciani) i provvedimenti con i quali "i vari paesi effettuano di comune accordo, o l'Autorità preposta al Trattato impone, la modifica di una data norma o di un dato tributo o l'adeguamento della struttura essenziale di un'imposta in conformità ad un modello unico".

Questa è la linea per la quale è stata introdotta l'imposta sul valore aggiunto, con disciplina uniforme in tutti i paesi della Comunità in sostituzione di imposte sui consumi.

Per quanto riguarda le imposte dirette l'unico riferimento è possibile trarlo dall'art. 293, secondo il quale "gli Stati membri avvieranno tra loro, per quanto occorra, negoziati intesi a garantire, a favore dei loro cittadini (...) l'eliminazione della doppia imposizione fiscale all'interno della comunità".

La base assai flessibile, per un coordinamento necessario per la eliminazione degli ostacoli di natura fiscale (e quindi anche nella imposizione diretta) al fine di raggiungere gli obiettivi fondamentali del trattato, è la lett. b) dell'art. 3 che prevede "il ravvicinamento delle legislazioni nazionali nella misura necessaria al funzionamento del Mercato comune". È però da tener presente l'art. 94 secondo il quale la competenza del Consiglio a deliberare *all'unanimità* le direttive volte al "ravvicinamento delle disposizioni legislative, regolamentari ed amministrative degli Stati membri che abbiano un'incidenza dirette sull'instaurazione o sul funzionamento del mercato comune".

Potrebbe nascere il sospetto di un comportamento... malizioso nei confronti dell'Italia degli altri cinque partners; questi già stavano modificando il regime di tassazione del reddito delle imprese in modo di prepararle alla concorrenza internazionale, e quindi non avevano interesse a sollevare l'Italia dal degrado fiscale, così profondo da allontanare gli investimenti diretti. La Commissione fu sorda anche ai richiami del Comitato Ruding che aveva denunciato le distorsioni determinate da sistema fiscale non coordinato ed aveva suggerito l'adozione di norme comuni per la determinazione del reddito delle imprese e di adottare una aliquota di prelievo in un range dal 30 al 40%.

Solo nel 1990 (le proposte risalivano al 1960) furono adottate due direttive in materia di imposte dirette, con lo scopo precipuo di agevolare le imprese multinazionali: l'una, prevedeva la neutralità fiscale per le operazioni di riorganizzazione (fusioni, scissioni, conferimenti) fra imprese appartenenti a due Stati della Comunità; l'altra per la introduzione di un regime agevolato per la tassazione dei dividendi distribuiti dalla società figlia alla società madre, ambedue in Stati diversi della Comunità. È coeva una convenzione per la procedura arbitrale nelle controversie relative alla determinazione del *transfer price* per trasferimenti di beni e servizi sempre fra imprese appartenuto ad uno Stato della Comunità, convenzione che praticamente ha avuto scarsa applicazione.

È da ricordare la direttiva 2002 in materia di interessi corrisposti a favore di un soggetto residente in un altro Stato della Comunità: devono essere comunicati all'Amministrazione finanziaria dello Stato di residenza del percipiente.

Infine sono state emanate direttive per lo scambio di informazioni e per l'assistenza nell'accertamento e nelle riscossioni di tributi nei confronti di un contribuente residente in un altro Stato della Comunità.

Notevole è stata l'attività di *soft law*, spesso coordinata con gli indirizzi da parte dell'OECD, come l'adozione di un codice di condotta per combattere l'*harmful tax competition* ed in particolare i paradisi fiscali.

2. Il vuoto lasciato dal legislatore comunitario per la imposizione diretta è in parte recuperato dalla Corte di Giustizia (a mio avviso la mancanza di un organo del genere è una delle cause che non hanno consentito la realizzazione del Mercosur) con sentenze che determinano conseguenze e vincoli nei confronti di tutti gli appartenenti alla Unione Europea anche se non partecipato al giudizio. In molte sentenze è stata dichiarata l'illegittimità di norme interne in violazione del principio del divieto delle discriminazioni in materia tributaria, della tutela della concorrenza, della illegittimità di agevolazioni fiscali considerate quali "aiuti" di Stato, con effetti sul processo di armonizzazione.

Già da molti anni la Corte di Giustizia in sostanza ha preso a "legiferare" in materia di imposte dirette costringendo di fatto gli Stati Membri ad una certa armonizzazione in base ai principi espressi nelle sue sentenze. Occorre ricordare, infatti, che ai sensi dell'art. 234 del Trattato, la Corte di Giustizia è competente a pronunciarsi sull'interpretazione del Trattato stesso nonché sulla validità e sull'interpretazione degli atti compiuti dalle istituzioni della Comunità. In quest'ottica, qualora un giudice nazionale ritenga che la preventiva risoluzione di una questione interpretativa sia necessaria per emanare la sentenza, può domandare alla Corte di Giustizia di pronunciarsi sulla questione.

Il giudice nazionale ha invece un obbligo di rivolgersi alla Corte, e non una facoltà, qualora avverso la decisione del giudice stesso non sia proponibile un ricorso giurisdizionale di diritto interno.

Orbene, nell'esercizio di tale prerogativa interpretativa, la giurisprudenza della Corte ha ormai consolidato il principio per il quale, anche se la materia delle imposte dirette non rientra direttamente nella competenza della Comunità europea, l'esercizio da parte degli Stati membri delle loro prerogative sovrane non può comunque prescindere dal rispetto del diritto comunitario (Corte di Giustizia, 14 febbraio 1995, C-279/93, *Schumacker*, in *Racc.* I-225).

Ampiamente dibattuta è anche la questione dei rapporti tra il diritto comunitario e il diritto internazionale. Già nel caso *Avoir Fiscal* la Corte di Giustizia affermò che le disposizioni dei Trattati bilaterali contro le doppie imposizioni non possono comportare una restrizione dei diritti fondamentali garantiti dal diritto comunitario, che sono assoluti e la cui garanzia non può essere subordinata alla clausola di reciprocità contenuta in un Trattato internazionale. Nel caso di specie, la legislazione francese negava il credito d'imposta (*avoir fiscal*) sugli utili distribuiti alle stabili organizzazioni di società assicurative aventi la sede legale in altri Paesi Membri, mentre lo concedeva alle società transalpine. Siccome le stabili organizzazioni erano per il resto equiparate alle società costituite in Francia ai fini delle imposte sul reddito, la Corte di Giustizia ritenne che anche in relazione al credito d'imposta non si potesse prevedere un trattamento diverso, che di fatto penalizzava la detenzione di partecipazioni in società francesi da parte di società aventi la sede legale in altri Stati della Comunità e presenti in Francia tramite una stabile organizzazione; tale normativa fu quindi dichiarata in contrasto con la libertà di stabilimento garantita dall'art. 52 del Trattato CEE.

Nel fondamentale caso *Schumacker* la Corte di Giustizia ribadì che la competenza degli Stati Membri in materia di imposte dirette non poteva prescindere dal diritto comunitario. Il caso di specie riguardava un lavoratore residente in Belgio che svolgeva però la propria attività prevalentemente in Germania e che lamentava una discriminazione fiscale rispetto ai lavoratori tedeschi, ai quali era garantita l'applicazione dello *splitting* dei redditi familiari oltre ad altre agevolazioni che non potevano invece essere applicate ai lavoratori subordinati non residenti, assoggettati ad imposta mediante l'applicazione della ritenuta alla fonte a titolo definitivo. La Corte di Giustizia chiarì in questo caso che "in materia di imposte dirette la situazione dei residenti e quella dei non residenti non sono di regola analoghe". Questo perché generalmente la parte essenziale dei redditi di un contribuente si concentra nello Stato ove risiede. Ne consegue che di regola la concessione di alcune agevolazioni fiscali volte a calibrare il prelievo in base alla situazione personale del contribuente in linea con il principio di capacità contributiva ai soli residenti non si possa definire discriminatoria. Nel caso concreto, tuttavia, la Corte ritenne che il lavoratore belga, ottenendo in Germania la gran parte dei propri redditi dovesse essere considerato alla stregua di un lavoratore residente in Germania e avesse quindi diritto a ricevere il medesimo trattamento fiscale (cd. "trattamento nazionale"), superando quindi ogni discriminazione basata soltanto sulla cittadinanza o sulla residenza e non giustificata né proporzionata.

Sulla scia di questi precedenti la Corte di Giustizia fu poi chiamata a risolvere il caso *Saint Gobain*. Il caso concerneva l'estensione delle agevolazioni previste dal Trattato contro le doppie imposizioni stipulato tra la Germania e gli Stati Uniti alle stabili organizzazioni tedesche di società residenti in altri Paesi Membri (Francia). Anche in questo caso i giudici europei ribadirono che in linea con il principio del trattamento nazionale non era possibile discriminare le stabili organizzazioni di società con sede in un altro Paese Membro rispetto alle società residenti in Germania (v. anche il caso *Royal Bank of Scotland*, C-311/97).

Simili principi sono stati enunciati anche in molte altre sentenze. Tra le principali, la sentenza *Wielockx*, ove il contribuente residente in Belgio lamentava l'impossibilità di dedurre in Olanda, Paese in cui percepiva la totalità dei suoi redditi, le somme accantonate ad un fondo di vecchiaia, come era invece permesso ai residenti olandesi. Il Governo olandese, peraltro, sottolineava di non poter assoggettare ad imposizione le somme che sarebbero state poi corrisposte al contribuente in forza della Convenzione contro le doppie imposizioni conclusa con il Belgio, che garantiva unicamente a quest'ultimo Stato la facoltà di tassare tali somme. Ciononondimeno, la Corte di Giustizia, affermò nuovamente che la discriminazione si risolveva una limitazione inammissibile della libertà di stabilimento all'interno della Comunità (art. 52, ora 43 del Trattato CE).

Sugli stessi principi si fondano anche le decisioni *Asscher*, *Gschwind*, *Zurstrassen* e *Gerritse*, oltre a *Wallentin*. Dalla giurisprudenza della Corte di Giustizia in merito al trattamento dei non residenti ai fini delle imposte dirette si può quindi ricavare, come sostenuto dall'Avvocato Generale Colomer nel *D. case*, che i Paesi Membri sono sempre tenuti al rispetto del diritto comunitario, anche quando legiferano in materie che restano di loro esclusiva competenza come quella delle imposte dirette e non possono quindi in alcun modo limitare l'esercizio delle libertà fondamentali in assenza di adeguate giustificazioni. Non è quindi ammesso trattare diversamente casi analoghi o allo stesso modo fattispecie che sono invece differenti. In via di principio, in materia di imposte dirette, la Corte riconosce che gli Stati possono riservare ai non residenti un trattamento diverso rispetto a quello garantito ai loro residenti, in forza delle caratteristiche fondamentali dei sistemi tributari che sono portati a distinguere i contribuenti e calibrare il prelievo in ragione della situazione particolare di ciascuno. Questo principio trova però un limite laddove la situazione del non residente sia equiparabile a quella dei residenti. In questo caso non si potrà legittimamente sottoporre il non residente ad un prelievo diverso e discriminatorio rispetto ai contribuenti residenti (v. tra le tante Corte di Giustizia, C-324/00 del 12 dicembre 2002, *Lankhorst-Hohorst*; C-105/07 del 17 gennaio 2008, *Lammers & Van Cleeff*).

Nel caso *Futura* (C-250/95) la Corte di giustizia, basandosi sul principio di territorialità dell'imposizione reddituale ha ritenuto compatibile con il Trattato la limitazione delle perdite riportabili in avanti dalla stabile organizzazione nel senso che il riporto delle perdite doveva limitarsi a quelle che avevano una connessione economica con la stabile organizzazione.

Gli interventi della Corte di Giustizia nell'ambito fiscale hanno riguardato tutte le libertà fondamentali e il divieto di discriminazione dei cittadini di altri Stati membri.

La giurisprudenza comunitaria più recente ha anche precisato i limiti che distinguono il campo di applicazione della libertà di stabilimento da quello della libertà di circolazione dei capitali, la quale in base all'art. 56 del Trattato, pur con le limitazioni previste dalle disposizioni successive, è garantita anche nei rapporti con i Paesi terzi.

La libertà di stabilimento in particolare consente a un cittadino di uno Stato membro di creare uno stabilimento secondario in un altro Stato membro per esercitarvi le sue attività e favorire così l'interpenetrazione economica e sociale nel territorio della Comunità. Usualmente si suole definire come libertà di stabilimento primario quella che consiste nell'accesso allo svolgimento di un'attività imprenditoriale o professionale da parte di cittadini di un altro Stato membro alle stesse condizioni stabilite dal diritto nazionale dello Stato ospitante, mentre, a titolo di esempio, costituisce esercizio del diritto di stabilimento secondario la costituzione, sempre in un altro Stato membro, di una società controllata, di una stabile organizzazione o di un'agenzia.

Diversamente dalla libertà di stabilimento, la libertà di circolazione dei capitali garantisce anche gli investimenti di portafoglio che non consentono di esercitare il controllo della società partecipata (si vedano al riguardo le recenti sentenze C-157/05 del 24 maggio 2007, *Holböck*; C-231/05 del 18 luglio 2007, *OyAA*; C-379/05 dell'8 novembre 2007, *Amurta*).

I principi appena descritti, peraltro, coinvolgono fattispecie relative alla disparità di trattamento tra i cittadini residenti e i non residenti o le limitazioni all'esercizio di libertà fondamentali garantite dal Trattato, mentre in nessun caso, fino alla sentenza sul *D. case*, la Corte di Giustizia si era espressa sulla disparità di trattamento riservata da uno Stato Membro ai cittadini di altri Stati Membri, uno dei quali riceve un trattamento meno favorevole in base alle disposizioni di una convenzione contro le doppie imposizioni (cd. "discriminazione orizzontale").

La Corte di Giustizia è stata quindi chiamata a rispondere al quesito sull'applicabilità ai cittadini di diversi Pesi Membri del principio di pari trattamento in deroga alle disposizioni dei Trattati contro le doppie imposizioni. Se infatti gli Stati Membri, per via della configurazione stessa dei loro sistemi tributari, sono legittimati a trattare in modo differente i soggetti non residenti rispetto ai residenti, la Corte di rinvio olandese ha posto alla Corte di Giustizia la questione relativa alla legittimità di discriminare tra i soggetti non residenti in ragione della loro appartenenza a Stati Membri diversi.

Potendo gli Stati Membri riservare ai non residenti un trattamento fiscale deteriore o comunque differenziato rispetto a quello previsto per i residenti divengono importantissime le disposizioni contenute nei Trattati contro la doppia imposizione. Tramite tali accordi, infatti, gli Stati contraenti limitano la loro potestà impositiva allocando tra di loro i poteri di prelievo e concedendo spesso un trattamento più favorevole di quello previsto per i non residenti dalla legislazione dello Stato della fonte. Naturalmente, ogni Convenzione è sottoscritta a seguito di specifiche trattative e prevede quindi l'applicazione di disposizioni e di aliquote diverse. Ne risulta che assai spesso i cittadini di uno Stato A risultino svantaggiati in relazione a particolari investimenti nello Stato B rispetto ai cittadini dello Stato C, magari in ragione di legami storici tra B e C, oppure a causa di concessioni reciproche tra B e C volte ad ottenere una maggiore integrazione tra le loro economie.

Ne consegue, come nel caso D., che un cittadino dell'Unione Europea che risieda in Germania e che effettui un investimento immobiliare in Olanda possa essere assoggettato ad un prelievo maggiore di quello riservato ad un cittadino che risiede in Belgio. È su questo punto quindi che il signor D. aveva lamentato una violazione del principio di pari trattamento, previsto in via generale dall'art. 12 del Trattato CE.

Tale discriminazione, oltretutto, si risolve in una limitazione del mercato unico europeo, giacché, rimanendo al nostro esempio, il mercato immobiliare olandese sarà più difficilmente accessibile per i cittadini che risiedono in Germania rispetto a quelli che risiedono in Belgio. L'applicazione di diversi Trattati bilaterali contro le doppie imposizioni, pertanto, si risolve in un limite al funzionamento del mercato unico, dove tutti i cittadini dell'Unione dovrebbero competere in una situazione di parità.

Resta tuttavia il fatto che fino ad oggi il principio di pari trattamento è sempre stato interpretato in relazione al "trattamento nazionale" discusso più sopra, mentre non vi erano precedenti, prima del caso D., sull'equiparazione di un cittadino non residente con un soggetto che risieda in un altro Paese comunitario diverso da quello dove è prodotto il reddito.

Alcuni commentatori richiamano a sostegno dell'applicazione della MFN ai Trattati contro le doppie imposizioni le decisioni della Corte di Giustizia nel caso *Saint Gobain* e soprattutto nel caso *Gottardo*. Lo stesso, ha fatto anche nelle sue conclusioni l'Avvocato Generale Colomer.

Ed in effetti la decisione della Corte nel *D. case* si contrappone per certi versi alle aperture precedenti. Dopo la serie di pronunce innovative emesse dalla Corte di Giustizia contro le restrizioni al mercato unico provocate dai sistemi fiscali dei Paesi Membri, molti si aspettavano che la rotta proseguisse con la dichiarazione di assoluta supremazia del diritto comunitario sulle Convenzioni contro le doppie imposizioni. Senza dubbio, la decisione del *D. case* è stata influenzata dalla preoccupazione circa le conseguenze che una vittoria del contribuente avrebbe comportato rispetto al vigente sistema dei Trattati contro le doppie imposizioni. Se la Corte di Giustizia avesse accolto la seconda questione presentata dalla Corte olandese, infatti, i contribuenti residenti in Paesi comunitari sarebbero stati messi in grado di scegliere il miglior trattamento possibile tra più di cento Trattati oggi vigenti tra i Paesi dell'Unione. Tale scelta non sarebbe nemmeno stata condizionata dall'esistenza di un nesso sostanziale con il Paese terzo sottoscrittore del Trattato applicabile.

Non pare comunque che i principi affermati nel caso *Gottardo* siano in contrasto con la posizione cauta assunta dalla Corte di Giustizia nel *D. case*. Nel paragrafo 34 della sentenza *Gottardo*, infatti, la Corte ha chiarito che "*il principio fondamentale della parità di trattamento impone a tale Stato membro di concedere ai cittadini degli altri Stati membri gli stessi vantaggi di cui godono* ***i suoi stessi cittadini*** *grazie alla detta convenzione, a meno che esso non sia in grado di addurre una giustificazione oggettiva del suo rifiuto*" (enfasi aggiunta).

Se si esaminano bene le sentenze in questione, quindi, emerge una differenza fondamentale. Nel caso *Gottardo*, infatti, una cittadina francese che aveva lavorato in Italia, Svizzera e Francia richiedeva all'INPS l'aggregazione dei periodi contributivi compiuti nei tre Stati. La Francia non aveva sottoscritto alcuna convenzione con la Svizzera in tal senso, cosicché l'unico modo per ottenere il risultato desiderato era di applicare la convenzione tra Italia e Svizzera.

Alla richiesta della signora Gottardo, però, l'INPS rispose che i cittadini francesi non potevano beneficiare dei vantaggi garantiti dalla Convenzione tra Italia e Svizzera. La signora Gottardo si appellò allora al principio di eguale trattamento e di non discriminazione, sostenendo che i cittadini di un Paese Membro dell'UE (Francia) non potessero essere destinatari di una normativa meno vantaggiosa di quella garantita ai cittadini di un altro Paese Membro (Italia) in base alla legge di tale ultimo Stato.

La Corte di Giustizia accolse la domanda della signora Gottardo; ma lo fece perché l'Italia si proponeva di riservare ai cittadini di un altro Paese Membro un trattamento meno favorevole di quello riservato *ai suoi cittadini*.

Diversamente, nel *D. case* il contribuente tedesco pretendeva di ricevere un trattamento eguale non a quello dei residenti del Paese della fonte (Paesi Bassi), ma pari invece a quello garantito ai cittadini di un terzo Stato (Belgio), con il quale i Paesi Bassi avevano concluso una convenzione contro le doppie imposizioni assai vantaggiosa.

In sostanza, mentre il caso *Gottardo* concerne il principio del *trattamento nazionale*, il *D. case* riguarda invece l'applicazione della *clausola della nazione più favorita*. È questa la differenza che, per le ragioni di precauzione che si sono esposte più sopra, ha portato la Corte di Giustizia ad assumere un atteggiamento così cauto nel *D. case*. Questa differenza tra il principio del trattamento nazionale e quello della clausola della nazione più favorita non è stata sottolineata dall'Avvocato Generale, ma ha avuto un peso fondamentale nella sentenza della Corte, che ha ritenuto di non poter equiparare la situazione di un residente in Germania con quella di un residente in Belgio.

La sentenza in commento ha quindi fatto salva la possibilità per gli Stati Membri di garantire incentivi o comunque un trattamento più favorevole ai cittadini di un altro Stato Membro tramite accordi bilaterali, mentre i casi precedenti come *Gottardo* e *Saint Gobain* hanno proibito agli Stati Membri di riservare ai cittadini UE un trattamento meno favorevole di quello garantito ai propri cittadini. Si noti che anche se il Trattato CE fa riferimento alla cittadinanza la Corte di Giustizia ha sempre condannato anche i casi di discriminazione indiretta, come quelli in cui, pur basandosi su criteri diversi come la residenza, la disparità di trattamento finisce in sostanza per penalizzare i cittadini di un altro Paese Membro (v. i casi *Sotgiu* e *Schumacker*).

Detto questo, non si può escludere che la Corte di Giustizia torni sui propri passi in futuro, anche se ciò pare al momento perlomeno improbabile.

Allo stato attuale, la competenza in materia di eliminazione delle doppie imposizioni spetta agli Stati Membri. L'unica misura adottata a livello comunitario in materia consiste nell'adozione della Convenzione 90/46/CEE in materia di eliminazione delle doppie imposizioni sorgenti a seguito di rettifiche degli utili di imprese associate. Lo stesso Trattato Ce, all'art. 293, prevede che "*Gli Stati membri avvieranno fra loro, per quanto occorra, negoziati intesi a garantire, a favore dei loro cittadini*: (...) *l'eliminazione della doppia imposizione fiscale all'interno della Comunità*". L'unica via per affermare la dottrina della nazione più favorita anche all'interno della Comunità in materia di imposte dirette pare quindi l'adozione di un'unica convenzione multilaterale contro le doppie imposizioni.

D'altra parte, se la Corte di Giustizia avesse accolto la questione ne sarebbe derivato un disastro epocale per le Convenzioni contro le doppie imposizioni stipulate tra i Paesi Membri. Ogni cittadino dell'Unione sarebbe stato libero di scegliere a proprio piacimento e vantaggio la clausola di volta in volta più favorevole contenuta in uno qualsiasi dei Trattati stipulati dal Paese della fonte con un altro Paese Membro. Questo avrebbe condotto ad abusi e casi di doppia non imposizione.

Si discute inoltre se la clausola della nazione più favorita dovrebbe applicarsi anche in riferimento ai rapporti con Paesi terzi. Di fatto, l'art. 307 (ex art. 234) del Trattato CE stabilisce indirettamente la supremazia del diritto comunitario rispetto alle Convenzioni stipulate dagli Stati Membri con Paesi terzi dopo l'entrata in vigore del Trattato di Roma.

Occorre infine ricordare che secondo alcuni autori sono contrari alla libera concorrenza l'esistenza di aliquote di ritenute alla fonte differenziate nei Trattati conclusi da diversi Paesi Membri con un singolo Paese Terzo, le differenti definizioni in relazione a concetti fondamentali come quello di stabile organizzazione, dividendi o residenza, l'esistenza di clausole contro il *treaty shopping* che discriminano contro residenti di Paesi Membri diversi da quello che ha concluso il Trattato con il Paese terzo, nonché la concessione di crediti d'imposta per gli utili distribuiti più favorevoli rispetto a quelli garantiti negli altri Trattati con Paesi Membri: con tutta evidenza si tratta di aspetti che discendono strettamente dal fatto che gli Stati membri non hanno ancora ceduto significative porzioni della loro sovranità fiscale.

Da ultimo è da sottolineare che la Corte pur affermando il diritto dei contribuenti a scegliere la struttura giuridica dei loro affari anche al fine di ottenere risparmi fiscali, ha ribadito che costituisce "pratica abusiva" l'ipotesi che siano adottate strutture assunte al solo scopo di conseguire vantaggi fiscali, senza altri obiettivi (Case C-425/06 Part Service e così già nel case C-255/02, Halifax).

Anche la giurisprudenza e la legislazione degli Stati membri (e fra i primi la Germania) si sta evolvendo in tal senso.

3. Lászlo Kovacs, Commissario per la politica fiscale nell'Unione Europea nel corso del secondo *Tax Forum* svoltosi a Bruxelles il 7 aprile 2007 ha delineato il programma: "La politica fiscale deve sviluppare la crescita e la concorrenza e contemporaneamente rispettare il benessere sociale (...). L'Europa deve affrontare due sfide: per prima la globalizzazione che deve spingere le imprese a superare i confini dell'Unione Europea e incrementare le mobilità dei capitali attraverso una pressione sui sistemi fiscali".

Per secondo l'invecchiamento delle popolazioni determinerà crescenti domande per le finanze pubbliche a partire dal 2015 ed il declino della popolazione lavoratrice può comportare una riduzione dello sviluppo economico.

Per questo secondo Kovacs è tempo di programmare politiche che comportino una riduzione del carico fiscale "di rivedere la politica dalla spesa per sviluppare un sistema fiscale per la crescita". Ha riconosciuto che il rapporto fra imposte e crescita è assai complesso. Le imposte hanno riflessi sulle decisioni relative al risparmio, agli investimenti, alla partecipazione delle forze del lavoro e alla formazione. L'attenzione deve essere portata non solo sul livello di tassazione, ma anche sulle strutture del sistema fiscale: nonostante che il gettito dell'imposta sulle società costituisca solo una piccola parte degli introiti, il sistema di tassazione delle imprese ha un forte impatto sullo sviluppo economico e sulla concorrenza. Considerando la riforma dei nostri sistemi di tassazione dobbiamo essere consapevoli del bilanciamento fra efficienza e giustizia. In considerazione della relativa mobilità delle forze del lavoro, gli Stati membri hanno la tendenza ad incrementare la tassazione sui lavoratori ad alto reddito.

Kovacs ribadisce che la determinazione delle aliquote appartiene alla sovranità dei singoli Stati, ma l'incrementare la concorrenza fra le imprese dell'Unione europea è sempre più importante.

Indubbiamente, almeno in futuro, dovranno considerarsi gli effetti sulla concorrenza derivante dalle diversità di aliquote applicabili nei 25 Stati dell'Unione europea Molti inferiori in quelle di più recente adesione), riassunti nella seguente tabella, predisposta dalla Comunione EU *Corporate*:

TABLE 3. EU CORPORATE INCOME TAX RATES, 2007

Greater than (in percent)	Less than or equal to (in percent)	Member State
35	40	Germany, Italy
30	35	Belgium, France, Spain, United Kingdom, Malta
25	30	Denmark, Finland, Luxembourg, Netherlands, Portugal, Sweden
20	25	Austria, Greece, Czech Republic, Estonia, Slovenia
15	20	Hungary, Latvia, Lithuania, Slovakia, Romania
10	15	Ireland, Poland
0	10	Bulgaria, Cyprus

Note: Countries are categorized according to the basic maximum rate including existing surcherges and averages of local taxes. *Estonia*: the rate refers only to distributed profits; the tax rate on retained earning is zero. *France*: the standard CIT rate is 33,3%. The rates for France refger to large companies and include additional surcharges paid by them. *Italy*: the rate includes Irap (4,25%). *Lithuania*: a "social tax" was introduced in 2006 for two years. *Portugal*: the rate includes the maximum 1,5% rate of municipal surcharge.

Secondo l'opinione prevalente, fatta propria da Kovacs, gli Stati, liberi nel fissare le aliquote, dovrebbero adottare regole comuni per determinare il reddito imponibile. Il buon funzionamento del mercato "dipende dall'eliminare gli ostacoli fiscali" e fra questi le doppie imposizioni. È da auspicare che gli sforzi da parte degli Stati membri risolvano questi problemi. Per quanto riguarda particolarmente il settore della tassazione delle imprese, Kovacs confida che gli Stati e la Commissione attuino politiche per proteggere la base imponibile dell'evasione e da frodi fiscali, promuovendo contemporaneamente lo sviluppo di investimenti intracomunitari.

Nel corso del ricordato *Forum* la maggioranza ha manifestato l'appoggio al progetto, proposto dal Ministro delle Finanze francese, Cristine Lagarde, per la introduzione di una imposta comune, la *CCCTB* (*Common Consolidated Corporate [Tax Base]*) comune per tutti i membri, ma con opposizione da parte del Regno Unito e dell'Irlanda (come si è detto le delibere in materia fiscale debbono essere adottate all'unanimità).

Una spinta alla uniformità dei criteri di determinazione del reddito imponibile delle imprese è costituita dal regolamento 29 settembre 2003, n. 1.725, il quale prevede l'adozione, nella redazione dei bilanci di talune imprese, dei principi contabili internazionali IAS/IFRS. L'ulteriore passo potrebbe essere l'adozione, e cioè una base imponibile consolidata costruita secondo regole europee, che si affiancherebbe, senza sostituirle, alle basi imponibili determinate secondo le regole dei singoli Stati membri e adottata in via opzionale dalle Società europee.

Poiché la determinazione del reddito imponibile avverrebbe al livello del gruppo, la base comune dovrebbe essere accompagnata da una formula automatica che permetta la ripartizione del profitto consolidato fra i diversi Stati in cui il gruppo opera. In ogni caso, alle società che dovessero scegliere la base comune si applicherebbero le aliquote stabilite singolarmente da ciascuno Stato Membro.

Secondo il Ceradi (Università Luiss) la CCCTB è stata ritenuta la soluzione più in linea con le esigenze delle imprese multinazionali e più accettabile per gli Stati membri. La sua attuazione, tuttavia, richiede una concreta iniziativa armonizzatrice delle istituzioni comunitarie che ha consigliato alla Commissione di sviluppare il progetto in stretta collaborazione con gli Stati membri. Nonostante le difficoltà politiche che l'adozione della CCCTB comporta, la Commissione ha recentemente confermato la propria intenzione di presentare una proposta contenente la normativa in materia di base imponibile consolidata comune per le società europee entro il 2008 e, nell'ipotesi in cui non si raggiungesse l'unanimità dei consensi, di non accantonare comunque il progetto CCCTB, ma di valutare l'opportunità di avvalersi della procedura di cooperazione rafforzata prevista dall'articolo 11 del Trattato istitutivo della Comunità Europea, che autorizza un gruppo di Stati membri (almeno otto) a portare avanti determinate politiche.

La presenza di Paesi dell'Est è resa necessaria dall'allargamento dell'Unione Europea, che ha aperto nuovi e più complessi scenari. L'entrata nell'Unione Europea di Paesi, quali appunto quelli dell'Est europeo, che hanno avuto una storia, non solo politica, ma anche economica, ben diversa da quella dei Paesi dell'Europa occidentale, pone una serie di questioni nuove sia di ordine giuridico-formale, sia economico. Non si può, infatti, fare a meno di segnalare la possibilità di problemi nuovi di integrazione fra sistemi fiscali, spesso molto diversificati fra loro e rispetto agli altri Stati membri, problemi che fino a ora non si erano posti per l'integrazione fra i Paesi dell'Europa occidentale, accomunati da storia politica ed economica. L'allargamento ai Paesi dell'Est Europa consente, quindi, di effettuare una comparazione con sistemi non rispondenti alla nostra tradizione, con sistemi, dunque, che pongono da un lato sfide del tutto nuove in termini di competitività e, dall'altro, problemi finora sconosciuti di integrazione fra ordinamenti giuridici.

Mentre sta avanzando il dibattito per la introduzione di norme comuni nella determinazione del reddito imponibile delle imprese con particolare riguardo per le multinazionali: sono in corso ulteriori novità (allo stato di studio) per le piccole e medie imprese: per esse sarebbe previsto un sistema di tassazione da parte dello Stato di residenza. Tale sistema dovrebbe essere accompagnato dalla stipulazione di convenzioni bilaterali o multilaterali da parte degli Stati membri che riguardino le questioni tecniche e stabiliscano un meccanismo di ripartizione delle entrate fiscali da parte delle autorità amministrative nazionali interessate, al fine di evitare una concorrenza dannosa fra legislazioni tributarie nazionali.

Sempre allo studio sono alcune proposte per la introduzione di imposte proprie della Comunità (attualmente la Comunità non ha tributi propri) come potrebbe essere quella sulla energia, sui trasporti e sulle transazioni finanziarie (come la *Tobin Tax*). Proposte più concrete dovrebbero essere alcune modifiche nella disciplina dell'Iva, soprattutto per evitare le frodi, e nel regime della tassazione nelle rendite finanziarie, anche in considerazione del fatto che i risultati del vigente regime (comunicazione degli importi versati alla Amministrazione dei residenti nello Stato della Comunità) che avrebbe dato risultati insoddisfacenti.

4. Indubbiamente un corretto sistema fiscale è condizione essenziale per uno Stato democratico e costituisce anche la base per la collaborazione, non solo economica, per paesi che mirano ad unirsi o confederarsi come è avvenuto per l'Unione Europea.

Come ho accennato ritengo, anche sulla base dell'esperienza europea, che il Mercosur non si sia concretizzato, come era negli auspici, per la mancanza di una entità legiferante al di sopra degli Stati membri e di una Corte di giustizia competente per risolvere le controversie e condannare gli inadempienti. Ma l'associazione, sia pure al solo scopo di realizzare un mercato comune, presuppone che gli ordinamenti tributari degli Stati membri abbiano basi comuni. Il che non è – per un osservatore distaccato ma desideroso dello sviluppo economico e sociale – per gran parte degli Stati dell'America latina, e nemmeno per i membri del Mercosur. Solo il Brasile, il Cile e la Colombia hanno strutture fiscali proprie di uno Stato moderno: l'Argentina affronta malamente la raccolta per le spese pubbliche (anche queste da ridimensionare) soprattutto con le ritenute sui prezzi per esportazione di determinati prodotti, soprattutto agricoli, il che è certamente negativo anche per lo sviluppo della esportazione e dell'economia nazionale.

Come ha recentemente denunciato M. Reid ("Forgotten Continent – The Battle for Latin America's Soul", *Yale University Press*, 2007) "Latin America looks to be moving once again into a period of greater heterogeneity. Of the large countries, Mexico, Brazil, Chile and perhaps Colombia and Peru seem set on a path of democratic development that looks likely to become increasingly successful in the coming years. Venezuela, Bolivia and Ecuador are setting their store by resource nationalism, their leaders appealing to the tenets of dependency theory and seeking to remake institutions in their own image. In the long term, this formula is unlikely to provide a path to development. As always, Argentina could either way, but it is more likely to end up in the first camp. But these distinctions are not necessarily set in stone. Politics in each country in the region is driven as much by national histories, conflict and imperatives as by continental fashion. Where political systems and the economy were reasonably strong, the underlying democratization of Latin American societies gave rise to a demand for reform. Where such conditions were absent, the same process could lead to populism, though not necessarily of a uniform kind".

Queste conclusioni sono raggiunte dall'autore anche in considerazione del fatto che gli ordinamenti tributari sono insoddisfacenti per strutture e comunque per evasione nonché per mancanza di coordinamento sia pure nell'ambito dell'America latina.

È vero, come scriveva Juan Bautista Alberdi nel 1837, che "Las naciones, como los hombres, no tiene alas; hacen sus viajes a pie, paso por paso". Ma molti degli Stati dell'America latina non hanno ancora cominciato il cammino per dotarsi ed applicare un adeguato ordinamento tributario. Credo che qualcosa possa essere appresa dall'Unione Europea.

CADERNOS DE DIREITO TRIBUTÁRIO

SEGURANÇA JURÍDICA E MODULAÇÃO DOS EFEITOS

PAULO DE BARROS CARVALHO
Professor Titular de Direito Tributário da PUC/SP e da USP

1. Palavras introdutórias. 2. Núcleo semântico do sobreprincípio da segurança jurídica. 3. O primado da segurança jurídica no tempo. 4. Aplicação prospectiva de conteúdos decisórios e a modulação dos efeitos de decisões jurisdicionais. 5. Retroatividade como desvalor perante a estrutura do sistema jurídico brasileiro. 6. Conclusão.

1. Palavras introdutórias

O procedimento de tomar o direito como fato da cultura, de reconhecer-lhe o caráter retórico e de compreendê-lo como produto efetivo de um tempo histórico marcado pela presença sensível de invariantes axiológicas está longe de ser mera tática aproximativa do estudioso para tentar compreender a textura do fenômeno jurídico. Ainda que, em certos momentos, a ordem normativa possa parecer mero conjunto de estratégias discursivas voltadas a regrar condutas interpessoais e, desse modo, concretizar o exercício do mando, firmando ideologias, tudo isso junto há de processar-se no âmbito de horizontes definidos, em que as palavras utilizadas pelo legislador, a despeito de sua larga amplitude semântica, ingressem numa combinatória previsível, calculável, mantida sob o controle das estruturas sociais dominantes. A possibilidade de estabelecer expectativas de comportamento e de torná-las efetivas ao longo do tempo impede que o direito assuma feição caótica e lhe dá a condição de apresentar-se como sistema de proposições articuladas, pronto para realizar as diretrizes supremas que a sociedade idealiza.

Com efeito, os valores e sobrevalores que a Constituição proclama hão de ser partilhados entre os cidadãos, não como quimeras ou formas utópicas simplesmente desejadas e conservadas como relíquias na memória social, mas como algo pragmaticamente realizável, apto, a qualquer instante, para cumprir seu papel demarcatório, balizador, autêntica fronteira nos hemisférios da nossa cultura. A propósito, vale a afirmação peremptória de que o direito positivo, visto como um todo, na sua organização entitativa, nada mais almeja do que se preparar, aparelhar-se, preordenar-se para implantá-los.

Ora, a sociedade brasileira vive momentos de inquietação. A introdução de dois novos dispositivos de lei no ano de 1999, respectivamente art. 27 da Lei 9.868/1999 e art. 11 da Lei 9.882/1999, deu a luz a novos debates sobre matérias de extrema relevância: *a modulação de efeitos em decisão de (in)constitucionalidade*. Hoje, nos tribunais superiores, admite-se, em benefício do interesse público e em situação excepcional, isto é, nas hipóteses em que a declaração de nulidade, com seus normais efeitos *ex tunc*, resultaria em grave ameaça a todo o sistema legislativo vigente, atribuir efeito *pro futuro* à declaração incidental de inconstitucionalidade. A referida inovação conduziu nossas consciências, de maneira vertiginosa, ao questionamento de princípios fundamentais. Aquilo que há de mais caro para a dignidade de um sistema de direito positivo está sendo posto em tela de juízo, desafiando nosso espírito e estimulando nossas inteligências, ao reivindicar uma tomada de posição firme e contundente. Chegando-se a esse ponto, não cabem mais tergiversações, e os expedientes retóricos somente serão admitidos para fundamentar a decisão de manter a segurança jurídica, garantindo a estabilidade das relações já reconhecidas pelo direito, ou de anunciar, em alto e bom som, que chegou o reino da incerteza, que o ordenamento vigente já não assegura, com seriedade, o teor de suas diretrizes, que as pomposas manifestações dos tribunais superiores devem ser recebidas com reservas, porque a qualquer momento podem ser revistas, desmanchando-se as orientações jurídicas até então vigentes, sem outras garantias para os jurisdicionados.

Trata-se de pura idealização pensar na possibilidade de funcionamento de um subsistema social qualquer sem a boa integração dos demais subsistemas que formam o tecido social pleno. Não cabe cogitar da implantação de um primoroso modelo econômico, por exemplo, sem a sustentação das estruturas políticas e jurídicas que com ele se implicam. As virtudes da Constituição de 1988, que são muitas, fizeram imaginar um Brasil avançado e democrático, em que os direitos e garantias dos cidadãos se multiplicariam em várias direções. Mas bastou a prática dos primeiros anos para nos fazer ver que as previsões da Carta Suprema não se concretizariam sem o suporte de um Judiciário digno de suas decisões.

O sistema jurídico brasileiro surgiu no âmago desse processo empírico onde o direito aparece e comparece como autêntico produto da cultura, acumulando-se no seu historicismo para projetar o entusiasmo de uma sociedade que olha para o futuro e pretende vivê-lo com a consciência de suas conquistas e com a força do seu espírito.

Sua configuração jurídica reflete bem a complexidade das instituições básicas de um Estado igualmente complexo. Seria até ingenuidade supor que num sistema em que convivem pessoas dotadas de autonomia legislativa, financeira, administrativa e política pudessem existir diretrizes simples e transparentes que, em conjugação elementar com outras providências, tivessem o condão de esquematizar uma organização operativa e eficiente.

O sistema que temos foi forjado na prática das nossas instituições, nasceu e cresceu entre as alternâncias de uma história política agitada, irrequieta, no meio de incertezas econômicas internas e externas. Sua fisionomia é a do Brasil dos nossos tempos, com suas dificuldades, suas limitações, mas também com suas grandezas e – para quê não dizer? – com a surpreendente vitalidade de um país jovem, que marca, incisivamente, sua presença no concerto das nações.

Tenho para mim que tais lembranças devem ser consignadas, no momento mesmo em que entra em jogo a própria manutenção da integridade sistêmica do Estado brasileiro. Vivemos o processo de uma decisão significativa e importante. E a melhor contribuição que o jurista poderia oferecer está na manifestação axiologicamente neutra (na medida do possível) a respeito do quanto percebe existir no trato com o real. Se a pretensão é alterar, efetivamente, a modulação dos efeitos das decisões em controle de (in)constitucionalidade – assunto delicado, que pode abalar em seus fundamentos a organização jurídica nacional –, requer-se domínio técnico e conhecimento especializado sobre a matéria.

Eis um ponto de real interesse, que envolve diretamente o bom funcionamento das instituições, garantindo, no domínio do direito tributário, o contribuinte e o próprio Estado-administração contra excessos que a Carta Magna esteve longe de conceber e de autorizar. Por que não aproveitarmos o ensejo para estabelecer os limites que estão faltando? Por que não emendarmos a Constituição em trechos como esse, atendendo às reivindicações dos especialistas, para aperfeiçoar um sistema que vem sendo construído como a projeção do sentimento histórico da sociedade brasileira?

2. Núcleo semântico do sobreprincípio da segurança jurídica

Vivemos um tempo histórico de grandes questionamentos constitucionais, sobretudo em matéria tributária. As raízes do nosso sistema, cravadas no Texto Supremo, fazem com que a atenção dos estudiosos seja convocada para o inevitável debate sobre o conteúdo de princípios fundamentais, conduzindo os feitos à apreciação do Supremo Tribunal Federal. Fica até difícil imaginar assunto tributário que possa ser inteiramente resolvido em escalões inferiores, passando à margem das diretrizes axiológicas ou dos limites objetivos estabelecidos na Carta Magna. Por sem dúvida que tal consideração eleva, desde logo, esse ramo do direito público, outorgando-lhe *status* de grande categoria, pois discutir temas de direito tributário passa a significar, em última análise, resolver tópicos da mais alta indagação jurídica, social, política e econômica.

Por outro lado, a estabilidade das relações jurídicas tributárias, diante das manifestações da nossa mais alta Corte de Justiça, torna-se assunto sobremaneira delicado, requerendo atenção especialíssima do intérprete, porquanto está em jogo o sobreprincípio da segurança jurídica.

Entre as grandes diretrizes que formam o estrato axiológico das normas tributárias no Brasil, algumas se apresentam como conteúdos de enunciados expressos, enquanto outras se encontram na implicitude dos textos do direito posto. Todas, porém, com a mesma força vinculante. A circunstância de figurarem no texto, ou no contexto, não modifica o teor de prescritividade da estimativa, que funciona como vetor valorativo que penetra as demais regras do sistema, impregnando-lhes, fortemente, a dimensão semântica. Por isso mesmo são colocadas no altiplano da Constituição. De lá, precisamente onde começam todos os processos de positivação das normas jurídicas, descem aqueles primados para os vários escalões da ordem legislada, até atingir as regras terminais do sistema, timbrando os preceitos que ferem diretamente as condutas em interferência intersubjetiva com a força axiológica dos mandamentos constitucionalmente consagrados.

O princípio da certeza do direito traduz as pretensões do primado da segurança jurídica no momento em que, de um lado, (i) exige do enunciado normativo a especificação do fato e da conduta regrada, bem como, de outro, (ii) requer previsibilidade do conteúdo da coatividade normativa. Ambos apontam para a certeza da mensagem jurídica, permitindo a compreensão do conteúdo, nos planos concretos e abstratos. Pensamos que esse segundo significado (ii) quadra melhor no âmbito do princípio da segurança jurídica.

Mas, ao lado da certeza, em qualquer das duas dimensões de significado, outros valores constitucionais, explícitos e implícitos, operam para concretizar o sobrevalor da *segurança jurídica*. Diremos que em um dado sistema existe este sobreprincípio, pairando sobre a relação entre Fisco e contribuinte, sempre que nos depararmos com um feixe de estimativas, integradas para garantir o desempenho da atividade jurídico-tributária pelo Estado-administração.

Não temos notícia de que algum ordenamento a contenha como regra explícita. Efetiva-se pela atuação de outros princípios, como o da legalidade, da anterioridade, da igualdade, da irretroatividade, da universalidade da jurisdição etc. Isso, contudo, em termos de concepção estática, de análise das normas, de avaliação de um sistema normativo sem considerarmos suas projeções sobre o meio social. Se nos detivermos em um direito positivo, historicamente dado, e isolarmos o conjunto de suas normas (tanto as somente válidas, como também as vigentes), indagando dos teores de sua racionalidade, do nível de congruência e harmonia que as proposições apresentam, dos vínculos de coordenação e de subordinação que armam os vários patamares da ordem posta, da rede de relações sintáticas e semânticas que respondem pela tessitura do todo, então, será possível imitirmos um juízo de realidade que conclua pela existência do primado de segurança, justamente porque neste ordenamento empírico estão cravados aqueles valores que operam para realizá-lo. Se a esse tipo de verificação circunscrevemos nosso interesse pelo sistema, mesmo que não identifiquemos a primazia daquela diretriz, não será difícil implantá-la. Bastaria instituir os valores que lhe servem de suporte, os princípios que, conjugados, formariam os fundamentos a partir dos quais se levanta. Assim, vista por esse ângulo, será difícil encontrarmos uma ordem jurídico-normativa que não ostente o princípio da segurança. E, se o setor especulativo é o do Direito Tributário, praticamente todos os países do mundo ocidental, ao reconhecerem aqueles vetores que se articulam axiologicamente, proclamam, na sua implicitude, essa diretriz suprema.

Apesar de tudo o que se disse, o direito existe para cumprir o fim específico de regrar os comportamentos humanos nas suas relações de interpessoalidade, implantando os valores que a sociedade almeja alcançar. As normas gerais e abstratas, principalmente as contidas na Lei Fundamental, exercem um papel relevantíssimo, pois são o fundamento de validade de todas as demais, indicam os rumos e os caminhos que as regras inferiores haverão de seguir. Porém, é nas normas individuais e concretas que o direito se efetiva, se concretiza, se mostra como realidade normada, produto final do intenso e penoso trabalho de positivação. É o preciso instante em que a linguagem do direito toca o tecido social, ferindo a possibilidade da conduta intersubjetiva. Daí por que não basta o trabalho preliminar de conhecer a feição estática do ordenamento positivo. Torna-se imperioso pesquisarmos o lado pragmático da linguagem normativa, para saber se os utentes desses signos os estão empregando com os efeitos que a visão estática sugere. De nada adiantam direitos e garantias individuais, placidamente inscritos na Lei Maior, se os órgãos a quem compete efetivá-los não o fizerem com a dimensão que o bom uso jurídico requer. Agora, já na pragmática da comunicação jurídica, se é fácil perceber e comprovar os "limites objetivos", outro tanto não se dá com os valores. Este é o caso do sobreprincípio da *segurança jurídica*.

Não é preciso dizer mais. Convencionou-se que tal valor é, basicamente, a igualdade, a legalidade e a legalidade estrita, a universalidade da jurisdição, a vedação do emprego do tributo com efeitos confiscatórios, a irretroatividade e a anterioridade, ao lado do princípio que consagra o direito à ampla defesa e ao devido processo legal – todos, em verdade, limites objetivos realizadores do valor da segurança jurídica.

Experimentemos associar à *segurança jurídica* o limite objetivo da anterioridade. Com base neste preceito de direito tributário, se o tributo foi introduzido por ato infralegal – o que se prova com facilidade –, ficaremos seguros em dizer que o princípio foi violado. Fique bem claro que o tributo cuja norma foi publicada em determinado exercício somente poderá incidir sobre fatos que vierem a ocorrer no ano seguinte, dando margem para que os destinatários planejem suas atividades econômicas, já cientes do custo representado pelo novo encargo. É limite objetivo que opera, decisivamente, para a realização do sobreprincípio da segurança jurídica. Seu sentido experimenta inevitável acomodação neste primado, vetor axiológico do princípio da anterioridade, de modo que o contribuinte não seja surpreendido com exigência tributária inesperada.

Da mesma forma se dá com o princípio da legalidade, limite objetivo que se presta, ao mesmo tempo, para oferecer segurança jurídica aos cidadãos, na certeza de que não serão compelidos a praticar ações diversas daquelas prescritas por representantes legislativos, e para assegurar observância ao primado constitucional da tripartição dos Poderes.. O princípio da legalidade compele o intérprete, como é o caso dos julgadores, a procurar frases prescritivas, única e exclusivamente, entre as introduzidas no ordenamento positivo por via de lei ou de diploma que tenha o mesmo *status*. Se do conseqüente da regra advier obrigação de dar, fazer ou não-fazer alguma coisa, sua construção reivindicará a seleção de enunciados colhidos apenas e tão-somente no plano legal.

E assim também o é com o princípio da irretroatividade das leis. Renovo, neste momento, a posição segundo a qual, abaixo da justiça, o ideal maior do direito é a segurança jurídica, sobreprincípio que se irradia por todo o ordenamento e tem sua concretização viabilizada por meio de outros princípios, tal como o da irretroatividade das leis. Com ela não se compatibiliza dispositivo que, além de determinar ao Judiciário que este modifique orientação pacificada, pretende ser aplicado retroativamente.

Eis que o tema pede maiores reflexões.

3. *O primado da segurança jurídica no tempo*

As leis não podem retroagir, alcançando o direito adquirido, o ato jurídico perfeito e a coisa julgada. É o comando do art. 5º, XXXVI, da CF/1988. Nesse princípio, que vem impregnado de grande força, podemos sentir com luminosa clareza seu vetor imediato – qual seja, a realização do primado da segurança jurídica. Qualquer agressão a essa sentença constitucional representará, ao mesmo tempo, uma investida à estabilidade dos súditos e um ataque direto ao bem da certeza do direito.

Contudo, entre um conceito e outro utilizados para definir o princípio da irretroatividade, não há por que confundir a *certeza do direito*, naquela acepção de índole sintática, com o cânone da *segurança jurídica*. Aquele é atributo essencial, sem o quê não se produz enunciado normativo com *sentido deôntico*; este último é decorrência de fatores sistêmicos que utilizam o primeiro de modo racional e objetivo, mas dirigido à implantação de um valor específico – qual seja, o de coordenar o fluxo das interações inter-humanas, no sentido de propagar no seio da comunidade social o sentimento de previsibilidade quanto aos efeitos jurídicos da regulação da conduta. Tal sentimento tranqüiliza os cidadãos, abrindo espaço para o planejamento de ações futuras, cuja disciplina jurídica conhecem, confiantes que estão no modo pelo qual a aplicação das normas do direito se realiza. Concomitantemente, a certeza do tratamento normativo dos fatos já consumados, dos direitos adquiridos e da força da coisa julgada lhes dá a garantia do passado. Essa bidirecionalidade *passado/futuro* é fundamental para que se estabeleça o clima de segurança das relações jurídicas; motivo por que dissemos que *o princípio depende de fatores sistêmicos*. Quanto ao passado, exige-se um único postulado: o da irretroatividade. No que aponta para o futuro, entretanto, muitos são os expedientes principiológicos necessários para que se possa falar na efetividade do primado da segurança jurídica. Desnecessário encarecer que a segurança das relações jurídicas é indissociável do valor *justiça*, e sua realização concreta se traduz numa conquista paulatinamente perseguida pelos povos cultos.

Observado sob o ponto-de-vista do passado, o simples vedar que a lei prejudique o direito adquirido, o ato jurídico perfeito e a coisa julgada seria o bastante para obstar a qualquer incursão do legislador dos tributos pelo segmento dos fatos sociais que, por se terem constituído cronologicamente antes da edição legal, ficariam a salvo de novas obrigações. Qual o motivo do zelo constitucional? Sabemos que o legislador das normas gerais e abstratas, a começar por aquelas fundantes da ordem jurídica, comete seus desassisos, seja pela ausência de regras disciplinadoras – *anomia* –, seja pela ponência de normas contrárias e contraditórias, seja, ainda, pela impressão, juridicamente falsa, mas aparentemente útil, de que, prescrevendo a mesma coisa duas ou mais vezes, outorgará a eficácia que a regra não logrou alcançar na formulação singular. Se em termos dogmáticos representa um ledo engano, nada modificando no panorama concreto da regulação das condutas, pelo ângulo histórico ou sociológico encontra-se a explicação do fato.

Com efeito, o enunciado normativo que protege o direito adquirido, o ato jurídico perfeito e a coisa julgada, conhecido como *princípio da irretroatividade das leis*, não vinha sendo – é bom que se reconheça – impedimento suficientemente forte para obstar a certas iniciativas de entidades tributantes, em especial a União, no sentido de atingir fatos passados, já consumados no tempo, debaixo de plexos normativos segundo os quais os administrados orientaram a direção de seus negócios. Isso marcou decisivamente o meio jurídico, e na primeira oportunidade – que ocorreu com a instalação da Assembléia Nacional Constituinte – fez empenho em consignar outra prescrição explícita, dirigida rigorosamente para o território das pretensões tributárias, surgindo, então, o princípio de que falamos.

Por outro lado, como expressão do imperativo da segurança do direito, as normas jurídicas voltam-se para a frente, para o porvir, para o futuro, obviamente depois de oferecido ao conhecimento dos administrados seu inteiro teor, o que se dá pela publicação do texto legal. Na linha de realização desse valor supremo, da mesma forma está o enunciado do inciso XXXVI do art. 5º da Carta Magna. Fere a consciência jurídica das nações civilizadas a idéia de que a lei possa colher fatos pretéritos, já consolidados e cujos efeitos se canalizaram regularmente em consonância com as diretrizes da ordem institucional.

Há ocasiões excepcionais, entretanto, em que se concede ao legislador a possibilidade de atribuir às leis sentido retroativo. O Código Tributário Nacional discorre sobre o assunto, ao cristalizar, no art. 106 e seus incisos, as hipóteses em que a lei se aplica a fato pretérito. Interessam-nos, nesta oportunidade, as chamadas *leis interpretativas*. Segundo o inciso I do art. 106 do CTN, assumindo a lei expressamente esse caráter, pode ser aplicada a fatos passados, excluindo-se a aplicação de penalidades à infração dos dispositivos interpretados.

As leis interpretativas exibem um traço bem peculiar, na medida em que não visam à criação de novas regras de conduta para a sociedade, circunscrevendo seus objetivos ao esclarecimento de dúvidas levantadas em razão da dubiedade dos vocábulos lingüísticos constantes da lei interpretada. Encaradas sob esse ângulo, despem-se da natureza inovadora que acompanha a atividade legislativa, retrotraindo ao início da vigência da lei interpretada, explicando com fórmulas elucidativas sua mensagem antes obscura. Este, no entanto, não será o enfoque do presente trabalho.

4. Aplicação prospectiva de conteúdos decisórios e a modulação dos efeitos de decisões jurisdicionais

O Direito é senhor do tempo – frase difundida nos textos mais conhecidos de Filosofia e de Teoria Geral. Seja para estipular, reduzir ou ampliar a eficácia da disciplina dos comportamentos intersubjetivos, o legislador, no seu sentido mais amplo (o do Poder Legislativo, o do Judiciário, o do Executivo ou o do Setor Privado), isto é, todos aqueles que, investidos de competência pela ordem jurídica em vigor, têm a prerrogativa de fazer inserir normas no sistema, tanto as gerais e abstratas como as individuais e concretas ou as individuais e abstratas –, o legislador, repita-se, está devidamente credenciado a manipular o *tempo* tendo em vista a configuração dos projetos regulatórios que bem lhe aprouver.

Alarga o intervalo temporal que ele mesmo estabelece quando prescreve, como no caso da decadência tributária, que o prazo é de 5 anos, por exemplo, mas que o termo inicial de contagem é o primeiro dia do exercício seguinte àquele em que a Fazenda poderia ter celebrado o ato de lançamento. Pode reduzi-lo, assim como opera com o prazo de prescrição (também de 5 anos), fixando o termo inicial, contudo, para a data em que o contribuinte tiver ciência da pretensão tributária, conquanto a Fazenda não tenha ainda manifestado inércia como titular do direito de ação, ao menos no que diz respeito aos primeiros 30 dias do ato notificatório. Em outros casos faz retroagir a norma aplicável, para atender a motivos que julga satisfazer aos ideais de justiça. O Presidente da República, mediante decreto, instaura o "horário de verão", mexendo nos ponteiros do relógio, para adiantá-los por uma hora. Os particulares, no domínio de suas possibilidades jurídico-contratuais, dispõem como bem lhes parece acerca do tempo das prestações firmadas. E o Poder Judiciário, dizendo o direito aos casos concretos, institui o lapso temporal que melhor consultar à realização do que entende por justo. É nesse sentido que se diz, metaforicamente, que *o Direito é senhor do tempo*.

Demoremo-nos um pouco no tópico da modulação de efeitos. Tratando-se de controle concentrado, em ações objetivas de inconstitucionalidade, como princípio geral, declarava-se a nulidade da norma, revogando o enunciado em termos retrospectivos, isto é, *ipser juri ab initio* – o que significa atribuir efeitos *ex tunc* ao ato decisório. Estabelecido, porém, que a declaração de inconstitucionalidade pode dar-se a qualquer tempo – ou seja, o direito de ação não preclui –, passou-se a observar que a aplicação da pena de nulidade, como regra, prejudicaria não somente a certeza do direito, mas também e principalmente o próprio direito, enquanto sistema prescritivo de condutas, uma vez que toda norma goza da presunção de constitucionalidade até ser expulsa do sistema. A providência ensejaria clima de instabilidade, depreciando o sentimento de certeza das mensagens normativas, um dos pilares de sustentação da ordem jurídico-positiva.

Foi na extensão desta medida, para atender a situações peculiares e excepcionais, que a anulabilidade de norma inconstitucional com a modulação de seus efeitos surgiu como importante instrumento para salvaguardar o princípio da supremacia da Constituição e outros valores fundamentais como o primado da Segurança jurídica.

Nesse contexto, foram promulgadas em 1999 duas leis ordinárias – a Lei 9.868/1999 e a Lei 9.882/1999 –, anunciando, entre seus preceitos, dois dispositivos da maior relevância, que inovaram o tema da modulação dos efeitos no ordenamento jurídico brasileiro. Vejamos:

Art. 27 da Lei 9.868/1999: "Ao declarar a inconstitucionalidade de lei ou ato normativo, *e tendo em vista razões de segurança jurídica ou de excepcional interesse social*, poderá o Supremo Tribunal Federal, por maioria de dois terços de seus membros, restringir os efeitos daquela declaração ou decidir que ela só tenha eficácia a partir de seu trânsito em julgado *ou de outro momento que venha a ser fixado*" (grifos nossos).

Art. 11 da Lei 9.882/1999: "Ao declarar a inconstitucionalidade de lei ou ato normativo, no processo de argüição de descumprimento de preceito fundamental, e *tendo em vista razões de segurança jurídica ou de excepcional interesse social*, poderá o Supremo Tribunal Federal, por maioria de dois terços de seus membros, restringir os efeitos daquela declaração ou decidir que ela só tenha eficácia a partir de seu trânsito em julgado *ou de outro momento que venha a ser fixado*" (grifos nossos).

Diante dos textos de lei acima referidos, a Suprema Corte passou a decidir sobre os efeitos da declaração de inconstitucionalidade segundo dois critérios subjetivos: (i) a segurança jurídica e (ii) o excepcional interesse social – buscando, dessa maneira, temperar os efeitos negativos da modificação de situações jurídicas já consolidadas no âmbito social. Isso nos permite enunciar a proposição pela qual foi sobre o fundamento desses Diplomas normativos, e na linha do que proclama o art. 102 da Constituição da República – atributivo ao STF da *guarda da Constituição* –, que o Colendo Superior Tribunal encontrou os supedâneos que lhe permitem restringir os efeitos da declaração de inconstitucionalidade, consoante seus próprios critérios decisórios, operando sempre em nome do elevado princípio da segurança jurídica e do excepcional interesse social. O asserto pode ser confirmado nos julgados que abaixo coligimos:

"Recurso extraordinário – Municípios – Câmara de Vereadores – Composição – Autonomia municipal – Limites constitucionais – Número de vereadores proporcional à população – CF, art. 29, IV – Aplicação de critério aritmético rígido – Invocação dos princípios da isonomia e da razoabilidade – Incompatibilidade entre a população e o número de vereadores – Inconstitucionalidade *incidenter tantum* da norma municipal Efeitos para o futuro – Situação excepcional.

"(...).

"7. Efeitos – *Princípio da segurança jurídica – Situação excepcional em que a declaração de nulidade, com seus normais efeitos* ***ex tunc****, resultaria em grave ameaça a todo o sistema legislativo vigente – Prevalência do interesse público para assegurar, em caráter de exceção, efeitos* ***pro futuro*** *à declaração incidental de inconstitucionalidade* – Recurso extraordinário conhecido e em parte provido"[1] (grifos nossos).

"A Constituição de 1988 instituiu o concurso público como forma de acesso aos cargos públicos – CF, art. 37, II – Pedido de desconstituição de ato administrativo que deferiu, mediante concurso interno, a progressão de servidores públicos. Acontece que, à época dos fatos – 1987 a 1992 –, o entendimento a respeito do tema não era pacífico, certo que apenas em 17.2.1993 é que o STF suspendeu, com efeito *ex nunc*, a eficácia do art. 8º, III, art. 10, parágrafo único, art. 13, § 4º, art. 17 e art. 33, IV, da Lei n. 8.112/1990, dispositivos, esses, que foram declarados inconstitucionais em 27.8.1998: ADI n. 837-DF, relator o Ministro Moreira Alves, *DJU* 25.6.1999. *O princípio da boa-fé e o da segurança jurídica autorizam a adoção do efeito* ***ex nunc*** *para a decisão que decreta a inconstitucionalidade*. Ademais, os prejuízos que adviriam para a Administração seriam maiores que eventuais vantagens do desfazimento dos atos administrativos"[2] (grifos nossos).

Consoante se vê nos exemplos acima, que ilustram o posicionamento do Supremo Tribunal Federal, a introdução dos supramencionados dispositivos, em 1999, atribuiu àquela Corte competência para conceder pena de anulabilidade às decisões que declaram inconstitucional determinada norma, possibilitando a estipulação de efeitos *ex nunc* e *pro futuro*, a fim de resguardar as relações jurídicas que se firmarem sob o manto da norma posteriormente tida por inconstitucional. Lembremos: tudo em homenagem ao princípio da segurança jurídica e ao excepcional interesse social.

O Ministro Leitão de Abreu, em acórdão de que foi relator, em maio de 1977, já inscrevia palavras que se acomodam bem ao assunto que faz, aqui, nossos cuidados.

1. STF, Pleno, RE 273.844-SP, rel. Min. Maurício Corrêa, *DJU* 21.5.2004, p. 34.

2. STF, RE 442.683, rel. Min. Carlos Velloso, j. 13.12.2005, *DJU* 24.4.2006.

Asseverou: "A tutela da boa-fé exige que, em determinadas circunstâncias, notadamente quando, sob a lei declarada inconstitucional, se estabeleceram relações entre o particular e o *poder público*, se apure, prudencialmente, até que ponto a retroatividade da decisão, que decreta a inconstitucionalidade, pode atingir, prejudicando-o, o agente que teve por legítimo o ato e, fundado nele, operou na presunção de que estava procedendo sob o amparo do direito objetivo".

É invocando os mesmos critérios subjetivos – segurança jurídica e excepcional interesse social – que se pretende proteger, hoje, as relações jurídicas formuladas em vista do ordenamento tributário vigente, resguardando-se todas as situações jurídicas já firmadas pelos contribuintes que, de boa-fé, acreditaram naquilo que já dispunha a lei e, com base nela, consolidaram suas relações de direito. Ora, de ver está que não seria justo surpreender aqueles jurisdicionados que seguiram as diretrizes vigentes ao tempo da lei, agravado pelas sanções da ilicitude, precisamente quando da mudança de entendimento jurisprudencial, pela nova orientação do Egrégio Tribunal.

5. *Retroatividade como desvalor perante a estrutura do sistema jurídico brasileiro*

Nosso ordenamento positivo rejeita com força e veemência que as normas jurídicas retroajam para atingir situações consolidadas no tempo. As exceções são pouquíssimas, e literalmente consignadas. Certo que as disposições fazem referência ao Direito posto pelo Poder Legislativo, pelas leis complementares, delegadas, ordinárias, medidas provisórias, decretos legislativos e resoluções. Todavia, esses são instrumentos introdutores de normas emanados por aquele Poder da República. A rejeição é a mesma quando se tratar de normas postas por decretos do Chefe do Executivo, por instruções ministeriais, por portarias etc. – unidades normativas exaradas pelo Poder Administrativo. E, da mesma forma, aplica-se ao Poder Judiciário, foco ejetor de normas preponderantemente individuais e concretas, se bem que haja muitas individuais e abstratas (servidão de passagem, por exemplo) e até gerais e abstratas, como os Regimentos, votados e aprovados pelos Ministros que compõem a Corte. Quando o assunto gira em torno de normas jurídicas, nosso pensamento projeta-se, desde logo, para o Legislativo, mas é um equívoco pensar que os demais Poderes não editem regras jurídicas (aqui, empregada a expressão como equivalente nominal de *normas*).

Disse-o com muita propriedade o Professor Cândido Rangel Dinamarco, traçando o paralelo entre a retroatividade legislativa e a judiciária:

"Para elas (empresas) o impacto de uma tal mudança jurisprudencial seria em tudo e por tudo equivalente ao impacto que sobre suas respectivas esferas de direitos produziria uma alteração legislativa.

"(...).

"Qual diferença haveria entre a retroatividade dessa mudança jurisprudencial e a lei nova?

"(...).

"Mas, como me parece que ficou bastante claro, o que aqui repudio é outra coisa, a saber: a abrupta imposição de uma nova jurisprudência, em um tema de tanta repercussão na vida e higidez das empresas, sem levar em conta todas aquelas situações criadas e consumadas diante da expectativa criada pelo próprio Poder Judiciário.

"Ora, em si mesmo, o expresso veto constitucional à retroatividade das leis (Constituição, art. 5º, XXXVI) comporta fácil extensão analógica capaz de produzir sua imposição à jurisprudência nova, que não deverá atingir situações pretéritas, já consumadas sob a égide da antiga."[3]

3. Parecer produzido em 9.5.2005 e publicado em volume conjunto pela Editora Manole.

A verdade é que não há disciplina expressa sobre a vedação do uso retroativo da jurisprudência no que concerne ao controle difuso de constitucionalidade. A construção vem nascendo e se ampliando com supedâneo na própria experiência jurídica do dia-a-dia. Mesmo antes da vigência da Lei 9.868/1999, o Ministro Gilmar Ferreira Mendes já se manifestava favoravelmente ao que veio representar o conteúdo do art. 27 daquele Estatuto. E, como fez anotar o Professor Cândido Rangel Dinamarco, naquele mesmo parecer: "Uma pesquisa revela que ao menos 10 entre os 11 Ministros da Corte já se manifestaram nesse sentido, o que mostra que a tese não é sequer tão inovadora quanto à primeira vista me pareceu, (...)".

De fato, a modulação dos efeitos em benefício da segurança jurídica já é tema conhecido da Suprema Corte, que, apreciando matéria referente à fidelidade partidária, se manifestou de forma peremptória pela possibilidade de concessão de efeitos *ex nunc* diante de hipótese de mudança substancial da jurisprudência assentada sobre o assunto. Eis um fragmento: "Diante da mudança substancial da jurisprudência da Corte acerca do tema, que vinha sendo no sentido da inaplicabilidade do princípio da fidelidade partidária aos parlamentares empossados, e atento ao princípio da segurança jurídica, reputou-se necessário estabelecer um marco temporal a delimitar o início da eficácia do pronunciamento da matéria em exame".[4]

Com efeito, as Turmas estão vinculadas à declaração de constitucionalidade do Plenário a partir de sua publicação, consoante os termos há muito assentados no colendo Tribunal:

"I – *Controle incidente de constitucionalidade: vínculo das Turmas do STF à precedente declaração plenária da constitucionalidade ou inconstitucionalidade de lei ou ato normativo, salvo proposta de revisão de qualquer dos Ministros* (RISTF, arts. 101 e 103).

"II – Contribuição social sobre o lucro: Lei n. 7.689/1988 – Constitucionalidade, com exceção do art. 8º, declarada pelo Plenário (RE n. 146.733, Moreira Alves, e n. 138.284, Velloso), que é de aplicar-se ao caso, à falta de novos argumentos de relevo"[5] (grifos nossos).

É em vista de todo o exposto que entendo cumprirem papel de grande relevância no subdomínio das significações dos enunciados as sentenças prescritivas implícitas, compostas, por derivação lógica, de formulações expressas do direito positivo, onde se encontram tanto o magno princípio da *segurança jurídica* quanto o limite objetivo da *irretroatividade*. E é justamente mediante estes valores que o Direito adquire a possibilidade de estabelecer expectativas de comportamento e de torná-las efetivas ao longo do tempo, impedindo-se, com isso, que o próprio ordenamento jurídico assuma feição caótica. Com alicerce nestes primados, o Direito ganha a condição de se apresentar como sistema de proposições articuladas, pronto para realizar as diretrizes supremas que a sociedade idealiza. Com base nestes ideais que a Carta Magna do Estado Brasileiro, em seus arts. 5º, XXXVI, e 150, III, "a", constrói e autentica o sentimento de previsibilidade quanto aos efeitos jurídicos da regulação da conduta.

A jurisprudência, como se viu, ao seu jeito, vai construindo o sentido que lhe parece ser o mais justo, refletindo a inconstância dos relacionamentos sociais; enquanto a doutrina acompanha esse processo de configuração, procurando encontrar o perfil de uma outorga de competência que o legislador constituinte não adscreveu de maneira expressa. Enquanto doutrinador, renovo a posição segundo a qual, abaixo da justiça, o ideal maior do Direito é a segurança jurídica, sobreprincí-

4. STF, MS 26.602, rel. Min. Eros Grau; MS 26.603, rel. Min. Celso de Mello; MS 26.604, rela. Min. Cármen Lúcia, j. 4.10.2007, *Informativo* 482.

5. STF, 1ª Turma, AgRgAI 160.174-5, rel. Min. Sepúlveda Pertence, *DJU* 17.2.1995.

pio que se irradia por todo o ordenamento e tem sua concretização viabilizada por meio de outros princípios, tal como o da irretroatividade das leis. Com ela não se compatibiliza dispositivo que, além de determinar ao Judiciário que este modifique orientação pacificada, pretende ser aplicado retroativamente. Qualquer violação a essas diretrizes supremas compromete, irremediavelmente, a realização do princípio implícito da certeza, como previsibilidade, e, ainda, o grande postulado, também inexpresso, da segurança jurídica.

6. Conclusão

O Direito é senhor do tempo. Controla a bidirecionalidade *passado/futuro* das relações jurídicas que ele mesmo prescreve, fundando o clima de segurança que o sistema exige de si mesmo como condição para sua própria existência. Motivo por que dissemos que *o sobreprincípio da segurança jurídica depende de fatores sistêmicos*. A irretroatividade é o primado que se ocupa do passado; enquanto, para o futuro, muitos são os expedientes principiológicos necessários para que se possa falar na efetividade do primado da segurança jurídica.

A modulação dos efeitos em benefício da segurança jurídica é tema conhecido pela Suprema Corte, que se manifestara, já em 1977, pela possibilidade de concessão de efeitos *ex nunc* diante de hipótese de mudança substancial da jurisprudência assentada sobre o assunto. Ora, de ver está, não seria justo surpreender aqueles jurisdicionados que seguiram as diretrizes vigentes ao tempo da lei, agravado pelas sanções da ilicitude, precisamente quando da mudança de entendimento jurisprudencial, pela nova orientação do Egrégio Tribunal.

De fato, não há disciplina expressa sobre a vedação do uso retroativo da jurisprudência no que concerne ao controle difuso de constitucionalidade. No entanto, em vista das sentenças prescritivas implícitas, compostas, por derivação lógica, de formulações expressas do direito positivo, onde se encontram tanto o magno princípio da *segurança jurídica* quanto o limite objetivo da *irretroatividade*, o Direito adquire a possibilidade de estabelecer expectativas de comportamento e de torná-las efetivas ao longo do tempo, impedindo-se, com isso, que o próprio ordenamento jurídico assuma feição caótica.

CADERNOS DE DIREITO TRIBUTÁRIO

COMPETÊNCIA TRIBUTÁRIA E A SUA ESTRUTURA NORMATIVA

TÁCIO LACERDA GAMA
Mestre e Doutor pela PUC/SP

1. Enunciados, proposições, normas em sentido amplo, normas em sentido estrito e normas em sentido completo. 2. O verbo como núcleo de uma norma e seus âmbitos de vigência: pessoal, territorial, temporal e territorial. 3. Uma primeira aproximação do conceito de competência tributária e de norma de competência para os fins da análise estrutural. 4. Descrição hipotética do fato produtor de normas (Hj): 4.1 Sobre quem pode criar normas jurídicas (s) – 4.2 Sobre como deve ser a criação de normas [p(p1.p2.p3...)] – 4.3 Sobre onde as normas devem ser produzidas (e) – 4.4 Sobre quando as normas podem ser produzidas (t) – 4.5 Síntese da hipótese que descreve os fatos produtores de normas. 5. O vínculo entre forma e conteúdo (→). 6. Relação jurídica de competência (Rj): 6.1 O sujeito ativo da relação de competência (s) – 6.2 O sujeito passivo da relação de competência (sp): 6.2.1 Sujeição passiva e outros esclarecimentos. Isomorfismos com o direito de propriedade e os direitos potestativos – 6.3 Permissão, faculdade ou obrigação? – 6.4 O aspecto material da outorga de competência [m(s.e.t.c.)]. 7. Njcom = H{[s.p(p1,p2,p3...)] . (e.t)} → R [S(s.sp) . m(s.e.t.c)]. 8. Sobre a programação dos âmbitos de validade da norma inferior. 9. Algumas conclusões sobre os papéis da estrutura da norma de competência.

Nas próximas páginas responderemos à pergunta sobre se é possível e útil construir uma norma de competência tributária.[1] Após elucidarmos as acepções adotadas para os termos "norma" e "competência", ficará claro que a proposta é oferecer um modelo lógico-sintático de representação das normas[2] que prescrevem como outras normas devam ser feitas. Para definir o que deve estar contido nesta representação, retomaremos algumas premissas já expostas noutros trabalhos.

1. Este tema já foi tratado por nós em outras oportunidades, quando sustentamos a possibilidade de reunir, numa única estrutura normativa, todos os elementos necessários à regulação da conduta de criar uma norma (cf. Tácio Lacerda Gama, *Contribuição de Intervenção no Domínio Econômico*, 2003). Não mudamos de idéia. Pelo contrário, a experiência adquirida nos últimos anos com a intensa utilização deste instrumento nos evidenciou sua utilidade e sua operacionalidade.

2. A possibilidade de representação formal da mensagem normativa foi preconizada no direito tributário brasileiro por Paulo de Barros Carvalho (*Curso de Direito Tributário*, 19ª ed., pp. 245-350), com a concepção da regra matriz de incidência tributária.

A primeira delas é a de que a unidade do signo é dada pela relação entre significante e significado. Com as devidas alterações, a unidade da norma de competência deve disciplinar, integralmente, a conduta de criar outras normas. Outra premissa relevante é a seguinte: os elementos do sistema de direito positivo são dotados de heterogeneidade semântica e pragmática, mas de homogeneidade sintática, pois se organizam segundo a mesma forma.[3] Por fim, relacionaremos sete elementos que precisam ser, direta ou indiretamente, disciplinados pela norma de competência, sob pena de essa não prescrever o mínimo e irredutível de manifestação do deôntico.

Fundados nestes pontos de partida, vejamos como construir uma estrutura lógica para a norma de competência tributária.

1. Enunciados, proposições, normas em sentido amplo, normas em sentido estrito e normas em sentido completo

Enunciados são porções de texto a partir das quais se constrói um sentido. Como define Paulo de Barros Carvalho, os "enunciados" aparecem como "um conjunto de fonemas ou de grafemas que, obedecendo a regras gramaticais de determinado idioma, consubstanciam a mensagem expedida pelo sujeito emissor para ser recebida pelo destinatário, no contexto da comunicação".[4] *Enunciados prescritivos*, por sua vez, são fragmentos do direito positivo a partir dos quais se constrói o sentido das mensagens normativas.

Quando deixamos a objetividade dos textos e passamos à subjetividade do intérprete que constrói a mensagem, transitamos do plano dos enunciados ao das *proposições*. Se os enunciados eram jurídicos, as proposições construídas a partir deles serão prescritivas de conduta. Numa definição: a proposição prescritiva é o sentido construído a partir dos enunciados prescritivos.[5]

Nem sempre, porém, podemos equiparar o conceito de *proposição prescritiva* com o conceito de *norma jurídica*. Isto porque *norma jurídica* é conceito polissêmico, que, por isso mesmo, pode ser aplicado em diversas circunstâncias, com diferentes acepções.

Fixemos, para os fins deste trabalho, três acepções fundamentais: *norma em sentido amplo, norma em sentido estrito* e *norma em sentido completo*.

Norma jurídica em sentido amplo é sinônimo de proposição prescritiva. A simples indicação de uma alíquota, a qualificação de um sujeito passivo ou ativo, a prescrição de uma imunidade, de um princípio, são, todos elas, exemplos de proposições ou normas jurídicas em sentido amplo.

Muito embora esteja próxima do senso comum, essa idéia de "norma" é vaga e, por isso, enseja imprecisão. Vejamos, por exemplo, uma norma em sentido amplo que estabeleça: "A alíquota do tributo é de 10%". De imediato se questionaria: que tributo? Deve ser aplicada sobre que base de cálculo? O que torna o tributo devido? Onde e quando esse fato pode ocorrer? Quem deve pagar e quem deve receber? Entre outras questões igualmente possíveis. Toda essa sorte de dúvidas evi-

3. É precisa a lição de Paulo de Barros Carvalho no sentido de que: "Há homogeneidade, mas homogeneidade sob o ângulo puramente sintático, uma vez que nos planos semântico e pragmático o que se dá é um forte grau de heterogeneidade, único meio de que dispõe o legislador para cobrir a imensa e variável gama de situações sobre que deve incidir a regulação do Direito, na pluralidade extensiva e intensiva do real-social" (*O Direito Positivo como Sistema Homogêneo de Enunciados Deônticos*, pp. 35-36).

4. Paulo de Barros Carvalho, *Direito Tributário – Fundamentos Jurídicos da Incidência*, 5ª ed., p. 20.

5. Já as proposições são os conteúdos, as significações, que o contato com os enunciados provoca no sujeito da comunicação. Como salienta Paulo de Barros Carvalho, um único enunciado pode provocar a construção de diversas proposições, da mesma forma que uma proposição pode ser construída a partir de enunciados diversos (*Direito Tributário – Fundamentos Jurídicos da Incidência*, 5ª ed., p. 20).

dencia a necessidade de um conceito mais preciso, que agregue os elementos numa estrutura com sentido jurídico.

É justamente isso o que se propõe a *norma jurídica em sentido estrito*: aglutinar os elementos necessários à expressão do mínimo e irredutível de manifestação do deôntico. Como ensina Karl Engish, é necessário "reconduzir a um todo unitário os elementos ou partes de um pensamento jurídico-normativo completo que, por razões 'técnicas', encontram-se dispersas – para não dizer violentamente separadas".[6] Com efeito, as proposições prescritivas devem ser reunidas, uma a uma, num juízo condicional que vincula um acontecimento a uma conseqüência jurídica. O acontecimento é um fato. A conseqüência, uma relação.[7] O vínculo entre antecedente e conseqüente é a expressão da vontade competente para criar a norma, é o dever-ser.

O antecedente da norma jurídica pode mencionar um fato passado; sendo, nesses casos, concreta a norma.[8] Mas pode conotar atributos para um fato de futura ocorrência. Nestas situações, o antecedente da norma assume feição abstrata.[9] No antecedente abstrato, ou hipótese, descrevem-se características, notas, que possibilitam a identificação de acontecimentos juridicamente relevantes.[10] O antecedente concreto da norma, por seu turno, volta-se para o passado, trazendo para o mundo jurídico um fato que já ocorreu no espaço e no tempo.

Não é relevante para o direito positivo o acontecimento social, todo ele, mas apenas aquele conjunto de características previstas na hipótese como sendo relevantes. Explica Pontes de Miranda: "O fato jurídico provém do mundo fáctico, porém nem tudo que o compunha entra, sempre, no mundo jurídico (...)". Mais adiante, conclui: "No dizer o que é que cabe no suporte fáctico da regra jurídica, ou, melhor, no que recebe a sua impressão, a sua incidência, a regra jurídica discrimina o que há de entrar e, pois, por omissão, o que não pode entrar".[11]

Esse aspecto seletor de propriedades[12] da hipótese normativa demarca os contornos que separam o fato jurídico dos demais fatos sociais.

Vejamos, em ordem, o que acabamos de expor: (i) o sujeito competente prescre-

6. Karl Engish, *Introdução ao Pensamento Jurídico*, 9ª ed., p. 116.

7. Como explica Paulo de Barros Carvalho, a estrutura básica de uma norma seria "um juízo hipotético em que o legislador (sentido amplo) imputa, ao acontecimento de um fato prescrito no antecedente, uma relação deôntica entre dois ou mais sujeitos, como conseqüência" ("Sobre os princípios constitucionais tributários", *RDTributário* 55/147).

8. "Não há fato jurídico, em sentido técnico, sem norma jurídica" – diz Lourival Vilanova. E, noutro ponto, mais adiante, completa: "O constituírem-se ou desconstituírem-se fatos jurídicos depende de regras de formação do sistema" (*Causalidade e Relação no Direito*, 4ª ed., p. 55). Noutras palavras: os fatos que não são constituídos segundo as regras do sistema não deveriam ter ingressado no sistema de direito positivo.

9. Acaso previssem fatos impossíveis ou necessários, as normas nunca ou sempre incidiriam, representando um sem-sentido jurídico. Daí por que Lourival Vilanova (*Causalidade e Relação no Direito*, 4ª ed., p. 11) insiste: "Se o dever-ser do normativo não conta com o poder-ser da realidade, se defronta-se com o impossível-de-ser ou com o necessário-de-ser, o sistema normativo é supérfluo. Descabe querer impor uma causalidade normativa contrária à causalidade natural, ou contra a causalidade social".

10. "A abertura por onde entram os fatos são as hipóteses fácticas; e suas conseqüências em fatos se transformam pela realização dos efeitos" (Lourival Vilanova, *Causalidade e Relação no Direito*, 4ª ed., p. 55). Diferentemente dos fatos naturais, cuja relação de causa e efeito é fundamentada pela observação, os fatos jurídicos são vinculados aos seus efeitos por atos de vontade. O efectual do processo legislativo, que é um fato jurídico complexo, é a criação da lei. A vinculação entre causa e efeito, entre realizar o processo e instituir a lei, é fruto do ato de vontade estabelecido nas regras de organização do sistema, denominadas, aqui, de normas de competência.

11. F. C. Pontes de Miranda, *Tratado de Direito Privado – Parte Geral*, t. 2, p. 183.

12. Segundo Paulo de Barros Carvalho, "ao conceituar o fato que dará ensejo ao nascimento da relação jurídica do tributo, o legislador também seleciona as propriedades que julgou importantes para caracterizá-lo" (*Direito Tributário: Fundamentos Jurídicos da Incidência*, 5ª ed., p. 82).

ve uma hipótese normativa; (ii) a hipótese veicula uma escolha por certas características de um acontecimento futuro e incerto; (iii) esse acontecimento sucede no mundo social; (iv) ingressa no mundo jurídico não aquilo que ocorre no meio social (evento), mas a tradução de elementos deste fato social para a linguagem prescritiva das normas (fato jurídico), conforme a escolha programada normativamente pela hipótese.

Observemos, agora, o que falamos, na forma de um exemplo: (i) a União elegeu uma série de hipóteses para o imposto sobre a renda; (ii) numa delas, previu circunstância de um contribuinte brasileiro, num determinado lapso de tempo, perceber renda ou provento de qualquer natureza; (iii) "Pedro", residente e domiciliado no país, percebe uma série de rendimentos no exercício financeiro de 2007; em face disso, (iv) ele descreve os ganhos percebidos e suas respectivas origens, na forma prevista pela lei.

Essa circunstância, passada ou futura, prevista no antecedente da norma, deve ser contingente, ou seja, possível e não necessária. Fatos impossíveis não ocorrem no espaço e no tempo, por isso não se subsomem à hipótese das normas jurídicas. Fatos de ocorrência necessária independem da vontade – e, portanto, seguem as leis da Natureza, e não do Direito. Nos dois casos não faria senso cogitar de regulação jurídica.[13]

O antecedente das normas jurídicas relata fato, de modo concreto ou abstrato, cuja ocorrência enseja a imputação de efeitos jurídicos individuais ou gerais. É abstrata a menção de acontecimento futuro contingente, ou seja, de ocorrência incerta, mas provável.

13. Mas a hipótese, em relação ao fato que a verifica (...) não o regra, não o preceitua, dizendo que existe ou não existe porque deve existir ou deve não existir. Se existe, se se dá o fato F: assim diz a hipótese. A hipótese da norma jurídica funciona como descritor. E o descritor assenta no modo ontológico da possibilidade" (Lourival Vilanova, *As Estruturas Lógicas e o Sistema de Direito Positivo*, p. 83).

Vejamos mais: para regular a conduta, a norma prevê ou relata um fato e imputa efeitos que são, necessariamente, relações jurídicas. É uma relação jurídica o vínculo estabelecido entre dois sujeitos, na qual um deles pode exigir um comportamento do outro, sendo o primeiro denominado de sujeito ativo e o outro, passivo. Paulo de Barros Carvalho define *relação jurídica* como sendo "vínculo abstrato segundo o qual, por força da imputação normativa, uma pessoa, chamada sujeito ativo, tem o direito subjetivo de exigir de outra, denominada de sujeito passivo, o cumprimento de uma determinada prestação".[14] No mesmo sentido são as palavras de Karl Engisch: "As conseqüências jurídicas, que nas regras de Direito aparecem ligadas às hipóteses legais, são constituídas por direitos e deveres".[15] É também ele quem ensina: "Ser-nos-á permitido pensar aqui em direitos e deveres positivos – se bem que eventualmente possamos ainda pensar naqueles direitos e deveres que são algo negativo, um *non facere* ou omissão. Eles representam a própria substância do Direito. Em face deles as negações (*slc.* efeitos jurídicos) apresentam-se tão-só como limitações, como algo secundário. O centro gravitacional do Direito reside nisto: em ele positivamente conferir direitos e impor deveres".[16]

O vínculo efetivo, com sujeitos individualizados e prestação igualmente determinada, chama-se *relação jurídica individual*. Empregaremos também a expressão "relação jurídica" para nomear aquelas previsões normativas em que os sujeitos não estão individualizados. Neste caso, todavia, a relação é geral.

O direito de inserir novas normas no sistema de direito positivo bem como o dever de cumpri-las de forma coercitiva

14. Paulo de Barros Carvalho, *Curso de Direito Tributário*, 19ª ed., p. 278.

15. Karl Engisch, *Introdução ao Pensamento Jurídico*, 9ª ed., p. 35.

16. Idem, ibidem.

surgem no seio de vínculos jurídicos mantidos entre sujeitos de direito.[17]

Combinando os atributos do antecedente e do conseqüente poderemos falar em normas gerais e abstratas, individuais e concretas, gerais e concretas e individuais e abstratas. Neste artigo comentaremos as normas de competência gerais e abstratas. Descreveremos os elementos que integram seu antecedente e seu conseqüente, assim como a relação destes com a norma de inferior hierarquia.

As idéias que desenvolvemos acima deixam evidente o atributo da norma jurídica em sentido estrito de aglutinar, numa única estrutura, as referências ao fato jurídico e às suas conseqüências: a relação jurídica.

Esse modelo, porém, ainda não é suficiente para definir a unidade do sistema jurídico. De fato, toda e qualquer norma (isto é, ética, profissional, religiosa) é formada pela estrutura condicional do tipo "se A, então B". Entretanto, só a norma jurídica tem uma sanção coercitiva para assegurar uma reação ao seu descumprimento. Só a norma jurídica é aplicada pelo aparato jurisdicional do Estado, mesmo contra a vontade dos seus destinatários. Daí por que as normas jurídicas em sentido completo, além de um antecedente e de um conseqüente, devem prever seu próprio descumprimento, imputando uma conseqüência negativa àquele que infringir seus preceitos.[18]

Para que se possa falar numa norma jurídica em sentido completo, é necessário que existam duas estruturas condicionais, sendo uma aquela que prescreve um fato e vincula uma relação jurídica e a outra a que prescreve o fato do descumprimento e imputa a ele uma sanção. Hans Kelsen, a esse respeito, é enfático: "(...) se se pressupõe que cada norma jurídica geral seja a ligação de duas normas, das quais uma estabelece como devida uma certa conduta e a outra põe como devida a fixação de um condicional ato de coação por parte de um órgão judicial para o caso de violação desta norma".[19]

Eis o que expõe Lourival Vilanova a este respeito: "Abstratamente, se ocorre o fato G (não-observância do dever), então A exigirá de B a sanção pelo não-cumprimento, chegando até o limite do exercício da coação judicial para o cumprimento do devido".[20] Nesta acepção estrita, a sanção será a norma que anula o ato violador da norma primária, prescrevendo sua aplicação coercitiva. Isso, por sua vez, é levado a efeito pelos órgãos que desempenham competências jurisdicionais.

2. *O verbo como núcleo de uma norma e seus âmbitos de vigência: pessoal, territorial, temporal e territorial*

Um fato de possível ocorrência tem como núcleo de sua previsão o relato de um verbo. O dever que constitui o objeto de uma relação jurídica é também um verbo. Podemos afirmar, na linha do que propõe Ulisses Schmill,[21] que todo fato ou dever previsto, seja como causa ou como dever, tem, sempre, um verbo como núcleo.

Vejamos alguns exemplos: "auferir renda" deve ser "pagar imposto sobre a renda"; "matar alguém" deve ser "submeter-se a pena de reclusão de 6 a 20 anos"; "não votar numa eleição para vereador"

17. Karl Engisch, *Introdução ao Pensamento Jurídico*, pp. 32-33.

18. Hans Kelsen, por exemplo, distingue o Direito da Moral afirmando que "a reação do Direito consiste em uma medida de coerção decretada pela ordem e socialmente organizada, ao passo que a reação moral contra a conduta imoral não é nem estabelecida pela moral, nem é, quando estabelecida, socialmente organizada" (*Teoria Geral do Direito e do Estado*, 3ª ed., p. 28).

19. Hans Kelsen, *Teoria Geral das Normas*, p. 68.

20. Lourival Vilanova, *Causalidade e Relação no Direito*, 4ª ed., p. 175.

21. Ulisses Schmill, "La derogación y la anulación como modalidades del ámbito temporal de validez de las normas jurídicas", *Doxa (Publicaciones Periódicas)* 19/229.

dever ser "o pagamento de multa de 2,5 reais". Com isso percebemos que há um verbo que é o núcleo do antecedente de uma norma, assim como um verbo como núcleo de seu conseqüente.

As ações previstas normativamente, cujo núcleo é um verbo, têm quatro âmbitos de vigência. Esses âmbitos correspondem aos sujeitos e predicados da ação, assim como aos condicionantes de espaço e de tempo. Daí falarmos em: âmbito subjetivo, material em sentido estrito, espacial e temporal da ação. O âmbito subjetivo é representado pelos sujeitos que realizam ou sofrem a ação. Os âmbitos espaciais e temporais têm a ver com as circunstâncias de espaço e de tempo nas quais a conduta descrita pelo verbo pode ser realizada. O critério material em sentido estrito é o comportamento mesmo (isto é, auferir, matar, pagar) previsto pela norma jurídica.

Toda ação prevista por uma norma jurídica sujeita-se a esses âmbitos de vigência. Quando as normas jurídicas vinculam duas ações, sendo uma no antecedente e a outra no conseqüente, cada uma destas ações pode, com maior ou menor precisão, ser identificada.

Nem sempre, porém, esses âmbitos de vigência são delimitados com precisão. Na maior parte dos casos os limites são inferidos a partir de proposições como a promulgação da norma, a competência legislativa ou territorial do sujeito competente, e assim sucessivamente.

Poderíamos, inclusive, fixar uma regra segundo a qual: quanto mais geral e abstrata a norma, mais indeterminados são seus âmbitos de vigência. Como salienta Ulisses Schmill,[22] positivar o Direito, criando normas mais objetivas a partir de normas superiores mais vagas, consiste, justamente, em aumentar a precisão com que se prescreve cada um dos âmbitos de validade de uma norma.[23]

Na base do ordenamento estão aquelas normas mais objetivas e que mais de perto chegam à conduta, pela circunstância de terem seus âmbitos de vigência subjetiva, material em sentido estrito ou comportamental, espacial e temporal determinados com a máxima precisão.

3. Uma primeira aproximação do conceito de competência tributária e de norma de competência para os fins da análise estrutural

Antes de entrar, propriamente, no tema das normas de competência tributária, cabe fixar algumas das noções com as quais trabalharemos. São elas:

(i) Por *competência tributária* entendemos a aptidão para criar normas jurídicas que, direta ou indiretamente, disponham sobre a instituição, arrecadação ou fiscalização de tributos.

(ii) *Norma de competência em sentido amplo* engloba toda e qualquer proposição que concorra para programar esta aptidão.

(iii) *Norma de competência em sentido estrito* é o juízo hipotético condicional

22. Ulisses Schmill, "La derogación y la anulación como modalidades del ámbito temporal de validez de las normas jurídicas", *Doxa (Publicaciones Periódicas)* 19/230.

23. Sobre o processo de positivação das normas ressalva Marcelo Neves que "o processo concretizador não deve suscitar, de maneira nenhuma, a ilusão de plena correspondência do abstrato e do concreto, mas sim como problema, a ser resolvido através de uma forma de não-identidade integrada entre o abstrato e o concreto" (*A Constitucionalização Simbólica*, p. 46). E Friedrich Müller comenta o processo de criação de normas inferiores a partir da concretização das normas de superior hierarquia: "As competências stricto sensu, repartidas pelo ordenamento constitucional e jurídico entre os Poderes Legislativo, Executivo e Judiciário, não são competências para a 'explicação', [*Auslegung, Interpretation*] 'recapitulação' [*Nachvollzug*] de textos de normas, mas competências para a concretização jurídica e a decisão do caso com caráter de obrigatoriedade" (*Métodos de Trabalho do Direito Constitucional*, 2ª ed., p. 67). Embora não se exija identidade entre a norma produzida e a que lhe serve de fundamento, não poderá haver incompatibilidade entre ambas, sob pena de restar comprometida a validade da norma editada.

que prescreve, no seu antecedente, os elementos necessários à enunciação válida e, no seu conseqüente, uma relação jurídica que tem como objeto a validade do texto que verse sobre determinada matéria ou comportamento.

(iv) A formação da *norma de competência em sentido completo* pressupõe reunir, além da norma de competência em sentido estrito, uma norma jurídica que prescreva a sanção pelo exercício ilegítimo daquela, ou seja, a reação do sistema pela criação de norma jurídica sem fundamento de validade.

Uma pergunta, porém, deve ser ultrapassada: como traduzir a linguagem do direito positivo, notadamente vaga e ambígua, para o plano das fórmulas lógicas? Já vimos ser possível chegar à estrutura da competência tributária mediante a realização dos seguintes passos: (i) partiremos da estrutura básica prevista para toda e qualquer norma jurídica, segundo a qual (F→Rj) v (-Rj→Rj') – ou seja, dado um fato, deve ser a instauração de uma relação jurídica, e, não cumprida a relação jurídica, deve ser uma nova relação de cunho sancionatório coercitivo; (ii) com fundamento nas idéias expostas sobre competência jurídica, promoveremos sucessivos enriquecimentos semânticos, saturando de sentido as variáveis da fórmula que acabamos de enunciar; (iii) evidenciadas as peculiaridades da hipótese da norma de competência e da respectiva relação jurídica, ofereceremos nova estrutura simbólica, a qual chamaremos de *norma de competência*; assim, (iv) deixaremos evidentes as relações mantidas entre os enunciados de direito positivo na regulação da conduta de criar outras normas.

Faremos isso, porém, sem perder de vista o propósito que anima a construção deste artigo: identificar um ponto de partida unitário para a compreensão dos dispositivos que concorrem para regulação das formas de se produzir normas jurídicas sobre tributos.

Este esquema representativo da estrutura lógica da norma jurídica é estratégia para uma intensa redução de complexidade. Oferece, em reescritura simplificada, aquilo que no direito positivo está posto em termos complexos e dispersos. Fazemos isso por estarmos convictos de que somente as normas completas podem ser consideradas elementos do sistema de direito positivo. Observadas isoladamente, as proposições prescritivas simples não regulam a conduta humana; não oferecem critérios para serem separadas de outros enunciados normativos próprios da Religião, da Ética ou da Moral; não são coercitivas, pois não têm sanção ligada ao seu descumprimento; e sequer indicam critérios que definam onde e quando podem ser aplicadas. É por isso que acatamos a premissa segundo a qual só a norma completa regula condutas.[24]

Esse conjunto de idéias sobre a competência sugere um roteiro para generalizações no campo do direito tributário positivo. Em meio à diversidade de textos jurídicos, mas orientados pela estrutura lógica que será apresentada, construiremos noções gerais sobre: quem pode criar normas no direito tributário, de que forma, em que circunstâncias de espaço e de tempo e acerca do que podem versar tais normas.

As proposições construídas pela abstração formalizadora oferecem idéias essenciais para a compreensão do tema. Apresentam, por conseguinte, meios de imprimir intensa redução de complexidades para esta matéria – competência tributária – que já vimos ser ampla e multifacetada. Esses benefícios, porém, não afastam a circunstância de que suas proposições

24. As constantes e variáveis desta estrutura já foram, de certa forma, apontadas pelas obras dos autores estudados no item precedente. As idéias de Hans Kelsen, Herbert Hart, Alf Ross, Ricardo Guastini, Alchourrón e Bulygin, Norberto Bobbio (*Teoria do Ordenamento Jurídico*, 10ª ed., pp. 33-34) Lourival Vilanova, Paulo de Barros Carvalho e Tércio Sampaio Ferraz Jr. ("Competência tributária municipal", *RDTributário* 54/158-159), ainda que divergentes, indicam os aspectos que devem ser regulados pelas normas que outorgam competência. A seu modo, cada um desses autores põe ênfase em aspectos distintos, mas complementares, do interessante processo de auto-regulação previsto pelo direito positivo.

são construídas com termos vagos e ambíguos.

4. *Descrição hipotética do fato produtor de normas (Hj)*

Quais fatos ensejam a criação de novos textos de direito positivo? Quais elementos desse evento social costumam ser destacados pela hipótese normativa para dar forma ao fato jurídico? Ao responder à primeira questão, passamos pelo problema das fontes do Direito. Na segunda investigamos a atribuição de direitos e deveres por meio da qual o sistema regula sua própria criação.

Desta forma, se o direito positivo surge, expande-se, transforma-se, propaga-se e extingue-se na forma de textos, somos levados à conclusão de que criar Direito é criar texto.[25] O sentido primeiro da atividade criadora de enunciados é a enunciação.[26] Acontecimento, este, que é fugaz, ocorre e se exaure, deixando no produto da sua criação apenas marcas de autoria, tempo e local da criação.[27]

A validade de novos textos jurídicos vincula-se ao cumprimento de certos requisitos formais de enunciação, sem cuja presença não se pode falar de enunciados jurídicos prescritivos.

São desta natureza as referências de autoria, modo, local e tempo de criação dos textos. É de se esperar, pois, que a hipótese da norma de competência prescreva, ainda que indiretamente, esses quatro elementos. É a partir da análise destes requisitos que verificaremos a programação formal da norma de competência. Façamos outros enriquecimentos semânticos, dando forma à estrutura da norma de competência tributária.

4.1 Sobre quem pode criar normas jurídicas (s)

É competente para criar normas o sujeito *s*, que, mediante a prática de um ato ou conjunto de atos P, introduza uma norma jurídica válida N no sistema de direito positivo SP. Para Torben Spaak é competente o sujeito que tem possibilidade de alterar, por ato próprio, o sistema de direito positivo.[28] Jordí Ferrer Beltrán acrescenta que as normas de competência constituem esse sujeito da mesma forma que as demais normas qualificam um sujeito como capaz de realizar uma conduta qualquer.[29]

Essa função nomogenética – produtora de normas – encontra-se dividida entre vários sujeitos de direito que podem, mediante a prática de diferentes atos, inserir comandos normativos que veiculem as mais variadas mensagens.[30]

25. Aqui, aplicamos ao direito positivo e à ciência que o coloca como objeto de suas considerações as idéias de Vilém Flusser (*Língua e Realidade*, 2ª ed., *passim*), segundo as quais a linguagem seria, formaria, criaria e propagaria a realidade.

26. "Enunciação: é a instância de mediação entre as estruturas narrativas e discursivas que, pressuposta no discurso, pode ser reconstruída a partir das pistas que nele espalha; é também mediadora entre o discurso e o contexto sócio-histórico, e, nesse caso, deixa-se apreender graças às relações intertextuais. Enunciado: é o objeto-textual resultante de uma enunciação" (Diana Luz Pessoa de Barros, *Teoria Semiótica do Texto*, 4ª ed., p. 86). No mesmo sentido, José Luiz Fiorin expõe: "O primeiro sentido de enunciação é o de ato produtor do enunciado" (*As Astúcias da Enunciação: as Categorias de Pessoa, Espaço e Tempo*, 2ª ed., p. 31).

27. Sobre a individualização das normas, cf. Joseph Raz, *The Concept of Legal System – An Introduction to the Theory of Legal System*, 2ª ed., 1997, e Lourival Vilanova, *As Estruturas Lógicas e o Sistema de Direito Positivo*, 2005.

28. "(...) one who has competence is thus in a legal position and has as well the possibility of changing legal positions" (Torben Spaak, *The Concept of Legal Competence: an Essay in Conceptual Analysis*, p. 77).

29. A identificação do sujeito competente é fundamental para o estudo da competência, na medida em que é este sujeito que será encarregado de desempenhar a enunciação, criando normas jurídicas. Jordí Ferrer Beltrán destaca a identificação do sujeito pela norma de competência: "Las normas de competencia constituyen al sujeto de las mismas en competente para realizar un determinado acto jurídico sobre una determinada materia" (*Las Normas de Competencia – Un Aspecto de la Dinámica jurídica*, p. 147).

30. Lourival Vilanova (*Causalidade e Relação no Direito*, 4ª ed., p. 265) entende que o Estado,

Torben Spaak,[31] com a precisão analítica que caracteriza seu pensamento, chama atenção para a diferença entre os requisitos que alguém deve preencher para ser sujeito competente e o sentido de ser titular de alguma competência. Para ser competente o sujeito deve atender aos requisitos da norma.[32] A primeira análise põe ênfase no que "deve ser feito para ser competente"; já a segunda, no "que se pode fazer sendo competente". É competente o sujeito que atende aos requisitos previstos pelo direito positivo para ser qualificado como tal. Só assim esses sujeitos podem ser agentes da enunciação de novos textos de direito positivo.

No sistema tributário brasileiro há várias classes de sujeitos competentes – aptos, portanto, a criar normas com diferentes graus de abstração e generalidade, com conteúdos variados e voltadas ao cumprimento de funções igualmente diversas. Vejamos, por exemplo, alguns dos sujeitos competentes para editar normas na cadeia de positivação do imposto sobre serviços/ISS.

(i) A Assembléia Constituinte outorgou aos Municípios e ao Distrito Federal a competência para instituir o ISS, segundo as regras da lei complementar (art. 156, III, da CF).

(ii) A União, agindo em nome da Federação, editou a Lei Complementar 116/2003, que inseriu a Lista de Serviços e veiculou outras prescrições.

(iii) O Município de Belmonte instituiu a Lei 3.227/2005, prescrevendo as regras-matrizes de incidência tributária do ISS, além de instituir uma série de deveres instrumentais.

(iv) O Prefeito editou o Decreto 5.114/2005 para dispor analiticamente sobre temas que foram tratados sinteticamente pela lei.

(v) O Secretário de Finanças Municipal estabeleceu ato normativo prescrevendo outros pormenores para que fosse cumprida a obrigação tributária, tais como a indicação do código de recolhimento municipal e o formato do documento de arrecadação, entre outros.

(vi) Mévio, prestador de serviços em caráter oneroso na circunscrição da citada municipalidade, apresentou declaração relatando o fato de ter prestado serviço e se vinculando ao pagamento do ISS no valor de R$ 6.000,00 ao citado Município. Efetuou, porém, o pagamento em dia posterior ao previsto.

(vii) O agente fiscal do Município, no dia seguinte ao do pagamento, constatando sua irregularidade, lavrou auto de infração e imposição de multa.

(viii) Reconhecendo a procedência da autuação, Mévio efetuou o pagamento da quantia exigida no auto, documentando-o na guia de arrecadação municipal.

No exemplo simples que acabamos de expor houve criação de, pelo menos, sete normas jurídicas, com seis sujeitos competentes distintos. A Assembléia Constituinte, a União, o Município de Belmonte, o Prefeito da Municipalidade, o Secretário de Finanças, Mévio e o Fiscal do Município foram os sujeitos da enunciação de cada uma destas normas. Sem que eles cui-

repartido em funções para o exercício de atividades estatais (legislar, executar e julgar), divide-se em órgãos, atribuídos de competência: "Com a repartição de funções, instituição de órgãos específicos para funções específicas, cada órgão é o centro parcial de imputação, como o Estado é o centro total de imputação, de criação e de aplicação do Direito. Cada órgão é um plexo de atribuições, de faculdades, de poderes e de deveres: é um feixe de competência".

31. Em suas palavras: "(...) we must distinguish between (i) the question as what the conditions are that must be fulfilled for a person to have competence and for a legal norm to be valid and (ii) the question of what it means that a person has competence and that a legal norm is valid" (Torben Spaak, *The concept of legal competence: an essay in conceptual analysis*, p.65).

32. Esse aspecto atributivo da faculdade de criar normas é destacado por Daniel Mendonca quando defende que: "(...) las normas de competencia tienen por función atribuir poder a una autoridad para ejecutar determinados actos de derecho sobre ciertas materias y de conformidad con ciertos procedimientos" (*Las Claves del Derecho*, p. 134).

dassem de promover sua criação, nenhum novo texto haveria surgido de forma válida.

Com efeito, na descrição abstrata do fato que enseja a produção de normas, o primeiro elemento a ser prescrito é a qualificação do sujeito que poderá criar novos textos de direito positivo.

4.2 Sobre como deve ser a criação de normas [p(p1.p2.p3...)]

O segundo enriquecimento semântico que realizaremos será sobre a forma de exercer a competência. Sim, pois uma coisa é ser sujeito competente; outra, bem distinta, é exercer a competência de que se é titular. Para ser competente é necessário ser qualificado, adjetivado pelo direito positivo como tal. Para exercer a competência é necessário realizar ato, ou conjunto de atos previstos pelo direito positivo para legitimar a enunciação de novos textos jurídicos. Nesse campo do exercício da competência estão compreendidos todos os elementos envolvidos na enunciação dos textos de direito positivo.

De fato, ao prescrever a ação de criar outras normas, a hipótese da norma de competência toca no principal ponto da atividade enunciadora de textos: ela indica o verbo. Esse é o elemento central, assim da hipótese como do conseqüente das normas jurídicas.

No antecedente o verbo descreve a conduta que precisa ser realizada para a inserção de novas normas no sistema de direito positivo.[33]

33. A enunciação seria produtora do enunciado, que consistiria, segundo Paulo de Barros Carvalho, no "(...) produto da atividade psicofísica de enunciação. Apresenta-se como um conjunto de fonemas ou de grafemas que, obedecendo a regras gramaticais de determinado idioma, consubstancia a mensagem expedida pelo sujeito emissor para ser recebida pelo destinatário, no contexto da comunicação" ("Formalização da linguagem. Proposições e fórmulas", *Revista do Programa de Pós-Graduação em Direito da PUC/SP* 1/143).

Já no conseqüente está a conduta atribuída como efeito da realização do fato hipoteticamente descrito. Vincula-se à realização da conduta prevista na hipótese normativa outra conduta, que surge como direito ou dever de um sujeito A perante um sujeito B.

No campo da competência tributária o verbo descrito na hipótese normativa faz referência à atividade enunciadora de textos. Assim, quando falamos no antecedente, esse verbo constitui seu núcleo significativo. Isso porque todos os demais critérios vinculam-se a este verbo.

O critério pessoal, que citamos no item anterior, refere-se ao sujeito do verbo, aquele que desempenha a conduta de enunciar, o sujeito competente.

O critério espacial é o local onde o sujeito pode realizar o verbo "enunciar".

O critério temporal estabelece as circunstâncias de tempo nas quais o verbo pode ser enunciado.

E não poderíamos deixar de citar, por sua absoluta pertinência ao tema, o critério procedimental, que é a referência ao modo de realização do verbo "enunciar". Essa referência, por sua vez, pode ter duas espécies: ser um ato ou um procedimento, conforme prescreva o direito positivo.

Tomemos como critério o tipo de enunciação que enseja a criação da norma. Esse tipo de enunciação a que nos referimos não é mais o acontecimento social, mas sua versão em linguagem jurídica, aquilo que o direito positivo capta do processo de enunciação, ou seja, a *enunciação-enunciada*. Os elementos desse fato jurídico são positivados no antecedente dos instrumentos introdutores de normas jurídicas e podem ser classificados em *primários* e *secundários*.[34]

Os primários inserem normas jurídicas gerais e abstratas que podem inovar a ordem jurídica, dispondo sobre novos

34. Cf. Paulo de Barros Carvalho, *Curso de Direito Tributário*, 19ª ed., pp. 58-77.

direitos e deveres. Já os instrumentos secundários inserem disposições tendentes a aplicar aquilo que se encontra previsto pelos instrumentos primários. Podem fazer isso mediante a publicação de atos infralegais gerais e abstratos, como decretos, regulamentos, instruções normativas. E podem, também, inserir normas individuais e concretas. Estas, por sua vez, podem ser produzidas por sujeitos competentes.

Vejamos o que acabamos de expor com o auxílio do exemplo dado no item anterior. Nas situações (i), (ii), (iii) e (vii) temos a produção de texto constitucional, de textos de leis complementar e municipal, além da constituição de norma individual e concreta, a partir da qual se instaurou processo administrativo contra Mévio e a constituição da norma jurídica que positiva – documenta – o pagamento efetuado.

Os três primeiros têm sua forma disciplinada sob o nome de *processo legislativo*,[35] no qual se pode perceber um *iter* procedimental, composto por uma série de atos legislativos. No último há, também, atos que se encadeiam no tempo, iniciando com a intimação de Mévio, abertura de prazo para pagamento ou defesa, além de outros que se sucederão até o fim do processo administrativo. Não há razão para ignorar o ato de pagamento, que, de forma idêntica aos demais, é um modo de produzir enunciados normativos. Em todos estes casos, o que se percebe é a possibilidade de realizar o verbo "enunciar" de diferentes modos, seja na forma de um ato isolado ou de um processo, sendo o resultado sempre o mesmo: produção de enunciados prescritivos.

As expressões "Constituição da República", "emenda constitucional", "lei complementar", "lei ordinária", "lançamento de ofício", "norma de pagamento" e outras tantas utilizados para denotar o "instrumento introdutor de normas" são apenas locuções diferentes para a mesma conduta. São formas de legitimar a criação de normas jurídicas, atendendo às próprias escolhas positivadas pelo sistema constitucional tributário.

O modo de realizar a enunciação é, pois, um elemento fundamental na compostura interna da hipótese das normas de competência tributária. Ignorado qualquer dos seus aspectos – ou seja, feita a enunciação dos textos de direito positivo sem atenção a qualquer dos elementos previstos no modo de enunciação –, o texto não terá sido enunciado da forma correta. O fato "enunciação" não terá ocorrido de acordo com o sistema. Logo, a norma jurídica inserida por este instrumento será inválida.

Daí a relevância de pôr em destaque os elementos essenciais da enunciação. Por isso, além do sujeito competente e do modo de se realizar a enunciação, destacaremos as referências de espaço e de tempo.

4.3 Sobre onde as normas devem ser produzidas (e)

Todo verbo descreve ação ou estado que se dá no espaço e no tempo. Isso ocorre de tal forma que seria possível e até intuitivo afirmar que os indicadores de espaço e de tempo são pressupostos à enunciação de qualquer ato. A referência de tempo delimita o lapso temporal em que a conduta pode ser realizada. Já a referência de espaço indica onde a enunciação deve ocorrer. Vejamos este último aspecto – o espacial – para, em seguida, nos dedicarmos às referências de tempo.

Vimos que a separação de faculdades impositivas proporciona intensa variedade de sujeitos, de procedimentos e, por conseguinte, de locais para exercício da competência.[36] Podemos, contudo, analisar o direito positivo e propor critérios para a sistematização de regras que tornem possí-

35. Cf. Manoel Gonçalves Ferreira Filho, *Do Processo Legislativo*, 5ª ed., *passim*, e Nelson de Souza Sampaio, *O Processo Legislativo*, *passim*.

36. Cf. Gabriel Ivo, *Norma Jurídica: Produção e Controle*, p. 71.

vel indicar, com alguma previsibilidade, os lugares onde normas jurídicas podem ser confeccionadas. Em qualquer dos casos, a prática de ato fora da circunscrição enseja problemas.

Os atos infralegais individuais e concretos podem ser praticados por agentes públicos (*e.g.*, lavratura de autos de infração e lançamento de ofício) e por particulares (*e.g.*, apresentação de declaração de ajuste anual). No caso dos agentes públicos a competência é atribuída em razão do local ou da atividade que desenvolve. Já os particulares podem praticar atos com maior liberdade, embora tenham que indicar um domicílio fiscal – que equivale, juridicamente, ao local de prática de todos os atos tributários do contribuinte.

4.4 Sobre quando as normas podem ser produzidas (t)

Já adiantamos acima que a referência de tempo serve para indicar o marco temporal, aquele lapso de tempo em que a norma deve ser produzida para ser válida no sistema de direito positivo. Neste ponto, estamos falando dos condicionantes de tempo da enunciação, quando ela deve ser concluída para ser válida.[37] Vejamos o aspecto temporal do verbo "enunciar", previsto na hipótese de toda e qualquer norma de competência, com a ajuda de exemplos.

Na competência legislativa o caso das medidas provisórias é bastante eloqüente. Desde que foi promulgada a Constituição de 1988 o Presidente da República dispõe da prerrogativa de editar medidas provisórias com força de lei, para tratar de certos temas, em casos que se configurem como urgentes e relevantes. Publicado o ato normativo, deve ser imediatamente convertido em projeto de lei para apreciação do Congresso Nacional, que deverá fazê-lo no prazo de 60 dias, prorrogável por uma única vez. Não realizada a enunciação no prazo devido, o ato perderá eficácia desde sua publicação, ressalvadas as exceções dos §§ 11 e 12 do art. 62 da CF. O exercício fora de prazo da enunciação cria obstáculo intransponível à validade do ato normativo.

Muitos outros exemplos podem ser relacionados para ilustrar a relevância do aspecto temporal das normas. Os prazos processuais em que se opera a figura da preclusão, por exemplo, são casos típicos em que a validade de um ato normativo está vinculada à sua criação num determinado espaço de tempo.

Com mais esses esclarecimentos delineamos a última das variáveis em que a ação de enunciar enunciados prescritivos deve ser exercida.

4.5 Síntese da hipótese que descreve os fatos produtores de normas

Programar a enunciação de novos textos de direito positivo é a principal função da hipótese das normas de competência tributária. Para isso, há indicação de um verbo pessoal – "enunciar" –, transitivo direto ou indireto. Quem enuncia (s) enuncia algo (m), de certa maneira [p(p1.p2.p3...)], em determinado lugar (e) e tempo (t), para alguém que é o destinatário da enunciação. Com isso significamos que a enunciação prevista pela norma de competência deve ser desempenhada por um sujeito competente, por meio de certo procedimento, em condições de espaço e de tempo. A positivação desta hipótese faz surgir o fato jurídico de exercício da competência, que coincide com o que a doutrina vem chamando de instrumento introdutor de norma.

Em termos de análise do discurso, poderíamos falar de *enunciação-enunciada*, pois é a parte dos enunciados em que se projetam as marcas da enunciação, ou seja, as informações sobre a forma de produção dos textos de direito positivo.[38] A hipótese

37. Idem, p. 73.

38. Como explica Tárek Moysés Moussallem: "Não podemos denominar o fato enunciação de fato

da norma de competência seleciona propriedades da enunciação-enunciada que devem estar presentes, sob pena de não ocorrer a subsunção do fato à norma. Noutras palavras, a enunciação que não corresponde à hipótese da norma de competência conflita com o próprio sistema e enseja a invalidade formal do texto.[39]

Pois bem, o antecedente da norma de competência indica, hipoteticamente, quem, onde, quando e como a norma deve ser produzida. Essas indicações, porém, só assumem sentido jurídico quando vinculadas a uma matéria.

5. O vínculo entre forma e conteúdo (→)

Uma norma jurídica em sentido estrito descreve em sua hipótese um fato a cuja ocorrência o direito positivo vincula certas conseqüências. Karl Engish, a esse respeito, ensina: "Refiro-me à questão de saber qual a relação em que se encontram entre si a hipótese legal e a conseqüência jurídica. Até aqui limitamo-nos a caracterizar esta relação como uma relação de condicionalidade: a hipótese legal, como elemento constitutivo abstracto da regra jurídica, define conceitualmente os pressupostos sob os quais a estatuição da conseqüência jurídica intervém, a conseqüência jurídica é desencadeada".[40]

O fato descrito pela norma de competência é a enunciação. É o antecedente da norma de competência que prescreve que fatos (sujeito, procedimento, espaço e tempo) devem concorrer para que se tenha a produção de uma norma válida. O conseqüente da norma de competência é a matéria sobre a qual a norma poderá versar.

Fundamentamos essas idéias afirmando que o aspecto formal de uma norma só existe em função de uma matéria. Conforme ensina Lourival Vilanova: "O que uma norma de direito positivo enuncia é que, dado um fato, seguir-se-á uma relação jurídica, entre sujeitos de direito, cabendo, a cada um, posição ativa ou passiva".[41] Não há sentido jurídico na prescrição de um tipo de ato ou processo que não seja para poder criar normas com o fito de disciplinar certos comportamentos, tratar de certa matéria.

A forma, já vimos, é descrita pela hipótese da norma de competência; a matéria, por seu turno, encontra-se delineada no objeto da relação jurídica. O vínculo entre ambas, então, só pode ser estabelecido pelo conectivo deôntico neutro (→), aquele que vincula o acontecimento A à conseqüência B. Destarte, o encontro entre forma e matéria é sintetizado pelo "dever-ser" que vincula a previsão hipotética do fato – enunciação da norma – à relação jurídica entre sujeito competente e os demais que integram a sociedade, tendo como objeto a possibilidade de inserir texto jurídico versando sobre certa matéria. E esse conectivo interproposicional sintetiza a decisão, positivada na norma de competência, de submeter determinada matéria à enunciação de certo tipo.

Posto em termos formais o que acabamos de expor, teríamos:

$$C = E . M$$

onde se lê: competência (C) é o vínculo jurídico que se estabelece entre a programação de um tipo de enunciação (E) para disciplinar certa matéria (M). Livre da matéria, toda enunciação é possível.

jurídico, pois jurídico é aquele fato que sofreu incidência normativa, que, como dissemos, só sobrevém com o ato de aplicação do Direito, transfigurado no seio de uma norma concreta" (*Fontes do Direito Tributário*, 2ª ed., p. 139).

39. A primeira vez que defendemos esta idéia foi em "A Norma de Competência Tributária para a Instituição de Contribuições Interventivas" (cf. nota 1), Dissertação de Mestrado defendida em 18.8.2002. Embora utilizando signos distintos, a idéia subjacente permanece inalterada.

40. Karl Engisch, *Introdução ao Pensamento Jurídico*, 9ª ed., p. 58.

41. Lourival Vilanova, *Causalidade e Relação no Direito*, 4ª ed., p. 102.

De forma idêntica, todo matéria contingente (isto é, possível e não necessária) é suscetível de regulação jurídica. Os desajustes que projetam efeitos relativos à validade das normas jurídicas surgem, justamente, do descompasso entre forma e conteúdo. Isso de tal sorte que não se pode cogitar de um sem o outro.

Assim, já tendo superado a exposição da forma, vejamos como se dá a programação da matéria.

6. Relação jurídica de competência (Rj)

Breve distinção: uma coisa é a relação jurídica geral, prevista para todo aquele que realizar o fato jurídico; outra é a individual, com sujeitos e objeto bem definidos.

Fazendo uma simples inferência: se o antecedente da norma programa o exercício da competência – a enunciação –, o conseqüente define os contornos da norma que vai ser criada – os *enunciados-enunciados*.

Hj(com)	→	**Rj(com)**
↓		↓
Fj		**Rj**
(instrumento introdutor)		**(norma introduzida)**

Por isso, os contornos materiais da norma criada devem ser compatíveis com o conteúdo dos dispositivos que integram o conseqüente da norma de competência. Ocorrendo o contrário, e sendo esta incompatibilidade reconhecida por quem de direito,[42] a norma será nula.

6.1 O sujeito ativo da relação de competência (s)

Na estrutura da norma de competência, o sujeito competente desempenha dois papéis fundamentais: é o agente da enunciação e é, também, quem pode dispor sobre certa matéria. O sujeito competente ocupa a posição de sujeito ativo de uma relação jurídica. Por força disso, é o titular de um direito subjetivo: criar norma jurídica para versar sobre determinado tema.

A contraface deste direito é a responsabilidade pela norma criada. Com efeito, sempre que se pretenda obstar à produção dos efeitos prescritivos de uma norma jurídica, abre-se oportunidade ao agente enunciador – sujeito ativo da competência – para se manifestar, argumentando em favor da compatibilidade da norma com o sistema jurídico e, em especial, com a norma que lhe serve de fundamento de validade. Sempre que se argumente pela invalidade – o gênero –, o agente enunciador poderá ser chamado a se manifestar como forma de preservar seu direito de ver mantido o texto de direito positivo, por ele criado, existindo e, assim, regulando condutas.

Explicaremos melhor com o auxílio de algumas das circunstâncias previstas no exemplo de Mévio, um contribuinte de ISS do Município de Belmonte.

(i) Proposta ação para reconhecimento, em controle difuso, da inconstitucionalidade parcial da Lei 3.227/2005, pelo argumento de que uma da regras-matrizes descreve em sua hipótese fato que não se ajusta à definição do conceito de *serviço*, a Procuradoria Municipal, ou quem lhe faça às vezes, cuidará, neste caso, de oferecer defesa em nome do Município, buscando preservar a manutenção da lei no sistema jurídico.

(ii) Ocorrerá o mesmo, porém, em controle de legalidade, caso o Decreto 5.114/2005, editado pelo Prefeito de Belmonte, contenha disposições contrárias aos termos da lei.

42. Neste ponto reiteramos que a incidência da norma de competência, como ocorre com as demais, pressupõe decisão do sujeito competente de captar o fato social, traduzindo-o para a linguagem jurídica e imputando a ele a instauração de relações jurídicas. Assim, a incidência da norma confunde-se com sua aplicação e, também, com a criação de mais normas para o sistema de direito positivo (Paulo de Barros Carvalho, *Direito Tributário: Fundamentos Jurídicos da Incidência*, 5ª ed., p. 9).

(iii) É, também, a procuradoria do Município o órgão encarregado de atuar em juízo, oferecendo razões para preservar a integralidade de atos normativos proferidos pelo Secretário de Finanças, na hipótese de a validade destes atos ser questionada na esfera judicial.

(iv) Mévio, caso discorde do auto de infração lavrado pela autoridade municipal, será sujeito competente, assim como foi para editar o ato normativo da declaração, para apresentar defesa administrativa, expondo razões no sentido de ter sido correta a norma que lavrou para constituir a obrigação – declaração – e extingui-la – guia de arrecadação municipal.

Nestes exemplos, e em outros que se possam relacionar sobre a atividade criadora de normas, há alguns pontos em comum que merecem destaque:

(i) Há distinção entre ser qualificado como sujeito competente, exercer a competência e ter direito a ver o produto da enunciação produzindo seus efeitos prescritivos. Em regra, é o sujeito competente para editar a norma que é chamado, diretamente ou por meio de algum órgão que o represente, para sustentar a validade do texto jurídico produzido, sua compatibilidade com o sistema de direito positivo.

(ii) Cada tipo de instrumento introdutor de norma pode ter um foro competente para análise da sua validade.

(iii) O direito do sujeito competente de realizar a enunciação e preservar a validade da norma que criou tem como contrapartida o dever dos sujeitos passivos de aceitarem o texto criado licitamente, ou seja, de acordo com os condicionantes formais e materiais do próprio sistema.

Antes, porém, de passar à figura do sujeito passivo da relação jurídica de competência, é pertinente insistir num ponto: essa relação é atributiva de direitos e deveres.[43] Cabe, porém, ressaltar que a sujeição ativa na relação de competência envolve o próprio ato de criação do direito positivo. É a posição do sujeito que edita o texto e se responsabiliza pelo produto da sua criação.

A especificidade deste lugar está na prerrogativa de exigir a juridicidade da norma criada – que é sinônimo de defender a sua validade –, e não qualquer pretensão veiculada no seu texto.

Tomamos um exemplo para facilitar a compreensão: de um lado está o direito de defender a validade e aplicação da norma que instituiu o alargamento da base de cálculo da COFINS; do outro está o direito do sujeito ativo da relação jurídica tributária de perceber a majoração do tributo a ser pago em face da ampliação da base de cálculo.

Ser sujeito ativo de qualquer outra norma, que não a de competência, diz respeito ao direito ou dever de exigir uma conduta que não seja nomogenética.

Voltemos nossas atenções para o outro termo da relação de competência, aquele ocupado pelos que devem suportar seu exercício, nos estritos limites previstos pela norma.

6.2 O sujeito passivo da relação de competência (sp)

Define-se como sujeito passivo aquele que pode ser chamado ao cumprimento de um dever.[44] Este dever é correlato ao

43. "Assim como os juízos hipotéticos no sentido lógico são constituídos por conceitos, de igual modo o são a prótase e a apódose de um imperativo jurídico condicional. Por isso, a 'hipótese legal' e a 'conseqüência jurídica' (estatuição), como elementos constitutivos da regra jurídica, não devem ser confundidas com a concreta situação da vida e com a conseqüência jurídica concreta, tal como esta é proferida ou ditada com base naquela regra. Para maior clareza chamamos por isso 'situação de fato' ou 'concreta situação de vida' à hipótese legal concretizada. Infelizmente, porém, inexiste qualquer designação para a conseqüência jurídica concreta" (Karl Engisch, *Introdução ao Pensamento Jurídico*, 9ª ed., p. 57).

44. "Tenha-se em conta o seguinte: toda relação tem termos e tem sua relação conversa (recíproca). Se A é comprador diante de B, B é vendedor em face de A. A relação jurídica conversa de comprar é vender, e

direito do sujeito competente de criar a norma jurídica. Desta feita, a imposição ao sujeito ativo da relação de competência é de respeitar o direito atribuído ao sujeito passivo – ou seja, não ser tributado além dos limites previstos pelo ordenamento. Há duas modalidades fundamentais para esse respeito a que acabamos de nos referir: não criar obstáculos ao exercício da competência, nem exercer a competência de outrem. Realizando esses dois deveres, que se completam sob a idéia de respeito ao direito do sujeito ativo, aquele que ocupa a posição passiva cumpre seu encargo jurídico.

Ocorre que o dever de suportar a criação de normas projeta efeitos distintos entre os sujeitos que integram a sujeição passiva. Para alguns a criação de novos textos jurídicos é irrelevante. Sendo Mévio, por exemplo, um prestador de serviços do Município de Belmonte, pouco importam as alíquotas deste tributo vigentes no Município de Chuí. Ressalvada alguma circunstância não prevista no exemplo – como uma viagem ou um cliente que resida nesses Municípios –, Mévio não será afetado por essas prescrições. E essa sujeição fraca que pintamos com cores fortes, em benefício da didática, ocorre a todo momento, num sem-número de situações em que pouco ou nada vale saber de uma norma que ingressou ou não no sistema de direito positivo.

Outros, no entanto, têm no exercício de certas competências alheias o risco de sofrer lesões ou ameaças em seus direitos. Aqui, sim, a sujeição passiva é cheia de significado jurídico, pois os sujeitos passivos são, também, agentes legitimados a questionar, via ação judicial ou defesa administrativa, eventuais lesões ou ameaças que possam vir a sofrer. Esse é, por exemplo, o caso de Mévio naquelas situações em que a legislação do Município de Belmonte – legislação em sentido amplo – é alterada pela inserção de novos enunciados prescritivos. Aqui, sim, Mévio pode acionar os meios que o sistema jurídico põe à sua disposição para não sofrer qualquer lesão ou ameaça a direitos que a ordem jurídica lhe assegura.

Como, então, superar a ambigüidade na sujeição passiva da competência tributária, tendo em vista a citada diferença entre o conjunto de sujeitos passivos?

Propomos, então, dividir a classe dos sujeitos passivos em: *sujeição passiva fraca* e *sujeição passiva forte*. A sujeição passiva fraca engloba todos os que simplesmente devem "saber" da existência da norma, sujeitando-se aos seus comandos. Já a sujeição passiva forte é composta apenas por aqueles que, estando no âmbito de incidência da norma criada, têm legitimidade para acionar o Judiciário, suspendendo ou afastando a juridicidade da norma criada de forma ilícita.

O critério fundamental para esta subdivisão na classe dos sujeitos passivos é a legitimidade ativa para requerer seja reconhecida a incompatibilidade da norma inferior com aquela que lhe serve de fundamento de validade ou, tão-somente, a aplicação da norma sancionadora de (in)competência. Essa posição surge do fato de o exercício da competência poder causar alguma lesão ou ameaça a direitos. Sim, pois, nestes casos, é o próprio sistema constitucional que assegura a inafastabilidade de apreciação pelo Poder Judiciário de qualquer ato que possa causar lesão ou ameaça desta natureza (art. 5º da CF).

Com isso, a legitimidade ativa para requerer ao Judiciário a invalidade de uma norma é outorgada conforme exista, no caso concreto, lesão ou ameaça de lesão a direito. Esse é, pois, o caso dos tributos inconstitucionais.

a de vender é comprar. Fundado nessa estrutura relacional é que cada termo da relação A e B tem correlativamente direito subjetivo e dever jurídico. Quando A tem dever jurídico, B tem, correlatamente, direito subjetivo. Direito subjetivo e dever jurídico são direitos correlatos: só existem na relação, não fora ou acima de relações jurídicas" (Lourival Vilanova, *Causalidade e Relação no Direito*, 4ª ed., p. 186).

O conjunto de indivíduos obrigados ao recolhimento do tributo compreende o que chamamos de sujeição forte.

Os demais integram a chamada sujeição fraca, pois, embora obrigados a conhecer e respeitar a norma jurídica, não podem questionar a sua validade.

6.2.1 *Sujeição passiva e outros esclarecimentos. Isomorfismos com o direito de propriedade e os direitos potestativos*

Para reduzir as ambigüidades e vaguidades da expressão "sujeição passiva" é importante deixar clara outra distinção: o sujeito passivo da relação jurídica de competência não se confunde com aquele que ocupa a sujeição passiva numa relação jurídica tributária, seja nas relações que veiculem deveres instrumentais ou a própria obrigação tributária. Nestas, o sujeito passivo obriga-se ao cumprimento de certas e determinadas condutas.

A sujeição passiva na relação jurídica de competência,[45] por sua vez, obriga a um dever específico, que não se confunde com os demais e está relacionado à atividade de se subordinar ao conteúdo da norma que venha a ser criada, não impedir sua criação e nem exercer competência própria de outrem. Como se pode notar, estruturalmente, as posições são idênticas, ambas são sujeição passiva, porém com conteúdos que não se confundem.

Para facilitar a exposição do modo como compreendemos a relação jurídica de competência, poderíamos estabelecer um paralelo com dois tipos de relação jurídica: a do direito de propriedade e a do direito potestativo.[46]

Este último caso – relação jurídica de direito potestativo – ocorre quando alguém, sujeito ativo, tem alguma prerrogativa cujo exercício deve ser suportado por todos, sem que alguém possa impor qualquer obstáculo. É justamente isso o que expõe Lourival Vilanova quando afirma que: "O titular passivo na relação de direito potestativo não tem dever a prestar, pois fica reduzido à posição de sujeição. Suporta os efeitos jurídicos do exercício de poderes do seu titular, que por ato unilateral, só por si, é capaz de provocar constituição, modificação ou desconstituição de relações jurídicas".[47]

O direito subjetivo imputado ao sujeito competente tem esta feição de alterar relações jurídicas por ato unilateral. Há, em contrapartida, o dever jurídico de respeito a essa modificação, imputado a todos os demais sujeitos da sociedade.

Algo semelhante se passa com o direito de propriedade. O proprietário pode opor seu direito de uso, gozo, perseguição e disposição do bem contra a totalidade remanescente da sociedade. No entanto, es-

45. Roque Antonio Carrazza utiliza a expressão "estado genérico de sujeição" para se referir ao que se chama aqui de sujeição passiva da competência. Eis sua lição: "A competência tributária, quando adequadamente exercida (...), faz nascer para os virtuais contribuintes um estado genérico de sujeição, consistente na impossibilidade de se subtraírem à sua esfera de influência" (*Curso de Direito Constitucional Tributário*, 11ª ed., p. 307).

46. Sobre o paralelo entre norma de competência e direito potestativo: "(...) el Derecho posee ciertas normas o reglas relativas a la validez de un acto para producir ciertos efectos o consecuencias jurídicas (a veces llamada vigencia) que, apreciadas desde el punto de vista de su destinatario, le otorgan una potestad (a veces llamada facultad y, con menor alcance, capacidad o competencia). (...). Yo prefiero llamar estas reglas normas potestativas, precisamente por la función que cumplen, pues no se limitan a establecer quién es el órgano público encargado o apto para cumplir cierta actividad (concepto clásico de competencia en lenguaje jurídico) o el sujeto de derecho privado idóneo jurídicamente para llevar a cabo cierta acción (concepto clásico de capacidad en lenguaje jurídico), sino que su función se extiende a disciplinar quién, cómo y hasta con qué limitaciones de contenido puede realizar una acción que produzca consecuencias jurídicas" (Julio B. J. Maier, "Reflexiones acerca de la vigencia del Derecho", in Eugenio Bulygin (coord.), *El Lenguaje del Derecho: Homenaje a Genaro R. Carrió*, pp. 241-243).

47. Lourival Vilanova, *Causalidade e Relação no Direito*, 4ª ed., p. 231.

pecialmente nos âmbitos dos direitos reais, o uso e gozo devem ser exercidos segundo padrões sociais de bom uso, atendendo, sempre que for o caso, a uma função social. Essa característica, antes de comprometer a analogia que propomos, serve para reforçá-la, pois a competência jurídica deve, também, ser exercida segundo limites formais e materiais. Assim, os limites ao exercício do direito de propriedade contribuem para reforçar o paralelo estabelecido com as normas de competência.

As observações que desenvolvemos acima nos permitem afirmar que o traço comum entre o direito potestativo, o direito de propriedade e a competência jurídica está no fato de essas normas estabelecerem relações jurídicas absolutas, ou seja, disporem sobre direitos oponíveis a toda a sociedade.[48] A precisa caracterização dos direitos subjetivos absolutos foi posta nos seguintes termos por Lourival Vilanova: "Direitos subjetivos absolutos são relacionais. Têm-se direitos subjetivos absolutos em relação a outros titulares de deveres subjetivos — os sujeitos-de-direitos passivos totais, ou a universalidade dos sujeitos-de-direito dos quais se exige o dever de respeito. (...). Mesmo, não há prestação a cumprir para com os titulares ativos. Há o dever jurídico negativo de abster-se de interferir na esfera de licitude do direito subjetivo absoluto".[49]

Noutras palavras – e com a mesma precisão –, esse autor sintetiza a idéia que pretendemos expor: "Nos direitos subjetivos absolutos (pessoais ou reais), não tendo por correlato o dever de prestar de nenhum sujeito passivo, exercita-se o direito exigindo-se o simples omitir-se do sujeito passivo".[50] Essa omissão, que percebemos nos direitos potestativos e de propriedade, é dever comum de todo sujeito que ocupe a posição de sujeito passivo da competência.

Cabendo ressalvar, aqui, a distinção entre aqueles que estão legitimados a questionar o produto do livre exercício da competência – norma jurídica –, em face de eventuais ilícitos nomogenéticos, dos demais da sociedade que se sujeitam a observar esse exercício, pura e simplesmente.

6.3 Permissão, faculdade ou obrigação?

Na compostura interna da norma jurídica o conectivo deôntico desempenha, pelo menos, duas funções: liga o antecedente normativo ao conseqüente, de forma neutra, e vincula sujeitos de uma relação jurídica de forma modalizada em "permitido", "proibido" ou "obrigatório".[51] No primeiro caso, atua como functor deôntico;[52]

48. A cerca de relações absolutas e relativas, Hermes Lima expõe que: "A relação jurídica, conforme acentuou Ferrara, é sempre relação entre pessoas, porque, se ela implica um poder jurídico, aquele poder não pode dirigir-se contra matéria inerte, insensível, mas sim contra seres sensíveis, sobre os quais unicamente pode agir, visto no Direito só existir um meio de proceder: ordens às pessoas e não às coisas. A dificuldade para aceitação desse ponto de vista estaria na natureza dos direitos reais. Mas o direito real, esclarece Ferrara, só é direito enquanto exprime relação do titular com outros sujeitos, a começar pelo respeito que os demais devem ao objeto da posse: 'aquilo que no direito real se considera conteúdo – a possibilidade física de dispor, gozar ou destruir a coisa – não é direito, porém simples atividade material e econômica que o Direito tende a garantir. O Direito protege esta esfera de poder com uma muralha, arma-se como se fora praça forte, mas a fortaleza não é o país fortificado'! Depois dessa crítica, Ferrara propõe a seguinte classificação: relações jurídicas relativas e absolutas; as primeiras só são exigíveis para determinadas pessoas, as segundas o são *erga omnes*. Relativas são as relações de família, as coorporativas, as obrigacionais; absolutas são as relações de personalidade (direito ao nome, à integridade física, à liberdade) e as relações reais" (*Introdução à Ciência do Direito*, 18ª ed., pp. 56-57).

49. Lourival Vilanova, *Causalidade e Relação no Direito*, 4ª ed., pp. 219-220.

50. Idem, ibidem.

51. Numa síntese, Lourival Vilanova propõe: "A hipótese descreve um fato de possível ocorrência (fato natural ou conduta). Depois, liga uma conseqüência que ordinariamente tem como referente a conduta humana. A conseqüência é prescritiva: proíbe, permite, obriga, faculta – o que só é possível sobre a conduta" (*Causalidade e Relação no Direito*, 4ª ed., p. 45).

52. Entende-se por modal deôntico o conectivo que vincula duas proposições prescritivas, formando

no segundo, como functor de functor, determinando, na condição de variável relacional, como deve ser cumprida a obrigação que é o objeto da relação jurídica.[53]

Para melhor compreensão, vejamos as duas funções dos modais num exemplo: uma coisa é o estabelecimento de que, ao prestar um serviço, em caráter oneroso, um sujeito deve se sujeitar ao pagamento de uma quantia X ao Município de Belmonte a título de ISS. Essa forma de vinculação entre antecedente e conseqüente é neutra, invariável, trata-se de uma constante relacional. Outra coisa é a forma de vincular sujeitos perante uma obrigação determinada. Aqui não se discute mais que fato enseja o dever de pagar, mas o modo de prescrição deste dever.

Neste particular, o que se busca responder é o seguinte: a Mévio é obrigatório, permitido ou proibido entregar ao Município a quantia em dinheiro? Sendo uma relação tributária em sentido estrito, sabemos que é obrigação. Porém, tratando-se de uma relação jurídica de competência, que tem por objeto a inserção de uma norma no sistema de direito positivo, qual deve ou pode ser a modalização da conduta?

Refletindo sobre este tema, Torben Spaak sustenta que "a competência pode ser reduzida a uma obrigação ou permissão".[54] A mesma relação jurídica, conforme o ponto de vista, poderá ser tida ora como obrigação, ora como permissão. Aquilo que é dever para o agente competente é direito dos demais sujeitos passivos; inversamente, o que for dever dos sujeitos passivos é direito dos sujeitos competentes. É como o verso e o anverso da mesma moeda.[55]

Conquanto existam dúvidas sobre a possibilidade de se construir uma norma de competência, o tema da modalização da relação de competência não enseja grandes discussões.

Há praticamente consenso acerca de ser esta uma relação jurídica modalizada pelo conectivo deôntico "permitido". Georg Henrik von Wright, por exemplo, pondera que, muito embora em meio às chamadas normas de primeira ordem sejam predominantes as relações modalizadas em "proibido" e "permitido", as normas superiores são predominantemente permissivas: "Un permiso de orden superior se da para que una determinada autoridad pueda dar normas de un determinado contenido. Es, podríamos decir, una norma que concierne a la competencia de una determinada autoridad de normas. Llamará a las normas permisivas de orden superior, normas de competencia".[56]

No mesmo sentido, Paulo de Barros Carvalho[57] e Tércio Sampaio Ferraz Jr.[58] defendem ser as normas de competência do tipo permissivas. Este último autor, po-

um juízo condicional normativo. Numa norma jurídica é possível identificar, pelo menos, duas espécies de modais deônticos. Numa delas, chamada de modal interproposicional (functor), fica estabelecido o vínculo entre a proposição antecedente de uma norma e a proposição conseqüente. Essa modalização é invariável. Diversamente do que ocorre com o modal intraproposicional (functor de functor), que conecta os sujeitos ativo e passivo de uma relação jurídica. Essa conexão, sim, pode variar entre permitida, proibida ou obrigatória. Daí se falar em variável relacional, pois se trata de um modo de vincular dois sujeitos de direito.

53. "Na proposição normativa ou deôntica, o dever-ser (que se triparte nas modalidades O, P, V – obrigatório, permitido e proibido) é constitutivo da estrutura formal, é o operador específico que conduz à proposição deôntica. Faltando, desfaz-se a estrutura, como se desfaz aquela outra estrutura se suprimimos o conectivo apofântico 'é'" (Lourival Vilanova, *As Estruturas Lógicas e o Sistema de Direito Positivo*, p. 70).

54. "(...) competence can be reduced to duty or permission" (Torben Spaak, *The Concept of Legal Competence: an Essay in Conceptual Analysis*, p. 78).

55. "Quando A tem dever jurídico, B tem, correlatamente, direito subjetivo. Direito subjetivo e dever jurídico são direitos correlatos: só existem na relação, não fora ou acima de relações jurídicas" (Lourival Vilanova, *Causalidade e Relação no Direito*, 4ª ed., p. 186).

56. Georg Henrik von Wright, *Norma y Acción: una Investigación Lógica*, p. 198.

57. Paulo de Barros Carvalho, *Curso de Direito Tributário*, 19ª ed., p. 221.

58. Tércio Sampaio Ferraz Jr., "Competência tributária municipal", *RDTributário* 54/159.

rém, faz uma ressalva ao inserir a distinção entre permissão forte e fraca: "(...) normas de competência têm a estrutura de normas permissivas, isto é, seu dever ser é expresso por meio de conjuntores do tipo: 'é autorizado', 'é facultado', 'pode', 'cabe', que constituem as chamadas permissões fortes".[59]

Essa distinção entre espécies da modalidade "permitido" serve ao propósito de separar aquelas situações não expressamente reguladas – e, por isso, permitidas – daquelas em que há autorização expressa. As normas de competência estão inseridas naquelas situações em que é expressamente permitido ao sujeito realizar uma conduta.

Analisando diversas manifestações da norma de competência, é possível perceber casos em que o exercício é obrigatório. A competência jurisdicional, a competência administrativa para lavrar lançamentos de ofício, a competência do particular para apresentar declaração de tributos são exemplos de competência modalizada em "obrigatório". Poderíamos, inclusive, afirmar que aquelas competências qualificadas como vinculadas, todas elas, têm o atributo de ser de exercício obrigatório, sempre que estejam presentes certos requisitos. Já as competências discricionárias seriam modalizadas em "facultado". Seu exercício é uma permissão posta à disposição do sujeito competente.

Como separar, então, as competências modalizadas em "obrigatório" daquelas que são simples faculdades? A resposta é dada por Ulisses Schmill,[60] que afirma serem de exercício facultativo as competências não condicionadas e de exercício obrigatório as competências cujo exercício está sujeito ao preenchimento de certas condições. As competências vinculadas, ou de exercício obrigatório, são do tipo condicionadas – ou seja, há certos requisitos que, uma vez presentes, a competência deve ser exercida.

As demais competências modalizadas em "permitido", ou de exercício discricionário, não têm como pressuposto de seu exercício o preenchimento destes requisitos.

6.4 O aspecto material da outorga de competência [m(s.e.t.c.)]

Ao tratarmos da hipótese da norma de competência falamos sobre quem pode exercer a competência, como, onde e quando. Vimos que o núcleo da hipótese normativa é um verbo, pessoal, transitivo direto ou indireto, voltado para o futuro. Percebemos, também, que o modal deôntico neutro vincula uma espécie de enunciação a uma conduta, prevista no núcleo de uma relação jurídica. Essa conduta, modalizada em toda e qualquer norma de competência, é a criação de novas normas; ou, melhor, o direito de exigir a validade de textos jurídicos criados para dispor sobre determinado tema. Esse "tema" é o que a doutrina costuma chamar de matéria ou materialidade da norma.

Analisemos isso que acabamos de dizer por outra perspectiva: o objeto de toda e qualquer relação jurídica é uma conduta, modalizada em "permitido", "proibido" ou "obrigatório", que pode ser exigida pelo sujeito ativo do sujeito passivo. Há, então, três elementos fundamentais: os sujeitos, a modalização e a conduta. No caso das normas de competência tributária o objeto desta relação é a possibilidade de obrigar alguém a realizar conduta X, Y ou Z; ou, melhor, é a possibilidade de produzir textos jurídicos que obriguem outros sujeitos de direito a realizar condutas relativas à tributação.

Numa breve síntese: se o sujeito competente S cria um texto jurídico atendendo a todos os requisitos da enunciação (modo, espaço e tempo), pode exigir que seus textos regulem coercitivamente – sejam

59. Idem, ibidem.

60. Ulisses Schmill, "La derogación y la anulación como modalidades del ámbito temporal de validez de las normas jurídicas", *Doxa (Publicaciones Periódicas)* 19/237.

válidos juridicamente – a conduta de uma classe determinável de sujeitos Sp.

Genericamente, as normas jurídicas indicam situações – fatos – e atribuem efeitos a essas situações – relação. Esse modo de organizar os elementos da experiência jurídica acaba por prescrever que um sujeito (s) desempenhe um comportamento (c) em certas circunstâncias de espaço (e) e de tempo (t). O cerne desta prescrição é, pois, o comportamento, a ação (c) do sujeito. É sempre um verbo transitivo pessoal que prescreve a conduta a ser realizada. As ações referidas pelos verbos (c) ocorrem no espaço (e), no tempo (t) e são realizadas por sujeitos de direito (s). Eis o porquê de serem esses aspectos que, direta ou indiretamente, devem estar presentes nas normas que disciplinam como outras normas devem ser produzidas.

Ocorre que as normas de competência não disciplinam senão condutas de criar outras normas no sistema, sem referência direta à conduta humana propriamente dita. Na forma concebida por Alf Ross, as "normas de competência são normas de conduta indiretamente formuladas".[61] Isso porque o objeto da relação de competência é, justamente, o conjunto de condicionantes materiais aos quais a norma de inferior hierarquia deve se ajustar, para ser materialmente válida. Por isso, sob a perspectiva de quem constrói a norma de competência, não há enunciados que digam respeito ao titular de uma relação jurídica constituída no conseqüente da norma fundada, mas, sim, ao sujeito titular da competência.

Fixemos uma idéia importante: o conseqüente da norma de competência estabelece os condicionantes materiais da norma de inferior hierarquia.

O que compõe a matéria? A matéria é composta por um ou mais verbos que descrevem uma conduta. Assim, toda referência à materialidade é sempre uma referência a verbos e seus respectivos complementos. Por isso, quando falamos de condicionantes materiais, estamos falando de enunciados que programam – delimitam – a matéria da norma que será criada. Vejamos como pode ocorrer essa programação em casos concretos.

Retomemos o caso do ISS, já utilizado em algumas passagens. O texto constitucional optou por não especificar o verbo que expressa a conduta, apenas indicando o complemento verbal "serviço". A Lei Complementar 116/2003, em seu art. 1º, cumprindo o papel atribuído pelo art. 156, I, da Constituição da República, cuidou de especificar o verbo previsto para desencadear a incidência desse tributo: "O imposto sobre serviços de qualquer natureza, de competência dos Municípios e do Distrito Federal, tem como fato gerador a *prestação* de serviços constantes na Lista de Serviços anexa, ainda que não se constituam como atividades preponderantes do prestador" (grifamos).

Com isso, as variáveis de comportamento começam a ser delineadas. Há que se considerar os serviços constantes da Lista e, além deles, o que dispõem princípios, imunidades e outros enunciados constitucionais que condicionam a validade da norma no espaço e no tempo.

A reunião de todos esses dispositivos na conformação do aspecto material da competência atua programando como deve ser a criação da norma de inferior hierarquia. Noutras palavras, esses dispositivos prescrevem a conduta, o sujeito desta conduta e os respectivos condicionantes de espaço e de tempo. Disso podemos extrair mais uma conclusão: no conteúdo da relação jurídica de competência está a disciplina da validade das normas de inferior hierarquia naquilo que diz respeito aos seus limites subjetivos (s), espaciais (e), temporais (t) e materiais em sentido estrito (c). Esses critérios são constantes na prescrição de qualquer norma de competência tributária. Retomaremos, com outros pormenores, o tema da prescrição material das normas de competência quando formos

61. Alf Ross, *Direito e Justiça*, p. 76.

analisá-lo sob a perspectiva do sentido e da função.

7. Njcom = H{[s.p(p1,p2,p3...)] . (e.t)} → R [S(s.sp) . m(s.e.t.c)]

Abstraindo-se os conteúdos de significação das normas de competência, para identificar apenas seus aspectos formais, é possível construir a seguinte estrutura lógica:

Njcom = H{[s.p(p1,p2,p3...)] . (e.t)} →
R [S(s.sp) . m(s.e.t.c)]

onde se lê: norma jurídica de competência Njcom é igual ao vínculo que se estabelece entre um tipo de enunciação: {[s.p(p1,p2,p3...)] . (e.t)} onde estão prescritos o sujeito, o procedimento, as referências de espaço e de tempo. Outro ponto relevante, o vínculo entre antecedente e conseqüente, expressa decisão de ligar certa matéria a determinado tipo de enunciação. A programação sobre a matéria é feita por dispositivos que determinam um sujeito e uma conduta, indicando o espaço e o tempo de sua realização. Além disso, essa programação de matéria é feita no interior de uma relação jurídica, onde dois ou mais sujeitos se vinculam pelo dever de editar enunciados de forma obrigatória ou permitida.

8. Sobre a programação dos âmbitos de validade da norma inferior

As normas jurídicas completas regulam a conduta humana determinando, direta ou indiretamente, seus quatro âmbitos de vigência: o pessoal, o espacial, o temporal e o material. Alguns desses âmbitos são determinados diretamente. Nesses casos há indicação expressa da conduta que deve ser cumprida, além dos sujeitos ativo e passivo dessas prescrições, bem como os condicionantes de espaço e tempo.

Nem sempre, porém, a indeterminação de um ou mais dos âmbitos de vigência compromete a efetiva regulação de condutas. Essas indeterminações são próprias da abstração das normas jurídicas: quanto mais abstrata é a norma, mais indeterminados são seus critérios de validade. Em contrário senso, poderíamos imaginar o processo de positivação das normas jurídicas, o fluxo incessante de produzir novas normas com base no que estabelecem as normas superiores, como um processo de determinação dos âmbitos de vigência. Neste sentido aponta o pensamento de Ulisses Schmill quando afirma que: "(...) todo orden normativo tiende a completar la totalidad de sus ámbitos de validez y esto lo hace por medio del establecimiento positivo de los mismos, desde la generalidad hasta la individualidad. La positividad del orden jurídico es la complementación hasta la individualidad de los ámbitos de validez de las normas que lo integran".[62]

Com isso percebemos que, quanto mais concreta é a norma, mais determinados são seus âmbitos de vigência. Interessa para a compreensão do tema da revogação o âmbito de vigência temporal das normas jurídicas. A esse respeito Ulisses Schmill[63] destaca a existência de *proposições normativas* com os seguintes conteúdos: (i) data inicial da vigência; (ii) data final de vigência, que coincide com o fim da força normativa de uma proposição; (iii) prazo de vigência, que é o lapso em que a norma foi vigente; (iv) determinação completa do prazo de vigência, quando o texto normativo traz informações sobre o início e o fim da vigência da norma.

9. Algumas conclusões sobre os papéis da estrutura da norma de competência

Tudo o que fizemos ao longo deste artigo foi sintetizar, numa estrutura lógico-simbólica de representação, os elementos que devem ser reunidos para que se tenha a regulação da conduta de criar normas ju-

62. Ulisses Schmill, "La derogación y la anulación como modalidades del ámbito temporal de validez de las normas jurídicas", *Doxa (Publicaciones Periódicas)* 19/236.

63. Idem, p. 232.

rídicas. Partimos do modelo de norma preconizado por Hans Kelsen, refinado pelas contribuições de Lourival Vilanova e Paulo de Barros Carvalho, denominado *norma jurídica completa*. Esse modelo é composto por dois juízos condicionais, chamados de normas *primária* e *secundária*. Na norma de competência primária fica estabelecido o procedimento [p(p1.p2.p3...)], que deve ser desempenhado pelo sujeito competente (s), no espaço (e) e no tempo (t), para criar um texto normativo versando sobre certa matéria [m(s.v.e.t)], sem que os sujeitos destinatários da norma (sp) possam obstá-lo de exigir esta norma como válida. Desta forma, demonstra-se como a estrutura de uma norma jurídica pode, após serem realizadas sucessivas internalizações semânticas, resumir os elementos necessários à regulação da conduta de criar normas.

Noutra síntese, de ordem pragmática, relacionamos os papéis da norma de competência segundo a perspectiva de quem é competente e sob a perspectiva daqueles que devem suportar o exercício da competência. Para esses, a estrutura lógica proposta oferece: (i) regras para a identificação do direito válido num sistema de direito positivo qualquer; (ii) um roteiro para a organização dos enunciados que fundamentam a validade de uma norma – regime jurídico; e (iii) um caminho para a identificação dos enunciados que condicionam a forma de interpretar uma norma de inferior hierarquia. De forma complementar, os sujeitos competentes podem valer-se dessa estrutura para: (i) delimitar os condicionantes formais e materiais de exercício da sua competência; (ii) identificar como podem criar, transformar e extinguir a validade de normas jurídicas; e (iii) perceber que sanções podem ser imputadas ao exercício indevido da sua competência.

Outro ponto fundamental: a estrutura da norma de competência tributária, na forma que propomos, evidencia o tipo de conexão que se estabelece entre os mais diversos enunciados prescritivos na regulação de como o Direito deve ser produzido. Hipóteses normativas, relações jurídicas, princípios, imunidades, fato jurídico, enunciados complementares, entre muitos outros conceitos, acabariam por ser reconduzidos à norma de competência. Por isso mesmo, sob essa perspectiva, a norma de competência tributária pode ser entendida como mínimo denominador comum de conceitos filosóficos, fundamentais e dogmáticos que se mostram soltos e dispersos, sem qualquer vínculo aparente.

Referências bibliográficas

BARROS, Diana Luz Pessoa de. *Teoria Semiótica do Texto.* 4ª ed. São Paulo, Ática, 2003.

BELTRÁN, Jordi Ferrer. *Las Normas de Competencia: un Aspecto de la Dinámica Jurídica.* Madri, CEPC, 2000.

BOBBIO, Norberto. *Teoria da Norma Jurídica.* 2ª ed. São Paulo, Edipro, 2001.

————. *Teoria do Ordenamento Jurídico.* 10ª ed. Brasília, UnB, 1999.

BULYGIN, Eugenio (coord.). *El Lenguaje del Derecho: Homenaje a Genaro R. Carrió.* Buenos Aires, Abeledo-Perrot, 1983.

CARRAZZA, Roque Antonio. *Curso de Direito Constitucional Tributário.* 11ª ed. São Paulo, Malheiros Editores, 2003.

CARVALHO, Paulo de Barros. *Curso de Direito Tributário.* 19ª ed. São Paulo, Saraiva, 2007.

————. *Direito Tributário: Fundamentos Jurídicos da Incidência.* 5ª ed. São Paulo, Saraiva, 2006.

————. "Formalização da linguagem. Proposições e fórmulas". *Revista do Programa de Pós-Graduação em Direito da PUC/SP* 1. São Paulo, Max Limonad, 1995.

————. *O Direito Positivo como Sistema Homogêneo de Enunciados Deônticos.*

————. "Sobre os princípios constitucionais tributários". *RDTributário* 55. São Paulo, Ed. RT, janeiro-março/1991.

ENGISCH, Karl. *Introdução ao Pensamento Jurídico.* 9ª ed. Lisboa, Fundação Calouste Gulbenkian, 2004.

FERRAZ JR., Tércio Sampaio. "Competência tributária municipal". *RDTributário* 54. Ano 14. São Paulo, Malheiros Editores, outubro-dezembro/1990.

FERREIRA FILHO, Manoel Gonçalves. *Do Processo Legislativo*. 5ª ed. São Paulo, Saraiva, 2002.

FIORIN, José Luiz. *As Astúcias da Enunciação: as Categorias de Pessoa, Espaço e Tempo*. 2ª ed. São Paulo, Ática, 1999.

FLUSSER, Vilém. *Língua e Realidade*. 2ª ed. São Paulo, Annablume, 2004.

GAMA, Tácio Lacerda. *Contribuição de Intervenção no Domínio Econômico*. São Paulo, Quartier Latin, 2003.

GUASTINI, Riccardo. *Das Fontes às Normas*. Trad. de Edson Bini. São Paulo, Quartier Latin, 2005.

HART, Herbert L. A. *O Conceito de Direito*. 3ª ed. Lisboa, Fundação Calouste Gulbenkian, 2001.

IVO, Gabriel. *Norma Jurídica: Produção e Controle*. São Paulo, Noeses, 2006.

KELSEN, Hans. *Teoria Geral das Normas*. Porto Alegre, Sérgio Antônio Fabris Editor, 1986.

________. *Teoria Geral do Direito e do Estado*. 3ª ed. São Paulo, Martins Fontes, 2000.

LIMA, Hermes. *Introdução à Ciência do Direito*. 18ª ed. Rio de Janeiro, Freitas Bastos, 1968.

MAIER, Julio B. J. "Reflexiones acerca de la vigencia del Derecho". In: BULYGIN, Eugenio (coord.). *El Lenguaje del Derecho: Homenaje a Genaro R. Carrió*. Buenos Aires, Abeledo-Perrot, 1983.

MENDONCA, Daniel. *Las Claves del Derecho*. Barcelona, Gedisa, 2000.

MOUSSALLEM, Tárek Moysés. *Fontes do Direito Tributário*. 2ª ed. São Paulo, Noeses, 2006.

MÜLLER, Friedrich. *Métodos de Trabalho do Direito Constitucional*. 2ª ed. São Paulo, Max Limonad, 2000.

NEVES, Marcelo. *A Constitucionalização Simbólica*. São Paulo, Acadêmica, 1994.

PONTES DE MIRANDA, Francisco Cavalcanti. *Tratado de Direito Privado – Parte Geral*. t. 2. Rio de Janeiro, Borsói, 1954.

RAZ, Joseph. *The Concept of Legal System – An Introduction to the Theory of Legal System*. 2ª ed. Oxford, Clarendon Press, 1997.

ROSS, Alf. *Direito e Justiça*. Trad. de Edson Bini. São Paulo, Edipro, 2000.

SAMPAIO, Nelson de Sousa. *O Processo Legislativo*. São Paulo, Saraiva, 1968.

SCHMILL, Ulisses. "La derogación y la anulación como modalidades del ámbito temporal de validez de las normas jurídicas". *Doxa (Publicaciones Periódicas)* 19/229-258. Alicante, Biblioteca Virtual Miguel de Cervantes, 1996.

SPAAK, Torben. *The Concept of Legal Competence: an Essay in Conceptual Analysis*. Trad. de Robert Carroll. Vermont, Dartmouth, 1994.

VILANOVA, Lourival. *As Estruturas Lógicas e o Sistema de Direito Positivo*. São Paulo, Noeses, 2005.

________. *Causalidade e Relação no Direito*. 4ª ed. São Paulo, Ed. RT, 2000.

WRIGHT, Georg Henrik von. *Norma y Acción: una Investigación Lógica*. Madri, Tecnos, 1970.

GUERRA FISCAL NO ICMS – BENEFÍCIOS FISCAIS *X* BENEFÍCIOS NÃO FISCAIS

ARGOS CAMPOS RIBEIRO SIMÕES

Agente Fiscal de Rendas. Juiz do Tribunal de Impostos e Taxas de São Paulo. Assistente Fiscal da Escola Fazendária da Secretaria da Fazenda de São Paulo – FAZESP. Coordenador e Professor do Curso de Especialização em Direito Tributário Material e Processual da FAZESP. Professor do Curso de Especialização da GV*Law* (Setor Tributário-Comercial – ICMS). Coordenador e Professor do Curso de Especialização em Direito Tributário Material e Processual e do Curso de Extensão em Prática Tributária do ICMS das Faculdades Integradas Antonio Eufrásio de Toledo/Presidente Prudente. Professor Palestrante do IBET, do COGEAE/PUC, da FAAP/SP, da EPD/SP e da APET/SP. Especialista em Direito Tributário pelo IBET/IBDT e pela FAZESP. Mestrando em Direito Tributário da PUC/SP

I – Introdução. II – Do direito positivo – Algumas premissas. III – Da "guerra fiscal" no ICMS. IV – Dos benefícios fiscais e dos não fiscais. V – Caso prático 1 – Glosa DEVIDA de Crédito por recebimento de mercadoria em operação interestadual COM BENEFÍCIO FISCAL. VI – Caso prático 2 – Glosa INDEVIDA de Crédito por recebimento de mercadoria em operação interestadual SEM BENEFÍCIO FISCAL. VII – Conclusão. Bibliografia.

I – Introdução

Atual e de extrema relevância a discussão sobre alguns aspectos jurídicos e não jurídicos da chamada *guerra fiscal* travada entre os entes da Federação; especialmente em relação à concessão de Benefícios Fiscais e de Benefícios Fiscais-Financeiros no trato do ICMS.

O desafio de desvendar toda a rede normativa que cerca a questão tem início com um questionamento fundamental: Qual a definição do termo "*Benefício Fiscal*"?

Sem a resposta a esta pergunta, sem a exata significação dos termos jurídicos correlatos, toda nossa discussão seria estéril, como incansavelmente preleciona o mestre capixaba Tárek Moysés Moussallen em suas brilhantes aulas.

Assim, neste ensaio, o tema da Guerra Fiscal e dos Benefícios Fiscais ficará restrito à busca da mais precisa interpretação das normas insertas na *CF/1988*, na *LC 24/1975* e na *legislação estadual correlata*, enfocando, especialmente, qual a significação jurídica do termo "*Benefício Fiscal*".

Partindo da premissa de que o método de aproximação cognoscente é determinante ao conhecimento do objeto, temos que cada método permite o conhecimento de uma determinada faceta do objeto a ser conhecido.

Diferente o método, diverso o objeto percebido e conhecido. Assim, destacamos que adotamos o método analítico-normativo em nossas abordagens.

Inicialmente lançamos premissas destacando o que é Direito para nós.

Em seguida, discute-se o que seria a chamada *Guerra Fiscal* entre os entes políticos (estaduais) e quais os requisitos normativos para que um incentivo concedido por um Estado ou pelo DF, em relação ao ICMS, seja considerado um Benefício Fiscal, buscando *critérios que possam nos ajudar a distinguir um **Benefício Fiscal** de um **não Fiscal**.*

A seguir, apresentamos dois casos práticos: um tratando da devida glosa de crédito decorrente de Benefício Fiscal e outro tratando de indevida glosa de crédito decorrente de Benefício não Fiscal.

Pretendemos, assim, contribuir para um aprofundamento mais crítico sobre este tema atual, cujas conseqüências (das inconseqüências de alguns gestores públicos aliadas ao desconhecimento da legislação por parte de muitos contribuintes) tomam proporções financeiras e tributárias graves e de amplitude nacional.

Adotamos, em nosso estudo, o sistema referencial jurídico apreendido das lições dos mestres Paulo de Barros Carvalho, Eurico Marcos Diniz de Santi e Tárek Moysés Moussallem, seja através de suas aulas, seja através de suas obras acadêmicas, entendendo, portanto, o Direito como sistema normativo.

Também adotamos como referência bibliográfica os preciosos ensinamentos da professora Christine Mendonça, da professora Fabiana Del Padre Tomé, do professor José Eduardo Soares de Melo, do professor Roque Carrazza e do brilhante professor e colega do Fisco paulista Osvaldo Santos de Carvalho.

II – Do direito positivo – Algumas premissas

Enxergamos o Direito Positivo como sistema, cujo repertório estruturado é constituído única e exclusivamente por normas jurídicas formalmente válidas em determinado território.

O ingresso de tais normas no sistema do Direito Positivo depende da satisfação a alguns requisitos formais, quais sejam: (*i*) *agente enunciador competente* (credenciado como agente pelo próprio sistema jurídico); (*ii*) *procedimento de enunciação legislativa* normativamente também previsto e (*iii*) *publicidade*, que marca o *nascimento* da norma jurídica, determinando seu ingresso no sistema jurídico.

Como o Direito não é uma pessoa (não tem olhos, nem boca e nem nariz), sendo, exclusivamente, uma criação intelectual vertida em linguagem normativa (é *MATRIX*, como tem afirmado em suas grandes aulas, o professor Eurico de Santi), temos que o conceito de existência para o Direito confunde-se com o conceito de validade.

Assim, concluímos que se a norma é *válida*, então é jurídica; se é *jurídica*, então pertence ao sistema jurídico; e, se pertence ao *sistema jurídico*, então a norma *existe*.

Existir para o Direito é existir como norma. Um evento bruto do *mundo do ser* (mundo real) só adquire a dimensão jurídica (só é reconhecível pelo Direito; só pertence ao *mundo do dever-ser*) se estiver inserido na linguagem normativa criada e reconhecível pelo próprio Direito.

A limitação da linguagem impede o ingresso da universalidade do evento bruto no mundo do Direito. O real não tem como ingressar no imaginário (o Direito é construção mental; é imaginário). O que entra no jurídico não é o evento, mas a articulação lingüística descrita como fato pelo agente competente.

Assim, entendemos que o conceito de existência para o sistema normativo é restrito ao que ele *pode "enxergar"*; e ele só reconhece as normas que o compõem, porque a sua própria existência está condicionada a estas normas. *O Direito cria sua própria realidade*, na linha de pensamento de Paulo de Barros Carvalho.

Como sistema auto-referente, o direito positivo utiliza suas unidades normativas desconsiderando os limites e as diferenças de seu conteúdo. A significação intensa das normas busca no próprio sistema suas respostas. A resposta à significação dos conceitos jurídicos e às respectivas definições encontra-se no próprio sistema jurídico, sempre considerando a significação precisa dos textos interpretados e levando-se em consideração o contexto normativo em que restam inseridos.

Com isso, respostas a questionamentos sobre a natureza jurídica dos benefícios fiscais ou sobre a do termo *cobrado* no regime de compensação débito-crédito devem ser obtidas do contexto do próprio ordenamento. *Nossa interpretação exige contextualização na realidade jurídica construída do ordenamento válido, vigente e eficaz respectivo.*

Não menos importante é a distinção entre incidência normativa e aplicação.

Consideramos *incidência normativa como o resultado positivo* de um processo de *comparação* entre a *linguagem* que descreve a *realidade* e a *linguagem* descritora inserta na *hipótese normativa.*

Da *coincidência da linguagem* descritora-hipotética à linguagem descritora-factual, temos a chamada *subsunção normativa*: o sentido denotativo do fato (descrição de evento individualizado, determinado) é idêntico ao sentido conotativo do fato hipotético previsto em norma abstrata.

Por sua vez, *aplicação* é o ato de *pessoa jurídica competente* (considerando que o direito somente "enxerga" pessoas jurídicas, não importando o que são na sua essência, se pessoas físicas ou não) construir norma concreta (geral ou individual), no sentido da positivação do direito.

Aplicar uma norma é agir no sentido da produção de veículo introdutório de normas (gerais ou individuais, concretas ou abstratas).

Assim, fazer incidir a linguagem normativa sobre a linguagem supostamente *espelho* da realidade social produzindo a linguagem da facticidade jurídica (fato jurídico) é o ponto culminante do processo de aplicação da norma; portanto, aplicação e incidência ocorrem simultaneamente.

Aqui as normas não incidem; são incididas através do processo de aplicação. Precisam de linguagem advinda de agente competente a fazê-las incidir.

Acreditamos na importância das considerações acima a fim de precisarmos os conceitos para bem analisarmos as questões jurídicas a seguir propostas.

III – Da "guerra fiscal" no ICMS

Na tentativa de atrair empresas para seu território, diversos Estados da Federação (para não dizer todos os entes políticos estaduais, incluindo o Distrito Federal) oferecem Regimes Especiais de tributação do ICMS àqueles que resolvem ali se estabelecer.

Seja outorgando créditos, seja facilitando a forma de pagamento do tributo estadual ou até concedendo isenções, os entes políticos utilizam o aparato normativo tributário (fiscal) como ferramenta de incentivo financeiro às referidas empresas estabelecidas em outros Estados e que ali decidem constituir algum de seus estabelecimentos (seja matriz ou uma filial).

Ocorre que, em relação ao ICMS, para a concessão dos benefícios chamados fiscais ou financeiro-fiscais, o ordenamento constitucional estabelece a condição de que ocorra deliberação dos demais entes federativos estaduais concordando com a concessão de tais benefícios advindos de regimes especiais.

Assim, o ordenamento constitucional delega fundamento de validade à norma complementar nacional para que esta regule como as unidades federadas deverão conceder e revogar isenções, assim como incentivos e benefícios fiscais (*art. 155, § 2º, XII, "g"*).

In verbis, o art. 155, § 2º, "g" da CF/1988:

> Art. 155. Compete aos Estados e ao Distrito Federal instituir impostos sobre:

(...);

II – operações relativas à circulação de mercadorias e sobre prestações de serviços de transporte interestadual e intermunicipal e de comunicação, ainda que as operações e as prestações se iniciem no exterior;

(...);

§ 2º. O imposto previsto no inciso II, atenderá ao seguinte:

(...);

XII – *cabe à lei complementar*:

g) regular a forma como, mediante deliberação dos Estados e do Distrito Federal, isenções, incentivos e benefícios fiscais serão concedidos e revogados.

Portanto, a restrição está posta; há a necessidade da deliberação dos entes estaduais na concessão de *isenções*, *incentivos* e *benefícios fiscais*. O procedimento de concessão deverá ser regulado em lei complementar e o órgão responsável que congrega os representantes dos entes políticos estaduais é o *CONFAZ* (Conselho Nacional de Política Fazendária).

Ocorre que os Estados e o DF, em sua grande maioria, não seguem as prescrições do *CONFAZ*, quando da concessão dos aludidos benefícios jurídicos, concedendo-os através de Regimes Especiais ao arrepio do ordenamento constitucional, numa burla flagrante às regras do jogo, agindo de forma desleal, antiética e, principalmente, antijurídica, tentando levar vantagem em relação aos outros entes federativos (é a *Lei de Gerson* aplicada à tributação e utilizada por quem deveria agir dentro dos estritos limites legais: o próprio Estado-Administração).

Com isso, instaurada a chamada *Guerra Fiscal* entre os Estados e o DF. No meio dela temos a figura do contribuinte que sofre diretamente os efeitos deste conflito não armado.

Neste panorama, alguns pontos precisam ser melhor discutidos a fim de que o *interesse público*, na preservação do crédito tributário, *não seja confundido* tanto com o *interesse fazendário*, nem tampouco com o *interesse de fortes segmentos econômicos*.

É necessário distinguir, com base em critério eminentemente jurídico, um *Benefício Fiscal de um não Fiscal*, pois, somente na presença do incentivo qualificado como *Fiscal*, é que devem ser observadas as restrições normativas estabelecidas pelo *CONFAZ*.

IV – Dos benefícios fiscais e dos não fiscais

Do conceito

A maioria dos Estados adota como critério bastante para qualificar juridicamente um incentivo como fiscal o simples fato da utilização de normas tributárias (obrigacionais ou não) na concessão de tais incentivos; ou seja, indiferente se tratamos de concessão de créditos ou de facilitação da forma de pagamento para que sejam considerados tais incentivos como benefícios fiscais submetidos às normas protetoras previstas na legislação pertinente.

Não partilhamos de tal entendimento; para que um incentivo seja considerado fiscal deve, necessariamente, representar uma *redução ou eliminação, direta ou indireta, do respectivo ônus tributário*, seja através de uma ***concessão de isenção***, seja através da ***concessão de créditos presumidos*** (*dedutíveis efetiva ou potencialmente de débitos futuros*), seja através de ***quaisquer outros incentivos ou favores***.

Não tratamos de *revogação de isenção de ICMS* como benefício fiscal, pois apesar de estar prevista em lei complementar como carecedora de deliberação pelo *CONFAZ*, não representa incentivo, mas sim, verdadeira instituição de tributo.

Nossa convicção resta alicerçada unicamente no ordenamento.

Há o entendimento de que a *Lei Complementar n. 24/1975* fora recepcionada pelo atual ordenamento constitucional como o veículo normativo adequado ao tratamento da matéria em questão.

O fundamento de validade que corroboraria tal conclusão seria a menção dessa lei complementar no *art. 34, § 8º, do ADCT da CF/1988*; *in verbis*:

> § 8º. Se, no prazo de sessenta dias contados da promulgação da Constituição, não for editada a lei complementar necessária à instituição do imposto de que trata o art. 155, I, *b*, os Estados e o Distrito Federal, *mediante convênio celebrado nos termos da Lei Complementar 24, de 7 de janeiro de 1975*, fixarão normas para regular provisoriamente a matéria.

Ou seja, a complementar norma teria sido recepcionada para celebrar convênios; portanto, seria veículo normativo válido pela atual ordem constitucional.

O *art. 1º da LC 24/1975* resta firme como fundamento a esta conclusão; senão vejamos: *in verbis*, o dispositivo complementar:

> Art. 1º. As *isenções* do imposto sobre operações relativas à circulação de mercadorias *serão concedidas ou revogadas nos termos de convênios celebrados e ratificados pelos Estados e pelo Distrito Federal*, segundo esta Lei.
>
> Parágrafo único. O *disposto* neste artigo *também se aplica*:
>
> (...);
>
> III – *à concessão de créditos presumidos*;
>
> IV – *a quaisquer outros incentivos ou favores fiscais ou financeiro-fiscais, concedidos* com base no Imposto de Circulação de Mercadorias, ***dos quais resulte redução ou eliminação, direta ou indireta, do respectivo ônus***; (g.n.).

Assim, o requisito essencial para que um incentivo seja considerado *benefício fiscal* é o fato de tal benesse apresentar o efeito jurídico redutor ou supressor de ônus tributário devido; senão, estaremos diante de um *benefício não fiscal*, livre de quaisquer injunções prescritivas da *LC 24/1975*.

Do mecanismo protetor do crédito tributário

Por sua vez, o *art. 8º, I e II, da LC 24/1975 determina aos entes federados* a regra do jogo jurídico para as situações envolvendo *concessões de créditos, de isenções e de incentivos fiscais*, prescrevendo medidas a serem tomadas pelos Estados envolvidos, a título de proteção de sua economia fiscal, em face de eventual descumprimento das normas da *LC 24/1975*; *in verbis*, os dispositivos citados:

> Art. 8º. A *inobservância dos dispositivos desta Lei* acarretará, *cumulativamente*:
>
> I – *a nulidade do ato e a ineficácia do crédito fiscal atribuído ao estabelecimento recebedor da mercadoria*;
>
> II – *a exigibilidade do imposto não pago ou devolvido e a ineficácia da lei ou ato que conceda remissão do débito correspondente.*

Vejamos as conseqüências:

(*a*) Da construção normativa do *inciso II do art. 8º*, o *Estado infrator* tem como ineficaz tecnicamente a norma concessiva do unilateral benefício, assim como, deve constituir, em face do contribuinte beneficiário, a obrigação tributária relativa ao imposto não pago ou devolvido. *Deve exigir o tributo*;

(*b*) Por sua vez, o *remetente da mercadoria contaminada tributariamente* em face do favorecimento da redução ou da supressão indevida de ICMS advinda de unilateral concessão de benefícios, deve submeter-se *à exigibilidade do imposto não pago ou devolvido por parte do Estado infrator*;

(*c*) Em face do *inciso I do art. 8º*, o *Estado onde resta localizado o recebedor da mercadoria* deve considerar nulo o ato concessivo do inconstitucional benefício, assim como, deve considerar ineficaz tecnicamente a norma permissiva do creditamento por parte do estabelecimento recebedor da correspondente mercadoria;

(*d*) O *recebedor da mercadoria, contaminada tributariamente* com uma redução ou supressão indevida de ICMS advinda de unilateral concessão de benefícios, terá como *ineficaz o crédito fiscal por ele constituído*.

Assim interpretamos o *art. 8º da LC 24/1975* por considerarmos *distinto o interesse público*, ora representado pela proteção ao crédito tributário, *do mero interesse fazendário*, ora, mal representado pela indevida concessão de benefícios fiscais ao arrepio do ordenamento constitucional e do nacional complementar.

Interesse público não é interesse fazendário; assim como também *não pode ser confundido com o interesse de classes econômicas singulares*. A proteção é ao Erário pertencente à sociedade e não aos cofres fazendários que lhe servem apenas de fiel depositário.

Assim, o *dinheiro público não pode*, por coerência ao sistema normativo constitucional, *ter origem repudiada pelo próprio sistema*.

Lançadas as bases para o estudo de dois casos reais envolvendo o tema. Passemos a eles:

V – Caso prático 1 – Glosa DEVIDA de Crédito por recebimento de mercadoria em operação interestadual COM BENEFÍCIO FISCAL

Estado concede Regime Especial a determinada empresa *outorgando créditos de 2%* toda vez que esta realizar operações interestaduais de circulação de determinadas espécies de mercadorias.

O destaque na nota fiscal correspondente à remessa de mercadorias para São Paulo (por exemplo) é de *12%*. O contribuinte paulista formaliza sua norma de crédito com esta alíquota, entendendo estar juridicamente correto e em sintonia com as exigências do ordenamento.

Por sua vez, o Estado de São Paulo entende que o contribuinte deveria efetuar seu creditamento à alíquota de *10%* (*12% – 02%*) e lavra Auto de Infração e Imposição de Multa assim descrevendo a infração:

> Trata-se da acusação de creditamento indevido efetuado por estabelecimento paulista correspondente à diferença de 2% entre o imposto *destacado* em notas fiscais de transferência de mercadorias remetidas pela matriz com sede em outro Estado e o *efetivamente cobrado* pelo citado remetente.
>
> O crédito fora considerado indevido porque decorreu de incentivo fiscal concedido por outro Estado, sem aprovação do CONFAZ, em desacordo com o art. 155, § 2º, inciso XII, alínea "g" da Constituição Federal e art. 1º, parágrafo único, inciso IV, da Lei n. Complementar 24/1975.

Diante de tal fato (o da lavratura de AIIM), a imprescindível pergunta inicial é: *O Regime Especial concedido de forma unilateral pelo Estado do remetente tem a qualificação jurídica de **Benefício Fiscal** com a significação contextual analisada acima?*

In casu, trata-se de Benefício Fiscal, pois se refere à outorga de créditos que, *de forma indireta reduzirá o ônus tributário* devido pelo estabelecimento remetente, aguardando a efetiva compensação de tributos (utilização do mecanismo débito-crédito).

O requisito do *art. 1º, parágrafo único, inciso IV da LC 24/1975*, para que o Regime Especial concedido seja considerado um Benefício Fiscal, *resta satisfeito*.

Assim, para este caso, a deliberação dos outros Estados na concessão de tal incentivo tornar-se-ia obrigatória.

Assim, o ordenamento estadual paulista, em sintonia com os permissivos constitucionais e complementares, prescreve as restrições cabíveis ao creditamento de valores indevidos.

O *art. 36 da Lei Ordinária Estadual n. 6.374/1989* institui o mecanismo da compensação débitos/créditos em harmonia com o princípio constitucional da não cumulatividade do *art. 155, § 2º, I da CF/1988.*

In verbis, o *art. 36 da Lei n. 6.374/1989*:

> Art. 36. O Imposto sobre Operações Relativas à Circulação de Mercadorias e sobre Prestação de Serviços de Transporte Interestadual e Intermunicipal e de Comunicação é não-cumulativo, *compensando-se o imposto que seja devido em cada operação ou prestação com o anteriormente cobrado* por este, outro Estado ou pelo Distrito Federal, relativamente a mercadoria entrada ou a prestação de serviço recebida, acompanhada de documento fiscal hábil, emitido por contribuinte em situação regular perante o fisco.
>
> § 1º. Para efeitos deste artigo, considera-se:
>
> 1. *imposto devido*, o resultante da aplicação da alíquota sobre a base de cálculo de cada operação ou prestação sujeita a cobrança de tributo;
>
> 2. imposto anteriormente *cobrado* a importância calculada nos termos do item precedente e *destacada em documento fiscal hábil*;
>
> 3. ***documento fiscal hábil***, o que atenda a todas as ***exigências da legislação*** pertinente, seja ***emitido por contribuinte em situação regular*** perante o fisco e esteja acompanhado, quando exigido, de comprovante do recolhimento do imposto;
>
> 4. *situação regular* perante o fisco, a do contribuinte que, à data da operação, esteja *inscrito* na repartição fiscal competente, *se encontre em atividade* no local indicado e possibilite a comprovação da *autenticidade dos demais dados cadastrais* apontados ao fisco.

Por sua vez, o *§ 3º do art. 36 da Lei Paulista n. 6.374/1989* prescreve que *não será juridicamente considerado cobrado* o montante de ICMS relativo a quaisquer incentivos (como é o caso) que tenha sido concedido ao *arrepio* do prescrito pela CF em seu *art. 155, § 2º, "g"*; ou seja, sem a regular deliberação dos Estados e do DF através do *CONFAZ*. *In verbis*, o dispositivo normativo paulista:

> § 3º. *Não se considera cobrado, ainda que destacado em documento fiscal*, o montante do imposto que corresponder a vantagem econômica decorrente da concessão de qualquer subsídio, redução da base de cálculo, *crédito presumido ou outro incentivo ou benefício fiscal em desacordo com o disposto no art. 155, § 2º, inciso XII, alínea "g", da Constituição Federal.*

Finalmente, a *Resolução SF 52/1993* (*destacada na acusação exordial*) determina, em sintonia com as normas supra, como o contribuinte deve operacionalizar o seu crédito *contaminado* por concessão de benefício fiscal de diverso ente federativo contrária ao regramento válido, vigente e eficaz.

> Art. 1º. Na entrada de mercadoria em estabelecimento situado em território paulista, em decorrência de operação interestadual efetuada por empresa beneficiária de qualquer subsídio, ainda que de natureza financeira ou creditícia, em relação ao ICMS, concedido sem amparo em convênio celebrado nos termos da Lei Complementar n. 24, de 7 de janeiro de 1975, *a apropriação de crédito do imposto, destacado no respectivo documento fiscal, somente será admitida até o valor correspondente ao montante do ICMS efetivamente cobrado pelo Estado do remetente.* (g.n.).

Esta a motivação legal do Auto de Infração lavrado pelas autoridades fazendárias paulistas como medida protetora do crédito público no presente caso.

A descrição da infração restaria completa (nossa premissa neste estudo), assumindo que a motivação do ato esteja comprovada em linguagem adequada suportando a acusação inicial.

Em face da formalização das normas através do Auto de Infração, os contribuintes envolvidos nesta *guerra fiscal* têm apresentado diversos argumentos de defesa.

Passemos à análise de alguns deles apresentando uma possível argumentação em sentido contrário.

Da exclusiva competência do STF para apreciar inconstitucionalidade em normas concedentes de benefícios fiscais

• Dos argumentos do contribuinte

Muitos, em grau de defesa ou recurso, destacam que apenas o STF poderia apreciar inconstitucionalidade presente em normas concessivas de benefícios fiscais positivadas por outros Estados e não fundamentados em Convênios, sendo que o órgão judicante administrativo paulista não teria competência para tal apreciação.

• Dos contra-argumentos

Ora, o órgão julgador administrativo paulista não teria a pretensão de declarar ilegal ou inconstitucional norma de outra Unidade da Federação. A sua apreciação pela administração-judicante paulista ocorreria no sentido de fazer cumprir à risca o *ordenamento* ***constitucional*** *(art. 155, § 2º, "g"), o* ***nacional complementar*** *(arts. 1º e 8º da LC 24/1975), o* ***legal paulista*** *(art. 36, § 3º, da Lei n. 6.374/1989) e o* ***infra-legal paulista*** *(Resolução SF 52/1993)* que disciplinam a matéria, como vimos acima.

Não haveria a pretensão de declaração de inconstitucionalidade ou de ilegalidade construída por norma individual e concreta dos órgãos julgadores administrativos paulistas, aliás, prática que considero incompetente se realizada por órgão administrativo do poder executivo, cujo ponto de vista apresentei em artigo publicado na *Revista* n. 6 da APET (Associação Paulista de Estudos Tributários).

O que ocorreria seria a simples constatação factual incontroversa da concessão unilateral de crédito outorgado (incentivo fiscal) ao estabelecimento remetente localizado em outro Estado, com relação ao envio de mercadorias para estabelecimento paulista, sendo que sua subsunção ao ordenamento prescreveria a proibição ao contribuinte destinatário de creditar-se do valor correspondente ao irregular benefício fiscal concedido.

Haveria sim, por parte dos órgãos da administração ativa e judicante de São Paulo, simples aplicação da lei a uma situação específica de irregularidade em face do *CONFAZ*, cujo efeito jurídico atingiria somente o contribuinte paulista adquirente, não alcançando, portanto, ordenamento particular de outro Estado.

Esta uma possível argumentação favorável à manutenção da acusação.

Da boa-fé do contribuinte de impossibilidade de cobrança de multa

• Dos argumentos do contribuinte

Aqui a defesa do contribuinte alega que não poderia ser penalizado em face de ter agido com boa-fé, sendo uma vítima da Guerra entre os Estados, acrescentando que os remetentes das mercadorias apenas teriam cumprido a legislação estadual competente. O estabelecimento autuado não teria culpa alguma da indevida concessão de benefícios ao remetente de mercadorias; portanto, não deveria arcar com tal responsabilidade.

• Dos contra-argumentos

Ora, como vimos acima, a *LC 24/1985* determina aos entes políticos federados o que deve ser feito *in casu*, conforme *art. 8º, I*, da norma complementar nacional.

Por sua vez, o Estado de São Paulo, com fundamento de validade na norma complementar, estipula através de lei ordinária (*art. 36, § 3º, da Lei n. 6.374/1989*) a obrigatoriedade de *não se considerar cobrado* o montante correspondente ao benefício já discutido.

O *contribuinte paulista fora autuado por considerar* ***imposto cobrado*** aquele que a *legislação ordinária a ele dirigida considerou como* ***não cobrado***. Em face deste descumprimento, em face desta infração, adveio o presente AIIM.

Aqui não se julgaria o descumprimento do estabelecimento-remetente de outro Estado às normas constitucionais em face do acatamento do indevido benefício, nem o fato do outro Estado ter concedido tal incentivo de forma irregular; tais fatos seriam apenas constatações incontroversas ao analisarem-se as provas, sendo suficientes à aplicação das normas protetoras dirigidas aos estabelecimentos paulistas que participam como adquirentes de mercadorias nesta situação. A legislação vista e discutida acima corroboraria tal entendimento.

E mais,

Em face da indisponibilidade do crédito público prescrita pelo *art. 141 do CTN*, não se poderia resolver obrigação tributária fora das regras do jogo jurídico.

Não se trataria aqui de atribuição de culpa ao contribuinte pela recomposição do Erário paulista decorrente dos indevidos benefícios fiscais concedidos; a denotação de culpa ou não seria, pelo nosso ordenamento (*art. 136 do CTN*), irrelevante na caracterização infracional administrativo-tributária, a não ser que fosse elemento do tipo infracional.

In casu, tratar-se-ia, tão-somente, de uma *situação objetivamente prevista pelo ordenamento tributário* que ocasionaria restrições constitucionais e legais ao direito subjetivo integral de crédito do adquirente paulista em face do indevido benefício unilateral concedido ao remetente de outro Estado.

Eventuais prejuízos ao contribuinte adquirente pela glosa fiscal aqui tratada, deveriam ser objeto de ações judiciais deste em face do ente político causador de tal situação; *in casu*, o Estado concessor do indevido Regime Especial.

O que não se poderia fazer seria abrir mão do crédito público ao arrepio do que prescreve a legislação; seria "consertar o erro jurídico com outro erro".

Estes seriam os possíveis contra-argumentos ao apelo do contribuinte pelo cancelamento do Auto de Infração.

Dos "relevantes valores sociais" do benefício fiscal concedido

• Dos argumentos do contribuinte

Alegam, ainda, muitos contribuintes que o benefício fiscal concedido por outro Estado estaria baseado em "relevantes valores sociais", pois serviriam, em muitos casos reais, para desonerar produtos da cesta básica (como faz, por exemplo, o Estado do Rio Grande do Sul com o arroz).

• Dos contra-argumentos

Tal fato, apesar de verdadeiro não seria fato jurídico eleito pelo legislador como suficiente à ineficácia técnica das normas (destacadas acima) que regem a concessão de benefícios fiscais.

A obrigatoriedade da concessão de benefícios fiscais via *CONFAZ* não excepcionaria mercadorias consideradas como essenciais ou de relevante cunho social, como as pretendidas em muitos casos tratados; seria a regra do jogo jurídico que também procura preservar outros valores tão importantes como o citado pelo contribuinte, tais como: a *segurança jurídica* (no sentido de previsibilidade normativa no jogo dos benefícios fiscais concedidos), a *isonomia* entre os entes políticos, ao serem tratados de forma equânime pelo ordenamento, assim como a própria preservação da *federação*, ao estabelecer, via legislação constitucional e complementar nacional, a forma de tratamento fiscal nas operações interestaduais.

Estes seriam os contra-argumentos para manter a acusação exordial.

Dos precedentes jurisprudenciais das Cortes Administrativas e do Poder Judiciário

• Dos argumentos do contribuinte

Os contribuintes, em suas defesas ou recursos, destacam jurisprudência administrativa e judicial favorável às suas conclusões; pretendendo, assim, também fundamentá-las.

Tal argumento, comum nos tribunais administrativos (especialmente no TIT-SP), é o de que se deveria acatar a jurisprudência administrativa e judiciária, mesmo contrárias à lei aplicável, visando ao *princípio da economia processual* e a fim de que o *Poder Público não fosse condenado* ao ônus de sucumbência em eventual *execução fiscal*; tudo diante de decisões jurisprudenciais abordando casos análogos, embora haja o reconhecimento da ausência, em tais decisões, de efeitos vinculantes (*inexistência de efeitos "erga omnes"*) típicos do controle concentrado de constitucionalidade e não do controle difuso sem Resolução do Senado Federal.

• Dos contra-argumentos

Data maxima venia, respeitando opiniões contrárias, possíveis contra-argumentos seriam:

(*a*) A interpretação das normas feita em harmonia com os princípios gerais e específicos do direito é louvável e necessária;

(*b*) Destarte, entendemos e louvamos a intenção daqueles que atentam para o princípio da economia processual, além de sua preocupação com possível condenação da Fazenda Pública em sede judicial, acarretando prejuízo ao erário na forma de sucumbência em eventual execução fiscal;

(*c*) Partilhamos de tal preocupação;

(*d*) Porém, em coerência com a nossa visão interpretativa-sistemática do ordenamento, entendemos que dois princípios constitucionais também não deveriam ser relegados a segundo plano: o *princípio da legalidade* e o *princípio da indisponibilidade do bem público*;

Do princípio da legalidade

(*e*) A norma válida, vigente e eficaz só admitiria, para nós, sua inaplicabilidade em face das seguintes situações:

(*i*) *Inexistência de fato jurídico suficiente ao sucesso hipotético-normativo*;

(*ii*) *Invalidade da norma construída do dispositivo legal destacado*: ora, declarações de inconstitucionalidade em controle difuso não são suficientes para retirar do ordenamento a norma discutida, assim como decisões judiciais e administrativas em casos semelhantes; a jurisprudência, apesar de mostrar uma tendência decisória, não teria efeito vinculante; mas meramente sugestivo.

Afrontaria o princípio da legalidade não aplicar norma geral e abstrata válida em face de normas individuais e concretas destituídas de efeitos *erga omnes*; *portanto, a norma legal continuaria válida; pertenceria ao ordenamento*;

(*iii*) *Revogação da norma construída do dispositivo legal destacado*: se uma norma não sofreu revogação tácita (advento de norma com conteúdo de validade em sentido contrário) ou expressa (norma posterior explicitamente revogando-a) temos que *a norma discutida tem, potencialmente, a possibilidade de transformar fatos em fatos jurídicos*;

(*iv*) *Eficácia técnica da norma construída do dispositivo legal*: ora, se inexistem obstáculos à aplicação normativa, então seria desnecessária norma reguladora aliada à inexistência de norma obstando o fenômeno da subsunção.

(*f*) Portanto, deixar de aplicar tal norma válida, vigente e eficaz tecnicamente, na presença inconteste de fato jurídico (fato gerador) seria violar o princípio da legalidade;

Do princípio da indisponibilidade dos bens públicos

(*g*) Este princípio que, conjuntamente ao anterior, forma uma base segura de controle da coisa pública em relação àqueles que direta ou indiretamente a estão administrando, seria de fundamental interesse no campo tributário, à medida que vincularia à lei os atos que, de algum modo, afetassem o Erário;

(*h*) A nosso ver, a matéria em discussão, por ser de natureza pública (envolvendo tributo, bem público), não poderia ser resolvida ao arrepio do nosso ordenamento; sua solução deveria unicamente advir dos mecanismos por este criados, sob pena de estarmos dispondo de forma ilegítima sobre bem indisponível.

Portanto, acórdãos porventura citados, apesar de sua forte influência psicológica sobre a questão ora tratada (como preleciona o professor Tárek Moysés Moussalem, in *Fontes do Direito*), não se revestiriam de natureza jurídica suficiente a afastar a aplicação de norma não retirada do ordenamento.

Assim, quanto à alegação do destaque de jurisprudência favorável à tese da contribuinte como motivo jurídico ao cancelamento do AIIM, rejeitaríamos tal motivação pelos argumentos discutidos supra.

Do fato da própria legislação paulista descumprir o ordenamento

• Dos argumentos do contribuinte

Muitos contribuintes destacam que a legislação paulista, no que diz respeito a determinadas isenções e benefícios fiscais, findaria por legitimar, ainda que *por via oblíqua*, a conduta do estabelecimento-autuado, já que também seria concessiva de diversos incentivos unilaterais ao arrepio do ordenamento constitucional e nacional-complementar.

Assim, o Estado de São Paulo não deveria imputar conduta reprovável aos administrados que destas isenções e benefícios fiscais tirassem partido, nem deveria glosar créditos fiscais aproveitados pelos estabelecimentos que deles recebessem mercadorias.

• Dos contra-argumentos

Buscando fundamento de validade no *art. 141 do CTN* (*da indisponibilidade do crédito público*), entender-se-ia carente de motivação extinguir a obrigação tributária constituída através do Auto de Infração como posto no início do nosso estudo de caso.

O fato da eventual política acirradora da guerra fiscal entre os Estados ser, conforme argumento do contribuinte acima destacado, mecanismo utilizado, também de forma irregular, pelo Estado de São Paulo, não se traduziria em motivo do ato, nem em motivo legal bastantes à sua descrição como fato jurídico ensejador de quaisquer efeitos com relação à nossa situação em estudo; tal análise escaparia à órbita competencial administrativa julgadora.

Como dissemos linhas atrás, interesse público não se confunde com o interesse fazendário. Interesse público é muito mais que isso: é interesse de toda a sociedade.

Assim, a preservação e a disponibilidade do dinheiro público devem atender a requisitos unicamente legais e não servir a propósitos políticos de retaliações de caráter político, cuja responsabilização pela má gerência do erário deve ser discutida, inclusive, no Judiciário.

Não existiria, assim, como muitos pretendem, a possibilidade de uma "legitimação oblíqua" da situação infracional ora tratada.

VI – Caso prático 2 – Glosa INDEVIDA de Crédito por recebimento de mercadoria em operação interestadual SEM BENEFÍCIO FISCAL

Ente político estatal concede Regime Especial a determinadas empresas *permitindo o parcelamento do pagamento integral do montante de débito* toda vez que esta realizar operações interestaduais de circulação de determinadas espécies de mercadorias.

O destaque na nota fiscal correspondente à remessa de mercadorias para São Paulo (por exemplo) é de *12%*. O contribuinte paulista formaliza sua norma de crédito com esta alíquota, entendendo estar juridicamente correto e em sintonia com as exigências do ordenamento.

Por sua vez, o Estado de São Paulo entende que o contribuinte não deveria efetuar tal creditamento e lavra Auto de Infração e Imposição de Multa, assim descrevendo a infração:

Trata-se da acusação de creditamento indevido efetuado por estabelecimento paulista correspondente a montante de *imposto* ***destacado*** em notas fiscais de transferência de *mercadorias remetidas pela matriz* com sede *em outro Estado* e o ***efetivamente pago*** *pelo citado remetente*.

O crédito fora considerado indevido porque a *forma parcelada de pagamento* decorreu de *incentivo fiscal* concedido por outro Estado, *sem aprovação do CONFAZ*, em desacordo com o *art. 155, § 2º, inciso XII, alínea "g" da Constituição Federal e art. 1º, parágrafo único, inciso IV, da Lei n. Complementar 24/1975*.

Diante de tal fato (o da lavratura de AIIM), a imprescindível pergunta inicial é: *o Regime Especial concedido de forma unilateral pelo Estado do remetente tem a qualificação jurídica de* ***Benefício Fiscal*** *com a significação contextual analisada acima?*

In casu, considerando que pelo Regime Especial concedido o pagamento deverá ser integral (deverá; não, que tenha sido) não se trataria de Benefício Fiscal, pois não se referiria a incentivo que, *de forma indireta pudesse reduzir o ônus tributário* devido pelo estabelecimento remetente.

O requisito para que o Regime Especial concedido seja considerado um Benefício Fiscal *não restaria satisfeito, conforme art. 1º, parágrafo único, inciso IV da LC 24/1975*.

Assim, para este caso, a deliberação dos outros Estados na concessão de tal incentivo não se revestiria de obrigatoriedade.

O contribuinte recebedor da mercadoria tem direito a *creditar-se de imposto cobrado* na operação anterior; como vimos acima, em sintonia com o princípio da não cumulatividade do *art. 155, § 2º, I da CF/1988*.

> I – O ICMS será *não cumulativo*, *compensando-se* o que *for devido* em cada operação relativa à circulação de mercadorias ou prestação de serviços com o *montante cobrado* nas anteriores pelo mesmo ou outro Estado, ou pelo DF.

Imposto cobrado não é o mesmo que imposto pago; cobrado é indicador de *incidência normativa* com a constituição de obrigação tributária em que o Estado do remetente da mercadoria é o sujeito ativo com direito subjetivo e o contribuinte remetente é o sujeito passivo com dever jurídico.

Assim pensamos porque buscamos a resposta às nossas indagações no próprio ordenamento e o *art. 36 da Lei Estadual Paulista n. 6.374/1989 em sintonia com o ordenamento constitucional e nacional complementar* define o termo cobrado:

> Art. 36. O Imposto sobre Operações Relativas à Circulação de Mercadorias e sobre Prestação de Serviços de Transporte Interestadual e Intermunicipal e de Comunicação é não-cumulativo, *compensando-se o imposto que seja devido em cada operação ou prestação com o anteriormente* ***cobrado*** por este, outro Estado ou pelo Distrito Federal, relativamente a mercadoria entrada ou a prestação de serviço recebida, acompanhada de documento fiscal hábil, emitido por contribuinte em situação regular perante o fisco.
>
> § 1º. Para efeitos deste artigo, considera-se:
>
> 1. *imposto devido*, o resultante da *aplicação da alíquota sobre a base de cálculo* de cada operação ou prestação sujeita a cobrança de tributo;
>
> 2. imposto anteriormente *cobrado a importância calculada nos termos do item precedente e destacada em documento fiscal hábil*;

O ***olhar do remetente*** da mercadoria para a obrigação tributária por ele constituída considera o montante objeto da correspondente relação jurídica como *imposto devido* (*item 1 do § 1º do art. 36 da Lei n. 6.374/1989*).

Por sua vez, o ***olhar do adquirente*** da mercadoria para a mesma obrigação tributária considera o montante respectivo como *imposto cobrado* (*item 2 do § 1º do art. 36 da Lei n. 6.374/1989*).

Portanto, *imposto cobrado suficiente ao creditamento* por parte do recebedor da mercadoria é imposto incidente na operação anterior (o *devido* no ***olhar do remetente***).

Vê-se que o fato da realização ou não do pagamento por parte do remetente da mercadoria é irrelevante para o exercício do direito subjetivo de crédito a ser efetuado pelo correspondente adquirente; a não ser, é claro, que exista norma atrelando o direito de creditar-se ao pagamento do imposto anteriormente cobrado (no ICMS-Importação, por exemplo).

Assim, *exigir tributo de forma parcelada* (considerando que o montante exigido não tenha sido atingido) *não significa redução ou eliminação do ônus tributário*, exigência normativa essencial para que o incentivo seja considerado fiscal.

E mais.

Se mesmo sem pagamento pelo remetente, o adquirente tem direito ao crédito, seria um contra-senso jurídico obstar tal direito subjetivo em face de um parcelamento. A não ser, repito, que tal facilidade extintiva de obrigação tributária represente redução ou relevação direta ou indireta do ônus tributário (do objeto da prestação da exigência obrigacional).

Mas a prova de que tal regime efetuaria a *indevida redução ou relevação do ônus tributário* sem deliberação do *CONFAZ* cabe ao próprio Fisco autuante.

Com estas afirmações, entendemos que o incentivo do pagamento parcelado, como destacado acima, *não teria o revestimento jurídico de benefício fiscal*, não devendo se submeter às prescrições restritivas da *LC 24/1975*, ocasionando o cancelamento de Autos de Infração neste sentido.

VII – Conclusão

Longe de explanarmos uma unanimidade de pensamentos, todas as questões suscitadas, assim como as parciais conclusões, precariamente destacadas, são frutos de discussões práticas no nosso dia-a-dia no Tribunal de Impostos e Taxas do Estado de São Paulo, onde temos a honra de compartilhar tais aventuras intelectuais com uma plêiade de colegas julgadores do mais alto nível intelectual e preparo técnico.

Entendendo o Direito como sistema normativo auto-referente e preso à linguagem que ele mesmo convencionou, permaneço mais tranqüilo ao buscar as respostas aos questionamentos iniciais no próprio ordenamento.

Assim, a discussão sobre a definição de *Benefícios Fiscais* quando atrelada a requisitos normativos de aplicabilidade adquirem a objetividade desejada por aqueles que buscam segurança nas suas conclusões.

A restrição que a norma propõe não pode ser alargada por decisões políticas completamente apartadas da realidade jurídica vigente.

A busca da visão interpretativa sistemática e a aceitação de que o direito cria sua própria realidade, não guardando quaisquer necessidades de similitude com o mundo do ser, torna confortável a explicação de que o vocábulo *cobrado* precisa ser compreendido de acordo com o contexto normativo em que resta mergulhado.

Num sentido genérico, sua significação é de imposto incidente destacado em documento fiscal hábil e emitido por estabelecimento em situação regular.

Dentro do contexto da Guerra Fiscal, temos que o *cobrado* tem significação mais restrita.

Sua conotação torna-se mais intensa; deve corresponder ao valor destacado em documento hábil, porém, abatido do valor referente a benefício concedido unilateralmente por outro Estado e que tenha representado redução ou relevação, direta ou indireta, de ônus tributário, em cumprimento ao ordenamento constitucional, ao nacional-complementar e ao estadual (Caso prático 1).

A concessão de isenções e de créditos presumidos já tem esta característica reducional. No entanto, quanto aos incentivos fiscais, há a necessidade de verificar, caso a caso, se tal regime específico representará, como conseqüência de sua aplicação, a referida redução ou relevação do tributo a ser exigido.

Mas é certo que o termo *cobrado* não pode também ser confundido com o termo *pago*. Imposto cobrado nada tem a ver com imposto pago.

O crédito deve ser feito levando-se em consideração o montante cobrado nas operações anteriores; montantes estes não necessariamente pagos, o que acaba por nos fazer concluir que incentivos que, singelamente, facilitam a forma de pagamento por parte de remetentes de mercadorias, sem que tal prática importe em redução ou relevação de ônus devido, não podem ser considerados *Benefícios Fiscais* (Caso prático 2).

É certo que o ordenamento não pode ficar *engessado* por normas inadequadas; sabemos que a mutação normativa (capacidade de amoldamento das normas às peculiares situações do real-social) é necessária e desejável à solução do dinâmico e imprevisível mundo real dos conflitos sociais.

Porém, mutação dentro das ***regras do jogo jurídico*** e não fora delas. Atuar *ao largo* do ordenamento sob os fundamentos da economia processual, da celeridade ou do informalismo é atuar casuisticamente, com visão restrita das conseqüências de tal atitude. É agir desconsiderando a necessidade de se preservar a igualdade e a segurança jurídicas essenciais à aplicação da justiça.

Por isso nossa preocupação em buscar fundamento de validade no ordenamento competente e apoio em abalizada doutrina às nossas razões acima esboçadas.

Bibliografia

CARRAZZA, Roque Antonio. *ICMS*. 10ª ed., São Paulo, Malheiros Editores, 2005.

CARVALHO, Osvaldo Santos de. "Reflexão sobre a possibilidade de uniformização da legislação do ICMS por meio de Lei Complementar Nacional", in CARRAZZA, Elizabeth Nazar (coord.). *ICMS Questões Atuais*. 1ª ed., São Paulo, Quartier Latin, 2007.

CARVALHO, Paulo de Barros. *Curso de Direito Tributário*. 16ª ed., São Paulo, Saraiva, 2003.

______. *Direito Tributário: Fundamentos Jurídicos da Incidência*. 2ª ed., São Paulo, Saraiva, 1999.

MELO, José Eduardo Soares. *ICMS – Teoria e Prática*. 8ª ed., São Paulo, Dialética, 2005.

MENDONÇA, Christine. *A Não-Cumulatividade do ICMS*. 1ª ed., Quartier Latin, 2005.

MOUSSALEM, Tárek Moysés. *Fontes do Direito Tributário*. São Paulo, Max Limonad, 2001.

SANTI, Eurico Marcos Diniz de. *Lançamento Tributário*. São Paulo, Max Limonad, 1999.

TOMÉ, Fabiana Del Padre. *A Prova no Direito Tributário*. 1ª ed., São Paulo, Noeses, 2005.

AS SÚMULAS DOS TRIBUNAIS ADMINISTRATIVOS E OS LIMITES DE SUA OBRIGATORIEDADE POR SEUS ÓRGÃOS JULGADORES

FERNANDO L. LOBO D'EÇA
Advogado Tributarista em São Paulo

I – Introdução. II – Os limites jurisdicionais dos Tribunais Administrativos e seus órgãos julgadores: os princípios da independência, da imparcialidade e da livre convicção motivada. III – A obrigatoriedade de observância às Súmulas do STF por órgãos do Poder Judiciário e da Administração Pública direta e indireta. IV – Os limites da obrigatoriedade de observância às Súmulas editadas por órgãos singulares ou coletivos de jurisdição administrativa. V – A impossibilidade de imposição de punição ou perda de mandato ao julgador administrativo pela não aplicação de Súmula. VI – Conclusões. Referências bibliográficas. Jurisprudência citada.

I – Introdução

As recentes modificações do Regimento Interno dos Conselhos de Contribuintes, para a introdução da obrigatoriedade de observância de Súmulas de Jurisprudência nos julgamentos de suas Câmaras, e da conseqüente possibilidade de indeferimento de recursos administrativos por mero despacho de Presidentes de Câmaras, quando contrariem Súmula em vigor, evocam uma reflexão sobre os limites de autotutela exercida por aqueles órgãos administrativos bem como, sobre a liberdade e independência dos julgadores administrativos na análise dos recursos que lhes são submetidos à apreciação.

Embora não se possam ignorar os inegáveis benefícios da instituição de Súmulas como técnica de sumarização dos julgamentos dos Tribunais e referência oficial aos precedentes jurisprudenciais nela compendiados, conferindo maior estabilidade à jurisprudência predominante nos Tribunais e assim possibilitando maior celeridade dos julgamentos e evitando que sejam contraditórios, não se pode esquecer das intransponíveis limitações das Súmulas como fonte de direito e das indesejáveis interferências na liberdade, independência e imparcialidade dos julgadores, que não só podem comprometer a realização da justiça no caso concreto, neutralizando as virtudes da autotutela[1] dos atos administra-

1. J. Cretella Jr. em artigo intitulado "Da autotutela administrativa", publicado na *RDA* 108/47-63, explica que "há todo o interesse do Estado em que

tivos, que obviamente não deve desbordar em instrumento de arbítrio do Poder Público na imposição de seu entendimento.

Realmente, não se pode perder de vista que, a par de possibilitar maior eficácia e controle de decisões, que propicia o aperfeiçoamento e evita a corrupção dos órgãos públicos, a *autotutela* dos atos administrativos e os recursos a ela inerentes, não são instituídos somente no *interesse dos administrados*, mas principalmente no *interesse* e *aperfeiçoamento da própria Administração*,[2] no chamado *autocontrole da legalidade* dos atos administrativos, evitando assim que a Fazenda Pública se apresente perante o Poder Judiciário, como autora ou como ré, lastreada em *atos ou títulos eivados de ilegalidade, irregularidade* e, portanto, *ilíquidos, incertos e inexigíveis*, com todas as funestas conseqüências jurídicas da sucumbência judicial.

Daí a necessidade de uma reflexão mais acurada sobre os *limites de atuação dos julgadores administrativos* de modo a *compatibilizar* os vários *interesses em disputa*, de um lado assegurando as *necessidades de controle, eficiência e eficácia* das decisões administrativas, e de outro assegurando as imprescindíveis *independência e imparcialidade* na atuação dos julgadores administrativos, assim proporcionando *rapidez, segurança e qualidade* na *solução pacífica dos conflitos* submetidos à instância administrativa. Vejamos quais são estes limites.

II – Os limites jurisdicionais dos Tribunais Administrativos e seus órgãos julgadores: os princípios da independência, da imparcialidade e da livre convicção motivada

É elementar e nos lembra Themístocles Brandão Cavalcante, que "um dos *deveres primordiais* do Estado é *garantir o exercício de todos os direitos individuais*"[3] de modo a propiciar um *equilíbrio* e um *tratamento equânime* entre as pessoas (físicas e jurídicas) em suas relações jurídicas, sociais e econômicas, principalmente no exercício dos Direitos que a própria Constituição assegura aos cidadãos.

Nessa ordem de idéias, Castro Nunes[4] há muito já esclarecia que "o *conceito de*

seus atos observem os requisitos de legalidade e de mérito", sendo que para tanto "o *policiamento* exercido pela administração sobre os *atos administrativos* é *exercido*, na prática, por uma série de providências espontâneas do poder público" que consubstanciam a denominada "*autotutela*", definida sinteticamente como "o *poder de polícia da administração, dirigido aos atos administrativos*". "A *ilegalidade*", complementa o festejado jurista, "*pode ser descoberta espontaneamente pela administração* ou pode ser *denunciada pelo interessado, mediante recurso administrativo*, interposto no próprio âmbito do Poder Executivo" e, portanto "além de recair sobre os atos administrativos, (...), a *autotutela pode ainda recair sobre os processos administrativos*". Assim, "os *aspectos formais do processo administrativo* (...) *devem estar de acordo com a lei geral e com as leis especiais que os regem*, cabendo, pois, ao Estado, mediante a *autotutela*, verificar *se foram cumpridos* tais aspectos. Em caso contrário ainda em conseqüência da *verificação autotutelar* o processo administrativo e a concorrência serão *anulados*, inteiramente. (...). Processos administrativos, *em todas as fases* (...) sofrem impacto sensível do *procedimento autotutelar* e, como conseqüência, são *expurgados de vícios que os inquinam, ou são anulados*. (...) Em suma a *autotutela* é *vigilância, fiscalização, policiamento*, condição precípua da própria administração" (cf. *RDA* 108/50, 51, 55, 57, 61 a 63).

2. Nesse sentido ao comentar a função do Tribunal de Impostos e Taxas, Gastão Luiz F. da G. Lobo d'Eça ressalta que "O Tribunal de Impostos e Taxas é um órgão de 2ª instância, especializado em matéria fiscal, que foi criado pela Lei no *interesse da própria administração*, já que ao distribuir Justiça Fiscal na Instância administrativa, o Tribunal exerce também o chamado *autocontrole da legalidade dos atos administrativos* de natureza tributária, evitando assim que a Fazenda Estadual compareça a Juízo, como Autora ou como Ré, munida de *título eivado de ilegalidade ou irregularidade*" (cf. *Institucionalização do Processo Administrativo-Fiscal*, Ciclo de Conferências comemorativo do 45º aniversário de criação do TIT, v. II, p. 62).

3. Cf. *Tratado de Direito Administrativo*, 2ª ed., t. V, p. 364.

4. Cf. Castro Nunes, *Teoria e Prática do Poder Judiciário*, pp. 3-4 e 16-17. Mais recentemente Hely Lopes Meirelles adverte que *se afaste a errônea idéia*

jurisdição é de *direito público*", mas "*não se confina* nas estreitezas do *direito judiciário*", vez que "as vias judiciárias *não esgotam a função jurisdicional*", porquanto "do ponto de vista material, o *ato jurisdicional tanto pode ser praticado por um funcionário ou agente do poder público*, como por um *magistrado*", donde decorre que o "*contencioso administrativo* ou, mais corretamente *matéria contenciosa administrativa*, existe mesmo nos Estados onde não haja jurisdição administrativa organizada como *via paralela às vias judiciárias*", sendo certo que "a *autoridade que decide por aplicação da norma legal invocada como fundamento do direito reclamado pratica necessariamente um ato de jurisdição*, na *acepção material* desta palavra".

Distinguindo claramente as atividades exercidas pelo Poder Judiciário, das exercidas pelo Poder Executivo, a melhor Doutrina[5] acentua que a denominada "*jurisdição administrativa* é considerada apenas uma *faculdade jurisdicional do poder administrativo*, e não um desmembramento da jurisdição judicial", razão pela qual "os *tribunais administrativos são órgãos jurisdicionais*, por meio dos quais o *Poder Executivo impõe à administração respeito ao direito*", consubstanciando "apenas *uma das formas* por meio das quais *se exerce a autoridade administrativa*" e, portanto "são *parte integrante do sistema da administração* julgando os seus próprios atos" donde resulta que "as *decisões das instâncias administrativas coletivas estão sujeitas à apreciação judicial*, podendo o Judiciário comum, considerar tais decisões como verdadeiros atos administrativos".

Em suma, na sempre atual lição do saudoso Francisco Campos, é inquestionável que "a *Administração quando aplica a Lei*, ou estabelece que se verificaram as condições de fato para a sua aplicação, *exerce uma função jurisdicional* ou *em todos os pontos análoga ou idêntica à função judicial*. A identidade será completa na hipótese em que a Lei prescreva à Administração um *processo contraditório*, ou do qual participem os interessados, isto é, um *processo de natureza judicial*".[6]

O *caráter jurisdicional das decisões administrativas* exaradas em processos contenciosos de natureza fiscal não somente é matéria há muito *pacificada* na *Doutrina*,[7] como está reconhecido no Código Tributário Nacional, que em seu art. 100, inc. II, expressamente se refere às "*decisões de órgãos singulares ou coletivos de jurisdição administrativa*".

Ao tratar das características dos *tribunais administrativos paritários* (*Balanced Tribunals*) e de seus integrantes, por meio dos quais se exerce a jurisdição administrativa nos Estados Unidos e na Inglaterra, os ilustres administrativistas Bernard Schwartz e H. W. R. Wade, acentuam que:

"A característica dos tribunais é determinada pelo tipo de pessoas que prestam serviço neles. Embora haja exceções a quase todas as regras gerais que se possam estabelecer, há alguns princípios impostergáveis.

"Imparcialidade.

"O primeiro e mais importante repousa na imparcialidade. Os tribunais são integrados por pessoas independentes, não

de que "decisão jurisdicional ou ato de jurisdição é privativo do Judiciário, uma vez que "todos *os órgãos e Poderes têm e exercem jurisdição nos limites de sua competência institucional, quando aplicam o direito e decidem controvérsia sujeita à sua apreciação. Privativa do judiciário é só a decisão judicial, que faz coisa julgada em sentido material, erga omnes*. Mas, a *decisão judicial é espécie do gênero jurisdicional, que abrange toda decisão de controvérsia no âmbito judicial ou administrativo* (cf. nesse sentido: Franco Sobrinho, *Introdução ao Direito Processual Administrativo*, São Paulo, 1971, p. 163; Villar y Romero, *Derecho Procesal Administrativo*, Madri, 1948, pp. 5 e ss.)" (cf. *O Processo Administrativo e em Especial o Tributário*).

5. Cf. Themístocles Brandão Cavalcanti, *Tratado de Direito Administrativo*, t. IV, 5ª ed., pp. 472 e 478.

6. Cf. Francisco Campos, *Direito Administrativo*, v. II, p. 23.

7. Cf. Rubens Gomes de Souza, *RDA* 29/441.

por funcionários do governo. Sua jurisdição lhes é dada por ato do Parlamento e é axiomático que eles não estão sujeitos a ordens e influências externas de nenhuma espécie. Qualquer tentativa de um ministério de intervir tornará a decisão legalmente inválida, (...). De fato, está plenamente reconhecido pelo governo, assim como por todos, que os tribunais estão inseridos no princípio de independência do judiciário e que qualquer tentativa de influenciar suas decisões seria totalmente imprópria.

"Tribunais paritários (*Balanced Tribunals*).

"A grande maioria dos tribunais são integrados por cidadãos privados servindo meio período (*part time*). (...). Da mesma forma como os jurados administrando o direito criminal precisam ser representantes de todas as classes da sociedade, esses tribunais devem adequadamente representar divergentes interesses sociais e econômicos."[8]

Entre nós, conceituando a relação jurídica dos integrantes dos diversos tribunais administrativos de composição paritária, como é o caso dos Conselhos de Contribuintes, Hely Lopes Meirelles ensina que se trata de:

"*Agentes honoríficos*: são cidadãos convocados, designados ou nomeados para prestar, transitoriamente, determinados serviços ao Estado, em razão de sua condição cívica, de sua honorabilidade ou de sua notória capacidade profissional, mas sem qualquer vínculo empregatício ou estatutário e, normalmente, sem remuneração. Tais serviços constituem o chamado *múnus público*, ou *serviços públicos relevantes*, de que são exemplos a função de *jurado*, de *mesário eleitoral*, de *comissário de menores*, de *presidente* ou *membro de comissão de estudo ou de julgamento* e outros dessa natureza.

"Os *agentes honoríficos* não são servidores públicos, mas momentaneamente exercem uma *função pública* e, enquanto a desempenham, sujeitam-se à hierarquia e disciplina do órgão a que estão servindo, podendo perceber um *pro labore* e contar o período de trabalho como de serviço público. Sobre estes agentes eventuais do Poder Público não incidem as proibições constitucionais de acumulação de cargos, funções ou empregos (art. 37, XVI e XVII), porque sua vinculação com o Estado é sempre transitória e a título de colaboração cívica, sem caráter empregatício. A Lei 9.608, de 18.2.1998, dispondo sobre o serviço voluntário, define-o como a atividade não remunerada prestada por pessoa física a entidade púbica de qualquer natureza ou instituição privada sem fins lucrativos com objetivos cívicos, culturais, educacionais, científicos, recreativos ou de assistência social, inclusive mutualidade. Tal serviço não gera vínculo empregatício, nem obrigações de natureza trabalhista, previdenciária ou afim entre prestador e tomador. A lei permite o ressarcimento das despesas comprovadamente realizadas pelo prestador, desde que estejam autorizadas pela entidade a que for prestado o serviço voluntário. Somente para fins penais é que esses agentes são equiparados a funcionários públicos quanto aos crimes relacionados com o exercício da função, nos expressos termos do art. 327 do CP."[9]

Atento às advertências da melhor Doutrina, verifica-se que nosso Legislador Constituinte foi cauteloso e pródigo, não só numa *extensa declaração dos direitos individuais*, como na explicitação das *garantias procedimentais* com as quais pretendeu assegurar os direitos formalmente declarados, sendo que em relação a estas últimas, não se restringiu à clássica e irrestrita franquia do *acesso ao Poder Judiciário*, mas incorporou os avanços[10]

8. Cf. Bernard Schwartz e H. W. R. Wade, *Legal Control of Government – Administrative Law in Great Britain and the United States*, pp. 160-161.

9. Cf. Hely Lopes Meirelles, *Direito Administrativo Brasileiro*, 28ª ed., p. 79.

10. Manoel de Oliveira Franco Sobrinho já na década de 1970 ressaltava que "a evolução do direi-

havidos nos *procedimentos contenciosos administrativos* como integrantes e *limitativos* da atividade do Estado, assegurando aos litigantes naqueles procedimentos, as mesmas garantias asseguradas nos procedimentos judiciais e todos os "*recursos e meios*"[11] *inerentes à ampla defesa e ao contraditório*, além de todas as demais garantias decorrentes do *princípio do devido processo legal*,[12] *entre as quais se contam*, a *isonomia processual* e a *bilateralidade dos atos procedimentais*,[13] *a imparcialidade*[14] *e decorrente independência dos órgãos julgadores, dentre outras.*

Na aplicação concreta desses *princípios de independência e imparcialidade, imprescindíveis e aplicáveis aos procedimentos administrativos*,[15] a Jurisprudência do E. Superior Tribunal de Justiça tem reiteradamente afirmado que "*ao juiz, no exercício de suas funções judicantes, deve ser garantida total independência*, que também *se manifesta através do princípio do livre convencimento, sem subordiná-lo à aceitação* de qualquer *argumento ou prova* que se apresente nos autos",[16] nem de "*pareceres e relatórios técnicos*"[17] ou de "*interpretação administrativa*",[18] vez que "*o princípio do livre convencimento motivado apenas reclama do juiz que fundamente sua decisão, em face dos elementos dos autos e do ordenamento jurídico*".[19] Como também tem reiterado a Jurisprudência daquela E. Corte Superior de Justiça, o "*princípio do livre convencimento, exige fundamentação concreta*", sempre "*vinculada à prova* dos autos"[20]

to chegou a um estágio de progresso que não é mais possível desconhecer a realidade da jurisdição administrativa como integrante e limitativa da atividade do Estado" (cf. *Introdução ao Direito Processual Administrativo*, p. 117).

11. "Art. 5º. *Todos são iguais perante a lei*, sem distinção de qualquer natureza, garantindo-se aos brasileiros e aos estrangeiros residentes no País a inviolabilidade do direito à vida, à *liberdade*, à *igualdade*, à *segurança* e à propriedade, nos termos seguintes: (...) XXXIV – são *a todos assegurados, independentemente do pagamento de taxas*: o *direito de petição* aos Poderes Públicos em defesa de direitos ou contra ilegalidade ou abuso de poder; (...). LIV – ninguém será privado da liberdade ou de seus bens sem o devido processo legal; LV – aos *litigantes*, em *processo* judicial ou *administrativo*, e aos *acusados* em geral são assegurados o *contraditório e ampla defesa*, com os meios e *recursos a ela inerentes*."

12. Cf. o art. 5º, LIV, CF/1988, estabelece que: "LIV – ninguém será privado da liberdade ou de seus bens sem o devido processo legal". Nesse sentido a Jurisprudência do E. STJ já assentou que "embora dotado de *informalismo*, o *processo administrativo deve obedecer às regras do devido processo legal*, em virtude do *princípio da legalidade*, ao qual a administração se encontra submetida, por expressa determinação constitucional" (cf. Ac. do STJ, 3ª Seção, MS 10.756-DF, Reg. n. 2005/0101163-2, j. 24.5.2006, Rel. Min. Paulo Medina, *DJU* 30.10.2006, p. 237).

13. Cf. *Curso de Direito Constitucional Positivo*, 15ª ed., p. 433. A Suprema Corte já assentou que "a igualdade das partes é imanente ao *procedural due process of law*; quando uma das partes é o Estado" e, "no caminho da efetivação do *due process of law* – que tem particular relevo na construção sempre inacabada do estado de direito democrático –, a *tendência há de ser a da gradativa superação dos privilégios processuais do Estado*, à custa da *melhoria de suas instituições de defesa em juízo, e nunca a da ampliação deles ou a da criação de outros*, como é preciso dizê-lo – se tem observado neste decênio no Brasil" (cf. Ac. do STF, Pleno, na MC em ADI n. 1.910–DF, j. 22.4.2004, Rel. Min. Sepúlveda Pertence, *DJU* 27.2.2004, p. 19, e *RTJ* 189/513).

14. Nesse sentido a Jurisprudência do E. STJ já assentou que o "*princípio da imparcialidade* (...) *deve reger não só o processo judicial, como também o processo administrativo*, só restando anular a respectiva decisão, para que retome o feito seu curso regular" (cf. Ac. do STJ, 6ª T., RMS n. 17.403-PE, Reg. n. 2003/0204727-5, j. 28.6.2005, Rel. Min. Hélio Quaglia Barbosa, *DJU* 7.11.2005, p. 384).

15. Cf. Ac. do STJ, 6ª T., RMS n. 17.403-PE, Reg. n. 2003/0204727-5, j. 28.6.2005, Rel. Min. Hélio Quaglia Barbosa, *DJU* 7.11.2005, p. 384.

16. Cf. Ac. do STJ, 5ª T., HC n. 45.671-SP, Reg. n. 2005/0113438-4, j. 9.8.2007, Rel. Min. Arnaldo Esteves Lima, *DJU* 10.9.2007, p. 248.

17. Cf. Ac. do STJ, 5ª T., HC n. 49.104-SP, Reg. n. 2005/0176088-6, j. 18.10.2007, Rel. Min. Arnaldo Esteves Lima, *DJU* 5.11.2007, p. 296.

18. Cf. Ac. do STJ, 2ª T., AgRg no Ag n. 217.275-SP, Reg. n. 1998/0094994-1, j. 27.4.1999, Rel. Min. Aldir Passarinho Júnior, *DJU* 9.8.1999, p. 164.

19. Cf. Ac. do STJ, 4ª T., REsp n. 400.977-PE, Reg. n. 2001/0192646-7, j. 21.3.2002, Rel. Min. Sálvio de Figueiredo Teixeira, *DJU* 3.6.2002, p. 212.

20. Cf. Ac. do STJ, 5ª T., REsp n. 184.156-SP, Reg. n. 1998/0056679-1, j. 1.10.1998, Rel. Min. Felix Fischer, *DJU* 9.11.1998, p. 161, *JSTJ* 4/323, e *RSTJ* 114/353.

e às *regras do direito* e da *razoabilidade*, o que *pré-exclui* e não se confunde com o mero *capricho ou arbítrio* do julgador, revelado em *vagas e fantasiosas convicções íntimas* ou em *opiniões e afeições pessoais* do julgador, que obviamente comprometeriam a validade da decisão.[21]

Desses judiciosos preceitos resulta claro que *exercendo uma função jurisdicional* ou *em todos os pontos análoga ou idêntica à função judicial, os órgãos singulares ou coletivos de jurisdição administrativa gozam das mesmas garantias de independência e imparcialidade* asseguradas aos órgãos do Judiciário que se manifestam através do *princípio do livre convencimento motivado*,[22] sendo *axiomático*, que no julgamento dos processos administrativos que lhes são submetidos à apreciação, estes *órgãos administrativos não estão sujeitos a ordens e influências externas de nenhuma espécie, e qualquer tentativa de um Ministério de intervir no julgamento ou na livre convicção do julgador administrativo, tornará a decisão legalmente inválida.*

Nesse sentido a Jurisprudência do STJ já assentou que "a *Constituição Federal tem como um dos primados dos direitos fundamentais* do homem e do cidadão, o *julgamento imparcial* e a *ampla defesa*",[23] donde decorre que "*a competência ministerial para controlar os atos da administração pressupõe a existência de algo descontrolado*", *não se admitindo interferência ministerial* "nas hipóteses em que o órgão controlado se conteve no *âmbito de sua competência e do devido processo legal*", eis que "o *controle do Ministro da Fazenda* (arts. 19 e 20 do DL 200/1967) *sobre os acórdãos dos conselhos de contribuintes tem como escopo e limite o reparo de nulidades*", *não sendo* "*lícito ao Ministro cassar tais decisões*, sob o argumento de que *o colegiado errou na interpretação da Lei*".[24]

Uma vez estabelecidos os *limites jurisdicionais dos tribunais administrativos* e as *garantias de independência e imparcialidade* asseguradas a seus órgãos julgadores, passemos ao exame da *influência* e obrigatoriedade das Súmulas nos julgamentos no *âmbito judicial* e *administrativo*.

21. Nesse sentido a Jurisprudência do STJ já assentou que "a toda evidência, a *fundamentação das decisões do poder judiciário*, tal como resulta da letra do inciso IX do art. 93 da Constituição da República, *é condição absoluta de sua validade* e, portanto, *pressuposto da sua eficácia, substanciando-se na definição suficiente dos fatos e do direito que a sustentam*, de modo a *certificar a realização da hipótese de incidência da norma e os efeitos dela resultantes*. (...). Tal *fundamentação*, para mais, *deve ser deduzida em relação necessária com as questões de direito e de fato postas na pretensão e na sua resistência, dentro dos limites do pedido, não se confundindo*, de modo algum, com a *simples reprodução de expressões ou termos legais*, postos em relação não raramente com *fatos e juízos abstratos, inidôneos à incidência da norma invocada*" (cf. Ac. do STJ, 6ª T., HC n. 25.221-RJ , Reg. n. 200201447978, j. 21.10.2003, Rel. Min. Paulo Medina, *DJU* 22.11.2004, p. 389). No mesmo sentido relativamente às *decisões administrativas* o E. STJ esclarece que "*o motivo é requisito necessário à formação do ato administrativo* e a *motivação, alçada à categoria de princípio, é obrigatória ao exame da legalidade, da finalidade e da moralidade administrativa* (cf. Ac. do STJ, 6ª T., AgRg no RMS n. 15.350-DF, Reg. n. 2002/0121434-8, j. 12.8.2003, Rel. Min. Hamilton Carvalhido, *DJU* 8.9.2003, p. 367).

22. Nesse sentido a Jurisprudência do STJ já assentou que "Os *motivos que determinaram a vontade do agente público, consubstanciados nos fatos que serviram de suporte à sua decisão, integram a validade do ato*, eis que *a ele se vinculam visceralmente*. É o que reza a prestigiada *teoria dos motivos determinantes*" (cf. Ac. do STJ, 2ª T., RMS n. 13.617-MG, Reg. 2001/0101563-0, j. 12.3.2002, Rel. Min. Laurita Vaz, *DJU* 22.4.2002, p. 183).

23. Cf. Ac. do STJ, 6ª T., RHC n. 4.591-MG, Reg. n. 1995/0023679-6, j. 12.6.1995, Rel. Min. Adhemar Maciel, *DJU* 25.9.1995, p. 31.153, e *RT* 724/593. No mesmo sentido o STJ assentou que "a *imparcialidade do magistrado*, um dos *pilares* do *princípio do juiz natural*, que *reclama juiz legalmente investido na função, competente e imparcial, se inclui entre os pressupostos de validade da relação processual*" (cf. STJ, 4ª T., REsp n. 230.009-RJ, Reg. n. 1999/0082217-0, j. 8.2.2000, Rel. Min. Sálvio de Figueiredo Teixeira, *DJU* 27.3.2000, p. 113).

24. Cf. Ac. do STJ, 1ª Seção, MS n. 8.810-DF, Reg. n. 2002/0170102-1, j. 13.8.2003, Rel. Min. Humberto Gomes de Barros, *DJU* 6.10.2003, p. 197, *RDDT* 109/180, *RDR* 27/226, e *RSTJ* 190/51.

III – A obrigatoriedade de observância às Súmulas do STF por órgãos do Poder Judiciário e da Administração Pública direta e indireta

Revestida de autoridade para *interpretar* e *fazer respeitar os direitos e poderes* constitucionalmente outorgados, *reprimindo* qualquer ato que lhes seja contrário, a *competência jurisdicional* do Poder Judiciário – que incide sobre toda e qualquer questão que envolva *lesão ou ameaça a direito*[25] que resulte da aplicação da Constituição, das Leis e Tratados –, é *partilhada* na própria Constituição, e se exerce através de *duas ordens paralelas* de Juizes e Tribunais, *autônomas e independentes*[26] (Justiça Federal e Justiças Estaduais), cada qual com *competências distintas* e *não subordinadas*, mas antes *coordenadas*, "*ex aequo*", no mesmo *pé de igualdade*, por dois Tribunais Federais Superiores (STF e STJ), que são incumbidos de exercer, nos limites das respectivas competências em *última instância*, o *controle da constitucionalidade* das *leis e atos* dos Poderes Públicos, bem como a *uniformidade jurisprudencial* na *aplicação do direito federal*, que no caso brasileiro, se dá em *instâncias de superposição*.[27]

O E. Superior de Justiça recentemente *justificou* essa *tendência sumular* aos fundamentos de que "a força da jurisprudência foi erigida como *técnica de sumarização dos julgamentos dos Tribunais*, de tal sorte que os *Relatores dos apelos extremos*, como soem ser o recurso extraordinário e o recurso especial, têm o poder de substituir o colegiado e negar seguimento às impugnações por motivo de mérito. (...). Deveras, a *estratégia político-jurisdicional do precedente*, mercê de timbrar a interpenetração dos sistemas do *civil law* e do *common law*, consubstancia *técnica de aprimoramento da aplicação isonômica do Direito*, por isso que para 'casos iguais', 'soluções iguais'. (...). A real ideologia do sistema processual, à luz do *princípio da efetividade processual*, do qual emerge o *reclamo da celeridade em todos os graus de Jurisdição*, impõe que o STJ decida consoante o STF acerca da mesma questão, porquanto, do contrário, *em razão de a Corte Suprema emitir a última palavra sobre o tema, decisão desconforme do STJ implicará o ônus de a parte novamente recorrer para obter o resultado que se conhece e que na sua natureza tem função uniformizadora* e, *a fortiori, erga omnes*".[28]

Incorporando à Constituição esses inegáveis benefícios e, visando compatibilizar os *princípios de independência e imparcialidade* há pouco lembrados, com a *eficiência* e *celeridade* dos procedimentos judiciais e administrativos imprescindíveis à realização da justiça, a *Emenda Constitucional n. 45/2004*,[29] dentre várias *inovações* veio estabelecer expressamente que: (*a*) "a todos, no *âmbito judicial* e *administrativo*, são *assegurados a razoável duração do processo* e os *meios que garantam a celeridade de sua tramitação*" (art. 5º, LXXVIII, CF/1988); (*b*) as *súmulas editadas pelo Supremo tribunal Federal*, que

25. Cf. art. 5º, XXXV, CF/1988.

26. Mendes de Almeida Júnior esclarece que "as justiças dos Estados não podem interferir em questões submetidas aos tribunais federais, nem anular, alterar ou suspender as suas sentenças ou ordens. (...) E reciprocamente, a justiça federal não pode intervir em questões submetidas aos Tribunais dos Estados, nem anular ou suspender as decisões ou ordens destes, excetuados os casos expressamente declarados na Constituição" (João Mendes de Almeida Júnior, *Direito Judiciário Brasileiro*, 5ª ed., p. 398; no mesmo sentido cf. Castro Nunes, *Teoria e Prática do Poder Judiciário*, pp. 535-536).

27. Cândido Rangel Dinamarco esclarece que no Brasil "esses tribunais *não se limitam à cassação dos julgados*, mas à sua *revisão*, no sentido de que eles aplicam ao caso concreto a interpretação jurídica dada por correta, *substituindo o decisum inferior* e julgando a causa" (cf. Cândido Rangel Dinamarco, *Fundamentos do Processo Civil Moderno*, 3ª ed., v. II, p. 784).

28. Cf. Ac. do STJ, 1ª T., RMS n. 14.866-MT, Reg. n. 2002/0052709-0, j. 7.11.2002, Rel. Min. Luiz Fux, *DJU* 17.2.2003, p. 223.

29. A EC n. 45, de 8.12.2004, *DOU* 31.12.2004, em vigor desde a publicação.

tenham por *objeto a validade, a interpretação e a eficácia de determinadas normas*, acerca das quais haja *controvérsia atual entre órgãos judiciários ou entre esses e a Administração Pública* e que *acarretem grave insegurança jurídica* e *relevante multiplicação de processos sobre questão idêntica*, a partir de sua publicação passam a ter "*efeito vinculante em relação aos demais órgãos do Poder Judiciário e à Administração Pública direta e indireta, nas esferas federal, estadual e municipal*" (cf. art. 103-A e § 1º, CF/1988); (*c*) as "*decisões definitivas de mérito*", proferidas pelo Supremo Tribunal Federal, nas "*ações diretas de inconstitucionalidade e nas ações declaratórias de constitucionalidade produzirão eficácia contra todos e efeito vinculante, relativamente aos demais órgãos do Poder Judiciário e à administração pública direta e indireta, nas esferas federal, estadual e municipal* (cf. art. 102, § 2º, CF/1988); e que (*d*) "do *ato administrativo* ou *decisão judicial* que *contrariar a súmula aplicável ou que indevidamente a aplicar, caberá reclamação* ao Supremo Tribunal Federal que, julgando-a *procedente*, *anulará o ato administrativo* ou *cassará a decisão judicial* reclamada, e *determinará que outra seja proferida com ou sem a aplicação da súmula*, conforme o caso" (cf. art. 103-A e § 3º, CF/1988).

Por seu turno, ao regulamentar o referido dispositivo constitucional que atribuiu o *efeito vinculante* às Súmulas do STF, relativamente aos órgãos da *administração pública direta e indireta*, a Lei federal n. 11.417/2006[30] alterou a Lei n. 9.784/1999[31] que *regula o processo administrativo no âmbito da Administração Pública Federal*, para estabelecer que "o uso da *reclamação só será admitido após esgotamento das vias administrativas*" (art. 7º, § 1º, Lei n. 11.417/2006), e se naquelas vias os administrados alegarem "*omissão*", "*contrariedade*", "*negativa de vigência*" ou "*aplicação indevida*" à súmula vinculante do STF, tanto a *autoridade prolatora da decisão impugnada* se não a reconsiderar (art. 56, § 3º, Lei n. 9.784/1999), como o *órgão competente para decidir o recurso* (art. 64-A, Lei n. 9.784/1999), *devem explicitar* "*as razões da aplicabilidade ou inaplicabilidade da súmula*, conforme o caso" sendo que em ambas as hipóteses, uma vez "*acolhida* pelo Supremo Tribunal Federal *a reclamação* fundada em *violação de enunciado da súmula vinculante, dar-se-á ciência à autoridade prolatora* e ao *órgão competente para o julgamento do recurso*, que *deverão adequar as futu-*

30. O art. 7º, § 1º, da Lei n. 11.417/2006 (*DOU* 20.12.2006 em vigor 3 meses após a publicação) expressamente dispõe que: "Art. 7º. Da *decisão judicial* ou do *ato administrativo* que *contrariar enunciado de súmula vinculante, negar-lhe vigência ou aplicá-lo indevidamente* caberá reclamação ao Supremo Tribunal Federal, sem prejuízo dos recursos ou outros meios admissíveis de impugnação. § 1º. Contra omissão ou ato da administração pública, o uso da reclamação só será admitido após esgotamento das vias administrativas. § 2º. Ao julgar procedente a reclamação, o Supremo Tribunal Federal anulará o ato administrativo ou cassará a decisão judicial impugnada, determinando que outra seja proferida com ou sem aplicação da súmula, conforme o caso".

31. Os artigos da Lei n. 9.784/1999, que regula o processo administrativo no âmbito da Administração Pública Federal, alterados pela Lei Federal n. 11.417/2006, expressamente dispõem que:

"*Art. 56.* Das *decisões administrativas cabe recurso*, em face de *razões de legalidade* e de *mérito*. (...). § 3º. Se o *recorrente alegar* que a *decisão administrativa contraria enunciado da súmula vinculante, caberá à autoridade prolatora da decisão impugnada, se não a reconsiderar, explicitar, antes de encaminhar o recurso à autoridade superior, as razões da aplicabilidade ou inaplicabilidade da súmula*, conforme o caso" (§ 3º acrescido pela Lei n. 11.417, de 19.12.2006, *DOU* 20.12.2006, em vigor 3 meses após a publicação).

"*Art. 64-A.* Se o *recorrente* alegar *violação de enunciado da súmula vinculante*, o *órgão competente para decidir o recurso explicitará as razões da aplicabilidade ou inaplicabilidade da súmula*, conforme o caso" (art. acrescido pela Lei n. 11.417, de 19.12.2006, *DOU* 20.12.2006, em vigor 3 meses após a publicação).

"*Art. 64-B. Acolhida pelo Supremo Tribunal Federal a reclamação* fundada em *violação de enunciado da súmula vinculante*, dar-se-á *ciência à autoridade prolatora* e ao *órgão competente para o julgamento do recurso*, que *deverão adequar as futuras decisões administrativas em casos semelhantes*, sob *pena de responsabilização pessoal nas esferas cível, administrativa e penal*" (art. acrescido pela Lei n. 11.417, de 19.12.2006, *DOU* 20.12.2006, em vigor 3 meses após a publicação).

ras decisões administrativas em casos semelhantes, sob *pena* de *responsabilização pessoal* nas *esferas cível, administrativa e penal*" (art. 64-B, Lei n. 9.784/1999).

Dos preceitos expostos resulta claro que, longe de coartar à *atividade jurisdicional do juiz ou das autoridades e órgãos administrativos*, as disposições constitucionais e legais que instituíram o *efeito vinculante às súmulas* do Supremo Tribunal Federal, preservam os *princípios de independência e imparcialidade* imprescindíveis aos julgamentos administrativos e judiciais, através do "*princípio do livre convencimento motivado*" *exigindo que tanto o juiz, como as autoridades e órgãos administrativos de julgamento, explicitem as razões da aplicabilidade ou inaplicabilidade da súmula do STF*, sendo que *somente quando acolhida* pelo STF *a reclamação* fundada em *violação de enunciado da súmula vinculante*, e regularmente cientificados *a autoridade prolatora da decisão administrativa* e o *órgão competente para o julgamento do recurso administrativo*, é que estes *deverão adequar as futuras decisões administrativas em casos semelhantes*, sob *pena* de *responsabilização pessoal* nas *esferas cível, administrativa e penal*".

Uma vez estabelecidos os *limites de vinculação e obrigatoriedade* de observância às *súmulas vinculantes* editadas pelo STF, por órgãos do Poder Judiciário e pelos órgãos da Administração Pública direta e indireta, passemos ao exame dos limites de obrigatoriedade de Súmulas editadas por *órgãos singulares ou coletivos de jurisdição administrativa*.

IV – Os limites da obrigatoriedade de observância às Súmulas editadas por órgãos singulares ou coletivos de jurisdição administrativa

Como é elementar e já assentou a Suprema Corte[32] na voz do E. Ministro Celso Mello que "*a imposição estatal de restrições de ordem jurídica*, quer se concretize na *esfera judicial*, quer se realize no *âmbito estritamente administrativo* (...), *supõe, para legitimar-se constitucionalmente, o efetivo respeito, pelo Poder Público, da garantia indisponível do 'due process of law'*, *assegurada*, pela Constituição da República (art. 5º, LIV), *à generalidade das pessoas, inclusive* às próprias *pessoas jurídicas de direito público*, eis que *o Estado, em tema de limitação ou supressão de direitos, não pode exercer a sua autoridade de maneira abusiva e arbitrária*". Na mesma assentada a Suprema Corte nos lembra que "o *princípio da reserva de lei atua* como *expressiva limitação constitucional ao poder do Estado*, cuja *competência regulamentar*, por tal razão, *não se reveste de suficiente idoneidade jurídica que lhe permita restringir direitos ou criar obrigações. Nenhum ato regulamentar pode criar obrigações ou restringir direitos, sob pena de incidir em domínio constitucionalmente reservado ao âmbito de atuação material da lei em sentido formal*".

Nessa ordem de idéias a Suprema Corte[33] esclarece que "a *competência regulamentar* deferida aos Ministros de Estado, mesmo sendo de *segundo grau*, possui *inquestionável extração constitucional* (CF, art. 87, parágrafo único, II), de tal modo que o *poder jurídico de expedir instruções para a fiel execução das leis* compõe, no quadro do sistema normativo vigente no Brasil, uma *prerrogativa* que também assiste, *ope constitutionis*, a esses qualificados agentes auxiliares do Chefe do Poder Executivo da União" razão pela qual "as *instruções regulamentares*, quando emanarem de Ministro de Estado, *qualificar-se-ão como regulamentos executivos, necessariamente subordinados aos limites jurídicos definidos na regra legal a cuja implementação elas se destinam*, pois o *exercício ministerial do poder regulamen-*

32. Cf. Ac. do STF, Pleno, ACO-QO n. 1.048-RS, j. 30.8.2007, Rel. Min. Celso de Mello, *DJU* 31.10.2007, p. 77, *Ement.* vol.-02296-01, p. 1.

33. Cf. Ac. do STF, Pleno, ADI-MC n. 1.075-DF, j. 17.6.1998, Rel. Min. Celso de Mello, *DJU* 24.11.2006, p. 59, *Ement.* vol.-02257-01, p. 156.

tar não pode transgredir a lei, seja para *exigir o que esta não exigiu*, seja para *estabelecer distinções onde a própria lei não distinguiu*, notadamente em tema de direito tributário".

Ao *regulamentar a atividade dos órgãos singulares ou coletivos de jurisdição administrativa*, o Ministério da Fazenda, *impõe* aos julgadores *fiel observância e obediência às leis, decretos tratados e acordos internacionais*, expressamente estabelecendo no art. 49 do Regimento Interno dos Conselhos de Contribuintes[34] que:

> Art. 49. No julgamento de recurso voluntário ou de ofício, fica vedado aos Conselhos de Contribuintes afastar a aplicação ou deixar de observar tratado, acordo internacional, lei ou decreto, sob fundamento de inconstitucionalidade.
>
> Parágrafo único. O disposto no *caput* não se aplica aos casos de tratado, acordo internacional, lei ou ato normativo:
>
> I – que já tenha sido declarado inconstitucional por decisão plenária definitiva do Supremo Tribunal Federal;
>
> II – que fundamente crédito tributário objeto de:
>
> a) dispensa legal de constituição ou de ato declaratório do Procurador-Geral da Fazenda Nacional, na forma dos arts. 18 e 19 da Lei n. 10.522, de 19 de junho de 2002;
>
> b) súmula da Advocacia-Geral da União, na forma do art. 43 da Lei Complementar n. 73, de 10 de fevereiro de 1993; ou
>
> c) pareceres do Advogado-Geral da União aprovados pelo Presidente da República, na forma do art. 40 da Lei Complementar n. 73, de 10 de fevereiro de 1993.

Por seu turno, seguindo tendência sumular, como *técnica de sumarização dos julgamentos dos Tribunais*, o art. 53 do mesmo Regimento Interno veio a instituir súmulas "de *aplicação obrigatória pelo respectivo Conselho*", *atribuindo ao Presidente da* respectiva *Câmara* o poder de substituir o colegiado e negar seguimento aos recursos, nos seguintes termos:

> Art. 53. As decisões unânimes, reiteradas e uniformes dos Conselhos serão consubstanciadas em súmula, de aplicação obrigatória pelo respectivo Conselho.
>
> § 1º. A súmula será publicada no *Diário Oficial da União*, entrando em vigor na data de sua publicação.
>
> § 2º. Será indeferido pelo Presidente da Câmara, ou por proposta do relator e despacho do Presidente, o recurso que contrarie súmula em vigor, quando não houver outra matéria objeto do recurso.

A expressão "*súmula de aplicação obrigatória pelo respectivo Conselho*", utilizada pelo dispositivo regimental tem suscitado *dúvidas e perplexidade*, eis que se pretende sustentar que a referida norma estaria emprestando à *Súmula editada por órgão julgador administrativo*, os *mesmos efeitos* da *Súmula vinculante* editada pelo STF, ensejando inclusive a *possibilidade de punição do julgador administrativo* que afastasse a aplicação da Súmula.

Inicialmente releva notar que, tal como ocorre com as Súmulas editadas por Tribunais inferiores do Poder Judiciário – que são *desprovidas* de *efeito vinculante* por não deterem a *última palavra sobre a interpretação* da Constituição, Leis e Tratados internacionais –, o Regimento Interno do Conselho de Contribuintes veio estabelecer que as *súmulas somente têm aplicação obrigatória pelos Presidentes de Câmaras* que, sob invocação das súmulas podem *substituir o colegiado*, o mesmo *não ocorrendo com os demais integrantes dos órgãos colegiados cujos votos*, por não substituírem o colegiado, estão *preservados* na sua imprescindível *independência*, *obrigando-se exclusivamente a obedecer aos acordos internacionais, às leis e aos decretos* (cf. art. 49, RICC).

34. O Regimento Interno dos Conselhos de Contribuintes foi aprovado pela Portaria MF n. 147, de 25.6.2007, com as alterações da Portaria MF n. 222, de 4.9.2007.

Assim, tal como ocorria nos Tribunais inferiores do Judiciário, quando ainda não havia previsão legislativa para o relator substituir o colegiado, *as súmulas não têm efeito vinculante para os órgãos singulares ou coletivos de jurisdição*, pois como proclamado pela torrencial jurisprudência,[35] "precisamente porque *desprovidas de efeito vinculante as decisões do Poder Judiciário, é que à parte é oportunizado o direito*

35. "*Embargos de Declaração em Agravo Regimental em Agravo de Instrumento. Omissão caracterizada. Acolhimento.* 1. (...). 2. (...). Aliás, precisamente porque desprovidas de efeito vinculante as decisões do Poder Judiciário é que à parte é oportunizado o direito de buscar a positivação do direito que entende ser legítima. Tudo, acrescente-se, em obséquio do direito à ampla defesa, com os recursos a ela inerentes, assegurado pelo artigo 5º, inciso LV, da Constituição da República. 3. Embargos de declaração acolhidos para, sem conferir-lhes *efeitos* infringentes, apenas declarar que o embargado não se houve com má-fé" (cf. Ac. do STJ, 6ª T., EDcl no AgRg no Ag n. 281.349-SP, Reg. n. 2000/0000463-4, j. 11.6.2002, Rel. Min. Hamilton Carvalhido, *DJU* 19.12.2002, p. 459).

"*Processual civil. Apelação e remessa oficial. Negativa de seguimento com apoio em entendimento predominante do tribunal 'a quo'.* 1. As Súmulas dos Tribunais Regionais Federais embora espelhando a sua jurisprudência preponderante, não possuem efeito vinculante para impedir a admissão e conhecimento da apelação e a apreciação da remessa oficial. Não são invocáveis os específicos requisitos de admissibilidade próprios do Recurso Especial. Interposta a apelação dentro do prazo legal, 'não pode ter seguimento obstado pelo argumento de que a orientação jurisprudencial da Corte já se firmou no sentido da decisão apelada' (REsp n. 90.078-CE, Rel. Min. Assis Toledo). 2. Havendo necessidade de exame da Remessa de Ofício, é limitada a extensão normativa do artigo 557, CPC (REsp n. 153.300-AL, Rel. Min. Vicente Cernicchiaro)" (REsp n. 104.106-PB, Rel. Min. Milton Pereira) (cf. Ac. do STJ, 1ª T., REsp n. 173.773-MT, Reg. n. 1998/0032104-7, j. 14.12.1998, Rel. Min. Humberto Gomes de Barros, *DJU* 22.3.1999, p. 68; REsp n. 160.945-AM; 1997/0093301-6).

"*Processual civil. Apelação e remessa oficial. Negativa de seguimento com apoio em entendimento predominante do tribunal 'a quo'.* 1. A Súmula do Tribunal Regional Federal embora espelhando a respectiva jurisprudência preponderante, não possue efeito vinculante para impedir a admissão e conhecimento da apelação e a apreciação da remessa oficial. Não são invocáveis em apelação os específicos requisitos de admissibilidade próprios do Recurso Especial. Interposta a apelação dentro do prazo legal, 'não pode ter seguimento obstado pelo argumento de que a orientação jurisprudencial da Corte já se firmou no sentido da decisão apelada' (REsp n. 90.078-CE, Rel. Min. Assis Toledo). 2. Havendo necessidade de exame da Remessa de Ofício, é limitada a extensão normativa do artigo 557, CPC (REsp n. 153.300-AL, Rel. Min. Vicente Cernicchiaro)" (REsp n. 104.106-PB, Rel. Min. Milton Pereira) (cf. Ac. do STJ, 1ª T., REsp n. 160.945-AM, Reg. n. 1997/0093301-6, j. 12.11.1998, Rel. Min. Humberto Gomes de Barros, *DJU* 15.3.1999, p. 102).

"*Processual civil e previdenciário. Súmulas de Tribunais. Carência de efeito vinculante. Recorribilidade.* Embora consubstanciem a jurisprudência dominante, as súmulas dos tribunais não possuem efeito vinculante de modo a permitir que a aplicação de seu enunciado, por despacho monocrático do relator da apelação, constitua decisão de única ou ultima instancia e sujeita a recurso especial. – Salários-de-contribuição. Jurisprudência assentada no sentido da eficácia plena e aplicabilidade imediata da norma do art. 202 DA CF/1988. Precedentes" (cf. Ac. do STJ, 5ª T., REsp n. 90.078-CE, Reg. n. 1996/0015030-3, j. 10.6.1996, Rel. p/ Acórdão Min. José Dantas, *DJU* 5.8.1996, p. 26.394, e *RSTJ* 89/388).

"*Adicional de indenização do trabalhador portuário. Recurso. Requerimento. Súmulas. TRF.* Sendo vários Tribunais, cada um tem ou pode ter súmulas diferentes ou até opostas. Se um Tribunal Regional nega seguimento a recurso de apelação com base em uma de suas súmulas impede que a questão seja examinada pelo Colendo Supremo Tribunal Federal e pelo Egrégio Superior Tribunal de Justiça, usurpando a competência destes tribunais. Recurso provido" (cf. Ac. do STJ, 1ª T., REsp n. 134.450-BA, Reg. n. 1997/0038197-8, j. 14.4.1998, Rel. Min. Garcia Vieira, *DJU* 10.8.1998, p. 20, e *RSTJ* 112/80).

"*Processual civil. Remessa de ofício desconsiderada. Apelação inadmitida. Aplicação de Súmula de Tribunal Regional Federal. Ausência de efeito vinculante. Apelação inadmitida. Recurso especial. CPC, arts. 475 e 557.* 1. As Súmulas dos Tribunais Regionais Federais embora espelhando a sua jurisprudência preponderante, não possuem efeito vinculante para impedir a admissão e conhecimento da apelação e a apreciação da remessa oficial. não são invocáveis os específicos requisitos de admissibilidade próprios do recurso especial. interposta a apelação dentro do prazo legal, 'não pode ter seguimento obstado pelo argumento de que a orientação jurisprudencial da corte já se firmou no sentido da decisão apelada' (REsp n. 90.078-CE, Rel. Min. Assis Toledo). 2. Havendo necessidade de exame da remessa de oficio, e limitada a extensão normativa do art. 557, CPC (REsp n. 153.300-AL, Rel. Min. Vicente Cernicchiaro). 3. Precedentes jurisprudenciais. 4. Recurso provido" (cf. Ac. do STJ, 1ª T., REsp n. 104.106-PB, Reg. n. 1996/0051306-6, j. 12.5.1998, Rel. Min. Milton Luiz Pereira, *DJU* 22.6.1998, p. 24).

de buscar a positivação do direito que entende ser legítima, através do recurso cabível", donde decorre que "*as Súmulas dos Tribunais Regionais Federais embora espelhando a sua jurisprudência preponderante, não possuem efeito vinculante para impedir a admissão e conhecimento*" dos *recursos cabíveis que, uma vez interpostos no prazo não podem ter "seguimento obstado pelo argumento de que a orientação jurisprudencial da Corte já se firmou no sentido da decisão" recorrida.*

Visando dissipar os eventuais *equívocos de interpretação* suscitados perante o Poder Judiciário, solidamente apoiada na melhor Doutrina, a Suprema Corte recentemente *definiu os limites de aplicação e obrigatoriedade* das *súmulas editadas por tribunais inferiores*, quando, na voz do ínclito Ministro Celso Mello, esclareceu que:

"A *Súmula* – enquanto *instrumento de formal enunciação da jurisprudência consolidada e predominante de uma Corte judiciária – constitui mera proposição jurídica destituída de caráter prescritivo no que se refere à atuação dos magistrados e Tribunais inferiores*. A *Súmula*, por isso mesmo, *não se reduz à condição jurídica de ato estatal provido de suficiente estrutura de normatividade*.

"(...).

"Nesse contexto, *é* inquestionável que *a Súmula não realiza as funções específicas da norma*. A *formulação sumular*, embora refletindo precedente jurisprudencial, *não se reveste de caráter impositivo, prescritivo, permissivo, autorizativo ou derrogatório de condutas individuais ou sociais*.

"A *Súmula de jurisprudência*, portanto, *encerra mero conteúdo descritivo*. Ao ostentar essa condição, torna-se lícito acentuar que *lhe falece a nota da multidimensionalidade funcional que tipifica, sob os atributos da imposição, da permissão, da autorização e da derrogação, as funções específicas da norma jurídica*.

"Daí a advertência da doutrina, segundo a qual *o direito proclamado pelas formulações jurisprudenciais tem valor meramente persuasivo*, '(...) *maior ou menor, na medida do prestígio jurídico de que desfrutem os juízes ou Tribunais de onde ele procede*' (Rubem Nogueira, 'Desempenho normativo da jurisprudência do STF', cfr. *RT* 448/24).

"A *interpretação jurisprudencial consubstanciada no enunciado sumular constitui, em nosso sistema jurídico* – que se ajusta, em sua linhagem histórica, ao *sistema de direito estatutário – precedente de valor meramente relativo, despojado, não obstante a estatalidade de que se reveste, da força vinculante e da autoridade subordinante da lei*, tal como acentua o magistério doutrinário (José Carlos Barbosa Moreira, *O Novo Processo Civil Brasileiro*, p. 245; Vicente Greco Filho, *Direito Processual Civil Brasileiro*, v. 2/322; Humberto Theodoro Júnior, *Processo de Conhecimento*, v. 11/751; Ernane Fidelis dos Santos, *Manual de Direito Processual Civil*, v. 2/280 e Roberto Rosas e Paulo Cezar Aragão, *Comentários ao Código de Processo Civil*, v. V/70, *v.g.*).

"Cumpre enfatizar, neste ponto, a *autorizada advertência* de José Frederico Marques (*Manual de Direito Processo Civil*, v. 3/206) – que recebeu a prestigiosa adesão de José Carlos Barbosa Moreira (*Comentários ao Código de Processo Civil*, v. V/38-39) – no sentido de que *os precedentes e as súmulas, porque desprovidos do conteúdo eficacial pertinente ao ato legislativo*, '(...) *não passam de indicações úteis para uniformizar-se a jurisprudência*, a que, *entretanto, juízes e Tribunais não se encontram presos*', eis que – consoante acentua o Mestre paulista – '*vinculação dessa ordem; só a Constituição poderia criar*'.

"Sabemos que a *Súmula – idealizada e concebida*, entre nós, pelo saudoso Ministro Victor Nunes Leal ('Passado e futuro da Súmula do STF', in *RDA* 145/1-

20) – *desempenha*, na lição desse eminente Magistrado, enquanto *método de trabalho e ato provido de eficácia 'interna corporis' várias e significativas funções*, pois (a) confere *maior estabilidade à jurisprudência predominante nos Tribunais*; (b) atua como *instrumento de referência oficial aos precedentes jurisprudenciais nela compendiados*; (c) *acelera o julgamento das causas* e (d) *evita julgados contraditórios*.

"A *Súmula*, contudo, ao contrário das notas que tipificam o ato normativo, *não se reveste de compulsoriedade na sua observância externa e de cogência na sua aplicação por terceiros*. A *Súmula*, na realidade, *configura mero instrumento formal de exteriorização interpretativa de uma orientação jurisprudencial*.

"A *Súmula*, portanto, tendo em vista a tese jurisprudencial *não vinculante* que nela se acha consagrada, *encerra*, apenas, *um resultado paradigmático para decisões futuras*.

"A *jurisprudência compendiada na formulação sumular*, desse modo, *não se reveste de expressão normativa*, muito *embora traduza*, a partir da experiência jurídica motivada pela atuação jurisdicional do Estado, *o significado da norma de direito positivo, tal como ela é compreendida e constatada pela atividade cognitiva e interpretativa dos Tribunais*.

"A *Súmula, não obstante reflita a consagração jurisprudencial de uma dada interpretação normativa, não constitui, ela própria, norma de decisão*, mas, isso sim, *decisão sobre normas, na medida em que exprime – no conteúdo* de sua formulação *o resultado de pronunciamentos jurisdicionais reiterados sobre o sentido, o significado e a aplicabilidade das regras jurídicas editadas pelo Estado*.

"Em uma palavra: a Súmula não é, em nosso sistema de direito positivo – e para utilizar uma significativa expressão de Karl Larenz – *uma pauta vinculante de julgamento*.

"Sendo assim – e diversamente do que ocorria com os *Arrêts de Reglement* dos *órgãos judiciários franceses*, de que emanavam as *Lois Provisionelles* no sistema anterior ao da Revolução de 1789, e com os '*Assentos*' da Casa de Suplicação, que dispunham de força de lei e de conseqüente eficácia vinculante –, a *Súmula configura modelo de conteúdo descritivo, qualificável como fonte de conhecimento – e não de produção – do Direito, a partir da interpretação jurisprudencial das normas jurídicas nela consubstanciada*.

"Cumpre relembrar, por isso mesmo, a lição de Karl Larenz (*Metodologia da Ciência do Direito*, p. 499, item n. 4, 2ª ed., 1978, Fundação Calouste Gulbenkian) sobre o *valor e o significado do direito revelado pela interpretação dos Tribunais*:

"'*Quem quiser conhecer o Direito tal como é realmente aplicado e 'vive', não pode contentar-se com as* normas, tem de inquirir *do entendimento que lhes é dado pela jurisprudência*. Os *precedentes são*, pois, *uma fonte de conhecimento do Direito. Não, porém, uma fonte de normas jurídicas imediatamente* vinculativas (...)' (grifei).

"*Concluindo*: a *formulação sumular, que não se qualifica como 'pauta vinculante de julgamento', há de ser entendida, consideradas as múltiplas funções que lhe são inerentes* – função de *estabilidade do sistema*, função de *segurança jurídica*, função de *orientação jurisprudencial*, função de *simplificação da atividade processual* e função de *previsibilidade decisória*, *v.g.* (*RDA* 78/453-459, *RDA* 145/1-20) –, *como resultado paradigmático* a ser autonomamente observado, *sem caráter impositivo, pelos magistrados e demais Tribunais judiciários, nas decisões que venham a proferir*."[36]

36. Cf. Ac. do STF, 1ª T., AI-AgR n. 179.560-RJ, j. 23.4.1996, Rel. Min. Celso de Mello, *DJU* 27.5.2005, p. 12, *Ement.* vol.-02193-02, p. 236, *RDDP* 29/238-239, 2005, e *RTJ* 195-01/281.

Note-se que mesmo *que houvesse lei (e não há), atribuindo eficácia normativa às súmulas* como *normas complementares das leis*,[37] ainda assim as *súmulas somente seriam de observância obrigatória para os funcionários públicos do Executivo* e *nos limites da lei*, não obrigando aos demais julgadores dos *órgãos coletivos de jurisdição* que, como se demonstrou, *não são funcionários*, pois há muito já ensinava *Aliomar Baleeiro*:

"(...) *como regulamento em relação à lei (art. 99 do CTN), os atos normativos das autoridades administrativas não podem inovar, indo além do que está na lei ou no regulamento; subordinam-se a este e àquele, pois se destinam à sua fiel execução. O mesmo quanto aos atos dos Diretores de Departamento e órgãos hierarquicamente colocados abaixo do auxiliar imediato do poder executivo.*

"(...).

"(...) *são regras internas endereçadas aos funcionários, que lhes devem obediência, pelo princípio hierárquico até o limite da lei. Mas não suprem a lei nem o decreto regulamentar, não compelem à obediência o cidadão, salvo na medida que expressam o que já está contido na lei.*

"(...).

"*A Portaria do Ministério da Fazenda, segundo os arts. 99 e 100, do Código Tributário Nacional, realmente participa do conceito genérico de 'legislação tributária', como norma complementar da lei ou do regulamento. Mas isso apenas para estabelecer pormenores de serviço interno a serem obedecidos pelos funcionários públicos, sem eficácia, todavia, para os cidadãos, salvo quando se limitam a exigir deles o que já está determinado na lei tributária.*"[38]

Ao regulamentar o *processo administrativo no âmbito da Administração Federal* direta e indireta, a Lei federal n. 9.784/1999,[39] em seu *art. 2º*, expressamente *impôs à Administração Pública obediência*, dentre outros, aos "*princípios da legalidade, finalidade, motivação e segurança jurídica*", estabelecendo que "*nos processos administrativos serão observados*, primacialmente, os critérios de "*atuação conforme a lei e o Direito*" e do "*atendimento a fins de interesse geral, vedada a renúncia total ou parcial de poderes ou competências, salvo autorização em lei*", o que de plano já revela a total *impossibilidade de dispositivo regimental* regulamentar matéria sujeita ao *princípio da reserva de lei, não se revestindo de suficiente idoneidade jurídica que lhe permita restringir direitos ou criar obrigações dos órgãos singulares ou coletivos de jurisdição, posto que este domínio, é constitucionalmente reservado ao âmbito de atuação material da lei em sentido formal*.

Nesse sentido, a Jurisprudência do E. STJ já assentou que "*o ato administrativo, no Estado Democrático de Direito, está subordinado ao princípio da legalidade* (CF/1988, arts. 5º, II, 37, *caput*, 84, IV), o que equivale assentar que a *Administração só pode atuar de acordo com o que a lei determina*. Desta sorte, *ao expedir um ato que tem por finalidade regulamentar a lei* (decreto, regulamento, instrução, portaria, etc.), *não pode a Administração inovar na*

37. O art. 100, II, do CTN estabelece que somente gozam do status de "*normas complementares das leis*", as "decisões dos órgãos singulares ou coletivos de jurisdição administrativa, *a que a lei atribua eficácia normativa*", cuja "observância (...) *exclui* a imposição de *penalidades*, a cobrança de *juros de mora* e a *atualização do valor monetário da base de cálculo do tributo*" (cf. parágrafo único do art. 100 do CTN).

38. Cf. Ac. do STF, 1ª T., AI n. 57.279, Rel. Min. Aliomar Baleeiro, *RDA* 119/320-322.

39. O E. STJ já assentou que "a Lei n. 9.784, de 29 de janeiro de 1999, que *veio regular todo o processo administrativo no âmbito da Administração Federal*, (...), *essa lei deve sempre ser aplicada subsidiariamente quando norma específica não dispuser em contrário*, como no caso em exame. (...)" (cf. Ac. do STJ, 1ª Seção, MS n. 7.045-DF, Reg. n. 2000/0056807-4, j. 22.11.2000, Rel. Min. José Delgado, *DJU* 5.3.2001, p. 119).

ordem jurídica, impondo obrigações ou limitações a direitos de terceiros. (...) Consoante a melhor doutrina, 'é livre de qualquer dúvida ou entredúvida que, entre nós, por força dos arts. 5º, II, 84, IV, e 37 da Constituição, *só por lei se regula liberdade e propriedade; só por lei se impõem obrigações de fazer ou não fazer*. Vale dizer: *restrição alguma se impõem à liberdade ou à propriedade pode ser imposta se não estiver previamente delineada, configurada e estabelecida em alguma lei*, e *só para cumprir dispositivos legais é que o Executivo pode expedir decretos e regulamentos*' (Celso Antônio Bandeira de Mello, *Curso de Direito Administrativo*, São Paulo, Malheiros Editores, 2002, pp. 306-331)".[40]

Assim, parece não haver dúvida que a pretendida *observância obrigatória* de Súmulas dos Conselhos de Contribuintes pelos integrantes dos *órgãos coletivos de jurisdição sem lei* que a instituísse, *usurpa parcialmente* da *competência e dos poderes do colegiado interferindo na sua independência*, antes mesmo que este pudesse *apreciar livremente o recurso* em segunda instância administrativa, impondo-lhe um *novo requisito recursal não previsto em lei*, além impor um *pré-julgamento* à questão que lhe foi submetida, em flagrante violação aos *direitos da defesa*[41] e ao *devido processo legal*[42] constitucionalmente assegurados.

Nesse sentido solidamente apoiado na melhor Doutrina, o E. STJ já assentou que "a *Administração Pública, no aplicar as regras impostas para a tramitação dos processos administrativos, está, também, obrigada a obedecer ao devido processo legal*", em cujo âmbito "está o *direito das partes utilizarem-se de recursos para todas as instâncias administrativas, assegurando-se-lhes, assim, ampla defesa, contraditório e segurança do julgamento*", *eis que* "*os recursos administrativos são um corolário do Estado de Direito* e uma *prerrogativa de todo administrado* ou servidor *atingido por qualquer ato administrativo*", *sendo* "*inconcebível*" "*a decisão administrativa única e irrecorrível*, porque *isto contraria a índole democrática de todo julgamento que possa ferir direitos individuais, e afronta o princípio constitucional da ampla defesa que pressupõe mais de um grau de jurisdição*", *razão pela qual* "*decisão única e irrecorrível é a consagração do arbítrio, intolerado pelo nosso direito*", *vez que* "a Lei 9.784, de janeiro de 1999, em seu art. 2º, X, c/c o art. 56, ao regular o *Processo Administrativo*, *assegura ao administrado o direito de esgotar as instâncias administrativas, pelas vias recursais*".[43]

Finalmente, é suficiente considerar a *velocidade* da edição de *modificações*

40. Cf. Ac. do STJ, 1ª T., REsp n. 584.798-PE, Reg. n. 2003/0157195-7, j. 4.11.2004, Rel. Min. Luiz Fux, *DJU* 6.12.2004, p. 205.

41. A Suprema Corte recentemente reconheceu que o "*Direito de defesa* foi *ampliado* com a Constituição de 1988" contemplando "*todos os processos, judiciais ou administrativos*, e não se resume a um simples direito de manifestação no processo", reconhecendo que a "*pretensão à tutela jurídica" da defesa envolve não só o direito de manifestação e de informação, mas também o direito de ver seus argumentos contemplados pelo órgão julgador*" (cf. Ac. do STF, Pleno, MS 24.268-MG, j. 5.2.2004, Rel. Min. Ellen Gracie, Rel. p/ Acórdão Min. Gilmar Mendes, *DJU* 17.9.2004, p. 53, *Ement.* vol.-02164-01, p. 154, *RDDP* 23/133-151, 2005, e *RTJ* 191-03/922), que "*garantia constitucional alusiva ao acesso ao Judiciário engloba a entrega da prestação jurisdicional de forma completa*, emitindo o *Estado-juiz entendimento explícito sobre as matérias de defesa veiculadas pelas partes*" onde se encontra "a *essência da norma inserta no inciso XXXV do art. 5º* da Carta da República" (cf. Ac. do STF, 2ª T., RE n. 172.084-1-MG, Rel. Min. Marco Aurélio, *Lex JSTF* 198/227).

42. A Suprema Corte recentemente reafirmou que "*a garantia do devido processo legal engloba o direito ao duplo grau de jurisdição, sobrepondo-se*" *à legislação ordinária* de vez que "o *acesso à instância recursal superior consubstancia direito que se encontra incorporado ao sistema pátrio de direitos e garantias fundamentais*" (cf. Ac. do STF, 1ª T., HC n. 88.420-PR, j. 17.4.2007, Rel. Min. Ricardo Lewandowski, *DJU* 8.6.2007, p. 37, *Ement.* vol.-02279-03, p. 429).

43. Cf. Ac. do STJ, 1ª Seção, MS n. 7.225-DF, Reg. n. 2000/0115079-0, j. 13.6.2001, Rel. Min. José Delgado, *DJU* 25.6.2001, p. 98, e *JBCC* 192/408.

legislativas no campo tributário para evidenciar a *irrazoabilidade* do *engessamento da Jurisprudência* através de súmulas, pois como já foi ressaltado pela Jurisprudência, "perpetuar a tese jurídica, refletida na súmula, imprimindo-lhe eficácia vinculativa a todos os demais casos, além do concreto, gerador daquele pronunciamento, *significaria* uma *estagnação da Jurisprudência*, fazendo com que a *norma jurídica jurisprudencial venha a tornar-se anacrônica, à vista da norma jurídica legal; significaria coartar à atividade jurisdicional do juiz, que não está obrigado a aceitar pretéritos julgamentos, como norma de decidir*, mas sim *deve ter no desenvolvimento daquela, como diretriz, a sua consciência e a lei* (...). Se assim não fosse, (...) *desapareceria o então conflito de teses jurídicas* após incidente de uniformização e a *súmula gerada seria sempre empregada indiscriminadamente*".[44]

Diante da comprovada *inidoneidade jurídica da norma regimental para instituir observância obrigatória* de Súmulas dos Conselhos de Contribuintes, pelos componentes dos *órgãos coletivos de jurisdição administrativa, passemos ao exame da possibilidade de imposição de punição ou perda de mandato ao julgador administrativo* que, por quaisquer das vias ("*omissão*", "*contrariedade*" ou "*negativa de vigência*"), afaste a aplicação da Súmula.

V – A impossibilidade de imposição de punição ou perda de mandato ao julgador administrativo pela não aplicação de Súmula

A Suprema Corte já assentou definitivamente que "o *Estado, em tema de punições disciplinares ou de restrição a direitos, qualquer que seja o destinatário de tais medidas, não pode exercer a sua autoridade de maneira abusiva ou arbitrária, desconsiderando, no exercício de sua atividade, o postulado da plenitude de defesa, pois o reconhecimento da legitimidade ético-jurídica de qualquer medida estatal – que importe em punição disciplinar ou em limitação de direitos – exige, ainda que se cuide de procedimento meramente administrativo (CF, art. 5º, LV), a fiel observância do princípio do devido processo legal.* A jurisprudência do Supremo Tribunal Federal tem reafirmado a *essencialidade desse princípio*, nele reconhecendo uma *insuprimível garantia*, que, instituída *em favor de qualquer pessoa ou entidade, rege e condiciona o exercício, pelo poder público, de sua atividade, ainda que em sede materialmente administrativa, sob pena de nulidade do próprio ato punitivo ou da medida restritiva de direitos*".[45]

Nessa mesma ordem de idéias a Jurisprudência do E. STJ tem reiterado que "a *aplicação de sanções administrativas*, (...), *somente se torna legítima quando o ato praticado pelo administrado estiver previamente definido pela lei como infração administrativa*" sendo "*descabida, assim, a aplicação de sanção administrativa à conduta que não está prevista como infração*",[46] bem como "*a utilização de analogias ou de interpretações ampliativas*", que, "*longe de conferir ao administrado uma acusação transparente, pública,*

44. Cf. Ac. do antigo do TACSP, 7ª Câm., MS n. 209.567-4-São Paulo, Rel. Juiz Franklin Neiva, *RT* 623/144-146.

45. Cf. Ac. do STF, 2ª T., AgrR em AI n. 241.201, Rel. Min. Celso de Mello, *RTJ* 183/371. No mesmo sentido ao tratar das *sanções administrativas*, o E. STJ na voz do E. Min. Luiz Fux ressaltou que "o *procedimento administrativo é informado pelo princípio do due process of law*" e que "*a administração pública*, mesmo no exercício do seu *poder de polícia* e nas *atividades self executing não pode impor aos administrados sanções que repercutam no seu patrimônio sem a preservação da ampla defesa* (...)" (Ac. do STJ, 1ª T., REsp n. 536.463-SC, Reg. n. 200300853863, j. 25.11.2003, Rel. Min. Luiz Fux, *DJU* 10.12.2003, p. 360).

46. Cf. Ac. do STJ, 1ª T., RMS n. 21.274-GO, Reg. n. 2006/0007601-6, j. 26.9.2006, Rel. Min. Denise Arruda, *DJU* 16.10.2006, p. 292; no mesmo sentido cf. Ac. do STJ, 1ª T., RMS n. 19.510-GO, Rel. Min. Teori Albino Zavascki, *DJU* 3.8.2006.

e legalmente justa, afronta o princípio da tipicidade, corolário do princípio da legalidade, segundo as *máximas*: *nullum crimen nulla poena sine lege stricta e nullum crimen nulla poena sine lege certa*, postura *incompatível com o Estado Democrático de Direito*".[47]

Cotejando-se as diversas hipóteses que tipificam a *punição* de integrante dos *órgãos coletivos de jurisdição administrativa* previstas no Regimento Interno do Conselho de Contribuintes,[48] desde logo verifica-se que deste último *não consta* qualquer *tipificação* de *infração* ou de *imposição de punição ou perda de mandato ao julgador administrativo* que se *omita, contrarie ou negue vigência* à Súmula do Conselho, sendo certo que a *previsão genérica de* "*descumprir os deveres previstos neste Regimento*", por si só *não seria suficiente* para autorizar a imposição de pena ao julgador que decidisse contra Súmula, eis que, como exaustivamente demonstrado, o Regimento Interno aprovado por Portaria Ministerial, *sequer se reveste de suficiente idoneidade jurídica para restringir direitos ou criar obrigações* dos integrantes dos *órgãos singulares ou coletivos de jurisdição, cujo domínio, é constitucionalmente reservado ao âmbito de atuação materialmente reservado à lei em sentido formal*.

Portanto, a *pretensão de aplicação de sanção administrativa à conduta de julgador que não se acha expressamente tipificada em lei como infração administrativa*, a par de *afrontar os princípios da tipicidade, da legalidade e do devido processo legal, consubstanciaria nítido abuso ou desvio de poder*[49] na medida em que representaria *instrumento de coação*, para assim *impor* e *fazer prevalecer interpretação administrativa*, o que se revela

47. Cf. Ac. do STJ, 5ª T., RMS 16.264-GO, Reg. n. 2003/0060165-4, j. 21.3.2006, Rel. Min. Laurita Vaz, *DJU* 2.5.2006, p. 339.

48. O art. 18 do RICC aprovado pela Portaria MF n. 147, de 25.6.2007, com as alterações da Portaria MF n. 222, de 4.9.2007, expressamente dispõe que:

"Art. 18. *Perderá o mandato o conselheiro, titular* ou suplente, que: I – *descumprir os deveres previstos neste Regimento*; II – retiver processos para relatar por prazo superior a seis reuniões, contado a partir da data da distribuição, permitida a prorrogação, quando justificada e expressamente autorizada pelo Presidente da Câmara; III – retiver processos ou procrastinar a prática de atos processuais, além dos prazos legais ou regimentais; IV – deixar de praticar atos processuais, após mente intimado pelo Presidente do Conselho ou da Câmara, pelo prazo improrrogável de trinta dias; V – deixar de entregar voto para o qual foi designado redator no prazo de duas reuniões, contado a partir da data na qual recebeu o processo e a cópia em meio eletrônico do relatório e voto do relator originário; VI – praticar atos de comprovado favorecimento no exercício da função; VII – deixar de comparecer, sem motivo justificado, a oito das sessões, ordinárias ou extraordinárias, no período de um ano; VIII – assumir cargo ou função fora do âmbito dos Conselhos de Contribuintes que impeça o exercício regular das atribuições de conselheiro; IX – portar-se de forma incompatível com o decoro e a dignidade da função perante os demais conselheiros, partes no processo administrativo ou público em geral; X – demonstrar insuficiência de desempenho; XI – praticar ilícito penal ou administrativo grave; XII – praticar atos processuais perante as Delegacias da Receita Federal do Brasil de Julgamento, os Conselhos de Contribuintes e a Câmara Superior de Recursos Fiscais, exceto em causa própria; XIII – participar do julgamento de recurso, em cujo processo deveria saber estar impedido; e XIV – incidir nas condutas dispostas no art. 127, II a VI da Lei n. 8.112, de 1990, no caso de conselheiro representante da Fazenda Nacional.

"§ 1º. A *perda do mandato será declarada pelo Ministro de Estado da Fazenda*.

"§ 2º. *Aplica-se à perda de mandato*, no que couber, os procedimentos dispostos na Lei n. 8.112, de 1990, incluindo o *afastamento preventivo*."

49. Nesse sentido a Jurisprudência do STJ já assentou que "a *sanção, ainda que administrativa, não pode, em hipótese alguma, ultrapassar em espécie ou quantidade o limite da culpabilidade do autor do fato*. A *afronta* ou a *não-observância do princípio da proporcionalidade da pena* no procedimento *administrativo implica em desvio de finalidade do agente público, tornando a sanção aplicada ilegal* e *sujeita a revisão do Poder Judiciário*. (...) Decisão da Autoridade coatora que, pela *ausência de fundamentação*, *afronta* o disposto no art. 38, § 1º, da Lei n. 9.784/1999, imbuindo-a, portanto, de vicissitudes que *a invalidam*" (cf. Ac. do STJ, 2ª T., RMS n. 13.617-MG, Reg. 2001/0101563-0, j. 12.3.2002, Rel. Min. Laurita Vaz, *DJU* 22.4.2002, p. 183).

absolutamente *incompatível* não só com a *independência e imparcialidade* que deve revestir aqueles *órgãos singulares ou coletivos de jurisdição*, mas com a *moralidade administrativa*[50] e com o *Estado Democrático de Direito*.

Diante de tão eloqüentes e judiciosos pronunciamentos da Doutrina e da Jurisprudência, verifica-se mostram atuais e plenamente pertinentes, as advertências da *Jurisprudência da Suprema Corte* ainda na vigência da Constituição anterior, quanto aos *perigos de abusos* no exercício da *competência para regular o processo administrativo fiscal*, lembrados no memorável voto do E. Ministro Décio Miranda, que há muito já alertava que "mesmo por lei, *não se pode confiar inteiramente ao regulamento o poder de regular o processo administrativo fiscal*. Este se insere no feixe de *garantias do contribuinte* e *não é possível deixa-las tão amplamente subordinadas ao próprio administrador*, que *inevitavelmente*, e *pro domo sua*, *as restringirá de maneira insuportável*. O contribuinte, que já submete seu pleito, por força das circunstâncias, às próprias autoridades administrativas – no fundo, penetradas do *empenho de defender o critério da administração* – ainda *ficaria sujeito ao alvedrio das mesmas autoridades, quanto às próprias garantias do processo fiscal*".[51-52]

VI – Conclusões

1. O caráter jurisdicional das decisões administrativas exaradas em processos contenciosos de natureza fiscal não somente é matéria há muito *pacificada* na *Doutrina*, como está reconhecido no Código Tributário Nacional, que em seu art. 100, inc. II expressamente se refere às "*decisões de órgãos singulares ou coletivos de jurisdição administrativa*";

2. Exercendo uma função jurisdicional ou *em todos os pontos análoga ou idêntica à função judicial, os órgãos singulares ou coletivos de jurisdição administrativa gozam das mesmas garantias de independência e imparcialidade* asseguradas aos órgãos do Judiciário que *se manifestam através do princípio do livre convencimento motivado, sem subordiná-los à aceitação* de qualquer *argumento ou prova* que se apresente nos autos, nem de "*pareceres e relatórios técnicos*" ou de "*interpretação administrativa*", sendo *axiomático*, que no

50. A Suprema Corte recentemente assentou que "o princípio da moralidade administrativa – enquanto valor constitucional revestido de caráter ético-jurídico – condiciona a legitimidade e a validade dos atos estatais. A atividade estatal, qualquer que seja o domínio institucional de sua incidência, está necessariamente subordinada à observância de parâmetros ético-jurídicos que se refletem na consagração constitucional do princípio da moralidade administrativa. Esse postulado fundamental a atuação do *poder* público, confere substância e dá expressão a uma pauta de valores éticos sobre os quais se funda a ordem positiva do estado. O princípio constitucional da moralidade administrativa, ao impor limitações ao exercício do *poder* estatal, legitima o controle jurisdicional de todos os atos do *poder* público que transgridam os valores éticos que devem pautar o comportamento dos agentes e órgãos governamentais. (...)" (cf. Ac do STF, Pleno, ADI n. 2.661-MA, Rel. Min. Celso de Mello, *RTJ* 182/525).

51. Cf. Ac. do STF, 2ª T., RE n. 93.685-8-RJ, voto do Min. Décio Miranda, *Lex JSTF* 32/222-226.

52. No mesmo sentido, enfocando o caso específico dos recursos no processo administrativo do lançamento tributário, na vigência da anterior Constituição, a Jurisprudência já se pronunciou sobre a *indelegabilidade de competência* e *impossibilidade do Presidente da República legislar sobre o processo administrativo*, quando assentou que "no *exercício do poder de regulamentar leis* e *dispor sobre a estruturação e atribuições de órgãos da administração federal*, conferidos ao Presidente da República nos dispositivos referenciados, *não se inclui o de legislar sobre o processo administrativo*, nem muito menos, o de *suprimir uma causa de suspensão da exigibilidade do crédito tributário, matéria reservada à lei* pelo Código Tributário (Lei n. 5.172/1966) no art. 97, VI" (cf. Ac. do STF, 1ª T., RE n. 104.995-2-DF, Rel. Min. Oscar Corrêa, *Lex JSTF* 82/274-283; no mesmo sentido cf. tb. Ac. do antigo TRF: 4ª T., AMS n. 109.343-SP, Rel. Min. Ilmar Galvão, *RTFR* 148/345-349; 4ª T., MAS n. 83.500-RJ, Rel. Min. Hugo Machado, *RTFR* 164/343-345; 5ª T., MAS n. 109.312-SP e EDAMS n. 109.312-SP, Rel. Min. Sebastião Reis, *RTFR* 140/309-317).

julgamento dos processos administrativos que lhes são submetidos à apreciação, estes *órgãos administrativos não estão sujeitos a ordens e influências externas de nenhuma espécie, e qualquer tentativa de um Ministério de intervir no julgamento ou na livre convicção do julgador administrativo, tornará a decisão legalmente inválida*, eis que o *controle do Ministro da Fazenda sobre os acórdãos dos conselhos de contribuintes* tem como *escopo e limite o reparo de nulidades, não lhe sendo lícito cassar tais decisões*, sob o *argumento* de que *o colegiado errou na interpretação da Lei*;

3. Longe de coartar a *atividade jurisdicional do juiz ou das autoridades e órgãos administrativos*, o *efeito vinculante emprestado às Súmulas* do STF, embora consubstanciando a última palavra sobre a interpretação da Constituição, Leis e Tratados internacionais, preserva os *princípios de independência e imparcialidade* imprescindíveis aos julgamentos administrativos e judiciais, através do "*princípio do livre convencimento motivado*" *exigindo que tanto o juiz, como as autoridades e órgãos administrativos de julgamento, explicitem as razões da aplicabilidade ou inaplicabilidade da súmula do STF, sendo que somente quando acolhida* pelo STF *a reclamação* fundada em *violação de enunciado da súmula vinculante*, e regularmente cientificados *a autoridade prolatora da decisão administrativa* e o *órgão competente para o julgamento do recurso administrativo*, é que estes *deverão adequar as futuras decisões administrativas em casos semelhantes*, sob *pena* de *responsabilização pessoal* nas *esferas cível, administrativa e penal*;

4. De acordo com a orientação da Suprema Corte os *precedentes e as súmulas dos demais tribunais inferiores, porque desprovidos do conteúdo eficacial pertinente ao ato legislativo, não passam de indicações úteis para uniformizar-se a jurisprudência*, a que, *entretanto, juízes e Tribunais não se encontram presos*, eis que *vinculação dessa ordem; só a Constituição poderia criar e, não se qualificando como "pauta vinculante de julgamento", hão de ser entendidos, consideradas as múltiplas funções que lhes são inerentes* – função de *estabilidade do sistema*, função de *segurança jurídica*, função de *orientação jurisprudencial*, função de *simplificação da atividade processual* e função de *previsibilidade decisória –, como resultados paradigmáticos* a serem observados, *sem caráter impositivo, pelos magistrados e demais Tribunais inferiores, nas decisões que venham a proferir*;

5. A Lei federal n. 9.784/1999, expressamente *impõe à Administração Pública obediência* aos "*princípios da legalidade, finalidade, motivação e segurança jurídica*", sendo certo que "*nos processos administrativos serão observados*, antes de tudo, os critérios de "*atuação conforme a lei e o Direito*" e do "*atendimento a fins de interesse geral, vedada a renúncia total ou parcial de poderes ou competências, salvo autorização em lei*", o que de plano *impossibilita que dispositivo regimental* regulamente matéria sujeita ao *princípio da reserva de lei, não se revestindo de suficiente idoneidade jurídica que lhe permita restringir direitos ou criar obrigações* dos *órgãos singulares ou coletivos de jurisdição, posto que este domínio é constitucionalmente reservado ao âmbito de atuação material da lei em sentido formal*;

6. A pretendida *observância obrigatória* de Súmulas dos Conselhos de Contribuintes *sem lei* que a instituísse, *usurpa parcialmente da competência e dos poderes do colegiado interferindo na sua independência*, antes mesmo que este pudesse *apreciar livremente o recurso* em segunda instância administrativa, *impondo-lhe* um *novo requisito recursal não previsto em lei*, além impor um *pré-julgamento* à questão que lhe foi submetida, em flagrante violação aos *direitos da defesa* e ao *devido processo legal* constitucionalmente assegurados, entre os quais se conta o direito ao *duplo grau de jurisdição administrativa*;

7. A *velocidade* da edição de *modificações legislativas no campo tributário*, torna a irrazoável o engessamento da Jurisprudência administrativa através de súmulas, eis que *significaria* uma *estagnação da Jurisprudência*, fazendo com que a *norma jurídica jurisprudencial venha a tornar-se anacrônica, à vista da nova norma jurídica legal, coartando à atividade jurisdicional do juiz e impedindo o desenvolvimento jurisprudencial*;

8. Não consta do Regimento Interno do Conselho de Contribuintes qualquer previsão de *imposição de punição ou perda de mandato ao julgador administrativo* que *se omita, contrarie ou negue vigência à Súmula*, sendo certo que *a pretensão de aplicação de sanção administrativa à conduta de julgador não expressamente prevista em lei como infração administrativa, a par de afrontar* os *princípios da tipicidade, da legalidade e do devido processo legal, consubstanciaria ainda abuso ou desvio de poder na medida em que representaria instrumento de coação* para assim impor a *prevalência de interpretação administrativa*, absolutamente *incompatível com a independência daqueles órgãos singulares ou coletivos de jurisdição, com a moralidade administrativa e com o Estado Democrático de Direito*.

Referências bibliográficas

ALMEIDA JÚNIOR, João Mendes de. *Direito Judiciário Brasileiro.* 5ª ed., Livraria Freitas Bastos, 1960, p. 398.

BANDEIRA DE MELLO, Celso Antônio. *Curso de Direito Administrativo.* São Paulo, Malheiros Editores, 2002,. pp. 306-331.

CAMPOS, Francisco. *Direito Administrativo.* v. II, p. 23.

CAVALCANTI, Themístocles Brandão. *Tratado de Direito Administrativo.* t. IV, 5ª ed., Livraria Freitas Bastos, 1964, pp. 472 e 478.

______. *Tratado de Direito Administrativo.* t. V, 2ª ed., Livraria Freitas Bastos, 1950, p. 364.

CRETELLA JÚNIOR, J. *RDA* 108/50, 51, 55, 57, 61 a 63.

DINAMARCO, Cândido Rangel. *Fundamentos do Processo Civil Moderno.* v. II, 3ª ed., São Paulo, Malheiros Editores, 2000, p. 784.

FRANCO SOBRINHO, Manoel de Oliveira. *Introdução ao Direito Processual Administrativo.* Ed. RT, 1971, p. 117.

LOBO D'EÇA, Gastão Luiz F. da G. *Institucionalização do Processo Administrativo-Fiscal.* Ciclo de Conferências comemorativo do 45º aniversário de criação do TIT, Ed. APT da DIPLAT da SNFESP, 1982, v. II, p. 62.

MEIRELLES, Hely Lopes. *O Processo Administrativo e em Especial o Tributário* (co-edição).

______. *Direito Administrativo Brasileiro.* 28ª ed., São Paulo, Malheiros Editores, p. 79.

NUNES, Castro Nunes. *Teoria e Prática do Poder Judiciário.* Rio de Janeiro, Revista Forense, 1943, pp. 3-4 e 16-17.

SCHWARTZ, Bernard, e WADE, H. W. R. *Legal Control of Government – Administrative Law in Great Britain and the United States.* Ed. Clarendon Press Oxford, 1972, pp. 160-161.

SOUZA, Rubens Gomes de. *RDA* 29/441.

Jurisprudência citada

STF

Pleno

MC em ADI n. 1.910–DF, j. 22.4.2004, Rel. Min. Sepúlveda Pertence, *DJU* 27.2.2004, p. 19, e *RTJ* 189/513.

ACO-QO n. 1.048-RS, j. 30.8.2007, Rel. Min. Celso de Mello, *DJU* 31.10.2007, p. 77, *Ement.* vol.-02296-01, p. 1.

ADI-MC n. 1.075-DF, j. 17.6.1998, Rel. Min. Celso de Mello, *DJU* 24.11.2006, p. 59, *Ement.* vol.-02257-01, p. 156.

MS n. 24.268-MG, j. 5.2.2004, Rel. Min. Ellen Gracie, Rel. p/ Acórdão Min. Gilmar Mendes, *DJU* 17.9.2004, p. 53, *Ement.* vol.-02164-01, p. 154, *RDDP* 23/133-151, 2005, e *RTJ* 191-03/922.

ADI n. 2.661-MA, Rel. Min. Celso de Mello, *RTJ* 182/525.

1ª Turma

HC n. 88.420-PR, j. 17.4.2007, Rel. Min. Ricardo Lewandowski, *DJU* 8.6.2007, p. 37, *Ement.* vol.-02279-03, p. 429.

AI n. 57.279, Rel. Min. Aliomar Baleeiro, *RDA* 119/320-322.

RE n. 104.995-2-DF, Rel. Min. Oscar Corrêa, *Lex JSTF* 82/274-283.

AI-AgR n. 179.560-RJ, j. 23.4.1996, Rel. Min. Celso de Mello, *DJU* 27.5.2005, p. 12, *Ement.* vol.-02193-02, p. 236, *RDDP* 29/238-239, 2005, e *RTJ* 195-01/281.

2ª Turma

RE n. 172.084-1-MG, Rel. Min. Marco Aurélio, *Lex JSTF* 198/227.

RE n. 93.685-8-RJ, voto do Min. Décio Miranda, *Lex JSTF* 32/222-226.

AgRg em AI n. 241.201, Rel. Min. Celso de Mello, *RTJ* 183/371.

STJ

1ª Seção

MS n. 8.810-DF, Reg. n. 2002/0170102-1, j. 13.8.2003, Rel. Min. Humberto Gomes de Barros, *DJU* 6.10.2003, p. 197, *RDDT* 109/180, *RDR* 27/226 e *RSTJ* 190/51.

MS n. 7.045-DF, Reg. n. 2000/0056807-4, j. 22.11.2000, Rel. Min. José Delgado, *DJU* 5.3.2001, p. 119.

MS n. 7.225-DF, Reg. n. 2000/0115079-0, j. 13.6.2001, Rel. Min. José Delgado, *DJU* 25.6.2001, p. 98, e *JBCC* 192/408.

3ª Seção

MS n. 10.756-DF, Reg. n. 2005/0101163-2, j. 24.5.2006, Rel. Min. Paulo Medina, *DJU* 30.10.2006, p. 237.

1ª Turma

RMS n. 14.866-MT, Reg. n. 2002/0052709-0, j. 7.11.2002, Rel. Min. Luiz Fux, *DJU* 17.2.2003, p. 223.

REsp n. 173.773-MT, Reg. n. 1998/0032104-7, j. 14.12.1998, Rel. Min. Humberto Gomes de Barros, *DJU* 22.3.1999, p. 68

REsp n. 160.945-AM, Reg. n. 1997/0093301-6, j. 12.11.1998, Rel. Min. Humberto Gomes de Barros, *DJU* 15.3.1999, p. 102.

REsp n. 134.450-BA, Reg. n. 1997/0038197-8, j. 14.4.1998, Rel. Min. Garcia Vieira, *DJU* 10.8.1998, p. 20, e *RSTJ* 112/80.

REsp n. 104.106-PB, Reg. n. 1996/0051306-6, j. 12.5.1998, Rel. Min. Milton Luiz Pereira, *DJU* 22.6.1998, p. 24.

AI-AgR n. 179.560-RJ, j. 23.4.1996, Rel. Min. Celso de Mello, *DJU* 27.5.2005, p. 12, *Ement.* vol.-02193-02, p. 236, *RDDP* 29/238-239, 2005, e *RTJ* 195-01/281.

REsp n. 584.798-PE, Reg. n. 2003/0157195-7, j. 4.11.2004, Rel. Min. Luiz Fux, *DJU* 6.12.2004, p. 205.

REsp n. 536.463-SC, Reg. n. 200300853863, j. 25.11.2003, Rel. Min. Luiz Fux, *DJU* 10.12.2003, p. 360.

RMS n. 21.274-GO, Reg. n. 2006/0007601-6, j. 26.9.2006, Rel. Min. Denise Arruda, *DJU* 16.10.2006, p. 292.

RMS n. 19.510-GO, Rel. Min. Teori Albino Zavascki, *DJU* 3.8.2006.

2ª Turma

AgRg no Ag n. 217.275-SP, Reg. n. 1998/0094994-1, j. 27.4.1999, Rel. Min. Aldir Passarinho Júnior, *DJU* 9.8.1999, p. 164.

RMS n. 13.617-MG, Reg. n. 2001/0101563-0, j. 12.3.2002, Rel. Min. Laurita Vaz, *DJU* 22.4.2002, p. 183.

4ª Turma

REsp n. 400.977-PE, Reg. n. 2001/0192646-7, j. 21.3.2002, Rel. Min. Sálvio de Figueiredo Teixeira, *DJU* 3.6.2002, p. 212.

REsp n. 230.009-RJ, Reg. n. 1999/0082217-0, j. 8.2.2000, Rel. Min. Sálvio de Figueiredo Teixeira, *DJU* 27.3.2000, p. 113.

5ª Turma

HC n. 45.671-SP, Reg. n. 2005/0113438-4, j. 9.8.2007, Rel. Min. Arnaldo Esteves Lima, *DJU* 10.9.2007, p. 248.

HC n. 49.104-SP, Reg. n. 2005/0176088-6, j. 18.10.2007, Rel. Min. Arnaldo Esteves Lima, *DJU* 5.11.2007, p. 296.

REsp n. 184.156-SP, Reg. n. 1998/0056679-1, j. 1.10.1998, Rel. Min. Felix Fischer, *DJU* 9.11.1998, p. 161, *JSTJ* 4/323, e *RSTJ* 114/353.

REsp n. 90.078-CE, Reg. n. 1996/0015030-3, j. 10.6.1996, Rel. p/ Acórdão Min. José Dantas, *DJU* 5.8.1996, p. 26.394, e *RSTJ* 89/388.

RMS n. 16.264-GO, Reg. n. 2003/0060165-4, j. 21.3.2006, Rel. Min. Laurita Vaz, *DJU* 2.5.2006, p. 339.

6ª Turma

RHC n. 4.591-MG, Reg. n. 1995/0023679-6, j. 12.6.1995, Rel. Min. Adhemar Maciel, *DJU* 25.9.1995, p. 31.153, e *RT* 724/593.

RMS n. 17.403-PE, Reg. n. 2003/0204727-5, j. 28.6.2005, Rel. Min. Hélio Quaglia Barbosa, *DJU* 7.11.2005, p. 384.

HC n. 25.221-RJ, Reg. n. 200201447978, j. 21.10.2003, Rel. Min. Paulo Medina, *DJU* 22.11.2004, p. 389.

AgRg no RMS n. 15.350-DF, Reg. n. 2002/0121434-8, j. 12.8.2003, Rel. Min. Hamilton Carvalhido, *DJU* 8.9.2003, p. 367.

EDcl no AgRg no Ag n. 281.349-SP, Reg. n. 2000/0000463-4, j. 11.6.2002, Rel. Min. Hamilton Carvalhido, *DJU* 19.12.2002, p. 459.

***TACSP** (extinto)*

MS n. 209.567-4-São Paulo, Rel. Juiz Franklin Neiva, *RT* 623/144-146.

***TFR** (extinto)*

4ª Turma

AMS n. 109.343-SP, Rel. Min. Ilmar Galvão, *RTFR* 148/345-349.

MAS n. 83.500-RJ, Rel. Min. Hugo Machado, *RTFR* 164/343-345.

5ª Turma

MAS n. 109.312-SP e EDAMS n. 109.312-SP, Rel. Min. Sebastião Reis, *RTFR* 140/309-317.

CADERNOS DE DIREITO TRIBUTÁRIO

LA RIVALUTAZIONE DI AREE E PARTECIPAZIONI SOCIETARIE[1]

DOTT. RICCARDO CASADEI
Università degli Studi di Bologna, Facoltà di Economia

1. Introduzione: 1.1 I soggetti destinatari del provvedimento; 1.2 I soggetti non residenti. 2. Le categorie di beni interessate: le partecipazioni: 2.1 I terreni agricoli e le aree fabbricabili: individuazione della fattispecie e casi particolari. 2.3 Le modalità di rivalutazione nelle diverse categorie di beni: a) le partecipazioni: 2.3.1 ... (segue): b) dei terreni agricoli e delle aree edificabili. 3. I "nuovi valori" d'acquisto dei terreni agricoli e delle aree fabbricabili e gli effetti sulle imposte di registro, ipotecarie e catastali. 4. Le vicende dei beni acquisiti per successione o donazione. 5. I beni già rivalutati in base alle precedenti disposizioni sull'affrancamento.

Il presente articolo analizza le disposizioni in tema di affrancamento del costo o valore di acquisto dei terreni ed aree edificabili, nonché di partecipazioni societarie, previste dagli artt. 5 e 7, Legge 28 dicembre 2001, n. 448, che la Legge Finanziaria 2008 ha riproposto interamente. L'istituto rappresenta un utile strumento di pianificazione fiscale personale fruibile sia dai soggetti residenti che dai non residenti al fine di giungere alla definizione preventiva delle plusvalenze su tali beni, attraverso la redazione di una perizia giurata di stima ed il pagamento di un'imposta sostitutiva commisurata alla loro natura.

In questa sede si è voluto affrontare l'argomento in maniera quanto più organica possibile, dando rilievo ai chiarimenti espressi dall'Amministrazione fiscale negli anni riguardo l'istituto, avendo cura di trattare anche su casi particolari derivanti dalla reintroduzione dell'imposta di successione e donazione di cui al D.Lgs. 31 ottobre 1990, n. 341.

1. Introduzione

L'articolo 1, comma 91, della legge 24 dicembre 2007 n. 244, propone nuovamente l'opportunità di rideterminare il valore di acquisto dei terreni edificabili e con destinazione agricola, nonché delle partecipazioni non negoziate in mercati regolamentati posseduti alla data del 1 gennaio del 2008.

Infatti, la Legge Finanziaria 2008 è intervenuta sulle disposizioni degli articoli 5 e 7 della legge 28 dicembre 2001,

1. Elaborato in corso di pubblicazione su *Diritto e Pratica Tributaria*, Cedam Editore, Padova, 2008.

n. 448, e successive modificazioni, stabilendo nuovi termini all'articolo 2, comma 2, del decreto legge 24 dicembre 2002, n. 282, quale nuova possibilità di procedere alla rivalutazione di tali beni grazie alla redazione di una perizia giurata di stima.

I soggetti abilitati possono infatti attestare il nuovo costo o valore di acquisto dei beni considerati al fine di determinare le plusvalenze e minusvalenze di cui all'art. 67, comma 1, lett. *a), b), c)* e *c-bis),* attraverso il pagamento di un'imposta sostitutiva pari al 4 per cento sul valore così determinato per i terreni edificabili e con destinazione agricola, nonché per le partecipazioni qualificate, ovvero del 2 per cento per i titoli di entità inferiore, da versare interamente entro la data del 30 giugno 2008, oppure in massimo tre rate annuali a decorrere dalla stessa data, maggiorate del 3 per cento (annuo) a titolo di interessi da applicare sull'importo delle rate successive alla prima e da versare contestualmente ad esse.

1.1 I soggetti destinatari del provvedimento

Per individuare i destinatari delle disposizioni di cui agli artt. 5 e 7, comma 1, Legge n. 448 del 2001, si deve necessariamente guardare al dato testuale della norma in cui, pur non facendosi espressa menzione, si indica che la possibilità di rideterminare il costo o valore di acquisto dei beni considerati svolge gli effetti ai fini della determinazione delle plusvalenze e minusvalenze, rispettivamente, di titoli, quote, o diritti di cui all'art. 67, comma 1, lettere *c)* e *c-bis)* del Testo Unico delle imposte sui redditi, nonché di terreni edificabili e con destinazione agricola indicati al medesimo comma 1, art. 67, lettere *a)* e *b),* posseduti alla data del 1 gennaio 2008.

Pertanto, risulta indispensabile delineare l'ambito applicativo della fattispecie reddituale coinvolta, i redditi diversi, quale categoria residuale ove sono trattate le vicende di beni tra loro eterogenei, ma d'insieme considerati, poiché capaci di generare proventi imponibili qualora non realizzati nell'ambito di altre attività specificatamente disciplinate dalle altre norme tributarie.

Difatti, stante il *primo* comma dell'art. 67 del Tuir, i redditi diversi sono quelli non conseguiti nell'esercizio di arti e professioni, di imprese commerciali o da società in nome collettivo e accomandita semplice, come pure quelli non conseguiti in relazione alla qualità di lavoratore dipendente o che costituiscono redditi di capitale *ex* art. 44 del Tuir.

Inoltre, come indicato alla Circolare Ag. Entrate n. 9/E, del 31 gennaio 2002, "non rientrano tra i soggetti destinatari della norma, neanche i possessori di partecipazioni relative ad imprese commerciali ed i soggetti diversi dalle persone fisiche privi di soggettività tributaria. Si tratta ad esempio, dello Stato, delle regioni, delle province, dei comuni e degli altri soggetti di cui all'articolo 88, comma 1, del Tuir" (ora, art. 74, comma 1, del Tuir).

In particolare, per l'ambito applicativo dell'art. 5, L. n. 448 del 2001, la stessa Circolare ha chiarito che si ritengono esclusi, sempre in quanto privi di soggettività tributaria, i fondi pensione, gli organismi di investimento collettivo in valori mobiliari soggetti ad imposta sostitutiva sul risultato di gestione, nonché i fondi di investimento immobiliare.

Pertanto, individuati in via residuale, i destinatari dei provvedimenti di cui agli artt. 5 e 7 della L. n. 448 del 2001, sono le persone fisiche, le società semplici e gli enti ad esse equiparati *ex* art. 5, comma 1, del Tuir, come pure gli imprenditori commerciali, lavoratori autonomi ed imprenditori agricoli in relazione ai beni posseduti nell'ambito del proprio patrimonio personale, nonché i soggetti di cui all'art. 73, comma 1, lett. *c)* e *d),* quali gli enti pubblici e privati diversi dalle società, residenti nel territorio dello Stato che non hanno come oggetto esclusivo o principale lo svolgimento di attività commerciale (per i beni non relativi all'attività commerciale svolta), nonché le società e gli enti di ogni tipo, con o senza personalità giuridica, non residenti.

Difatti, tali soggetti, avranno interesse alla rideterminazione del costo o valore di acquisto in relazione alla sussistenza delle condizioni di imponibilità proprie delle diverse tipologie di beni, tenuto conto che le partecipazioni sociali ed i diritti ora considerati all'art. 67, comma 1, lett. *c)* e *c-bis)* danno sempre luogo a redditi diversi tassabili,[2] così come i terreni lottizzati e quelli suscettibili di utilizzazione edificatoria *ex* art. 67, comma 1, lett. *a)* e *b)*, diversamente da quanto accade riguardo i terreni agricoli che ricompresi nella generica accezione "immobili" del medesimo comma 1, lett. *b)*, danno luogo a plusvalenze imponibili solo se ceduti a titolo oneroso entro i cinque anni dall'acquisto o dalla ricevuta donazione,[3] esclusi quelli acquisiti per successione *mortis causa*.

Infine, si chiarisce su un aspetto particolare che riguarda gli imprenditori agricoli di cui all'art. 2135 cod. civ., per i quali il provvedimento è applicabile anche per i terreni *in primis* acquisiti e detenuti come agricoli, in seguito divenuti edificabili in base ai nuovi strumenti urbanistici, pur continuando ad essere utilizzati in via strumentale allo svolgimento di tale attività.

Rammentando brevemente sul fatto che tale categoria è soggetta a tassazione secondo il peculiare sistema forfettario di determinazione catastale del reddito, che fonda il proprio presupposto sulla c.d. redditività normale del fondo indicata all'art. 32, del Tuir, si nota come tale criterio perda ragion d'essere quando ci si riferisca ad attività che esulano dal normale esercizio dell'agricoltura, ed estranee alle logiche della determinazione delle rendite catastali, calcolate sulle stime della produzione agricola retraibile dal fondo in relazione alla tipologia di coltura praticata.

Invero, la cessione plusvalente di un terreno divenuto edificabile è un'operazione che esula dal normale esercizio dell'attività agricola la quale darebbe luogo a componenti reddituali positivi non assorbiti nel proprio sistema di tassazione forfettaria per il fatto che il terreno in oggetto, perdendo la precedente qualificazione catastale ed acquisendo la nuova di tipo "edificatorio", resterebbe escluso dalla determinazione della rendita catastale.

La coerenza sistematica di tale impostazione risulta confermata dal fatto che la tassazione dei proventi realizzati dalla cessione di un terreno edificabile da parte di un imprenditore agricolo, secondo le regole dei redditi diversi, risulta compatibile con l'esercizio dell'impresa agricola,

2. Come è stato chiarito nella Circ. Ag. Entrate n. 9/E del 2002 cit., "la possibilità di rideterminare i valori di acquisto prescinde dal regime prescelto dal contribuente ai fini della tassazione dei redditi diversi di natura finanziaria", potendosi utilmente avvalere delle disposizioni sia i contribuenti che determinano l'imposta sostitutiva dovuta a norma dell'art. 5 del D.Lgs. 21 novembre 1997, n. 461, in sede di presentazione della dichiarazione dei redditi, sia i contribuenti che optano per il regime del risparmio amministrato ovvero per il regime del risparmio gestito, disciplinati rispettivamente dall'articolo 6 e dall'articolo 7 del medesimo decreto legislativo.

3. Per l'utilizzabilità delle disposizioni di cui all'art. 7, L. n. 448 del 2001, alla tipologia di area indicata, realizzando il presupposto impositivo solo nel periodo infraquinquennale di possesso, da prima si veda la Circ. Ag. Entrate n. 9/E, del 30 gennaio 2002, par. 7.1, ove si chiarisce che "Il contribuente può assumere, in sostituzione del costo o del valore storico del terreno, il valore del cespite risultante dalla perizia giurata di stima, sia nelle ipotesi di plusvalenza generata dalla rivendita del terreno edificabile entro cinque anni sia nella ipotesi in cui la rivendita avvenga oltre il quinquennio. Ciò in quanto la norma nel consentire la rivalutazione dei terreni agricoli e dei terreni edificabili, fa genericamente riferimento alle plusvalenze di cui alle lettera a) e b) dell'articolo 81 del TUIR (ora, si veda l'art. 67). Il valore della perizia, pertanto, può essere adottato, ad esempio, anche ai fini del calcolo della plusvalenza nelle ipotesi in cui questa debba essere calcolata assumendo come prezzo iniziale di acquisto il valore del terreno nel quinto anno anteriore all'inizio della lottizzazione. Tale regola, come e' noto, ai sensi dell'articolo 82, comma 2 (ora, art. 68, comma 2, del Tuir), si riferisce alle ipotesi rivendita di terreni acquistati oltre cinque anni prima dell'inizio delle opere di lottizzazione".

poiché il soggetto acquisisce un incremento patrimoniale per mezzo di un fattore estraneo alla sua attività tipica, stante la qualificazione edificatoria del fondo intervenuta dagli strumenti urbanistici adottati che altrimenti, come visto, resterebbe escluso da ogni tipo di tassazione.[4]

1.2 I soggetti non residenti

Stante l'operatività del principio di tassazione su base territoriale cui si basa il sistema tributario nazionale, l'art. 3, comma 1, del Tuir, si riferisce ai soggetti non residenti stabilendo che per essi l'imposta si applica solo sui redditi prodotti nel territorio dello Stato da persone fisiche, società o enti[5] di cui all'art. 73, comma 1, lett. *d)*, compresi i *trusts*, purché non riferibili a loro stabili organizzazioni.

Regolato espressamente dall'art. 23, comma 1, del Tuir,[6] il caso ora in esame è individuato alla successiva lettera *f)*, ove, in applicazione del principio *locus rei sitae*, al *primo* periodo della lettera si comprendono le diverse categorie di immobili, comprese quelle fin'ora considerate, i cui redditi sottostanno alle medesime condizioni di imponibilità previste per i soggetti residenti, così come pure alle stesse regole di determinazione.[7]

A tali soggetti è, quindi, data la possibilità di affrancare il valore o costo di acquisto dei beni di cui all'art. 7, L. n. 448 del 2001, poiché sono fiscalmente rilevanti in Italia[8] le plusvalenze realizzate a

4. In tal senso, cfr. risoluzione. Ag. Entrate n. 137/E del 7 maggio 2002; inoltre, si segnalano le Sent. Corte di Cass., Sez. trib., 2 ottobre 1999, n. 109433 (*rectius*: 10943) e Sent. Corte di Cass., Sez. trib., 3 aprile 2000, n. 3987, ivi citate nelle quali, in tema di assoggettabilità ad Iva, si afferma che la vendita di terreni con natura edificatoria è un'operazione imponibile ai sensi dell'art. 1 del D.P.R. n. 622 del 1972, anche se tale bene appartiene ad un'impresa agricola e di fatto sia stato destinato allo svolgimento della sua attività tipica. Stando all'impostazione della Suprema Corte, così come accolta nella stessa Risoluzione n. 137/E del 2002, in tale fattispecie risulterebbero soddisfatti i requisiti soggettivi ed oggettivi che determinano l'applicazione del tributo. Difatti, fermo restando il vincolo di strumentalità di tali beni rispetto l'attività svolta, la relativa cessione deve ritenersi inerente all'esercizio d'impresa poiché tale nozione non può essere limitata ai soli beni oggetto dell'attività propria, ma deve essere riferita alle cessioni di beni strumentali "in quanto questi sono considerati sia dal codice civile (art. 2555 del cod. civ.) che dal Testo unico delle imposte suoi redditi (art. 86, comma 1), beni relativi all'impresa", non potendo, in ogni caso, operare alcuna esclusione dall'applicazione dell'Iva disposta per le cessioni aventi ad oggetto terreni agricoli *ex* art. 2, comma 3, lettera *c)*, D.P.R. n. 633 del 1972, avendo perso i terreni ora considerati tale qualità.

5. Siano esse di capitali, come pure di persone, comprese le società semplici, di fatto e le associazioni fra artisti e professionisti, nonché associazioni senza personalità giuridica e *trusts*. Sulla questione, per tutti, si veda M. Piazza, *Guida alla Fiscalità Internazionale*, Milano, 2004, 288 ss.

6. Sull'applicabilità dell'art. 23 del Tuir ai fini dell'individuazione dei redditi imponibili nel territorio dello Stato delle società o enti commerciali non residenti, chiarita dall'art. 151, comma 2, del Tuir, si veda il successivo art. 152, che al *secondo* comma indica: "in mancanza di stabili organizzazioni nel territorio dello Stato, i redditi che concorrono a formare il reddito complessivo sono determinati secondo le disposizioni del Titolo I, relative alle categorie nelle quali rientrano", in cui sono trattate le imposte sui redditi delle persone fisiche. Analoghe considerazioni valgono riguardo gli enti non commerciali non residenti, i quali per individuare i redditi che si considerano prodotti nel territorio dello Stato, e per la loro determinazione, sono regolati rispettivamente dagli art. 153, comma 2, e art. 154, comma 1, del Tuir.

7. Si ricorda, che quale regime ordinario di tassazione dei redditi diversi derivanti dalla cessione plusvalenze dei terreni suscettibili di utilizzazione edificatoria è prevista la tassazione separata *ex* art. 17, comma 1, lett. *g-bis)*.

8. Si rammenta, che l'art. 6, par. 1, del Modello di convenzione bilaterale contro le doppie imposizioni sul reddito e sul patrimonio, stabilisce che "I redditi che un residente di uno Stato contraente ritrae da beni immobili (...) situati nell'altro Stato contraente sono imponibili in detto altro Stato". Sulla questione, si veda G. Maisto, *Modello di Convenzione Fiscale sui Redditi e sul Patrimonio*, Milano 2004, il quale, a commento del punto, indica che allo Stato della fonte è accordata la potestà impositiva esclusiva sui tali redditi in virtù del fatto che "vi è sempre un forte nesso economico tra la fonte di tale reddito e lo Stato della fonte". Inoltre, sottolinea anche che tale regola non si applica "ai redditi da immobili situati nello Stato del quale il percipiente è residente ai sensi dell'articolo 4 o situati in un terzo Stato; a tale reddito si applicheranno le disposizioni del paragrafo 1 dell'articolo 21".

seguito di cessione a titolo oneroso di terreni agricoli, effettuate entro i 5 anni dal loro acquisto o donazione, ferma restando l'irrilevanza reddituale di quelli ricevuti dal *de cuius* ai sensi dell'art. 67, comma 1, lett. *b)*, ultimo periodo, così come pure sono in opponibili le cessioni di terreni suscettibili di utilizzazione edificatoria per i quali tale requisito temporale non opera, essendo stabilito dalla stessa norma che "in ogni caso" danno luogo a redditi diversi tassabili; allo stesso modo, saranno sempre imponibili i proventi realizzati mediante la lottizzazione di aree, o l'esecuzione di opere intese a renderle edificabili, e la successiva vendita, anche parziale, dei terreni e degli edifici di cui all'art. 67, comma 1, lett. *a)*.

Stando all'art. 23, comma 1, lett. *f)*, del Tuir, ed alla generica accezione "beni che si trovano in Italia" contenuta al suo primo periodo, risultano fiscalmente rilevanti anche le plusvalenze (e minusvalenze) derivanti dalla cessione a titolo oneroso di partecipazioni in società non residenti localizzate nel territorio dello Stato al momento della cessione,[9] nonché "le plusvalenze derivanti dalla cessione a titolo oneroso di partecipazioni in società residenti".

Al successivo punto n. 1, lett. *f)*, si specifica che non sono imponibili le plusvalenze derivanti dalla cessione a titolo oneroso di partecipazioni non qualificate in società residenti *ex* art. 67, comma 1, lett. *c-bis)*, ovunque detenute, se negoziate in mercati regolamentati: tale caratteristica da ultimo indicata, oltre a far venir meno lo scopo e l'utilità del c.d. "affrancamento" per i non residenti, è comunque preclusiva della possibilità di rideterminare i valori o costo d'acquisto delle partecipazioni per espressa indicazione dell'art. 5, comma 1, della L. n. 448 del 2001.

I non residenti, non potranno inoltre rideterminare i valori dei titoli o partecipazioni anche quando tali beni abbiano le caratteristiche di cui all'art. 67, comma 1, lett. *c-bis)*, in quanto, pur trovando corrispondenza nel campo applicativo del provvedimento, rientrano nell'ambito d'esenzione di cui all'art. 5, comma 5, lett. *a)*, del D.Lgs. 21 novembre 1997, n. 461.[10]

Questa norma in tema di "riordino dei redditi di capitale e dei redditi diversi" individua, infatti, una particolare ipotesi d'esenzione dall'ordinaria imposta sostitutiva del 12,5 per cento applicabile ai sensi dell'art. 5, comma 2, D.Lgs. n. 461 del 1997, tra gli altri, ai redditi di cui all'art. 67, comma 1, lett. *c-bis)*, del Tuir, percepiti da soggetti non residenti nei casi in cui tali soggetti siano residenti in Stati o territori inclusi nella lista di cui al decreto ministeriale emanato ai sensi dell'articolo 168-*bis*, del Tuir.[11]

9. Cfr. G. Bolelli, A. Calori, M. Piazza, *La Tassazione delle Rendite Finanziarie*, Milano, 2005, 398 ss.

10. Infatti, in base all'art. 6, comma 2, del D.Lgs. n. 461 del 1997, per i soggetti non residenti il regime di risparmio amministrato costituisce il regime naturale poiché è applicato anche in mancanza di esercizio dell'opzione, salva la facoltà del contribuente di rinunciare a tale regime con effetto dalla prima operazione successiva. In tal senso, si esprimono G. Bolelli, A. Calori, M. Piazza, *La Tassazione delle Rendite Finanziarie*, op. cit., 401. Guardando al particolare caso in cui un soggetto non residente sia emigrato in uno Stato o territorio a regime fiscale privilegiato (requisito che ai fini dell'esclusione *ex* art. 5, comma 5, del D.Lgs. n. 461 del 1999, ad opera dell'art. 41, comma 1, lett. *a)*, del D.L. 30 settembre 2003, n. 269, convertito, con modificazioni, nella L. 24 novembre 2003, n. 326, a decorrere dal 10 gennaio 2004 non risulta più in vigore), che consenta comunque un adeguato scambio di informazioni, gli stessi Autori, alla pag. 399 sottolineano come la Circolare Min. Fin. del 26 ottobre 1999, n. 207/E, sostenga che gli intermediari abilitati coinvolti devono attenersi alla sola dichiarazione del contribuente poiché non influenzati dalla presunzione di residenza di cui all'art. 2, comma 2-bis), del Tuir.

11. Cfr. D.Lgs. 1 aprile 1996, n. 239, art. 6, comma 1, come modificato dall'art. 1, comma 86, lett. *b)*, L. n. 244 del 2007. Inoltre, si ribadisce sul fatto che la norma richiedesse, quale ulteriore requisito concorrente, che il soggetto non fosse residente negli Stati o territori individuati all'art. 167, comma 5, lett. *b)*, appartenenti alla c.d. *black list* e che tale requisito non sia più necessario ad opera dell'art. 41, comma 1, lett. *a)*, del D.L. 30 settembre 2003, n. 269, convertito, con modificazioni, nella l. 24 novembre 2003, n. 326, a decorrere dal 10 gennaio 2004.

In conclusione, il procedimento di rideterminazione del costo o valore di acquisto dei titoli o delle partecipazioni trova ragion d'utilizzo per i non residenti solo nel caso in cui siano possedute partecipazioni qualificate non quotate, le quali daranno luogo a plusvalenze imponibili a seguito della cessione a titolo oneroso, fermi restando gli effetti delle disposizioni contenute nel Trattato bilaterale contro le doppie imposizioni in vigore tra l'Italia ed il Paese di residenza del cedente.

Infatti, il ricorso all'istituto di cui all'art. 5, L. n. 448 del 2001 è precluso a coloro "per i quali le plusvalenze non sono imponibili per effetto di apposite previsioni contenute nelle convenzioni per evitare la doppia imposizione sul reddito",[12] appunto quando stabiliscano la potestà impositiva esclusiva allo Stato di residenza.

2. Le categorie di beni interessate: le partecipazioni

Per entrambe le categorie di beni coinvolte, il rispettivo *primo* comma degli artt. 5 e 7 della L. n. 448 del 2001, richiede che per applicare la disciplina i destinatari devono necessariamente essere possessori dei titoli, quote o diritti,[13] nonché dei terreni agricoli e delle aree lottizzate e fabbricabili a titolo di proprietà, o essere titolari di altro diritto reale sugli stessi[14] (quali, ad es. l'usufrutto o la nuda proprietà), all'1 gennaio 2008.

Tra l'altro, soffermandosi su una particolare questione legata al requisito del "possesso", si rileva che già nella Circolare Ag. Entrate del 9 maggio 2003, n. 27/E, è stata confermata la possibilità di applicare il provvedimento all'ipotesi del "consolidamento dell'usufrutto" in capo al nudo proprietario.

Infatti, è stato chiarito che pur se diverso dal caso del consolidamento per effetto di successione o donazione dell'usufruttuario, quale evento capace di portare in maniera diversa al consolidamento dell'usufrutto in capo al nudo proprietario, anche il caso di decesso dell'usufruttuario non provoca alcuna retrodatazione del momento in cui esplica effetto il consolidamento dell'usufrutto rispetto la data di acquisizione della nuda proprietà:[15] di tal ché, il requisito soggettivo del possesso risulterà integrato solo limitatamente al diritto di nuda proprietà in capo al titolare sussistente alla data del 1 gennaio 2008.[16]

Volgendo l'attenzione ai beni trattati all'art. 5 della L. 28 dicembre 2001, n. 448, nella norma si indica che possono essere

12. In tal senso, si veda la Circ. Ag. Entrate n. 12/E, del 31 gennaio 2002.

13. Si veda Bono M., Piazza M., *Al Via l'Affrancamento sulle Partecipazioni Non Quotate*, in *Guida normativa*, n. 5, 2002, 27, i quali sostengono che riguardo ai titoli posseduti al 1 gennaio 2008 eventuali acquisti "incrementali" effettuati a seguito non esplicano alcun effetto al riguardo l'applicabilità agli stessi della rideterminazione del costo d'acquisto o dei valori.

14. Come commentato dalla Circ. Ag. Entrate n. 27/E, del 9 maggio 2003, *in primis*, riferendosi al caso dei titoli, sull'applicabilità delle disposizioni in commento rispetto ai soggetti i quali abbiano in possesso i beni in forza di un diritto reale di godimento è stato confermato dalla Circ. Ag. Entrate n. 12/E, del 31 gennaio 2002, e successivamente dalla Circ. Ag. Entrate n. 81, del 6 novembre 2002, riferendosi ai terreni ed aree fabbricabili.

15. Sulla retrodatazione degli effetti traslativi da parte del donante o del *de cuius*, cfr. la Circ. Ag. Entrate n. 12/E, del 31 gennaio 2002, la quale ha chiarito che senza una apposita norma che lo preveda tale effetto non si verifica, così come neppure accade nel caso in questione, per cui si rimanda alla Circ. Ag. Entrate n. 27/E del 2003, ove parimenti si esclude tale possibilità in occasione della morte del nudo proprietario.

16. Sulla determinazione del valore dell'usufrutto di un terreno, si veda la Circolare Ag. Entrate n. 81, del 6 novembre 2002, la quale ha precisato che lo stesso si deve determinare secondo quanto disciplinato all'art. 48 del testo unico delle disposizioni concernenti l'imposta di registro, D.P.R. 26 aprile 1986, n. 131, a seguito di perizia giurata di stima, applicando i coefficienti indicati al prospetto allegato al medesimo testo unico per il caso dell'usufrutto a vita. In tal senso, anche la Circ. Ag. Entrate n. 27/E del 2003 cit. Riguardo la sussistenza del requisito temporale ed alla determinazione del valore in riferimento alle partecipazioni su cui esiste un diritto di usufrutto, si rammenta l'applicabilità di quanto indicato alla Circolare del Min. Finanze del 10 maggio 1985, n. 16.

oggetto di rideterminazione dei valori di acquisto i titoli, le quote, e i diritti, purché non negoziati in mercati regolamentati.

Richiamando l'art. 67, comma 1, lettere *c)* e *c-bis)*, l'ambito oggettivo del provvedimento è pertanto esteso alle partecipazioni rappresentate da titoli, quali le azioni, come pure alle quote di partecipazione al capitale o al patrimonio di società non rappresentate da titoli, oltre che ai diritti o titoli attraverso cui possono essere acquisite le predette partecipazioni come ad es. le opzioni, i *warrant* e le obbligazioni convertibili in azioni, siano essi qualificati o meno,[17] purché non quotati in mercati regolamentati, ovunque siano detenuti.

Sul fatto che i titoli non debbano essere quotati, come neppure i diritti attraverso i quali possono essere acquisiti, si chiarisce che tale generica accezione comprende sia i casi in cui i titoli siano quotati in mercati regolamentati italiani o stranieri, quali la borsa ed il mercato ristretto, così come pure ogni altro mercato disciplinato dalla legge.[18]

Anche tale requisito deve essere verificato alla data del 1º gennaio 2008, per cui la possibilità di rideterminare il loro costo o valore di acquisto sussiste qualora tali strumenti siano stati ammessi alla quotazione a seguito di tale data,[19] come pure vi è la possibilità per quelli revocati dalla negoziazione a far data precedente al 1 gennaio 2008, mentre non è possibile applicare la norma ai titoli o diritti che siano stati sospesi dalla negoziazione, poiché il "provvedimento di sospensione" è un atto di per sé inidoneo a mutare la natura di "titolo quotato", così da non poter integrare il requisito.[20]

Tali ipotesi devono comunque essere verificate solo riguardo ai titoli direttamente posseduti, anche nel caso in cui essi attribuiscano al possessore il diritto di acquisire partecipazioni quotate.[21]

2.1 I terreni agricoli e le aree fabbricabili: individuazione della fattispecie e casi particolari

Passando alla seconda tipologia di beni cui risultano applicabili le disposizioni sull'affrancamento, si rende opportuno svolgere alcune considerazioni in merito alla loro corretta individuazione sul piano sostanziale, quale precisazione che si rende necessaria vista l'ampia categoria cui fa riferimento l'art. 67, comma 1, alle lettere *a)* e *b)*, del Tuir.

Difatti, l'articolo 7, L. n. 448 del 2001, trova applicazione agli effetti della determinazione delle plusvalenze e minusvalenze relative ai terreni edificabili e con destinazione agricola posseduti alla data del 1 gennaio 2008, cui tale sommaria indicazione della norma, infatti, non pare essere stata tolta dal campo dell'incertez-

17. Cioè, di entità tale da rappresentare almeno una percentuale di diritti di voto esercitabili in assemblea ordinaria superiore al 20 per cento, ovvero una partecipazione al capitale o al patrimonio superiore al 25 per cento, tenendo conto delle sole percentuali relative ai titoli non quotati. Tali percentuali, come indicato allo stesso art. 67, comma 1, lett. *c)*, si applicano anche "per i diritti attraverso cui possono essere acquisite partecipazioni si tiene conto delle percentuali potenzialmente ricollegabili alle predette partecipazioni".

18. Ossia tutti quelli compresi al D.Lgs. 23 luglio 1996, n. 415 (ora D.Lgs. 24 febbraio 1998, n. 58), compresi quelli di Stati appartenenti all'OCSE, istituiti, organizzati e disciplinati da disposizioni adottate o approvate dalle autorità competenti del luogo ove tali mercati hanno sede. In tal senso, cfr. Circolare Min. Fin. 24 giugno 1998, n. 165/E.

19. Così la Circ. Min. Fin. 23 dicembre 1996, n. 306/E ove viene ribadito sul fatto che oltre non essere sufficiente che la quotazione sia stata richiesta dalla società, o disposta dall'autorità di borsa, è ulteriormente necessario che le partecipazioni risultino effettivamente negoziate nei mercati regolamentati.

20. Da prima, sulla questione, cfr. la Circ. Ag. entrate n. 12/E, del 31 gennaio 2002, ed anche la Circ. Ag. Entrate n. 27/E del 2003.

21. Ancora, si veda la Circ. Ag. Entrate n. 12/E del 2002, conforme a quanto già osservato da Arquilla N., *Rivalutazione delle Partecipazioni in Società Non Quotate*, in *Corr. trib.*, n. 3, 2002, 324, e Bloch J., Sorgato L., *Rivalutazione "Elitaria" per le Partecipazioni Non Quotate*, in *Corr. trib.*, n. 4, 2002, 300.

za nonostante i numerosi accenni fin'ora svolti per completezza espositiva.

L'ambito dell'art. 67 del Tuir, comma 1, lett. *a)*, comprende i terreni su cui sono state realizzate opere volte alla lottizzazione degli stessi, o quelli oggetto d'intervento al fine di essere resi edificabili, per i quali il presupposto impositivo capace di far emergere la plusvalenza tassabile (rilevante quale reddito diverso) si verifica sia con la loro cessione diretta a titolo oneroso, anche parziale, così come con la cessione di tutti o parte degli edifici realizzati su di essi.

Sul significato da attribuire alla locuzione "lottizzazione di terreni", tenendo conto della mancanza di una chiara definizione legislativa del termine, si rende opportuno spiegare che il Ministero dei Lavori Pubblici, con la Circolare n. 3210 del 28 ottobre 1967,[22] ha chiarito che costituisce lottizzazione "non il mero frazionamento di terreni, ma qualsiasi utilizzazione del suolo che, indipendentemente dal frazionamento fondiario e dal numero dei proprietari, preveda la realizzazione contemporanea o successiva di una pluralità di edifici a scopo residenziale, turistico o industriale e, conseguentemente, comporti la predisposizione delle opere di urbanizzazione occorrenti per le necessità primarie e secondarie dell'insediamento".[23]

Quindi, per la nozione, assume rilievo qualsiasi operazione obbiettivamente considerabile come lottizzazione o esecuzione d'opere volte all'edificabilità di terreni, anche se non realizzate in conformità con i vincoli urbanistici.

Inoltre, si richiama anche l'art. 18 della legge 28 febbraio 1985, n. 47, che definisce lottizzazione qualsiasi trasformazione urbanistica o edilizia di terreni anche quando essa sia realizzata attraverso il frazionamento e la vendita del terreno, o atti equivalenti, in lotti per i quali non vi sia alcun equivoco sulla loro destinazione a scopo edificatorio, in virtù delle loro caratteristiche dimensionali viste in relazione alla natura del terreno e alla sua destinazione secondo gli strumenti urbanistici, nonché riguardo il numero, l'ubicazione o la eventuale previsione di opere di urbanizzazione, anche in rapporto ad elementi riferiti agli acquirenti.[24]

In secondo luogo, tra i beni rientranti nella categoria di cui alla successiva lett. *b)*, del comma 1, art. 67, del Tuir, sono compresi sia i terreni suscettibili di utilizzazione edificatoria[25] secondo gli strumenti urbanistici vigenti al momento della cessione, che quelli agricoli riguardo i quali, però, si ricorda che generano plusvalenze imponibili solo se ceduti a titolo oneroso entro i cinque anni dall'acquisto o dalla ricevuta donazione, stante l'irrilevanza di quelli ricevuti per successione poiché espressamente esclusi dal campo dell'imponibilità.

A conclusione del lungo percorso effettuato tra interpretazioni giurisprudenziali e normative, a definitivo chiarimento della definizione di "terreno edificabile"

22. Tale enunciazione ministeriale costituisce l'interpretazione della nozione tecnica desumibile dall'art. 8 della legge 6 agosto 1967, n. 765, che ha sostituito i primi due commi dell'art. 28 della legge urbanistica 17 agosto 1942, n. 1150, fornita in sede di istruzioni della disposizione citata.

23. La nozione così chiarita, risulta, fra l'altro, accolta dalla giurisprudenza del Consiglio di Stato, Sentenza 9 novembre 1993, n. 980, che al riguardo ha ribadito che "la lottizzazione si caratterizzerebbe per l'assoggettamento di un'area, avulsa da aggregati abitativi, ad un processo di urbanizzazione mediante la realizzazione di manufatti volti all'umana residenza e di opere di urbanizzazione necessarie a soddisfare esigenze di vita".

24. Per il presupposto di cui al primo comma, lett. *a)*, dell'art. 67 del Tuir, lottizzazione s'intende sussistente ogni qualvolta si venda un terreno compreso in un piano di lottizzazione approvato dalle competenti autorità locali, quale sufficiente ed autonomo criterio per poter considerare speculativa la successiva vendita. In tal senso, cfr. Corte di Cass., sent. 29 novembre 2001, n. 15208, e Corte di Cass., sent. 24 ottobre 2001, n. 13050.

25. Riguardo i terreni rientranti in tal definizione, di cui, nel proseguo del paragrafo si chiarirà riguardo la loro corretta individuazione, si rammenta che per essi è previsto uno speciale regime di tassazione separata, disciplinato all'art. 17, lett. *g-bis)*, del Tuir.

rilevante ai fini della legislazione tributaria, da ultima è intervenuta la Sentenza della Corte di Cassazione, Sezioni Unite, 28 settembre 2006, n. 25506, la quale, individuando correttamente l'evoluzione della nozione di terreno edificabile ai fini Ici[26] attraverso l'accoglimento della tesi sostanzialistica, ha portato gli effetti anche in altri ambiti impositivi grazie all'intervento del Legislatore il quale, all'art. 36, comma 2, D.l. 4 luglio del 2006, n. 223 (c.d. decreto Bersani), convertito con modificazioni in legge 4 agosto 2006, n. 248, l'ha accolta e l'ha resa operativa anche ai fini dell'applicazione del Testo unico delle imposte sui redditi, oltre che del D.P.R. 26 ottobre 1972, n. 633, in materia di Iva, e del Testo unico delle disposizioni concernenti l'imposta di registro, di cui al D.P.R. 26 aprile 1986, n. 131.

Come visto, per i redditi diversi, l'art. 67, comma 1, lett. *b)*, del Tuir, fa discendere l'imponibilità dalla circostanza che si tratti di plusvalenze realizzate a seguito di cessioni a titolo oneroso di terreni suscettibili di utilizzazione edificatoria "secondo gli strumenti urbanistici vigenti al momento della cessione". Proprio il richiamo al concetto di vigenza dello strumento urbanistico contenuto nel Tuir escluderebbe ogni dubbio circa il collegamento imponibilità-perfezionamento dell'*iter* amministrativo.

Di tal ché, si desume che il riferimento all'esistenza degli strumenti urbanistici al momento della cessione si deve intendere quale adozione dello strumento edificatorio generale da parte del Comune, per il quale si considera sufficiente la delibera del Consiglio Comunale (e non della Giunta) che recepisca il PRG, in quanto è tale delibera a costituire formalmente lo strumento di adozione del piano.[27]

Individuato l'oggetto d'applicazione dell'art. 7, L. n. 448 del 2001, si rammenta che anche tali beni, conformemente a quanto visto per le partecipazioni ed i titoli di cui ai paragrafi precedenti, devono essere posseduti a titolo di proprietà, o con altro diritto reale su di essi, a far data al 1 gennaio 2008.

Tale possibilità sussiste anche riguardo i terreni concessi in usufrutto, per i quali il proprietario potrà utilmente rivalutare il valore della nuda proprietà, riferito al 1 gennaio 2008, su quanto risulta dalla differenza tra il valore della proprietà piena e quello del diritto reale, così come potrà pure procedere alla rideterminazione dei valori di acquisto dei terreni ancorché "questi siano gravati da un diritto di superficie alla data del 1 gennaio 2008".[28]

Parimenti, la stessa possibilità è data all'usufruttuario, stante il principio di cui all'art. 9, comma 5, del Tuir, secondo cui "le disposizioni relative alle cessioni a titolo oneroso valgono anche per gli atti a titolo oneroso che importano costituzione o trasferimento di diritti reali di godimento", poiché in caso di cessione a titolo oneroso del proprio diritto egli realizzerà una plusvalenza rilevante tra quelle di cui all'art. 67, comma 1, lett. *b)*, del Tuir.[29]

26. D.Lgs. 30 dicembre 1992, n. 504.

27. Sulla questione, per tutti, cfr. P. Puri, *La Nuova Nozione di Terreno Edificabile fra Interventi Giurisprudenziali e Legislativi*, in *Riv. dir. trib.*, n. 2, 2007, 80 ss., in commento alla citata Sentenze della Corte di Cassazione, Sez. un., 26 settembre 2006, n. 25506, il quale aggiunge che "tuttavia non si può trascurare che si tratta comunque di un piano esistente in astratto, ma non operativo, poiché in mancanza dell'approvazione del piano da parte della Regione (o della Provincia se delegata) il piano non è certamente operativo in concreto. Ed infatti il Comune, attraverso i suoi uffici tecnici non rilascerà nelle more alcuna concessione edilizia". Per contro, per chi riteneva che lo strumento edificatorio generale adottato dal Comune dovesse essere perfezionato, si veda quanto dallo stesso Autore citato alla nota 24, pag. 94, ossia Comm. trib. Prov. Reggio Emilia, 18 gennaio 2000, n. 144; Comm. trib. Reg. Emilia-Romagna, 24 gennaio 2002, n. 75; Comm. trib. Prov. Bologna, 18 marzo 2006, n. 72; ed in dottrina lo Studio n. 714/720 *bis* del Cons. Naz. Notariato.

28. In tal senso, si veda la Circ. Ag. Entrate n. 55/E del 2002.

29. Cfr. Circ. Ag. Entrate n. 81 del 2002, la quale continua sulla questione chiarendo che "il valore dell'usufrutto si deve ritenere che possa essere determinato dalla perizia giurata di stima secondo le

Analogamente a quanto visto sulla precedente tipologia di beni, i titoli e le partecipazioni, per i quali era data la possibilità di affrancare i maggiori valori o costo di acquisto al socio che intendesse procedere solo relativamente alla quota di sua pertinenza riferita all'intero valore del patrimonio netto della società, anche nei casi di possesso di aree in regime di comunione *pro indiviso*, i comproprietari che vogliano avvalersi delle disposizioni di cui all'art. 7, L. n. 448 del 2001, potranno rideterminare il valore relativo alla percentuale astratta di propria spettanza corrispondente alla quota di comproprietà.

Come è noto, il regime giuridico della comunione conferisce a ciascun condomino una quota ideale del diritto di proprietà che non è riferibile ad una individuata porzione materiale del bene così potendo, ai sensi dell'art. 1103 del cod. civ., liberamente disporre della propria quota dell'intero bene, come pure in termini fiscali rientrando nelle finalità agevolative della norma sulla rivalutazione.[30]

Quanto detto fin'ora si riferisce anche ai terreni parzialmente edificabili per i quali, anche se gli strumenti urbanistici prevedono una diversa destinazione all'interno di una medesima particella catastale, la possibilità di rivalutare è comunque accordata a coloro che ne abbiano la volontà solo per la parte dichiarata edificabile la quale, ai fini del controllo dell'Amministrazione finanziaria, è sufficiente che venga individuata nell'atto di perizia dallo strumento urbanistico che la delimita, non rendendosi necessario procedere ad un preventivo frazionamento dell'area.

Tra le fattispecie capaci di far emergere plusvalenze tassabili rilevanti tra i redditi diversi, per le quali sarà data possibilità di affrancare i nuovi valori, troviamo anche i provvedimenti espropriativi realizzati per l'interesse pubblico, nonché i particolari casi connessi descritti di seguito.

Infatti, le somme indicate all'art. 11, commi da 5 a 8, della L. 30 dicembre 1991, n. 413, percepite a titolo di indennità di esproprio o ad altro titolo nel corso del procedimento espropriativo, oltre che a seguito di occupazione acquisitiva,[31] compresi gli interessi su tali somme e la rivalutazione, devono essere dichiarate a condizione che siano state corrisposte relativamente ad aree destinate alla realizzazione di opere pubbliche o di infrastrutture urbane all'interno di zone omogenee di tipo A, B, C e D, di cui al D.M. 2 aprile 1968,[32] definite dagli strumenti urbanistici, e di interventi di edilizia residenziale

disposizioni recate dall'art. 48 del Testo Unico delle disposizioni concernenti l'imposta di registro (approvato con D.P.R. n. 131 del 26 aprile 1986), applicando, in caso di usufrutto a vita, i coefficienti indicati nel prospetto allegato al medesimo Testo Unico". Inoltre, riguardo il particolare caso del "consolidamento dell'usufrutto in capo al nudo proprietario", si rimanda a quanto già chiarito al par. 2.1.

30. Ancora, cfr. Circ. Ag. Entrate n. 81 del 2002. Inoltre, sulle specifiche modalità di rivalutazione previste per il caso, si rimanda al paragrafo successivo.

31. Per la nozione di occupazione acquisitiva, deve farsi riferimento "all'espropriazione di fatto che si verifica quando la pubblica autorità, occupando illegittimamente un suolo privato e destinandolo irreversibilmente a realizzazioni di interesse pubblico, crea i presupposti per la emanazione di un provvedimento giudiziario che riconosce al privato una somma a titolo di risarcimento per la privazione del suolo stesso", così come indicato dalle Istruzioni al Modello Unico 2008, pag. 58.

32. Ad esclusione di quelle percepite in relazione all'esproprio di aree diverse da quelle indicate, quali quelle di tipo E ed F, indipendentemente dall'uso cui sono destinate. Per una completa disamina dell'*iter* normativo che ha stabilito l'esclusione ora descritta, si veda M. Leo, *Le Imposte sui Redditi nel Testo Unico*, tomo I, Milano, 2007, 1162 ss., il quale, a pag. 1164, chiarisce inoltre che per la corretta individuazione del momento nel quale si deve aver riguardo per la collocazione del terreno nelle zone omogenee citate al fine di stabilire l'assoggettabilità o meno a tassazione delle indennità ora in esame, "si deve far riferimento non all'emissione del decreto di esproprio, bensì all'inizio della procedura esecutiva (ad es. occupazione di pubblica utilità, ecc.). Pertanto, resta fermo che, ove un terreno venga espropriato a seguito dell'approvazione di una variante di piano per pubblica utilità, si deve avere riguardo alla nuova situazione del terreno stesso e non alla condizione precedente l'approvazione della variante, altrimenti il fine della disposizione risulterebbe facilmente eluso".

pubblica ed economica e popolare di cui alla L. 18 aprile 1962, n. 167, e successive modificazioni.

La Circolare Ag. Entrate n. 81 del 2002, punto 2.2, ha chiarito che tali importi devono essere assoggettati ad una ritenuta alla fonte "a titolo di imposta del 20 per cento, ferma restando per il contribuente la facoltà di optare per la tassazione secondo le regole di cui all'articolo 67, comma 1, lett. b), in sede di dichiarazione annuale dei redditi, nel qual caso la ritenuta si considera effettuata a titolo di acconto", in conformità a quanto indicato all'art. 11, comma 7, della L. n. 413 del 1991; come è stato osservato,[33] trovando conferma dagli atti parlamentari relativi alla norma, il riferimento all'opzione "per la tassazione ordinaria" è atecnico, poiché alla luce del comma 5, art. 11 della L. n. 413 del 1991, alle plusvalenze in commento si applicano le disposizioni dell'art. 67, del Tuir, relative alle cessioni di aree fabbricabili che sono assoggettate a tassazione separata, pertanto lo devono essere anche tali plusvalenze.

In linea con quanto detto fin'ora, si rileva che anche le indennità di occupazione diverse da quelle precedentemente trattate, come pure gli interessi dovuti sulle somme da cui derivano le plusvalenze anzidette, danno luogo a redditi diversi di cui all'art. 67 del Tuir.[34]

Infine, considerando la particolare modalità di tassazione delle indennità in questione, la medesima Circ. Agenzia delle entrate n. 81 del 2002 ha confermato l'applicabilità delle disposizioni sulla rivalutazione riguardo i terreni oggetto di provvedimenti ablatori, per i quali, in virtù dell'espresso rinvio operato dall'art. 11, L. n. 413 del 1991, all'articolo 67, comma 1, lett. *a)*, del Tuir, il valore dei terreni, rideterminato secondo le norme in tema di affrancamento dei valori, costituisce valore iniziale di acquisto anche nella determinazione della plusvalenza da esproprio nel caso in cui il contribuente voglia assoggettare tali redditi ai criteri previsti dalla richiamata norma in tema di redditi diversi.[35]

2.3 Le modalità di rivalutazione nelle diverse categorie di beni: a) le partecipazioni

Per rideterminare il costo o valore di acquisto di titoli, quote o diritti, l'art. 5, comma 1, della L. n. 448 del 2001, stabilisce che esso deve essere determinato in relazione al valore della corrispondente frazione del patrimonio netto della società, associazione o ente, riferito a tale data.

Tale valutazione, effettuata sulla base di una perizia di stima dell'intero patrimonio sociale, ferme restando le responsabilità di cui all'articolo 64 del codice di procedura civile, deve essere effettuata esclusivamente da soggetti iscritti all'albo dei dottori commercialisti, dei ragionieri e dei periti commerciali, come pure dagli iscritti all'albo dei revisori contabili.

Affinché i nuovi valori risultanti dalla perizia possano essere utilizzati agli effet-

33. Cfr. M. Leo, *Le Imposte sui Redditi nel Testo Unico*, op. cit., 1165.

34. Per contro, si precisa che non costituiscono plusvalenza le somme corrisposte a titolo di indennità di servitù poiché, in tal caso, il contribuente conserva la proprietà del bene, non potendosi quindi applicare la ritenuta di cui all'art. 11, comma 7, della citata L. n. 413 del 1991. Tale chiarimento, nonché ulteriori informazioni riguardo le indennità in questione, sono rilevabili dalla Circolare n. 194/E del 24 luglio 1998.

35. In tal caso, la circolare citata indica, riguardo l'imposta del 4 per cento di cui all'art. 7, L. n. 448 del 2001, che "il pagamento dell'imposta sostitutiva (...) non fa venir meno l'obbligo dell'ente erogante di operare la ritenuta del 20 per cento a titolo d'imposta sull'indennità di esproprio, ai sensi dell'art. 11 della citata legge n. 413 del 1991. Tale disposizioni, infatti, non è stata oggetto di modifiche a seguito dell'introduzione della normativa sulla rivalutazione dei terreni e, pertanto, continua a trovare piena applicazione nel sistema di tassazione delle indennità espropriative, basato, in primo luogo, sul prelievo diretto dell'ente erogante. La ritenuta subita sull'indennità può, ovviamente, essere indicata in sede di dichiarazione annuale dei redditi, nel quadro "RM", del modello di dichiarazione Unico, al fine di scomputarla dall'imposta dovuta o di chiederne il rimborso, costituendo, come detto, imposta versata a titolo di acconto".

ti della determinazione delle plusvalenze e minusvalenze di cui all'art. 67, comma 1, lett. *c)* e *c-bis)*, è altresì richiesto che tale perizia sia sottoposta a giuramento presso la cancelleria del tribunale, oppure presso gli uffici dei giudici di pace e notai.[36]

Guardando al termine per la redazione della perizia e la relativa asseverazione, si rende utile quanto indicato all'ultimo comma del medesimo art. 5, L. n. 448 del 2001, in cui si stabilisce che "per i titoli, le quote o i diritti non negoziati in mercati regolamentati (...) gli intermediari abilitati all'applicazione dell'imposta sostitutiva a norma degli articoli 6 e 7 del decreto legislativo 21 novembre 1997, n. 461 (...) tengono conto del nuovo valore, in luogo di quello del costo o del valore di acquisto, soltanto se prima della realizzazione delle plusvalenze e delle minusvalenze ricevono copia della perizia, unitamente ai dati identificativi dell'estensore della perizia stessa e al codice fiscale della società periziata".[37]

Specificando che il giuramento debba essere effettuato prima della cessione delle relative partecipazione solo nel caso in cui il contribuente abbia optato per l'applicazione dell'imposta sostitutiva prevista in caso di detenzione degli strumenti finanziari in regime di risparmio amministrato o di risparmio gestito di cui agli art. 6 e 7 del D.Lgs. n. 461 del 1997, nulla è disposto nei casi differenti.

Sulla questione, è intervenuta la Circ. Agenzia delle entrate n. 81/E del 2002, in cui, al punto 3.2, chiarisce che tale condizione non è necessaria per i contribuenti che determinano la predetta imposta sostitutiva in sede di presentazione della dichiarazione dei redditi. In quest'ultimo caso, infatti, la predisposizione ed il giuramento della perizia potranno essere effettuati anche successivamente, in ogni caso entro il del 30 giugno 2008, quale termine ultimo previsto anche per il pagamento dell'imposta sostitutiva *ex* art. 2, comma 2, D.l. n. 282 del 2002.

Detta imposta, equivale al 4 per cento del valore stimato se relativo a partecipazioni qualificate ai sensi dell'art. 67, comma 1, lett. *c)*, del Tuir, ossia che rappresentino, complessivamente, una percentuale di diritti di voto esercitabili nell'assemblea ordinaria superiore al 20 per cento o una partecipazione al capitale o al patrimonio superiore al 25 per cento, ovvero l'imposta sarà pari al 2 per cento del valore nel caso in cui, al 1 gennaio 2008, dette partecipazioni non risultino qualificate.

Riguardo la scelta dell'aliquota cui assoggettare i nuovi valori, è necessario sottolineare che è rilevante l'entità dell'intera partecipazione detenuta al 1 gennaio 2008, al di là della volontà del contribuente di procedere alla cessione totale o parziale della stessa, come pure della data del pagamento dell'imposta.[38]

Invero, sarà possibile per il detentore rideterminare il costo di una quantità di partecipazioni minore rispetto alla totalità in possesso, ma anche in questo caso la

36. Si veda la Circ. Ag. Entrate n. 81, del 6 novembre 2002, ove si ricorda "che alle predette valutazioni si applica la disposizione antielusiva contenuta nell'art. 37-*bis*, comma 3, lettera *f)*, del D.P.R. 29 settembre 1973, n. 600".

37. Facendo solo riferimento alla generica "presentazione della perizia", l'art. 5, comma 7, della L. n. 448 del 2001, tenendo conto dell'art. 2, comma 2, del D.l. 24 dicembre, n. 282, in cui si stabilisce che la redazione e giuramento della perizia devono essere fatti entro la data indicata del 30 giugno 2008, alcuni dubbi potrebbero sorgere riguardo al fatto che in caso di opzione per l'imposta sostitutiva di cui all'art. 6 e 7, D.Lgs. n. 461 del 1997, al fine di di rideterminare il costo o valore di acquisto delle partecipazioni fosse sufficiente la sola presentazione della relazione giurata di stima all'intermediario, ed il relativo giuramento potesse avvenire entro il successivo termine anzidetto. A proposito, si chiarisce che la validità della perizia è collegata alla relativa asseverazione, così come è stato chiarito dalla Circ. Ag. Entrate n. 12/E del 2002. Anche la successiva Circ. Ag. Entrate n. 81 del 2002, al punto 3.4, ha chiarito che gli intermediari abilitati che gestiscono o amministrano per contro del contribuente i titoli tengono "conto del nuovo valore in luogo del costo di acquisto, a condizione che il contribuente abbia preventivamente fornito allo stesso copia della perizia giurata (...)".

38. Cfr. Circ. Ag. Entrate n. 12/E del 2002, punto 5.

scelta dell'aliquota applicabile sarà condizionata dall'entità dell'intera partecipazione a tale data.[39]

L'importo dell'imposta sostitutiva, secondo l'art. 5, comma 3, l. n 448 del 2001, può essere rateizzato fino ad un massimo di tre rate annuali, con l'applicazione dell'interesse del 3 per cento annuo su quelle successive alla prima, decorrenti dalla data del 30 giugno 2008, quale data ultima prevista anche in occasione del versamento dell'imposta in un'unica soluzione.[40]

Inoltre, secondo il successivo comma 4, la perizia, unitamente ai dati identificativi del suo estensore ed al codice fiscale della società periziata, nonché alle ricevute di versamento dell'imposta sostitutiva, devono essere conservati dal contribuente ed esibiti o trasmessi a richiesta dell'Amministrazione finanziaria.

Stando al tenore letterale del comma 1, art. 5, L. n. 448 del 2001, condizione necessaria affinché i nuovi valori rideterminati assumano rilevanza ai fini della determinazione delle plusvalenze e minusvalenze è "che il predetto valore sia assoggettato ad una imposta sostitutiva".

A proposito, si rende necessario guardare al momento in cui la plusvalenza o minusvalenza derivante dalla cessione a titolo oneroso dei beni rivalutati assume rilevanza ai fini impositivi, in relazione a quando la relativa imposta diviene esigibile, al fine di comprendere il momento in cui il versamento dell'imposta sostitutiva si rende necessario in relazione ai diversi regimi detentivi di tali strumenti finanziari.

Guardando al caso più semplice, ossia quello della cessione plusvalente dei titoli considerati e detenuti dal contribuente in regime di dichiarazione, si nota come i maggiori valori emergenti dalla cessione a titolo oneroso degli stessi – determinati per differenza tra il corrispettivo ricevuto ed il costo di acquisto o valore (rideterminato) – diano luogo a materia imponibile cui sarà dato rilievo in sede di dichiarazione dei redditi del periodo d'imposta relativo, in un momento quindi successivo rispetto il termine ultimo di pagamento del 30 giugno 2008, così divenendo, i nuovi valori rideterminati dei titoli, fiscalmente rilevanti proprio grazie all'assolvimento dell'imposta sostitutiva come richiesto all'art. 5, comma 1, ultimo periodo della L. n. 448 del 2001.

Invero, nel caso in cui il contribuente si avvalga dell'ausilio di intermediari abilitati per il possesso dei titoli, avendo optato per il regime amministrato o gestito di cui ai rispettivi artt. 6 e 7, D.Lgs. n. 461 del 1997, esso subirà, sull'eventuale plusvalenza emergente dalla loro cessione a titolo oneroso, l'applicazione dell'imposta sostitutiva del 12,5 per cento prevista per tal regime, il cui obbligo tributario nato in occasione del realizzo dei titoli sarà assolta in via di sostituzione totale per mezzo della ritenuta effettuata dall'intermediario stesso.

Come detto, stante la riconoscibilità dei nuovi valori previo il pagamento dell'imposta sostitutiva, al fine di poter determinare detto plusvalore tenendo conto del nuovo costo di acquisto stabilito dalla perizia giurata di stima, è necessario che anche in tale ultimo caso il nuovo valore venga per c.d. affrancato – con il

39. Cfr. Circ. Ag. Entrate n. 81 del 2002, punto 3.3, ove ulteriormente si dice che "nel caso in cui il contribuente si avvalga del regime impositivo di cui all'art. 5 del D.Lgs. n. 461 del 1997 (regime dichiarativo), qualora i titoli, le quote o i diritti siano stati acquistati in epoche diverse, per individuare quelli per i quali è stato rideterminato il costo o il valore di acquisto si devono considerare valorizzati i titoli, le quote o i diritti acquisiti per ultimi".

40. Riguardo all'imposta sostitutiva di cui si intende procedere d'insieme nel versamento relativo a più beni dello stesso tipo che il contribuente ha rivalutato, la Circ. Ag. Entrate n. 81 del 2002 citata indica che "l'imposta complessivamente dovuta può essere corrisposta anche attraverso un versamento cumulativo. In tal caso, è comunque necessario che il versamento in tal modo effettuato sia riconducibile a ciascun valore delle partecipazioni, quote o diritti determinato in base alle relative perizie giurate di stima".

versamento dell'imposta del 4, o del 2 per cento – in un momento precedente alla cessione dei titoli stessi, poiché momento in cui si rende necessaria l'assunzione – e l'utilizzabilità, che ne è lo scopo – dei nuovi valori ai fini del calcolo dell'imposta relativa.

La necessità di assolvere l'imposta sostitutiva indicata all'art. 5, comma 2, L. n. 448 del 2001, in un momento differente in relazione alle diverse tipologie di beni considerate, si può riassumere nel senso che l'imposta necessaria per affrancare i valori deve essere sì versata entro il termine ultimo del 30 giugno 2008, ma comunque prima del momento in cui l'imposta relativa alla plusvalenza emergente dalla cessione dei titoli si rende esigibile per il contribuente, sia essa assolta mediante autoliquidazione, che a titolo di sostituzione d'imposta.

Pertanto, il termine del 30 giugno 2008 indicato deve essere considerato da coloro che si avvalgono del regime di dichiarazione[41] *ex* art. 5, del D.Lgs. n. 461 del 1997, ma non anche da coloro che si avvalgono del regime amministrato o regime gestito di cui ai successivi artt. 6 e 7 del medesimo decreto, in quanto per essi il pagamento dell'imposta sostitutiva deve comunque essere effettuato prima della loro cessione a titolo oneroso, in maniera tale da poter tenere conto dei nuovi valori.

Tale coerenza sistematica risulta essere confermata dalla stessa Amministrazione finanziaria, ove nei chiarimenti forniti alla Circolare Ag. Entrate del 6 novembre 2002, n. 81/E, sostiene che qualora i contribuenti abbiano optato per l'applicazione dell'imposta sostitutiva sui redditi di natura finanziaria ai sensi degli articoli 6 e 7, D.Lgs. n. 461 del 1997, tramite un intermediario abilitato, quest'ultimo, al fine di tener conto del nuovo valore in luogo del costo di acquisto, oltre ad avere cura, come detto, della copia della perizia giurata fornita dal contribuente unitamente ai dati dell'estensore della stessa ed al codice fiscale della società periziata, deve altresì acquisire la copia del modello di versamento dell'intero importo dell'imposta o di ciascuna rata effettuato dal contribuente,[42] al fine di poter utilizzare i nuovi valori rideterminati ai sensi dell'ultimo periodo, comma 1, art. 5, L. n. 488 del 2001,[43] così presupponendo il previo pagamento dell'imposta.

41. In tal caso, la Circ. Ag. Entrate n. 81 del 2002, indica che "il valore assunto a riferimento per l'applicazione dell'imposta sostitutiva del 2 o 4 per cento, nonché i dati relativi ai versamenti dell'imposta, devono essere indicati dal contribuente nella dichiarazione dei redditi. Inoltre, si ricorda che in quest'ultimo caso, sussistono gli obblighi di comunicazione all'Amministrazione finanziaria da parte dell'intermediario che interviene nell'operazione di cessione della partecipazione, quota o diritto, ai sensi dell'articolo 10 del citato D.Lgs. n. 461 del 1997".

42. Si veda la Circ. Ag. Entrate n. 12/E del 2002, in cui si indica che il pagamento dell'imposta sostitutiva necessaria per l'affrancamento dei valori può essere effettuato solamente ad opera del soggetto interessato poiché "(...) non è previsto dall'articolo 5 in commento che l'intermediario possa procedere, su incarico del contribuente, alla liquidazione e versamento dell'imposta sostitutiva".

43. In tal senso, il chiarimento risulta differente rispetto quanto sostenuto in precedenza nella Circ. Ag. Entrate del 31 gennaio 2002, n. 12/E, ove sulla questione esprimeva una diversa opinione, poiché inizialmente sosteneva che il termine utile per l'assolvimento dell'imposta sostitutiva (ora, 30 giugno 2008) doveva essere ritenuto valido anche per coloro che per mezzo degli intermediari abilitati applicano il regime *ex* artt. 6 e 7 del D.Lgs. n. 461 del 1997, i quali già avrebbero potuto tener conto del nuovo valore se prima della realizzazione delle plusvalenze e delle minusvalenze avessero ricevuto copia della sola perizia, unitamente ai dati identificativi del suo estensore e al codice fiscale della società periziata (senza menzione, quindi, delle ricevute dei pagamenti dell'imposta richiesti dalla successiva Circ. Ag. Entrate n. 81 del 2002).

Difatti, dicendo che si può "utilizzare in ogni caso il costo rivalutato, anche se l'imposta sostitutiva dovuta non sia stata ancora versata, sempre che la cessione sia stata effettuata in data successiva a quella di redazione della perizia giurata di stima", nell'interpretazione derogava al dettato previsto all'ultimo periodo del comma 1, del medesimo art. 5, ove si indica chiaramente che agli effetti della determinazione delle plusvalenze e minusvalenze, il valore rideterminato assume rilevanza "a condizione che (...) sia assoggettato all'imposta sostitutiva".

I nuovi valori affrancati saranno utilizzati in occasione del realizzo delle plusvalenze di cui all'art. 67, comma 1, lett. *c)* e *c-bis)* del Tuir, quale nuovo costo o valore di acquisto rilevante ai fini del relativo calcolo, fermo restando quanto stabilito dal comma 6, art. 5, L. n. 448 del 2001, in cui si dice che tale assunzione non consente il realizzo di minusvalenze utilizzabili ai sensi dei commi 3 e 4, dell'art. 68, del citato Testo unico delle imposte sui redditi.

Come chiarito dall'Amministrazione nella Circolare Ag. Entrate n. 12/E del 2002, "tale assunto sta a significare che, in occasione delle successive cessioni delle partecipazioni rivalutate, il confronto tra il corrispettivo di vendita e il valore di perizia non può dar luogo a minusvalenze fiscalmente rilevanti. Pertanto, l'assunzione del valore delle partecipazioni alla data del 1 gennaio 2008 (nuovo termine) *non può tradursi nell'utilizzo di successive minusvalenze che avrebbero consentito al contribuente di abbattere, fino a concorrenza, le plusvalenze effettivamente realizzate nei periodi d'imposta successivi (ma non oltre il quarto)*".

Stando all'ordinaria regola, la determinazione della plusvalenza da calcolarsi su tali beni, a norma dell'art. 68, comma 6, del Tuir, deve compiersi raffrontando il corrispettivo percepito, ovvero la somma od il valore normale dei beni rimborsati, con il costo o valore di acquisto, aumentato di ogni costo inerente alla loro produzione, compresa l'imposta di successione e donazione, con esclusione degli interessi passivi.

Nel caso di specie, quando si sia proceduto all'affrancamento dei valori a norma del provvedimento ora in esame, tale regola non è più applicabile.

Difatti, a tal fine si terrà conto del nuovo costo o valore di acquisto rideterminato, senza però la possibilità di operare la capitalizzazione dei costi inerenti sostenuti all'acquisto dei titoli, così come neppure l'eventuale imposta di successione e donazione[44] assolta.

Ai sensi del comma 5, art. 5, L. n. 448 del 2001, assumeranno infatti rilevanza solamente i soli costi sostenuti per la redazione della perizia giurata di stima nel caso in cui questa sia stata predisposta per conto di tutti o di alcuni dei possessori dei titoli alla data del 1 gennaio 2008, che rileveranno in proporzione a quanto effettivamente sostenuto da ciascuno di essi. Per contro, nel caso in cui la relazione sia stata approntata per conto della società od ente nel quale la partecipazione è posseduta, il cui costo sarà deducibile – senza possibilità di diversa opzione – nell'esercizio in cui è stata sostenuta e nei quattro successivi.

Inoltre, si rammenta che ai sensi dell'articolo 9, comma 5, del Tuir, le disposizioni relative alle cessioni a titolo oneroso si applicano anche agli atti che importano la costituzione o il trasferimento di diritti reali di godimento e ai conferimenti in società.

Infine, si sottolinea che i nuovi valori non rilevano per la determinazione dei redditi di capitale con riferimento alla fattispecie del "recesso del socio" di società di capitali.

Tale operazione si connota di due differenti modalità di attuazione, avvenendo infatti sia con l'annullamento delle azioni o quote del socio da parte della società, così come pure attraverso il loro acquisto da parte degli altri soci.[45]

La prima forma, quella del c.d. "recesso tipico", investe l'ambito applicativo dei redditi di capitale[46] poiché ricompreso nelle fattispecie di cui all'art. 47, comma 7, del Tuir.

44. Circ. Ag. Entrate del 13 marzo 2006, n. 10/E, in cui al punto n. 17, a chiare lettere l'Amministrazione finanziaria si esprime in tal senso.

45. A proposito, si veda la recente Risoluzione Agenzia delle Entrate del 25 febbraio 2008, n. 64/E.

46. Si veda, a tal proposito, quanto chiarito dall'Amministrazione finanziaria nella Circ. Ag. Entrate del 16 giugno 2004, n. 26/E, punto 3.1.

Pertanto, non è possibile utilizzare i nuovi valori affrancati visto che le somme o il valore normale dei beni ricevuti dai soci in caso di recesso, di esclusione, di riscatto e di riduzione del capitale esuberante o di liquidazione, anche concorsuale, delle società ed enti costituisce utile per la parte che eccede il prezzo pagato per l'acquisto o la sottoscrizione delle azioni o quote annullate,[47] compresa anche la parte di tali eccedenze che deriva da riserve di capitale.[48]

Per contro, la seconda modalità attraverso la quale avviene, di fatto, il recesso del socio dalla società è quella del "recesso atipico", che realizzandosi grazie alla cessione delle quote agli altri soci in proporzione alla loro partecipazione, ovvero ad un terzo soggetto individuato di comune accordo dai soci medesimi *ex* art. 2473, comma 4, del codice civile, configura invece un'ipotesi inquadrata nell'ambito degli atti produttivi di redditi diversi di natura finanziaria. Pertanto, sempre che si tratti di cessioni a titolo oneroso,[49] per la determinazione si potrà tener conto dei nuovi valori determinati ai sensi dell'art. 5, L. n. 448 del 2001.

Allo stesso modo, si potrà tener conto dei valori rideterminati nei casi di recesso atipico di socio (persona fisica) di società di persone.

Diversamente, i nuovi valori non rileveranno nei casi in cui il recesso avvenga con la modalità c.d. tipica, in quanto *ex* art. 20-*bis*, del Tuir, i redditi compresi nelle somme attribuite o nei beni assegnati al socio, determinati *ex* art. 47, comma 7, vengono espressamente considerati redditi da partecipazione, ovvero redditi d'impresa.

2.3.1 ... (segue): *b) dei terreni agricoli e delle aree edificabili*

In linea con la categoria di beni appena affrontata, anche per la rideterminazione del costo o valore di acquisto dei terreni edificabili e con destinazione agricola posseduti alla data del 1 gennaio 2008, l'art. 7, comma 1, L. n. 448 del 2001, stabilisce che il valore a tale data deve essere determinato sulla base di una perizia di stima,[50] redatta da soggetti competenti in materia urbanistica, individuati tra gli iscritti agli albi degli ingegneri, degli architetti, dei geometri, dei dottori agronomi, degli agrotecnici, dei periti agrari e dei periti industriali edili.

Anche la relazione di stima effettuata per la rideterminazione del costo di tali beni deve essere asseverata con le stesse modalità da prima viste, entro il termine del 30 giugno 2008, ovvero, prima della cessione, nel caso in cui il contribuente voglia cedere il bene prima della data indicata,[51] visto che essa è funzionale alla determinazione delle imposte indirette applicabili al trasferimento poiché, *ex* art. 7, comma 6, l. n. 448 del 2001, il nuovo costo rappresenta il valore minimo di riferimento anche ai fini dell'imposta di registro e dell'imposta ipotecaria e catastale.

La perizia così giurata dovrà infatti essere allegata all'atto di vendita del terreno agricolo o dell'area edificabile, come pure ai sensi del successivo comma 4, del medesimo art. 7, dovrà essere conservata dal contribuente unitamente ai dati identificativi del suo estensore, nonché alle ricevute di versamento dell'imposta sostitutiva al fine di agevolare l'Amministrazione finanziaria nell'eventuale fase di controllo esibendo o trasmettendo la documentazione su richiesta.

47. Cfr. la Circ. Ag. Entrate del 22 aprile 2005, n. 16/E e la successiva Circ. Ag. Entrate del 16 marzo 2005, n. 10/E, punto 6.7.

48. Su tale ultimo particolare, si veda la Circ. Ag. Entrate n. 26/E del 2004, punto 3.1.

49. Cfr. Circ. Ag. Entrate n. 26/E del 2004 *cit.*

50. L'operazione è soggetta all'articolo 64 del codice di procedura civile.

51. Cfr. Circ. Ag. Entrate del 1 febbraio 2002, n. 15/E.

In ogni caso, il termine indicato rileva ai fini del versamento dell'imposta sostitutiva del 4 per cento, sia essa pagata in un'unica soluzione, come pure in tre (massimo) rate annuali, da pagarsi entro la medesima data indicata.[52] In caso di comproprietà del terreno o dell'area, il versamento dovrà essere effettuato da ciascun comproprietario con riferimento alla propria quota.[53]

La Circolare Ag. Entrate n. 81/E del 2002 più volte citata, al punto 2.5, rileva come da più parti sia stata rappresentata la difficoltà di ricollegare il versamento eseguito alla singola operazione di rideterminazione dei valori, nelle ipotesi in cui il contribuente intenda avvalersi della rivalutazione con riguardo ad una pluralità di aree o terreni, accordando la possibilità di effettuale un unico versamento cumulativo alla fatto che questo sia riconducibile al valore attribuito a ciascuna delle aree o terreni. Pertanto, in sede di presentazione della dichiarazione dei redditi relativa al periodo d'imposta 2008, si dovrà indicare il valore di ciascuna area o terreno alla data del 1 gennaio 2008, così come risultante dalla relativa perizia giurata di stima, in modo tale da consentire all'Agenzia di associare i versamenti a ciascun bene oggetto di rivalutazione così da poter riconoscere l'agevolazione con esclusivo riguardo alle plusvalenze originate da beni per i quali sia stata effettivamente assolta l'imposta sostitutiva.

Difatti, in linea con quanto già sostenuto, anche riguardo i terreni agricoli e le aree fabbricabili, il *primo* comma dell'art. 7, L. n. 448 del 2001, vincola la rilevanza fiscale dei nuovi valori al pagamento dell'imposta sostitutiva, ai fini del calcolo dell'eventuale plusvalenza con le modalità di cui all'art. 68 del Tuir, cui dare rilievo in dichiarazione.

52. Ai sensi dell'art. 7, L. n. 448 del 2001, comma 3, sull'importo delle rate successive alla prima sono dovuti gli interessi nella misura del 3 per cento annuo, da versarsi contestualmente a ciascuna rata.

53. Cfr. Circ. Ag. Entrate n. 81 del 2002.

A tal fine, si rammenta che la Circ. Ag. Entrate n. 10/E del 2006, per i beni il cui valore sia stato affrancato, in sede di determinazione della plusvalenza non vi sarà alcuna possibilità di tener conto dei costi inerenti al suo acquisto, come neppure dell'eventuale imposta di successione o donazione assolta, ma solo del costo della relazione giurata di stima "nella misura in cui sia stato effettivamente sostenuto e sia rimasto a carico" *ex* comma 5, dell'art. 7 della L. n. 448 del 2001.

3. I "nuovi valori" d'acquisto dei terreni agricoli e delle aree fabbricabili e gli effetti sulle imposte di registro, ipotecarie e catastali

Ai sensi dell'art. 7, comma 6, della Legge n. 448 del 2001, il valore attribuito ai terreni dalla perizia di stima giurata assoggettato ad imposta sostitutiva "costituisce valore minimo di riferimento ai fini delle imposte sui redditi, dell'imposta di registro e delle imposte ipotecarie e catastali".

Pertanto, al fine di consentire all'Amministrazione fiscale il riscontro della corrispondenza tra valore periziato e valore dichiarato il venditore dovrà darne rilevanza nell'atto di vendita al fine di permetterne la rettifica da parte dell'Ufficio.

Di fatti, si ricorda che l'art. 52, D.P.R. 26 aprile 1986, n. 131, stabilisce criteri di rettifica del valore dichiarato che rilevano in maniera diversa rispetto i terreni con destinazione edificatoria ovvero altra destinazione.

In particolare, l'art. 52 citato, comma 4, stabilisce infatti che l'Ufficio non può intervenire per la ripresa del valore del terreno trasferito nel caso in cui questo non sia stato "dichiarato in misura inferiore" a quello determinato su base catastale, sempre che non si tratti di terreni edificabili.

In ogni caso, quando oggetto di trasferimento siano terreni con destinazione diversa da quella edificatoria già rivalutati in base all'art. 7, L. n. 448 del 2001, anche se il valore dichiarato nell'atto sia uguale o superiore a quello calcolato su base catastale l'Ufficio potrà procedere alla rettifica nei casi in cui il contribuente dichiari un valore inferiore a quello affrancato, visto che ai sensi del comma 6, del medesimo art. 7, esso rileva quale "valore normale minimo di riferimento ai fini (...) dell'imposta di registro e dell'imposta ipotecaria e catastale".

Diversamente, nei trasferimenti di terreni suscettibili di utilizzazione edificatoria, l'Amministrazione potrà sempre procedere alla rettifica del valore dichiarato nei casi in cui ritenga che il loro valore venale sia superiore[54] fermo restando, quale valore minimo di riferimento, quello rideterminato ai sensi del comma 1, art. 7, L. n. 448 del 2001.

Ricordando che il valore attribuito dalla perizia ai terreni tiene conto delle condizioni urbanistiche, geologiche, etc., al momento della valutazione, è perciò verosimile che il contribuente decida discostarsi da tale valore qualora siano intervenuti fatti naturali, ovvero variazioni della qualificazione urbanistica di tali cespiti, che non lo rendano più attuale.

A tal fine, la Circolare dell'Agenzia delle Entrate n. 15/E del 2002 ha chiarito che per l'imposizione indiretta si dovrà far riferimento alle regole di determinazione della base imponibile dettate dalle singole leggi d'imposta, e per il calcolo della plusvalenza, al fine di stabilire il costo o valore iniziale del terreno, torneranno applicabili gli ordinari criteri di cui all'art. 82 del Tuir.[55]

Tale criterio interpretativo fornito dalla circolare richiamata è basato sulla considerazione di carattere antielusivo della norma, per la quale si impone una coerenza nella valutazione economica dei beni sia ai fini delle imposte sul reddito (per la determinazione della plusvalenza) che per le imposte indirette sui trasferimenti.[56]

Infine, si rileva come già l'Amministrazione fiscale ha correttamente chiarito che tale disposizione antielusiva non ha ragione di operare riguardo le imposte di registro, ipotecarie e catastali derivanti dai trasferimenti avvenuti in forza delle leggi in tema di procedimenti di espropriazioni di cui al D.Lgs. 27 dicembre 2002, n. 302, e successive modificazioni, visto che la relativa indennità è solitamente determinata in misura inferiore al valore venale di mercato, quindi in misura senz'altro inferiore a quello rideterminato, fermo restando che continua a rilevare ai fini della determinazione dell'eventuale plusvalenza.

4. Le vicende dei beni acquisiti per successione o donazione

Per quanto riguarda la possibilità, per l'erede o il donatario, di usufruire delle disposizioni sull'affrancamento dei valori dei titoli e partecipazioni, come pure dei terreni agricoli ed aree edificabili ricevute per successione o donazione, bisogna ricordare che le norme richiedono la sussistenza del possesso, in capo al soggetto che intende operare la rivalutazione, alla data del 1 gennaio 2008.

Difatti, nel caso delle partecipazioni, quando l'erede o il donatario entrino in possesso dei beni in un momento successivo a tale data, non avranno la possibilità di procedere alla loro rivalutazione visto che detti eventi sono inidonei a far retroagire gli effetti traslativi alla data di acquisto da parte del *de cuius* o del donante;[57] per contro, essi ne avranno la possibilità quando la successione o la donazione avvengano prima della data di verifica del possesso.

54. Per valore venale, s'intende quello indicato all'art. 51, comma 2, del Testo unico dell'imposta di registro.

55. Concetto peraltro ribadito alla successiva Circ. Ag. Entrate n. 81 del 2002.

56. In tal senso, cfr. Circ. Ag. Entrate del 4 agosto 2004, n. 35/E, punto 5.

57. Cfr. Circ. Ag. Entrate n. 12/E del 2002.

Nei casi di successione, per determinare le plusvalenze sui titoli o quote oggetto del provvedimento, si deve guardare all'art. 68, comma 6, in cui si stabilisce che "(...) si assume come costo il valore definito o, in mancanza, quello dichiarato agli effetti dell'imposta di successione, nonché, per i titoli esenti da tale imposta, il valore normale alla data di apertura della successione".

Stando alla recente Ris. Agenzia delle entrate 17 aprile 2008, n. 158/E, "nel caso di successioni aperte dal 3 ottobre 2006, vale a dire dalla data di entrata in vigore delle disposizioni che hanno reintrodotto l'imposta sulle successioni", gli eredi dovranno assumere, quale costo fiscalmente riconosciuto del titolo, "il valore delle partecipazioni determinato e, quindi, quello indicato nella dichiarazione di successione, secondo le modalità dettate dall'art. 16", del D.Lgs. 31 ottobre 1990, n. 346, in cui si stabilisce che, per determinare il valore delle azioni, titoli, o quote di partecipazione al capitale di enti diversi dalle società, non quotati, si tiene conto del valore corrispondente alla frazione del patrimonio netto risultante dall'ultimo bilancio pubblicato, o dall'ultimo inventario vidimato, tenendo conto dei mutamenti intervenuti nei valori fino alla data di apertura della successione.

Infatti, la recente Circolare dell'Agenzia delle Entrate 19 febbraio 2008, n. 12/E, ha chiarito che "non trovano più applicazione le indicazioni fornite con la circolare 18 ottobre 2001, n. 91/E", riferite al periodo in cui l'imposta di successione non era più in vigente, "in base alla quale, in assenza di dichiarazione di successione occorreva assumere ai fini dell'articolo 68 del Tuir il costo sostenuto dal *de cuius*", visto che con la reintroduzione dell'imposta sulle successioni e donazioni si torna alla situazione precedente la legge 18 ottobre 2001, n. 383, che ne aveva disposto la soppressione.

Inoltre, vi si chiarisce che le disposizioni del citato art. 16, D.Lgs. n. 346 del 1990, rilevano in sede di dichiarazione anche in presenza di franchigie che possano annullare o ridurre l'imponibile; per contro, si dice che "al valore normale delle partecipazioni occorre, invece, far diretto riferimento nell'eventualità che le stesse siano esentate dall'imposta di successione ai sensi dell'art. 3, comma 4-ter, del Tus".

Alla luce di ciò, stante l'irrilevanza delle eventuali rivalutazioni operate dal *de cuius*, l'applicazione dell'art. 5, L. n. 448, del 2001, troverà utilità solo quando, soddisfatto il requisito del possesso al 1 gennaio 2008, nel lasso temporale intervenuto tra la data d'effetto della successione ed il momento in cui s'intendono rivalutare detti beni, questi abbiano subito un incremento di valore tale da giustificare l'operazione.

Analoga valutazione dovrà farsi nel caso in cui si ricevano titoli e partecipazioni di cui all'art. 67, comma 1, lett. *c)* e *c-bis)*, del Tuir, per effetto di donazioni *inter vivos* avvenute prima del 1 gennaio 2008, per le quali, ai sensi dell'art. 68, comma 6, si dovrà sempre assumere il costo fiscalmente rilevante che avevano in capo al donante.

Per contro, alle medesime condizioni, per il donatario, o un suo avente causa a titolo gratuito, potrebbe essere utile procedere alla rivalutazione nel caso in cui abbiano ricevuto titoli rientranti nell'ambito applicativo dell'imposta sostitutiva di cui all'art. 5, del D.Lgs. n. 461 del 1997.

Stando all'art. 16, comma 1, della legge 18 ottobre 2001, n. 383, tali soggetti, qualora cedano i titoli stessi entro i successivi cinque anni, sono tenuti al pagamento dell'imposta sostitutiva come se la donazione non fosse avvenuta.

Stando al chiarimento fornito dalla Circolare Agenzia delle Entrate del 18 ottobre 2001, n. 91/E, "il beneficiario è tenuto a determinare il reddito diverso di natura finanziaria con gli stessi criteri che avrebbe dovuto seguire il donante, anche per quanto attiene all'individuazione dell'entità della partecipazione trasferita e, quindi, per stabilire se la stessa costituisce una partecipazione qualificata o non qualificata".

Quindi, colui che intenderà rivalutare il valore di questi titoli, dovrà aver cura di individuare la corretta aliquota corrispondente all'entità detenuta in capo al dante causa, ciò a maggior ragione se la partecipazione era di tipo qualificato e, per effetto della liberalità, i riceventi acquisiscano una percentuale inferiore, dovendo comunque corrispondere un'imposta pari al 4 per cento del valore rideterminato.[58]

La valutazione di convenienza sopra esposta dev'essere fatta anche in ordine ai terreni edificabili, non interessati da interventi di lottizzazione, ricevuti per successione o atto di donazione.

L'articolo 68, comma 2, del Tuir, dispone infatti che la plusvalenza realizzata a seguito della loro vendita si determina assumendo come prezzo d'acquisto il valore "dichiarato nelle relative denuncie o atti registrati (...), aumentato di ogni altro costo successivo inerente, nonché dell'imposta comunale sull'incremento di valore degli immobili e di successione".

Pertanto, il valore fiscalmente riconosciuto il capo all'avente causa sarà quello risultante dalla dichiarazione di successione,[59] *ex* art. 28, D.Lgs. n. 346 del 1990, se il terreno è stato acquisito per *mortis causa*, ovvero dall'atto pubblico da sottoporre a registrazione se ricevuto per atto *inter vivos*, a nulla rilevando il costo rideterminato dal dante causa per effetto delle disposizioni di cui alla L. n. 448 del 2001.

58. In tal senso, cfr. Circ. Ag. Entrate n. 35/E del 2004, punto 4.

59. Si segnala, come chiarito dalla Circ. Ag. Entrate n. 81 del 2002, che in applicazione della Sentenza della Corte Costituzionale del 9 luglio 2002, n. 328, è possibile rivalutare sulla base della variazione dell'indice Istat il valore iniziale dei terreni acquisiti per successione o donazione indicato negli atti indicati, da assumere quale termine di raffronto per determinare la plusvalenza tassabile.

Pertanto, come chiarito dalla Circolare Ag. Entrate n. 81/E del 2002, punto 2.4, se il valore rideterminato dal *de cuius* o dal donante sia utilizzato dall'erede o dal donatario per la determinazione delle imposte indirette, "il medesimo valore, sempreché non rideterminato in sede di accertamento o liquidazione, costituirà valore iniziale, ai sensi del richiamato art. 68, comma 2, per il calcolo della plusvalenza".

Diversamente, guardando al caso in cui si ricevano in donazione terreni agricoli, si ricorda che daranno luogo a plusvalenze imponibili solo se ceduti nel quinquennio successivo.

Ai fini del calcolo della plusvalenza, *ex* art. 68, comma 1, ultimo periodo, si dovrà tener conto del costo d'acquisto sostenuto dal donante, che pur se derivante da precedente affrancamento, avrà comunque effetti sul *dante causa*, il quale, integrando il possesso al 1 gennaio 2008, potrà a sua volta rivalutarlo ove ne ravvisi l'utilità.

5. I beni già rivalutati in base alle precedenti disposizioni sull'affrancamento

Come visto in principio, l'Amministrazione finanziaria ha chiarito che l'art. 2, comma 2, del D.l. n. 282 del 2002, non deve essere inteso quale proroga dei termini previsti agli artt. 5 e 7 della L. n. 448 del 2001.[60]

Pertanto, è data la possibilità a quanti abbiano precedentemente usufruito delle disposizioni sull'affrancamento di rideterminare nuovamente il costo o valore di acquisto del beni considerati procedendo alla redazione di una nuova perizia giurata di stima, da asseverare entro i nuovi termini e modalità indicate ai rispettivi artt. 5 e 7

60. Cfr. Circ. Ag. Entrate n. 27/E del 2003.

del provvedimento, nonché procedendo al versamento dell'imposta sostitutiva commisurata ai nuovi valori esposti.

Riguardo l'imposta già versata in occasione delle rivalutazioni già effettuate, il contribuente potrà chiedere il rimborso ai sensi dell'art. 38 del D.P.R. 29 settembre 1973, n. 602, nel termine di 48 mesi dalla data di effettuazione del pagamento tenendo conto, per il decorso dei termini, che il pagamento dell'imposta sostitutiva (o della prima rata annuale) era stabilito – dalla precedente versione del provvedimento – al 30 giugno 2006.

Nel caso in cui, invece, il soggetto si sia avvalso della possibilità di rateizzare l'imposta, ferma restando la possibilità di chiedere il rimborso delle rate già pagate, il pagamento dell'eventuale ultima rata relativa al 2008 non è dovuto.[61]

61. Cfr. Circ. Ag. Entrate n. 16/E del 2005.

CADERNOS DE DIREITO TRIBUTÁRIO

TRIBUTAÇÃO SOBRE A PRESTAÇÃO DE SERVIÇOS INTELECTUAIS

JULIO CESAR PEREIRA

Mestrando em Direito Econômico e Financeiro pela Universidade de São Paulo – USP. Advogado em São Paulo

1. Descrição do cenário e delimitação do objeto. 2. O art. 129 da Lei n. 11.196, de 21 de novembro de 2005. 3. Transcendência e separação patrimonial da entidade jurídica. 4. Pessoa jurídica unipessoal, realidade social e realidade jurídica: manobras. 5. O caráter "personalíssimo" presente no contrato civil de prestação de serviços. 6. Elusão "versus" nulidade. 7. Da intelecção. 8. O regime jurídico da prestação de serviços intelectuais: a) Pessoa física – Contrato de trabalho; b) Profissional autônomo prestador de serviço; c) Pessoa jurídica prestadora de serviço. 9. A farsa da "permissão legal" e os princípios da isonomia e capacidade contributiva. 10. A retroatividade da norma interpretativa. Referências bibliográficas.

Et ce qu'on aura su fléchira-t-il un juge
Qui ne regardera que ce qu'on aura fait?
(Pierre Corneille)

1. Descrição do cenário e delimitação do objeto

Diante da ventania provocada pelas novas regras do ordenamento jurídico brasileiro, é bastante árdua a tarefa de examinar os aspectos fiscais e previdenciários que circundam a prestação de serviços intelectuais, sem que se avance sobre questões relativas ao Direito do Trabalho e, num plano mais geral, sobre problemas de ordem social no Brasil.

Desde o último bimestre de 2005, quando foi publicada a Lei n. 11.196, resultado de conversão da Medida Provisória n. 255, de 1.7.2005, muito se tem alardeado acerca das conseqüências diretas das alterações trazidas no bojo da referida lei no volume de arrecadação de impostos e contribuições, bem como se tem vaticinado gravíssimo impacto nas relações trabalhistas, decorrente de certo embuste designado de "pejorização do trabalhador".

Pela imersão na análise do tema, percebe-se, claramente, entre os contendores um pesadíssimo ranço de luta de classes, o que perturba a tarefa de sistematização das regras de direito positivo que, por si só, poderiam abrir uma picada em meio à nebulosidade. De um lado, os "vanguardistas", assim batizados por Nelson Mannrich,[1] louvando as alterações legislativas como a panacéia geral, hasteiam a bandeira da "flexibilização das relações trabalhistas", enxergando invariavelmente nos direitos sociais um estorvo abominável. Do outro, os "conservadores" arvoram o próprio apocalipse, aludindo à chamada "precarização do trabalho", certos de que as inovações normativas visam legitimar a fraude trabalhista e precipitar, numa queda brusca, obrigações tributárias e previdenciárias.

O objetivo do presente trabalho é o de desmistificar tanto a panacéia quanto o apocalipse, propostas pelas duas pontas do cabo de guerra, buscando no próprio texto do direito positivo o real alcance e natureza das normas introduzidas pela Lei n. 11.196/2005, bem como os mecanismos possíveis de funcionamento dos quais decorrem os três regimes de tributação do prestador de serviços intelectuais.

2. O art. 129 da Lei n. 11.196, de 21 de novembro de 2005

Após perder eficácia, por não ter sido aprovada a tempo pelo Congresso Nacional, a Medida Provisória n. 252, de 16.6.2005, afamada "MP do Bem", que trazia em seu bojo extenso rol de benesses relativas a diversos tributos, tais quais PIS, Cofins, CIDE, CSLL, IRPF, IRPJ, IPI, além de promover incentivos regionais e introduzir alterações no regime das microempresas e empresas de pequeno porte e no processo administrativo tributário federal, teve o seu conteúdo caduco enxertado na exígua muda de outra Medida Provisória, a MP n. 255, de 1.7.2005. Dessa forma, a MP n. 255, que originalmente possuía três artigos, por meio do Projeto de Lei de Conversão n. 28/2005, medrou, desatenta ao princípio da especificidade estatuído no § 6º, do art. 150, da Constituição Federal, dando origem aos cento e trinta dispositivos da frondosa Lei n. 11.196, de 21 de novembro de 2005.

Imediatamente um dos dispositivos chamou a atenção de todos. Falamos do art. 129, que tem provocado belicosos ataques, creia-se, de todas as direções. O artigo, resultado da forte pressão de empresas do setor de comunicação e informática, visa, em suma, regularizar a fiscalização da prestação de serviços intelectuais, conforme abaixo transcrito:

> Art. 129. Para fins fiscais e previdenciários, a prestação de serviços intelectuais, inclusive os de natureza científica, artística ou cultural, em caráter personalíssimo ou não, com ou sem a designação de quaisquer obrigações a sócios ou empregados da sociedade prestadora de serviços, quando por esta realizada, se sujeita tão-somente à legislação aplicável às pessoas jurídicas, sem prejuízo da observância do disposto no art. 50 da Lei n. 10.406, de 10 de janeiro de 2002 – Código Civil.

Pela redação original da MP n. 255/2005 aprovada pelo Congresso Nacional, constava do artigo supracitado um parágrafo único que assim dispunha: "O disposto neste artigo não se aplica quando configurada relação de emprego entre o prestador de serviço e a pessoa jurídica contratante, em virtude de sentença judicial definitiva decorrente de reclamação trabalhista". O texto foi vetado pelo Presidente da República sob o fundamento de que *as legislações tributária e previdenciária, para incidirem sobre o fato gerador cominado em lei, independem da existência de relação trabalhista entre o tomador do serviço e o prestador do serviço*, e completa dizendo que *a condicionante da ocorrência do fato gerador à existência de sentença judicial trabalhista definitiva não atende ao princípio da razoabilidade*.[2] A nosso ver, o veto priorizou a otimização da atividade dos fiscais, obstando a exigência

1. "Contratação de serviços intelectuais por meio de pessoa jurídica: mitos e realidades", in *Revista do Advogado*, p. 57.

2. Razões do veto contidas na Mensagem n. 783, de 21.11.2005, remetida pela Presidência da República ao Senado Federal.

de sentença judicial para que se considerasse ocorrida a incidência da norma tributária ou previdenciária.

A contratação de profissionais que prestam serviço intelectual sob a forma de pessoa jurídica sempre foi objeto de ressaibo por parte da Secretaria da Receita Federal (SRF) e do Instituto Nacional da Seguridade Social (INSS),[3] unificados agora sob a designação de Secretaria da Receita Federal do Brasil, a partir da Lei n. 11.457/2007. A prestação de serviços intelectuais, especialmente aqueles efetuados pela chamada "pessoa jurídica de uma pessoa só", vinha sendo, historicamente, enxergada pelas autoridades fiscais como uma maneira de burlar o Estado-Administração, quanto à arrecadação de tributos, bem como uma maneira de camuflar eventuais vínculos empregatícios.

A partir do advento do art. 129, da Lei n. 11.196/2005, logo se ergueram inúmeras vozes, alardeando escabrosas versões interpretativas do dispositivo, cobrando suas benesses ou repudiando sua malignidade, conforme o ângulo de visão. Dentre as que têm gerado maiores controvérsias, podemos citar algumas: (*a*) as pessoas jurídicas prestadoras de serviços intelectuais não mais poderiam, sob qualquer pretexto, ser desconsideradas enquanto tais pelos fiscais da Receita Federal e do INSS para cobrança de tributos; (*b*) os profissionais liberais ao exercerem suas atividades de cunho intelectual serão considerados pessoas jurídicas, para fins fiscais e previdenciários, como forma de desonerar o trabalho autônomo; (*c*) às empresas é concedida a prerrogativa de contratar livremente o profissional liberal sob o regime de pessoa jurídica; (*d*) o dispositivo visa legitimar fraudes trabalhistas e tributárias, beneficiando somente empregadores e profissionais de elevada capacidade contributiva.

Duas posições ilustram perfeitamente a dicotomia em que se postou a discussão acerca do art. 129, desvelando a paixão de vanguardistas e conservadores. Almir Pazzianotto Pinto, *ex-Ministro do Trabalho e ex-Presidente do Tribunal Superior do Trabalho, asseverando que o disposto no art. 129, da Lei n. 11.196/2005, não colide com o ordenamento jurídico, defende que a simplificação do sistema tributário deve ser concluída com a revisão modernizadora das leis trabalhistas, e que é indispensável àqueles que, por livre opção, se organizarem como pessoas jurídicas, a tranqüilidade da prestação de serviços, sem temerem a ingerência do Ministério do Trabalho ou do Ministério Público do Trabalho. Segundo Pazzianotto, estas instituições não conseguem reconhecer, na multifacetada economia contemporânea, outras formas de exercício de profissão, a não ser através do velho, complicado e inseguro contrato de trabalho.*[4]

Em oposição categórica situa-se o Presidente da Associação Nacional dos Magistrados da Justiça do Trabalho – ANAMATRA, José Nilton Pandelot, ao defender que o art. 129, da Lei n. 11.196/2005, *precariza o trabalho humano ao permitir a contratação de trabalhador que presta serviço pessoal, subordinado, não eventual e oneroso como pessoa jurídica*, além de *beneficiar o empregador em detrimento*

3. Em artigo intitulado "Fisco *versus* contribuinte: até onde vai o abuso", publicado no jornal *Gazeta Mercantil*, em 7.11.2005, Sacha Calmon Navarro Coelho alertou para a seguinte situação: "Recentemente, de forma mais amiúde que no passado, os contribuintes têm sido surpreendidos por ações fiscais que: a) desconsideram a existência de pessoas jurídicas legalmente constituídas para a prestação de serviços profissionais (firmas de consultoria em matéria de engenharia, contabilidade, etc.); b) tributam essas sociedades como se a renda fosse auferida pelas pessoas físicas que as integram, exigindo IR majorado (à alíquota de 27,5%, usualmente) e contribuições previdenciárias devidas na prestação de serviços assalariados mediante subordinação. Ou seja: a fiscalização despreza as relações jurídicas válidas entre duas empresas (a firma de consultoria prestadora de serviços e aquela que a contrata) e transmuda uma contratação comercial em relação empregatícia, com todos os ônus tributários decorrentes dessa desconsideração".

4. "Liberdade de trabalho e PJ", in *Revista Jurídica Consulex*, p. 34.

do empregado, pois pretende transferir para estes últimos a responsabilidade exclusiva de pagar a contribuição previdenciária e afastar a obrigação de pagar ao trabalhador os direitos típicos devidos em uma relação de emprego.[5]

Inócua seria a discussão a partir deste ponto, se não atentássemos para o fato de que os dois posicionamentos referem-se, em verdade, não a um trabalhador, mas a dois trabalhadores distintos. O princípio máximo da justiça norteia a interpretação que os dois juristas fazem do art. 129, baseados em realidades notoriamente diversas: (*i*) o trabalhador dos "vanguardistas" é, inegavelmente, o de elevados ganhos, para o qual o mascaramento da relação de emprego é irrelevante, já que angaria considerável redução tributária enquanto pessoa jurídica; (*ii*) o trabalhador dos "conservadores", por sua vez, é o de ganhos escassos, para quem é visceral a aplicação das normas de proteção do trabalho, e que, em geral, se submete à vontade do empregador, sujeitando-se à contratação em roupagem diversa daquela estabelecida na legislação trabalhista, isto é, travestindo-se de pessoa jurídica.

Diante dessas duas realidades, é mister tenhamos sempre rente às nossas ponderações a idéia de sistema normativo, trazendo para análise do problema normas da seara tributária, previdenciária, trabalhista, civil e comercial, mas nunca perdendo de vista, conforme lição de Paulo de Barros Carvalho, o caráter absoluto da unicidade do ordenamento jurídico.[6] Consoante veremos, dadas todas as voltas necessárias do trajeto gerador de sentido, a construção da norma contida no art. 129, da Lei n. 11.196/2005, não nos conduz a érebo tampouco ao céu.

3. *Transcendência e separação patrimonial da entidade jurídica*

Para que alcancemos a exata dimensão semântica da norma contida na Lei n. 11.196/2005, é necessário, de antemão, que esbocemos o conceito de *pessoa jurídica* e sua distinção em relação à idéia de *pessoa física*.

A idéia de *pessoa física* ou pessoa natural surgiu como uma forma de contrapor, social e espiritualmente, cidadãos e escravos. O surgimento do conceito de *pessoa*, do latim *persona* (máscara, personagem de teatro, papel representado por um ator), aparece como uma invenção do cristianismo, de modo que se consideraria *pessoa* somente o ser humano que, além de percebido através dos sentidos e sujeito às leis da Física, fosse dotado de *dignidade*, não se podendo dele fazer uso como um mero objeto.

Ao correr dos séculos, fatores de ordem moral, econômica e social diluíram as relações humanas, fazendo com que todos os seres humanos fossem considerados *pessoas*. Subsistiu, no entanto, um contraste entre estas *pessoas físicas* e um ente – a Igreja Católica – única entidade, na Idade Média, dotada da prerrogativa de possuir terras e outros bens. Havia já, portanto, certa intuição de que a personalidade da Igreja não era natural, visível, mas sim jurídica, independente das pessoas naturais componentes do clero. Essa personificação da Igreja aparece como uma maneira de preservar o patrimônio eclesial cuja existência é permanente, transcendendo a vida terrena dos padres e bispos.[7] Ainda na Idade Média, conferiu-se personalidade jurídica às corporações de ofício que, dife-

5. *Contratação de Trabalhador como Pessoa Jurídica é Inconstitucional*, *http://www.amatra6.com.br/noticias141.html*, consulta em 25.7.2007.

6. Com efeito, a ordenação jurídica é una e indecomponível. Seus elementos — as unidades normativas — se acham irremediavelmente entrelaçados pelos vínculos de hierarquia e pelas relações de coordenação, de tal modo que tentar conhecer regras jurídicas isoladas, como se prescindissem da totalidade do conjunto, seria ignorá-lo, enquanto sistema de proposições prescritivas (*Curso de Direito Tributário*, p. 14).

7. Fábio Ulhoa Coelho, *Curso de Direito Civil*, v. 1, p. 230.

rentemente da Igreja Católica, se ligavam à figura de seus associados, outorgando certa segurança às novas relações comerciais que tomavam de assalto o mundo ocidental. A generalização das noções de transcendência do direito canônico e separação patrimonial do direito comercial resultou no conceito de *pessoa jurídica*, melhor esmiuçado a partir de reflexões de doutrinadores alemães oitocentistas.[8]

Paulo de Barros Carvalho, assinalando a distinção entre os conceitos de pessoa física e pessoa jurídica, traça importante ponto de identificação ao esclarecer que tanto as entidades físicas quanto as jurídicas são criações do direito, isto é, constituem *feixes de normas incidindo num ponto de confluência e, portanto, nesse sentido, ambas as pessoas são artificiais*.[9]

O conceito de *pessoa jurídica*, na maior parte da doutrina, é sempre esboçado a partir da idéia geral de "associação de duas ou mais pessoas" ou "conjunto de coisas". O art. 46, do Código Civil, que trata do registro público das pessoas jurídicas, refere-se à sua composição aludindo a "fundadores", "membros", "diretores", isto é, orientando a flexão de número dos substantivos sempre no modo plural. Caio Mário da Silva Pereira diz que a complexidade da vida civil e a necessidade de conjugação de esforços de *vários indivíduos* para a consecução de objetivos comuns ou de interesse social fazem com que o direito equipare à própria pessoa humana *certos agrupamentos* e *certas destinações patrimoniais*, atribuindo-lhes personalidade e capacidade de ação.[10] A seu turno, Orlando Gomes refere-se às *pessoas jurídicas* como entes formados pelo *agrupamento de homens*, com *personalidade distinta dos seus componentes*, às quais a lei confere a *capacidade de ter direitos e contrair obrigações*.[11]

Com base em tais construções é que, à primeira vista, a existência da chamada "pessoa jurídica de uma pessoa só" causa espanto. Espanto este sem razão, segundo veremos.

4. Pessoa jurídica unipessoal, realidade social e realidade jurídica: manobras

A questão aqui suscitada, no panorama geral do estudo da tributação dos prestadores de serviços intelectuais, é de suma relevância tanto em termos de arrecadação fiscal quanto previdenciária, uma vez que, segundo dados do Instituto Brasileiro de Geografia e Estatística – IBGE, quase setenta por cento do total das pessoas jurídicas registradas perante o Cadastro Nacional de Pessoa Jurídica (CNPJ) é unipessoal,[12] isto é, possui apenas registro do proprietário. Para muitos "conservadores", a chamada "pejorização do trabalhador", expressão de efeito largamente utilizada, estaria no cerne da razão para tais dados. A "pejorização" dar-se-ia como uma maneira de "mascarar", em seu estrito sentido etimológico, uma relação jurídica de cunho trabalhista, em que o empregador contrata um empregado disfarçado de pessoa jurídica. Neste caso, a pessoa jurídica não seria menos que uma casca na qual se encerra a pessoa física com o fito único de fraudar o pagamento de encargos, impostos e contribuições.

A manobra da "pejorização", ao que consta, é relativamente simples: com o escopo de reduzir custos, certas empresas,

8. Idem, p. 231.

9. A personalidade jurídica é abstrata e relativa, sendo criação peculiar do direito que se assenta existencialmente numa parcela da superfície territorial do Estado. O jurídico da pessoa natural também é abstrato, tendo por suporte fático, base de incidência, o relato lingüístico que constitua o corpo com vida. Corpo sem vida despersonaliza-se pela incidência de outra norma que prevê o fato da morte. No que diz respeito à pessoa jurídica, a inscrição do ato constitutivo no respectivo registro é o termo inicial da personalidade jurídica, já que por meio dele introduzem-se no ordenamento as regras atinentes à existência daquele novo ser (Parecer inédito).

10. *Instituições de Direito Civil*, v. 1, p. 185.

11. Orlando Gomes, *Introdução ao Direito Civil*, p. 185.

12. Fonte: *www.ibge.gov.br*.

por meio de acordo ou imposição, decidem contratar com uma pessoa jurídica a realização do trabalho efetuado pelo empregado. Por acordo, o próprio empregado desvincula-se formalmente da empresa e constitui a pessoa jurídica que irá "prestar os serviços", que, em verdade, consistem na mesma atividade que ele outrora executava. Por tal ato jurídico, muito embora permaneçam os requisitos legais da definição de empregado, quais sejam a subordinação, remuneração, pessoalidade e não-eventualidade, eis que a pessoa física desaparece num golpe que esfacela o vínculo empregatício, dando lugar ao surgimento de um vínculo de natureza civil – o contrato de prestação de serviços – subordinado a regras mais flexíveis do direito comum. Juntamente com a relação de emprego, somem todos os direitos trabalhistas do empregado e todos os deveres do empregador, cabendo agora ao "trabalhador-PJ", alcunha utilizada para designar esta espécie de pessoa jurídica, arcar com despesas com contador e manutenção da firma, além do recolhimento de seus tributos, correspondentes, em geral, a um montante abaixo do que seria recolhido pela alíquota máxima do Imposto de Renda das Pessoas Físicas. Por imposição, a elusão dá-se nos mesmos moldes, com a diferença de que a contratação da "pessoa jurídica" ocorre sem o vínculo empregatício precedente.

Esta realidade é apontada por Tércio Sampaio Ferraz Jr. como uma inversão que desvirtua o conceito e a própria gênese da pessoa jurídica: "Se sua utilidade revelou-se na disciplina da responsabilidade, hoje, porém, assistimos a um movimento inverso, posto que, por trás do biombo da pessoa jurídica, a pessoa física muitas vezes se esconde para furtar-se à responsabilidade. Fala-se numa perversão do conceito e para controlá-lo surgem princípios como o da desconsideração (*disregard*), caso em que o juiz, quando constata má-fé, pode destacar a pessoa física que está sob a capa da jurídica. A noção é importante no Direito Comercial e Civil e tem repercussões no Direito Tributário na questão da evasão fiscal".[13]

Não obstante saibamos que, atualmente, há inúmeros casos que confirmam o indigitado raciocínio, não podemos deixar de ponderar que inexiste no ordenamento jurídico brasileiro qualquer dispositivo legal que impeça ou restrinja a possibilidade de um indivíduo constituir, sozinho, uma pessoa jurídica para a prestação de serviços – a chamada *pessoa jurídica unipessoal*. Afirmar o contrário significa negar o próprio regime jurídico da livre iniciativa esculpido no art. 170, da Constituição Federal, que assegura a todo cidadão a existência digna, de sorte que lhe é facultado organizar suas atividades da forma que melhor lhe aprouver, tendo em vista a menor onerosidade, inclusive em termos fiscais, desde que, é evidente, leve a efeito atos consonantes com a legislação vigente.

O que caracteriza o regime das pessoas capazes, no campo do direito privado, caso seja possível esta delimitação didática, é a genérica autorização para o exercício de atos jurídicos,[14] isto é, a permissão, nos termos do art. 5º, II, da Constituição da República, para que se faça tudo aquilo que não estiver proibido. Fábio Ulhoa Coelho classifica as pessoas jurídicas como *unipessoais*, quando compostas por uma só pessoa, ou *pluripessoais*, quando compostas por duas pessoas ou mais.[15] Saliente-se que mesmo às sociedades empresárias, cuja constituição pressupõe ao menos dois sócios, a legislação civil outorga a possibilidade de serem temporariamente unipessoais, quando, por qualquer razão, todas as quotas ou ações representativas de seu capital social passem a integrar o patrimônio de uma só pessoa, conforme se observa do art. 1.033, IV, do Código Civil, e do art. 206, I, "d", da Lei n. 6.404/1976.

13. Tércio Sampaio Ferraz Jr., *Introdução ao Estudo do Direito*, p. 153.

14. Fábio Ulhoa Coelho, *Curso de Direito Comercial*, p. 10.

15. *Curso de Direito Civil*, v. 1, p. 238.

Vê-se, portanto, que a composição de uma pessoa jurídica por um único membro não constitui aleivosia ou qualquer indício de ilicitude. O que configura afronta à ordem social e econômica é a existência de uma pessoa física que exerce suas atividades como empregado e, no entanto, é tributado como pessoa jurídica. Nesse caso, o abuso de personalidade é evidente, cabendo à Justiça decidir acerca da fraude. Não há margem, no direito positivo, para maus presságios acerca de um ato jurídico que, para todos os efeitos, obedeceu à estrita legalidade – o ato de constituição da pessoa jurídica. O art. 647, do Regulamento do Imposto de Renda (RIR/1999), instituído pelo Decreto n. 3.000, de 26 de março de 1999, dispõe especificamente sobre a possibilidade e, por conseguinte, licitude, da prestação de "serviços profissionais" (leia-se intelectuais) por meio de pessoa jurídica, demonstrando que não se pode considerar, como querem alguns, que tal prática constitua sobejo de ato que avilte o ordenamento.

5. O caráter "personalíssimo" presente no contrato civil de prestação de serviços

A despeito das assombrações despertadas, a norma contida no art. 129, da Lei n. 11.196/2005, estabelece, antes de tudo, um rompimento com a noção de que uma pessoa jurídica, seja unipessoal seja pluripessoal, não poderia prestar serviços em caráter personalíssimo. Aqui o que se percebe é que havia uma sutil confusão entre o regime contratual próprio das relações trabalhistas e o regime contratual civil de prestação de serviços.

A questão da "pessoalidade", um dos elementos caracterizadores da relação de emprego, segundo a qual o contrato de trabalho é *intuitu personae*,[16] isto é, confere ao empregador o direito de contar com o trabalho daquela específica pessoa contratada, não prejudica a natureza da pessoa jurídica prestadora de serviços, caso haja realização personalíssima da atividade acordada. A existência do fator "pessoalidade" numa dada relação jurídica pode caracterizar, para efeitos trabalhistas, o vínculo empregatício, mas não tem o condão de dissipar o vínculo civil firmado no contrato de prestação de serviços.

A confusão entre os elementos de uma e outra relação jurídica, parece-nos, decorre da própria evolução do contrato de trabalho que surgiu do arcaico instituto da *locação de serviços*. A técnica de abranger numa categoria contratual a designada *locação de serviços*, nomenclatura utilizada pelo Código Civil Brasileiro de 1916, é oriunda da romana *locatio-conductio operarum*.[17] O Direito moderno não mais considera que o trabalho humano seja suscetível de dar-se em locação, de maneira que tem buscado dissociar a idéia de "prestação de serviço" dos institutos de locação de coisas e empreitada. Foi o que fez a Lei n. 10.406/2002 (Código Civil de 2002) quando abandonou a primitiva terminologia e, ao invés de *locação*, passou a denominar a relação de *contrato civil de prestação de serviço*.[18] Cumpre-nos, portanto, defini-lo.

Contrato civil de prestação de serviços, segundo Caio Mário da Silva Pereira, é aquele *em que uma das partes se obriga para com a outra a lhe fornecer a prestação de sua atividade, mediante remuneração*.[19] Em outras palavras, é um contrato consensual, oneroso e bilateral, pois depende de um acordo de vontades que gera benefícios e obrigações para ambos os contratantes – a prestação da atividade é obrigação do prestador, ao passo que a remuneração da mesma atividade é obrigação do tomador do serviço.

Orlando Gomes, ressabiado com qualquer eventual resquício de embaraço entre os conceitos de contrato de trabalho

16. Amauri Mascaro Nascimento, *Iniciação ao Direito do Trabalho*, p. 159.

17. Caio Mário da Silva Pereira, *Instituições de Direito Civil*, v. III, p. 375.

18. Idem, p. 378.

19. Idem, ibidem.

e contrato de prestação de serviços, faz o devido cotejo, ressaltando os elementos de *subordinação* e *independência técnica*, nos seguintes termos: "A parte que presta serviço estipulado não o executa sob a direção de quem se obriga a remunerá-lo e utiliza os métodos e processos que julga convenientes, traçando, ela própria, a orientação técnica a seguir, e assim exercendo sua atividade profissional com liberdade. Na realização do trabalho não está subordinada a critérios estabelecidos pela outra parte. Enfim, é juiz do modo por que o serviço deve ser prestado (...), afastando aquela *subordinação jurídica* ou *hierárquica* que caracteriza o contrato de trabalho. Quem promete serviços sob essa forma jurídica não trabalha sob as ordens de empregador, integrado num organismo de estrutura hierarquizada, como é a empresa. Não possui a condição de empregado".[20]

Assim, os elementos essenciais que caracterizam o contrato civil de prestação de serviços são apenas três: o objeto, o consentimento e a remuneração. A remuneração é a contraprestação, enquanto o consentimento é a fator volitivo. O objeto do contrato, por sua vez, refere-se à própria atividade a ser realizada em benefício do tomador, exprimindo geralmente uma ação de dar, fornecer ou de cumprir alguma coisa, *a fim de que o prestador se libere da obrigação assumida*,[21] e tanto pode ser intelectual como material. É certo que, em regra, no contrato de prestação de serviço a atividade é levada a efeito por aquele que se obrigou enquanto prestador, mas as partes podem, livremente, ajustar situação diversa, o que não é admissível no contrato de trabalho. A pessoalidade, portanto, pode estar prevista no contrato de prestação de serviço, quando o tomador pretenda que determinada atividade seja efetuada por um profissional específico, mas também pode, naturalmente, inexistir enquanto cláusula, o que imprime irrelevância a esta minudência. Logo, a distinção primordial entre contrato de trabalho e contrato civil de prestação de serviço não reside no critério "pessoalidade". Com Caio Mário, asseveramos que o fator decisivo é o estatutário ou legal.[22]

6. Elusão "versus" nulidade

Tendo em vista o caminho até aqui trilhado, podemos afirmar já, sem qualquer receio, que a Lei n. 11.196/2005 não pode ser considerada instrumento introdutor de qualquer mácula capaz de desvirtuar as garantias constitucionais referentes à ordem social e econômica, fulminando, de uma só rajada, normas voltadas à proteção das relações de emprego ou normas gerais de tributação. O art. 129 não é, como dizem os "conservadores", manta de legitimidade que cobrirá de conforto atos fraudulentos, nem é, como querem os "vanguardistas", o aval tão esperado para que se possa transacionar acerca de que normas tributárias incidirão sobre fatos jurídicos.

É inegável que a manobra da "pejorização" constitui fraude às leis trabalhistas e, conseqüentemente, à legislação tributária e previdenciária. No entanto, em nada é facilitada ou, pior, estimulada pelo referido dispositivo. Ao contrário, em prol do sobrevalor da segurança jurídica e certeza dos negócios lícitos, o art. 129 da Lei n. 11.196/2005 procura lançar um facho de luz sobre a penumbra que os agentes de fiscalização sempre teimaram em enxergar na figura da pessoa jurídica prestadora de serviços intelectuais. Não se pode olvidar que pessoa jurídica é uma técnica de separação patrimonial aperfeiçoada pelo direito para se atribuir personalidade própria ao patrimônio segregado.[23] Uma vez constituída nos moldes prescritos pelo direito positivo, a pessoa jurídica não pode ter suas obrigações arbitrariamente imputadas à

20. Orlando Gomes, *Contratos*, pp. 325-326.

21. De Plácido e Silva, *Vocabulário Jurídico*, v. III, p. 439.

22. Caio Mário da Silva Pereira, *Instituições de Direito Civil*, v. III, p. 381.

23. Fábio Ulhoa Coelho, *Curso de Direito Civil*, p. 232.

pluralidade de seus membros, ou membro único, sob pena de se embaralharem personalidades distintas.

Em caso de "pejorização" ou outro qualquer acometimento contra o a ordem econômica e social, o plexo normativo é de se valer de tentáculos preexistentes (regramentos), dentre os quais a figura da nulidade, arrastando para fora do direito o ato jurídico nulo ou anulável. Conquanto estejam abalados pela doutrina moderna os princípios clássicos que informam a teoria das nulidades, há bastante espaço na tábua de salvação que projetamos para resguardar certos regramentos capazes de dissolver elusões perspicazes. É o caso da chamada *nulidade de pleno direito*.

A nulidade de pleno direito é a sanção civil de alcance mais pujante, uma vez que deixa inermes aqueles que infringem *preceitos de ordem pública ou interesse geral*.[24] Segundo os grandes civilistas, este tipo de nulidade privaria o ato nulo de toda eficácia, podendo ser argüida por qualquer interessado, inclusive pelo Ministério Público, quando lhe couber intervir, e pronunciada *ex oficio* pelo juiz, ao conhecer do ato ou de seus efeitos, e os encontrar provados.[25]

Percebe-se, portanto, que caso se pretendesse, com o advento do art. 129, de Lei n. 11.196/2005, forjar uma determinada relação como se outra fosse, para encobrir fatos jurídicos tributários e soterrar direitos sociais, o próprio direito positivo, bastante precavido, forneceria meios de impedir a propagação de negócios nulos, estancando o fluxo fraudulento. Sendo norma jurídica a significação que se obtêm a partir da leitura de textos do direito positivo, isto é, a mensagem sensorial formulada após percorrido todo o trajeto de elaboração de sentido, passando o intérprete por todos os subdomínios,[26] sua egressão de S_4, no estudo do caso em comento, muniria-o de um feixe pesado de regramentos. Dentre os quais, podemos citar o art. 7º, I, da Constituição Federal, o art. 9º da Consolidação das Leis do Trabalho, e o art. 116, parágrafo único, do Código Tributário Nacional, que prevêem, respectivamente:

CF, art. 7º: "São direitos dos trabalhadores urbanos e rurais, além de outros que visem à melhoria de sua condição social:

"I – relação de emprego protegida contra despedida arbitrária ou sem justa causa, nos termos de lei complementar, que preverá indenização compensatória, dentre outros direitos;"

CLT, art. 9º: "Serão nulos de pleno direito os atos praticados com o objetivo de desvirtuar, impedir ou fraudar a aplicação dos preceitos contidos na presente Consolidação".

CTN, art. 116: "(...) Parágrafo único. A autoridade administrativa poderá desconsiderar atos ou negócios jurídicos praticados com a finalidade de dissimular a ocorrência do fato gerador do tributo ou a natureza dos elementos constitutivos da obrigação tributária, observados os procedimentos a serem estabelecidos em lei ordinária" (*parágrafo incluído pela LC n. 104, de 10.1.2001*).

Não obstante o parágrafo único do art. 116, do Código Tributário Nacional, tenha eficácia limitada, os demais dispositivos supracitados possuem plena aptidão para fulminar qualquer tentativa burlesca de disfarçar uma relação jurídica em que o prestador de serviços intelectuais constitua, comprovadamente, um empregado, no regime próprio do contrato de trabalho estipulado pela legislação trabalhista.[27]

24. Orlando Gomes, *Introdução ao Direito Civil*, p. 478.

25. Idem, 483.

26. Paulo de Barros Carvalho, *passim*.

27. Cabe aqui uma breve nota. Ao aprovar o projeto de Lei n. 6.272/2005, que criou a "Super-Receita", o Congresso Nacional aprovou também, no mesmo projeto, uma emenda (a chamada "Emenda 3"). Com efeito, esse projeto legislativo foi convertido na Lei n. 11.457, de 16.3.2007, e alterou a redação do art. 6º da Lei n. 10.593/2002, acrescentando o § 4º com a seguinte redação: "No exercício das atribuições da autoridade fiscal de que trata esta Lei, a desconsideração da pessoa, ato ou negócio jurídico

A parte final do art. 129, da Lei n. 11.196/2005, ao vincular a aplicação do dispositivo à observância do art. 50 da Lei n. 10.406 – Código Civil –, abre as portas do Poder Judiciário para a questão. Este artigo dispõe que *em caso de abuso da personalidade jurídica, caracterizado pelo desvio de finalidade, ou pela confusão patrimonial, pode o juiz decidir, a requerimento da parte, ou do Ministério Público quando lhe couber intervir no processo, que os efeitos de certas e determinadas relações de obrigações sejam estendidos aos bens particulares dos administradores ou sócios da pessoa jurídica.*[28] Tal menção é demonstração conspícua de que a pessoa jurídica deve ser, de fato e de direito, pessoa jurídica, ficando ressalvada à autoridade fiscalizadora a prerrogativa de requerer ao órgão judicante a desconsideração de tal personalidade em caso de abuso ou desvio.[29]

Pensamos, portanto, que o art. 129, da Lei n. 11.196/2005, passou a integrar o plexo do direito positivo numa circunstância em que se fez necessário priorizar o princípio da segurança jurídica, em favor dos prestadores de serviços intelectuais, diante de certas arbitrariedades praticadas pelos agentes de fiscalização da Receita Federal, Ministério do Trabalho e Previdência Social que, indistintamente, vinham autuando pessoas jurídicas legalmente constituídas, pelo simples fato de serem unipessoais e prestarem serviço personalíssimo, o que, como vimos, não as descaracteriza enquanto entidades jurídicas.

7. *Da intelecção*

Em tempo, abra-se um parêntese para que examinemos mais de perto a expressão "prestação de serviços intelectuais", utilizada em franca anuência com a clássica divisão do trabalho em "intelectual" e "manual".

Entendemos que não cabe a tradicional contraposição das atividades humanas em puramente intelectuais e puramente manuais. Todo e qualquer trabalho humano faz uso de intelecção. A mão do pedreiro que ergue uma parede não trabalha mais que o seu cérebro, que é quem organiza as idéias, calcula as figuras geométricas, afere os volumes empregados, regula as distâncias, dirige todos os músculos e projeta todos os sentidos do homem para que se conclua o trabalho. A intelecção aqui se faz presente durante todo o tempo. José Souto Maior Borges, aludindo à superação do

que implique reconhecimento de relação de trabalho, com ou sem vínculo empregatício, deverá sempre ser precedida de decisão judicial". A emenda foi vetada pelo Presidente da República e a derrubada ou não do veto ainda tramita no Congresso Nacional. As razões do veto, contidas na mensagem n. 140, de 16.3.2007, enviada ao Senado Federal, simplesmente repetem as razões do veto ao parágrafo único do art. 129 da Lei n. 11.196/2005. A OAB, uma das poucas entidades que se posicionou a favor da emenda, defende que o texto da emenda nada mais faz do que exigir que eventual desconsideração de um ato jurídico perfeito e acabado, no caso uma fraude à legislação trabalhista, deva ser decidido na esfera judicial.

28. Luciano Amaro considera que o art. 50 do Código Civil não poderia ser aplicado em matéria tributária, uma vez que o Código Tributário Nacional, em seu art. 128, estatui que a lei pode definir responsáveis pela obrigação tributária somente quando o faz de modo expresso ("A desconsideração da pessoa jurídica para fins fiscais", in *Tributação, Justiça e Liberdade*, p. 385). No entanto, entendemos que a questão aqui suscitada não é de responsabilidade, mas de sujeição passiva em sentido estrito, nos termos do art. 121, do CTN. Ainda que se tratasse de responsabilidade, não nos parece que o art. 50 do Código Civil não a tenha atribuído expressamente (por decisão do órgão judicante), pelo que se infere a perfeita harmonia entre este dispositivo e o art. 135, III, do CTN, que estabelece que diretores, gerentes ou representantes de pessoas jurídicas são pessoalmente responsáveis pelos créditos correspondentes à obrigações tributárias resultantes de atos praticados com excesso de poderes ou infração de lei, contrato social ou estatutos.

29. Importante ressaltar que, para o exame do caso da tributação dos prestadores de serviço intelectual, falar-se em "abuso da personalidade jurídica", nos termos aludidos pelo art. 50, do CC, é um modo limitado de atacar o problema, já que, conforme viemos demonstrando, a desconsideração da personalidade pode dar-se em favor da própria pessoa física que compõe a pessoa jurídica, caso em que não se cabe falar em "abuso de personalidade", já que a vileza é do contratante/tomador.

dualismo entre trabalho intelectual e trabalho manual, recorda-se de uma belíssima definição de mão: "*A mão é o cérebro em movimento*".[30] Indo além, Maturama diz, aforisticamente, que *viver é conhecer*, que toda interação de um organismo, toda conduta observada, pode ser avaliada por um observador como um *ato cognitivo*.[31]

É certo que nem sempre a atitude contemplativa, por sua vez, exige o uso das mãos, mas, em geral, mesmo no chamado trabalho intelectual, as mãos trabalham bastante. Michelangelo não esculpiu Davi com os neurônios, mas sim com a precisão incrível das mãos. Mesmo o professor, durante a aula expositiva, trabalha a materialização do pensamento fazendo desenhos invisíveis com as mãos. Antes mesmo de se desenvolverem os sistemas neuronais responsáveis pela voz, dedos e braços já falavam há milênios.[32] O próprio desenvolvimento do intelecto, nos primórdios da existência humana, segundo dizem os antropólogos, só foi possível pelo uso que as mãos deram aos instrumentos materiais, restando evidente a ligação íntima, profunda, entre mãos e cérebro. Portanto, se se pretende o uso mais exato possível da linguagem num estudo que envolve atividades humanas, especificamente a atividade designada por "prestação de serviços intelectuais", é mister salientar que todos os serviços prestados pelo ser humano são de cunho intelectual.

O que se pode asseverar para salvar da total imprecisão a expressão criticada é que há certas atividades em que a predominância da intelecção sobre o corpóreo determina a consecução de seus fins. Desse modo, a chamada "prestação de serviços intelectuais", atribuída, em geral, a engenheiros, advogados, jornalistas, artistas, etc., consiste, em verdade, numa atividade humana em que o subjetivismo prevalece sobre o emprego das mãos.

8. O regime jurídico da prestação de serviços intelectuais

Verificado o alcance da expressão "prestação de serviços intelectuais", passemos à sistematização dos aspectos fiscais e previdenciários que circundam a referida atividade. Propomos que o trabalho intelectual pode ser desenvolvido a favor de outrem, assegurada a devida contraprestação, de três formas: (*a*) por pessoa física, mediante contrato de trabalho; (*b*) por profissional autônomo prestador de serviço; e (*c*) por pessoa jurídica prestadora de serviço. Esmiucemos melhor cada um dos itens, de modo a visualizarmos, especialmente, as diferenças quanto à tributação do prestador de serviços intelectuais sob o regime de pessoa física e sob o regime de pessoa jurídica.

a) Pessoa física – Contrato de trabalho

Sobre a primeira categoria é importante frisar somente, para fins do presente estudo, que será regulada pelas normas próprias da Consolidação das Leis do Trabalho, sendo-lhe imputável o regime fiscal e previdenciário da pessoa física empregada. Saliente-se também que, caso a prestação de serviços se dê por pessoa física (autônomo) ou por pessoa jurídica (unipessoal ou pluripessoal), a relação jurídica entre prestador e tomador não poderá se revestir de todas as condições que encerram a relação empregatícia, ou seja, não poderá o prestador de serviços realizar a atividade sob o regime de subordinação e dependência técnica, como acima advertiu Orlando Gomes, já que, sendo o prestador pessoa física, a confluência de outros elementos,

30. *Ciência Feliz*, p. 140.

31. "Se refletirmos sobre os critérios que utilizamos para dizer que alguém tem conhecimento, veremos que o que buscamos é uma ação efetiva no domínio em que se espera uma resposta. Ou seja, esperamos uma conduta efetiva em algum contexto que delimitamos ao fazer a pergunta. (...) o viver – a conservação ininterrupta do acoplamento estrutural como ser vivo – é conhecer no âmbito do existir" (*A Árvore do Conhecimento*, pp. 200-201).

32. Luis da Câmara Cascudo, *História dos nossos Gestos*, p. 10.

como onerosidade, pessoalidade e não-eventualidade, subjugariam-no, necessariamente, à condição de empregado.[33]

b) Profissional autônomo prestador de serviço

A categoria dos prestadores de serviços intelectuais autônomos é constituída por profissionais que atuam como pessoa física, recolhendo como tal todos os tributos. Os tributos que incidem sobre o serviço prestado por profissional autônomo são, basicamente, o Imposto de Renda das Pessoas Físicas – IRPF, a contribuição à Previdência Social e o Imposto sobre Serviços de Qualquer Natureza – ISS. A forma de pagamento deste último tributo variará de acordo com a legislação de cada Município e sua alíquota, por mandamento constitucional, pode oscilar entre 2% e 5%. A tributação sobre a renda dá-se mediante dois padrões distintos, a depender da personalidade jurídica do tomador do serviço. Sendo pessoa jurídica o tomador, este subtrairá o montante a ser recolhido para a Previdência Social, e, logo após, calculará o valor do imposto de renda retido na fonte, resguardada a progressividade. Caso o serviço seja prestado a uma pessoa física, o profissional autônomo deverá recolher, a cada mês, o imposto incidente sobre as remunerações através do chamado "carnê leão", desconsiderando o valor recolhido para a Previdência. Segundo estatui a legislação que regula a incidência do Imposto de Renda, poderá haver dedução da receita total, por parte do prestador de serviços, de despesas havidas na consecução do serviço prestado. Qualquer diferença no recolhimento dos valores, o que é bastante comum, tendo em vista que o profissional autônomo poderá prestar serviços a mais de uma pessoa, seja jurídica ou física, o montante poderá ser recolhido na declaração de ajuste anual.

Quanto à contribuição previdenciária, as situações também variam de acordo com a personalidade do tomador do serviço. Caso o tomador seja pessoa física, o próprio prestador deve efetuar o recolhimento da contribuição previdenciária, calculada à alíquota de 20% sobre o valor total das remunerações pagas ou creditadas a qualquer título, limitada ao salário máximo de contribuição.[34] Sendo pessoa jurídica o destinatário do serviço prestado pelo profissional intelectual, este é obrigado a efetuar o recolhimento de 20% sobre o valor total das remunerações pagas, independentemente do valor do serviço, além de reter a quantia correspondente à 11% da receita para a Previdência Social. Este último percentual também está adstrito ao limite do salário máximo de contribuição à Previdência. Assim, ocorrendo a situação em que o prestador de serviços trabalhe em benefício de mais de uma pessoa jurídica e as receitas totais excedam o valor máximo do salário de contribuição, o profissional intelectual deverá apresentar uma declaração às demais pessoas jurídicas às quais venha prestar serviço, para que elas não realizem a retenção. Por derradeiro, não atingindo o salário máximo de contribuição as receitas totais de serviços prestados à pessoas jurídicas e tendo havido prestação de serviços para pessoas físicas, o prestador deve recolher 20% sobre a quinhão referente aos serviços prestados às pessoas físicas, até

33. Sacha Calmon pondera que "o próprio art. 129 da Lei n. 11.196/2005, ao fazer remissão ao art. 50 do Código Civil, já deixa claro que não foi conferido às empresas um passe-livre para a transmutação de relações formais de emprego em contratações de pessoas jurídicas, muitas vezes unipessoais. Se presentes – na relação contratante/contratado – os requisitos caracterizadores da relação de emprego (subordinação, pessoalidade, prestação por pessoa física, onerosidade e não-eventualidade), não se poderá falar em trabalho autônomo, desvinculado das regras da CLT, devendo o contratante arcar com as obrigações fiscais e previdenciárias decorrentes da relação de emprego" ("Conteúdo e alcance do art. 129 da Lei n. 11.196/2005 – Norma de natureza interpretativa, dirigida à fiscalização, que não permite a desconsideração de situações jurídicas consolidadas – Parecer", in *Revista Dialética de Direito Tributário* 141/143).

34. Em conformidade com o Decreto n. 5.756, publicado no *DOU* em 13.4.2006, o salário máximo de contribuição é de R$ 2.801,56.

completar o valor do salário máximo de contribuição.

c) Pessoa jurídica prestadora de serviço

Por esta última categoria, aos prestadores de serviços intelectuais é facultada a possibilidade de exercício de suas atividades sob a forma de pessoa jurídica, que pode ser sociedade simples – a forma de constituição mais propagada entre tais profissionais – ou sociedade empresária, de acordo com a exceção estipulada pelo parágrafo único do art. 966, do Código Civil, que estabelece que *não se considera empresário quem exerce profissão intelectual, de natureza científica, literária ou artística, ainda que com o auxílio de colaboradores*, ou seja, tais profissionais exercem atividades econômicas de natureza civil, não sujeitas às normas de direito comercial, *salvo se o exercício da profissão constituir elemento de empresa*, o que configura a situação em que a individualidade do prestador de serviço perde-se na organização empresarial.[35]

Seja sob uma ou outra forma, a personalidade jurídica do prestador de serviços intelectuais impinge a este sujeito de direitos o recolhimento de tributos tal qual qualquer outra pessoa jurídica prestadora de serviços. Os principais impostos e contribuições que devem ser recolhidos por tais entes jurídicos são, no âmbito municipal: Imposto sobre Serviços de Qualquer Natureza – ISS; e no âmbito federal: Imposto de Renda das Pessoas Jurídicas – IRPJ, Contribuição Social sobre o Lucro – CSLL, Programa de Integração Social – PIS/Pasep, e Contribuição para o Financiamento da Seguridade Social – Cofins.

O cálculo do Imposto sobre Serviços de Qualquer Natureza é efetuado sobre o faturamento mensal da pessoa jurídica e, conforme já assinalado, possui alíquotas que variam de acordo com a legislação municipal, o que significa dizer que o montante total a ser recolhido pela pessoa jurídica dependerá do que estabelece cada Município. Quanto ao Imposto de Renda das Pessoas Jurídicas e a Contribuição Social sobre o Lucro Líquido, estas exações variam de acordo com o regime de tributação escolhido pela pessoa jurídica, que, em geral, no caso dos prestadores de serviços intelectuais, é a modalidade do lucro presumido. Sem minúcias, a apuração do IRPJ e da CSLL é idêntica, correspondendo a 32% o coeficiente de apuração da base de cálculo para a atividade "prestação de serviços em geral". Desse modo, o cálculo do Imposto de Renda, mediante a congregação da base apurada à alíquota de 15% nos projeta para um percentual bem inferior ao estipulado para o cálculo do imposto a ser recolhido pela pessoa física empregada ou prestadora de serviço.[36] Já a Contribuição Social sobre o Lucro Líquido, que deve seguir a forma de apuração previamente escolhida, apresenta o mesmo coeficiente de determinação da base de cálculo do IRPJ, variando tão-somente a alíquota que corresponde a 9%. Para os prestadores de serviço que optam pelo lucro presumido, o PIS e a Cofins são calculados de forma cumulativa, possuindo os dois a mesma base de cálculo e alíquotas correspondentes a 0,65% e 3%, respectivamente. Ao fixar o arquétipo das regras-matrizes das contribuições para a seguridade social, *o constituinte fez questão de registrar os possíveis sujeitos passivos*[37] que, com a edição da Emenda Constitucional n. 20/1998, passaram a ser, pelo inciso I do art. 195 da Constituição Federal, o empregador, a empresa e a entidade a esta equiparada na forma da lei. É nesta última categoria em que se enquadram as

35. Fábio Ulhoa Coelho, *Manual de Direito Comercial*, p. 17.

36. Visando atender à progressividade, o legislador ordinário estabeleceu que as pessoas jurídicas que adotarem este regime de tributação estarão sujeitas ao pagamento de um adicional de 10% sobre a parcela do lucro presumido que, para um período trimestral, exceder o montante de R$ 60.000,00 (sessenta mil reais).

37. Fabiana Del Padre Tomé, *Contribuições para a Seguridade Social*, p. 107.

pessoas jurídicas unipessoais prestadoras de serviços intelectuais.

Considerando a alíquota máxima do Imposto de Renda das Pessoas Físicas, correspondente à *27,5%*, a tabela abaixo ilustra, de maneira simplificada, a sensível diferença entre a carga tributária que acomete a pessoa física prestadora de serviços e a pessoa jurídica, relevados eventuais valores relativos ao adicional aplicável ao IRPJ, bem como o montante do ISS devido, já que sua consideração culminaria em variação de resultados segundo cada lei municipal:

IRPJ	**CSLL**	**PIS**	**Cofins**	**Total-base****
4,80%*	2,88%	0,65%	3,00%	**11,33%**

*Adicional de 10% do IRPJ – Aplicável sobre a parcela do lucro presumido que exceda o valor mensal de R$ 20.000,00.

**Descontado o valor do Imposto sobre Serviços de Qualquer Natureza – Competência municipal – Alíquotas variáveis.

Diante de tais resultados, simplórios que sejam, compreende-se o fôlego dos que vociferam a favor da dita "flexibilização das relações de trabalho", bem como se explica a sanha dos órgãos de fiscalização do Estado, atarantados e dispostos a morder bocados maiores do que os que lhes cabem, para não perderem em arrecadação.

9. A farsa da "permissão legal" e os princípios da isonomia e capacidade contributiva

Todas as peculiaridades dos modelos de tributação acima esboçados, bem como os conceitos brevemente delineados, revelam a mais viva intuição de que é completamente fora de propósito, supor-se, como alguns supõem, que do art. 129, da Lei n. 11.196/2005, poder-se-ia extrair uma permissão legal para que a pessoa física prestadora de serviços recolha tributos como se pessoa jurídica fosse.[38] A razão para tal recusa é muito simples: o princípio constitucional da isonomia.

Quando a lei concede a determinado sujeito de direitos certa prerrogativa, isto deve imediata observância aos princípios máximos da Constituição, como o princípio da isonomia, alicerce maior do Estado Democrático de Direito, esculpido no *caput* do art. 5º da Constituição da República. No próprio Título VI que trata da tributação e do orçamento, na seção de limitações ao poder de tributar, a Lei Maior estabelece:

> Art. 150. Sem prejuízo de outras garantias asseguradas ao contribuinte, é vedado à União, aos estados, ao distrito federal e aos Municípios:
>
> (...).
>
> II – instituir tratamento desigual entre contribuintes que se encontram em situação equivalente, proibida qualquer distinção em razão de ocupação profissional ou função por eles exercida, independentemente da denominação jurídica dos rendimentos, títulos ou direitos.

Corroborando o mandamento constitucional, o Regulamento do Imposto de

38. O SEBRAE – Serviço Brasileiro de Apoio às Micro e Pequenas Empresas, em cartilha intitulada "Unidade de Políticas Públicas – Lei 11.196/2005", publicada em nov./2005, analisando os principais pontos de interesse das micro e pequenas empresas, ao tratar da tributação dos profissionais liberais, diz, textualmente que "aqueles profissionais liberais que não trabalham em sociedade e hoje são tributados como pessoas físicas (recolhendo IRPF de até 27,5%), serão tributados como pessoa jurídica (com certeza sendo equiparados a tal)".

Renda (RIR/1999), em seu art. 150, § 2º, estabelece, de maneira expressa, que não são tributados de acordo com os regimes próprios de pessoa jurídica os rendimentos de pessoas físicas que, individualmente, exerçam as profissões ou explorem atividades de: (*a*) *médico, engenheiro, advogado, dentista, veterinário, professor, economista, contador, jornalista, pintor, escritor, escultor e outras que lhe possam ser assemelhadas*; (*b*) *profissões, ocupações e prestação de serviços não comerciais*, etc. Note-se que a lista de profissionais liberais não é obra do acaso.

Por tudo, legar a alguns, em razão de sua ocupação – a prestação de serviços intelectuais, o privilégio de recolher aos cofres públicos percentuais reduzidos, em razão de regime tributário diferenciado, feriria, inegavelmente, não só o princípio da isonomia, mas também o da capacidade contributiva que está hospedado nas dobras daquele, conforme nos ensina Roque Antonio Carrazza,[39] uma vez que, em alguns casos, justamente aqueles que mais poderiam contribuir para as receitas públicas seriam os menos onerados, em contraposição a outros profissionais impingidos a recolher somas tributárias sensivelmente maiores. A equiparação entre pessoa jurídica e pessoa física, nos termos vaticinados, desmantelaria gravemente os mecanismos de que se serve o Direito para alcançar a tão almejada Justiça Fiscal.

Do mesmo modo, sob o prisma do contratante/tomador, não há se cogitar, pelas mesmas razões acima expostas, que a Lei n. 11.196/2005 tenha introduzido no ordenamento jurídico norma conivente com a contratação de empregados sob o regime de pessoa jurídica. É certo que tal possibilidade evitaria, para o contratante, elevados encargos trabalhistas, tributários e previdenciários, bem como reduziria, via de regra, a própria carga tributária do "trabalhador-PJ" que, ao emitir nota fiscal de prestação de serviços, deixaria de recolher o Imposto de Renda das Pessoas Físicas, sob a exorbitante alíquota de 27,5%, mais contribuição previdenciária, caso fosse empregado com registro na Carteira de Trabalho e Previdência Social – CTPS, passando a ser tributado segundo o modelo próprio das pessoas jurídicas, sob percentuais que não ultrapassariam a casa dos 15%. No entanto, basta um olhar de esguelha para os princípios constitucionais e direitos mais caros do cidadão para concluir-se pela farsa da conivência que também pode ser desvelada pela simples leitura da justificativa de inclusão do artigo em tela na Medida Provisória que posteriormente foi convertida na Lei n. 11.196/2005, conforme veremos a seguir.

10. A retroatividade da norma interpretativa

O ingresso do art. 129, da Lei n. 11.196/2005, no ordenamento jurídico vigente foi justificado pelo Senado Federal do seguinte modo:

Os princípios de valorização do trabalho humano e da livre iniciativa previstos no art. 170 da Constituição Federal asseguram a todos os cidadãos o poder de empreender e organizar seus próprios negócios. O crescimento da demanda por serviços de natureza intelectual em nossa economia requer a edição de norma interpretativa que norteie a atuação dos agentes da Administração Pública e as atividades dos prestadores de serviços intelectuais, esclarecendo eventuais controvérsias sobre a matéria.

Vimos ao longo de todo o estudo que o art. 129, da Lei n. 11.196/2005, não ingressou na ordem jurídica para hastear permissões incontinentes que desvirtuam laços obrigacionais entre sujeitos de direito, e nem poderia, já que a Constituição da Republica ostenta um quilométrico rol de cláusulas pétreas a respeito de direitos sociais. Também não haveria cabimento em afirmar, como fazem os incautos, que a norma é redundante, que diz o óbvio, que

39. *Curso de Direito Constitucional Tributário*, p. 85.

expõe o que todos já sabemos: que pessoa jurídica é pessoa jurídica! Sendo assim, qual seria o alcance e a natureza do polêmico artigo?

Ora, pelo que pudemos destrinçar, a essência do art. 129 da Lei n. 11.196/2005 está entalhada em sua própria gênese. Trata-se de uma norma interpretativa dirigida eminentemente, como bem argumentou o Senado, aos prestadores de serviços intelectuais e aos agentes de fiscalização do Estado, não podendo, nem uns nem outros, se olvidarem das premissas nele traçadas.[40] O que pretende o dispositivo é justamente esclarecer que determinados atos jurídicos que vinham sendo desconsiderados pelas antigas Secretarias da Receita Federal e da Previdência Social estavam plenamente condizentes com o direito posto, restando arbitrária a força pujante do braço estatal para desarticulá-los. Ao mesmo tempo, avisa às pessoas jurídicas prestadoras de serviços intelectuais que devem ser, tanto no feitio quanto no conteúdo, pessoas jurídicas, isto é, devem exalar, de fato e de direito, personalidade jurídica, sob pena de quedarem inermes aos pés dos agentes fiscais.

Com efeito, o que faz o dispositivo é expressar um entendimento que já se podia extrair da legislação em vigor à época de sua publicação,[41] o entendimento de que não é vedada a prestação de serviços intelectuais por meio de pessoa jurídica unipessoal, ainda que em caráter personalíssimo. Saliente-se ainda que a "justificativa" emanada do Poder Legislativo equivale à "Exposição de Motivos" proferida pelo Poder Executivo e que ambas norteiam o trabalho do exegeta,[42] lançando o fio condutor que o guiará à intenção primordial do legislador quando da criação do mandamento normativo.

A incerteza é o pressuposto da norma interpretativa e o dispositivo em tela surgiu, inegavelmente, para aplacar incertezas na relação entre determinados sujeitos de direito – os prestadores de serviços intelectuais – e o Estado-Administração. O intuito do art. 129 da Lei n. 11.196/2005 foi o de esclarecer as controvérsias existentes – nada mais. A regra em nada inovou o ordenamento jurídico. O que já era continuou valendo, de sorte que a essência do dispositivo não é menos que a de interpretação de outras normas.

Paulo de Barros Carvalho, chama a atenção para a peculiaridade das normas interpretativas que, segundo ele, são normas que circunscrevem seus objetivos ao *esclarecimento de dúvidas*. Diz que se têm por interpretativas apenas as leis que *objetivem fixar a significação de norma jurídica que suscite dúvidas no seu sentido e alcance ou que possa vir a suscitá-las*, procurando-se com isso *uniformizar* as interpretações. Indo além, assevera que as normas interpretativas *despem-se da natureza inovadora que acompanha a atividade legislativa, retrotraindo ao início da vigência da lei interpretada*, ou seja, a norma que interpreta outra *há de ser retroativa* quando *destinada a eliminar as obscuridades e ambigüidades*.[43] É o que preconiza o art. 106, I, do Código Tributário Nacional, que prevê: "A lei aplica-se a ato ou fato pretérito: I – em qualquer caso, quando seja expressamente interpretativa, excluída a aplicação de penalidade à infração dos dispositivos interpretados". Tem, portanto, o referido dispositivo o condão de atribuir sentido retroativo à norma contida no art. 129, da Lei n. 11.196/2005, fazendo-a co-

40. Sacha Calmon Navarro Coelho, "Conteúdo e alcance do art. 129 da lei n. 11.196/05 – Norma de natureza interpretativa, dirigida à fiscalização, que não permite a desconsideração de situações jurídicas consolidadas – Parecer", in *Revista Dialética de Direito Tributário* 141/144.

41. Pedro Anan Jr., Juliana Grandino Latorre e Thais Abreu de Azevedo Silva, "Considerações a respeito do art. 129 da Lei n. 11.196/2005", in *Principais Aspectos da Lei 11.196/2005 – A "MP do Bem"*, p. 163.

42. Idem, p. 164.

43. "O art. 3º da Lei Complementar 118/2005, princípio da irretroatividade e lei interpretativa", in *Revista de Direito Tributário* 93/13-15.

lher fatos pretéritos resultantes da afoiteza arrecadatória dos órgãos de fiscalização do Estado.

Referências bibliográficas

BECKER, Alfredo Augusto. *Teoria Geral do Direito Tributário*. 4ª ed., São Paulo, Noeses, 2007.

BORGES, José Souto Maior. *Ciência Feliz*. 2ª ed., São Paulo, Max Limonad, 2000.

CARRAZZA, Roque Antonio. *Curso de Direito Constitucional Tributário*. 21ª ed., São Paulo, Malheiros Editores, 2005.

CARVALHO, Paulo de Barros. *Curso de Direito Tributário*. 17ª ed., São Paulo, Saraiva, 2005.

______. *Direito Tributário – Fundamentos Jurídicos da Incidência*. 2ª ed., Saraiva, 1999.

______. "O art. 3º da Lei Complementar 118/2005, princípio da irretroatividade e lei interpretativa", in *Revista de Direito Tributário* 93, São Paulo, Malheiros Editores, 2006.

CASCUDO, Luis da Câmara. *História dos nossos Gestos*. Belo Horizonte/São Paulo, Itatiaia/EDUSP, 1987.

COELHO, Fábio Ulhoa. *Curso de Direito Civil*. v. 1, São Paulo, Saraiva, 2003.

______. *Curso de Direito Comercial*. 5ª ed., São Paulo, Saraiva, 2001.

______. *Manual de Direito Comercial*. 14ª ed., São Paulo, Saraiva, 2003.

COELHO Sacha Calmon Navarro. "Conteúdo e alcance do art. 129 da Lei n. 11.196/2005 – Norma de natureza interpretativa, dirigida à fiscalização, que não permite a desconsideração de situações jurídicas consolidadas – Parecer", in *Revista Dialética de Direito Tributário* 141, São Paulo, Dialética, jun./2007.

______. "Fisco *versus* contribuinte: até onde vai o abuso", in *Gazeta Mercantil*, 7.11.2005.

FERRAZ JR., Tércio Sampaio. *Introdução ao Estudo do Direito*. 3ª ed., São Paulo, Atlas, 2001.

GOMES, Orlando. *Introdução ao Direito Civil*. 18ª ed., Rio de Janeiro, Forense, 2001.

______. *Contratos*. 12ª ed., Rio de Janeiro, Forense, 1987.

MANNRICH, Nelson. "Contratação de serviços intelectuais por meio de pessoa jurídica: mitos e realidades", in *Revista do Advogado* 26/57-62, 2006.

MARTINS, Ives Gandra, PEIXOTO, Marcelo Magalhães, e ELALI, André (coords.). *Principais Aspectos da Lei 11.196/2005 – A "MP do Bem"*. Rio de Janeiro, MP Editora, 2006.

MATURAMA, Humberto, e VARELA, Francisco. *A Árvore do Conhecimento*. São Paulo, Editorial Psy II, 1995.

NASCIMENTO, Amauri Mascaro. *Iniciação ao Direito do Trabalho*. 29ª ed., São Paulo, LTr, 2003.

PANDELOT, José Nilton. *Contratação de Trabalhador como Pessoa Jurídica é Inconstitucional*. *http://www.amatra6.com.br/noticias141.html*, consulta em 25.7.2007.

PEIXOTO, Marcelo Magalhães (coord.). *Tributação, Justiça e Liberdade*. Curitiba, Juruá, 2005.

PEREIRA, Caio Mário da Silva. *Instituições de Direito Civil*. v. I, 19ª ed., Rio de Janeiro, Forense, 2001.

______. *Instituições de Direito Civil*. v. III, 11ª ed., Rio de Janeiro, Forense, 2004.

PINTO, Almir Pazzianotto. "Liberdade de Trabalho e PJ", *Revista Jurídica Consulex* 211, Brasília, Consulex, Ano IX, 2005.

TOMÉ, Fabiana Del Padre. *Contribuições para a Seguridade Social à Luz da Constituição Federal*. Curitiba, Juruá, 2002.

CADERNOS DE DIREITO TRIBUTÁRIO

SINTAXE DA DECADÊNCIA E PRESCRIÇÃO

CÁSSIO VIEIRA PEREIRA DOS SANTOS
Bacharel em Direito graduado pela USP. Especialista em Direito Tributário pela PUC/SP. Auditor-Fiscal de Tributos Municipais de São Paulo. Vice-Presidente do Conselho Municipal de Tributos de São Paulo. Professor de Legislação Tributária da Universidade Municipal de São Caetano do Sul – IMES

1. Objetivo. 2. Linguagem e normas. 3. Direito como sistema de normas. 4. A unidade estrutural das normas jurídicas. 5. Lógica alética. 6. Lógica deôntica. 7. A coercibilidade do direito positivo. 8. Normas jurídicas primária e secundária. 9. Fato jurídico. 10. O chamado "direito subjetivo". 11. Os chamados "exercício de direito" e "direito potestativo". 12. Decadência e prescrição. 13. Decadência e prescrição como normas de comportamento (1ª solução). 14. Elementos de estrutura. 15. Decadência e prescrição como elementos constituintes das normas primária e secundária (2ª solução). 16. Conclusão. Bibliografia.

1. Objetivo

Este trabalho visa propiciar ao leitor reflexões sobre os conceitos de prescrição e decadência, observados sob seus limites sintáticos, elaboradas a partir do estudo de elementos básicos da Teoria Geral do Direito utilizando-se de métodos analíticos.

2. Linguagem e normas

Paulo de Barros Carvalho classifica a linguagem segundo a sua finalidade em: (*a*) descritiva, (*b*) expressiva de situações objetivas, (*c*) prescritiva de condutas, (*d*) interrogativa ou de pedidos, (*e*) operativa ou performativa, (*f*) fática, (*g*) persuasiva, (*h*) afásica, (*i*) fabuladora e (*j*) metalingüística.[1]

A finalidade da linguagem do direito qualifica-se como da terceira espécie (finalidade prescritiva de condutas): o objeto do direito são as condutas humanas; o direito prescreve-as através de estruturas de linguagem, em função da ocorrência, ou não, de certas hipóteses de incidências normativas, objetivando certo fim social.

Para qualificar as condutas humanas, o direito positivo, utiliza-se, assim, de estruturas lingüísticas normativas.

As normas em geral submetem-se a uma estrutura do tipo: "SE antecedente, ENTÃO conseqüente".

Desta forma, como estrutura de linguagem, a norma possui um caráter lógico-sintático implicacional (Se... Então...). No caso das normas prescritivas de comportamento, o antecedente (condição de conduta) é uma hipótese (para normas abstratas) ou um fato (para normas concretas);

1. Paulo de Barros Carvalho, *Filosofia do Direito I (Lógica Jurídica)*, p. 17.

e o conseqüente (conduta) um dever ser, deôntico individual ou geral. Para além da estrutura normativa e do plano sintático, caracterizando-se as normas de conduta como objetos culturais, nelas existem ainda valores,[2] núcleos teleológicos que se referem aos planos pragmático e semântico de sua linguagem.

As normas de comportamento são também chamadas de normas de dever ser deôntico. Entenda-se como dever ser deôntico um comando de conduta que "deve ser", ainda que, efetivamente, possa não vir a ocorrer.

Neste sentido, podemos admitir a existência de um dever de comportar-se de certa forma, mesmo que a conduta prescrita não venha a realizar-se.

Percebemos que, não obstante a linguagem normativa tenha uma finalidade preponderantemente prescritiva, conforme salientado por Paulo de Barros Carvalho,[3] existe na norma, no seu antecedente, uma descrição de uma condição; e no seu conseqüente, uma descrição de conduta submetida a uma qualificação deôntica (obrigatória, proibida ou permitida).

Esta dupla característica de forma da linguagem normativa (descritiva e prescritiva) já foi verificada por Henrik von Wrigth[4] e sintetizada por Tércio Sampaio Ferraz.[5]

2. Paulo de Barros Carvalho, *Direito Tributário – Fundamentos Jurídicos da Incidência*, 2ª ed., p. 57.

3. "Sabemos que o legislador emprega, muitas vezes, a linguagem informativa ou expressiva, como forma de veicular suas mensagens. A despeito disso, entretanto, sua linguagem mantém, invariavelmente, uma função diretiva ou prescritiva (...)" (Paulo de Barros Carvalho, *Sistema Jurídico e Norma Jurídica*, texto inédito).

4. Henrik von Wrigth, *Norma y Acción*.

5. "Von Wright fala, em suma, que as normas são compostas de um operador normativo (permitir, obrigar), de uma descrição de ação e de uma descrição da condição da ação (...). Sob o ponto de vista da pragmática, a descrição da ação e a descrição da condição da ação constituem o aspecto-relato da mensagem normativa" (Tércio Sampaio Ferraz, *Teoria da Norma Jurídica*, p. 55).

Se há uma condição no antecedente e uma conduta no conseqüente, com formas descritivas, poderíamos, equivocadamente, concluir que a norma jurídica tratar-se-ia de uma formulação meramente descritiva, submetida à lógica alética. Ledo engano, pois a existência de um operador deôntico (obrigatório, proibido, permitido) no conseqüente desqualifica tal proposta, reforçando a função prescritiva da norma deôntica.

A lógica alética é a lógica das proposições cujos valores são verdadeiros ou falsos, qualificações que não se aplicam aos comandos de conduta: uma norma jurídica não pode ser verdadeira ou falsa, mas apenas válida ou inválida. Aliás, o termo "proposição", na forma definida por Copi,[6] é adotado por vários autores quando referem-se exclusivamente às "proposições" utilizadas no campo das ciências e da lógica.

Kelsen utiliza o mesmo conceito de proposição adotada por Copi, distinguindo as normas jurídicas pertencentes ao direito positivo (ordens, que não podem ser verdadeiras ou falsas, mas apenas válidas ou inválidas) das proposições jurídicas decorrentes da Ciência do Direito, que descrevem o direito positivo e que são, por sua vez, verdadeiras ou falsas.

Neste sentido, Kelsen criticou a definição de norma de Ulrich Klug, salientando que quando Klug propõe que a norma seja considerada uma proposição, estaria admitindo a possibilidade da norma caracterizar-se como uma linguagem meramente descritiva.[7]

6. "(...) as proposições são verdadeiras ou falsas, e nisto diferem das perguntas, ordens e exclamações (...). Costuma-se usar a palavra 'proposição' para designar o significado de uma sentença ou oração declarativa (...). Os termos 'proposição' e 'enunciado' não são sinônimos, mas, no contexto da investigação lógica, são usados numa acepção quase idêntica (...)" (Irving M. Copi, *Introdução à Lógica*, p. 22).

7. "Sua definição: a norma é uma proposição, que afirma algo sobre um dever ser, tomada ao pé da

Não há que se confundir, assim, a proposição descritiva da Ciência do Direito com a linguagem de finalidade prescritiva de conduta (juízo imperativo) contida na norma deôntica, ainda que esta possa compor-se de elementos de linguagem de forma descritiva.

Sem perder de vista a distinção fundamental existente entre direito positivo e Ciência do Direito, utilizaremos o vocábulo "proposição" de forma ampla, possibilitando o seu uso para designar também as próprias ordens (a que chamaremos de "proposições normativas"), tal como Paulo de Barros Carvalho e Lourival Vilanova,[8] que admitem seu uso para denominar qualquer espécie de juízo, inclusive imperativo.

As normas jurídicas, como espécie das normas de comportamento desejável (normas morais, em sentido amplo), são estruturas de linguagem que têm como finalidade a prescrição de condutas humanas. Caracterizam-se, assim, também como proposições normativas.

Característica peculiar e relevante, contudo, da norma prescritiva de comportamento humano do tipo jurídica é a previsão da possibilidade de submeter o infrator a sanções coercitivas estatais.

Disto resulta que podemos qualificar o direito positivo como um sistema de proposições normativas (as normas jurídicas).

letra, não é uma definição de uma norma. Uma proposição que afirma alguma coisa sobre um dever ser, não é nenhuma norma, mas uma afirmação acerca de uma norma. A norma é o 'dever ser' a respeito do qual a proposição afirma algo, ainda que este dever ser se exprima pela linguagem" (Hans Kelsen e Ulrich Klug, *Normas Jurídicas e Análise Lógica*, p. 88).

8. "(...) O étimo proposição, contudo, serve para denominar qualquer espécie de juízo, seja ele declarativo, interrogativo, *imperativo* ou exclamativo. E é assim que o encontramos em Lourival Vilanova, que distingue as proposições normativas das proposições descritivas, ambas contidas no conceito mais abrangente de proposições jurídicas" (Paulo de Barros Carvalho, *Filosofia do Direito I – Lógica Jurídica*, p. 19 – grifo nosso).

3. Direito como sistema de normas

Entende-se sistema como um conjunto de elementos e suas relações. Podemos aqui referenciar Canaris,[9] para quem o conceito de sistema liga-se a dois requisitos:

(*a*) a *adequação racional*, que é a característica de ordem de um sistema, ou seja, a possibilidade de "exprimir um estado de coisas intrínseco racionalmente apreensível, isto é, fundado na realidade"; e

(*b*) a *unidade*, que é a característica que impede a desconexão dos elementos do sistema, através de princípios fundamentais, ou nas palavras de Kant: "a unidade, sob uma idéia, de conhecimentos variados", ou "um conjunto de conhecimentos ordenado segundo princípios", ou como ainda diria Paulo de Barros Carvalho: "a conjunção de elementos governados por uma idéia comum".[10]

A unidade e a adequação racional, requisitos de qualquer sistema, estão, no sistema do direito do direito positivo, não em uma ausência absoluta de contradições ou lacunas nos comandos normativos, mas sim na unidade da estrutura formal de suas normas e na racionalidade de seu discurso voltado para a prescrição das condutas humanas.[11] Contudo, quando se revelar a existência de normas conflitantes, deve o intérprete buscar harmonizá-las, através dos métodos admitidos no próprio sistema para superar estas antinomias; pois tais conflitos, embora possíveis, são indesejados sob o prisma teleológico do direito.

4. A unidade estrutural das normas jurídicas

No que se refere à unidade de estrutura formal das normas jurídicas, podemos,

9. Claus-Wilhelm Canaris, *Pensamento Sistemático e Conceito de Sistema na Ciência do Direito*, pp. 9-18.

10. Paulo de Barros Carvalho, *Direito Tributário – Fundamentos Jurídicos da Incidência*, p. 41.

11. P. C. Carvalho, *Sistema Jurídico e Norma Jurídica* (texto inédito).

como Paulo de Barros Carvalho,[12] nos referenciar a uma homogeneidade sintática ou formal.

A controvérsia entre Kelsen e Klug,[13] sobre a possibilidade do direito ter um modelo lógico tinha como principal questão o argumento de que a lógica pode representar apenas uma linguagem descritiva, podendo ser utilizada para deduzir se certas proposições seriam "verdadeiras" ou "falsas", mas que era inadequada para representar uma linguagem imperativa como a do direito, que, como visto, não se sujeitaria à qualificação binária do tipo "verdadeiro/falso" de suas proposições, pois as normas não são "verdadeiras" ou "falsas", mas apenas "válidas" ou inválidas".

Em sua obra póstuma, Kelsen sintetiza suas objeções ao uso da "Lógica bivalente (verdadeiro-falso)"[14] no direito positivo. Ressaltando que: (*a*) as normas não são enunciados, mas ordens imperativas,[15] (*b*) haveria conflitos reais de normas que se caracterizariam por contradições lógicas:[16]

Rupert Schreiber, utilizando-se da lógica simbólica e influenciado pela obra de Klug,[17] propôs um modelo lógico-formal para o direito. Schreiber inicia sua proposta a partir das normas concretas e observa que na construção da descrição do evento submetido à incidência da norma, os órgãos competentes emanam dois enunciados: o primeiro trata-se de linguagem de forma descritiva ou indicativa (a descrição do evento, ou subsunção); a segunda trata-se de linguagem de forma imperativa (a ordem decorrente da subsunção).[18]

Schreiber defende um isomorfismo entre as prescrições jurídicas e as proposições indicativas, não obstante as proposições indicativas serem qualificadas pela lógica apofântica como verdadeiras ou falsas e as decisões judiciais como devidas ou indevidas.

Neste sentido, tanto Schreiber como Paulo de Barros Carvalho defendem a existência de estruturas sintáticas uniformes de normas jurídicas.

5. Lógica alética

Se a norma jurídica, enquanto espécie de proposição (proposição prescritiva) é, como defende Schreiber, passível de ser representada por uma formulação sintática isofórmica à norma que contém proposições descritivas, então poderemos fazer uso de certos instrumentos da lógica para estudá-la sintaticamente.

Desta maneira, podemos apresentar o cálculo proposicional como forte instrumento de análise normativa formal. A partir do século XIX, principalmente com o desenvolvimento da "álgebra booleana", sistema lógico-simbólico desenvolvido por George Boole (1815-1864), a lógica começou a se afastar do silogismo categórico aristotélico filosófico para tornar-se poderosa ferramenta de linguagem formal, aproximando-se mais da matemática.

Os novos sistemas de lógica simbólica (o de Frege, o de Whitehead e Russsel e o de Hilbert), sustentados na álgebra de Boole, tinham a pretensão de serem mais

12. P. C. Carvalho, *Sistema Jurídico e Norma Jurídica* (texto inédito).

13. Hans Kelsen e Ulrich Klug, *Normas Jurídicas e Análise Lógica*.

14. Hans Kelsen, *Teoria Geral das Normas*, p. 238.

15. "(...) uma análise lógica pode apenas dizer respeito a enunciados que são verdadeiros ou falsos e verificáveis, não, porém a normas que nem são verdadeiras nem falsas" (Hans Kelsen, *Teoria Geral das Normas*, p. 243).

16. "Na hipótese de um conflito de normas, ambas são válidas; do contrário não existiria conflito de normas" (Kelsen, *Teoria Geral das Normas*, p. 266).

17. Ulrich Klug, *Lógica Jurídica*.

18. "En el análisis de las decisiones jurídicas aparece un elemento igual al que se presentaba en el análisis de las proposiciones indicativas individuales es aquella parte que describe la situación del mundo que debe valer jurídicamente. Esta parte de una decisión jurídica tiene la misma estructura que la proposición indicativa individual" (Rupertt Schreiber, *Lógica del Derecho*).

apropriados, precisos e abrangentes do que o sistema clássico.[19]

São elementos da lógica simbólica: as variáveis proposicionais, os conectivos formadores de sentenças e os quantificadores.

A lógica é uma ferramenta idealizada para formalizar discursos descritivos. Tais discursos referem-se basicamente a descrições de objetos. Chamaremos a tais objetos de "indivíduos" e serão representados pelas letras minúsculas (a, b, c...); já as características de tais objetos serão chamadas de "predicados", e serão representados pelas letras maiúsculas (A, B, C...). Se "s" refere-se a um sujeito e "P" é a característica de ser proprietário de um bem imóvel, então a proposição α, onde α ≡ P(s) ("α equivale a P(s)") significa "s tem a qualidade de ser proprietário de um bem imóvel". Observe-se que usamos letras do alfabeto grego para representar as expressões lógicas.

Os símbolos lógicos conectivos são utilizados para a formação de sentenças compostas a partir de sentenças simples. Adotaremos como primitivas (símbolos indefiníveis através de outros conectivos) alguns conectivos: São eles: "∨" (disjunção) e "~" (negação). Também são primitivas os parênteses: "("e")", utilizados para evitar interpretações ambíguas de sentenças.

Com o uso dos conectivos podemos combinar sentenças. Suponha que tenhamos as sentenças "α", "β", daí a expressão "α ∨ β" significa "α ou β" (disjunção), ou seja, a expressão é verdadeira se e somente se pelo menos uma das frases (α ou β) for verdadeira. O símbolo "∨", por requerer dois argumentos trata-se de um operador diádico.

Podemos representar a expressão "α ∨ β" através da seguinte tabela-verdade, onde F significa que o valor atribuído para a sentença é falso e V significa que o valor atribuído para a sentença é verdadeiro:

19. Rudolf Carnap, *Introduction to Symbolic Logic and its Applications*, p. 3.

Tabela-verdade

sentenças	α	β	α ∨ β
valores atribuídos à sentença	F	F	F
	F	V	V
	V	F	V
	V	V	V

A expressão "~α" significa "não α", e será verdadeira se e somente se A for falso. Como o operador "~" requer apenas um argumento, trata-se de um operador monádico.

Podemos representar a expressão "~α" através da seguinte tabela-verdade:

Tabela-verdade

sentenças	α	~α
valores atribuídos à sentença	F	V
	V	F

A partir das primitivas "∨" e "~" podemos definir outros operadores:

definição de "•" (conjunção): (α •β) ≡ ~ (~α ∨ ~β);

definição de "→" (implicação): (α →β) ≡ (~α ∨β).

Com os indivíduos, predicados e conectivos vistos até o momento poderíamos implementar uma série de enunciados, tais como "João é um contribuinte", que seria representado por "C(j)".

Mas se queremos afirmar "alguém é contribuinte", teremos que instituir os "quantificadores" na nossa lógica simbólica.

Falar que "alguém é contribuinte" significa dizer que: "existe ao menos um x tal que x é contribuinte".

Para expressar em lógica esta frase usaremos o quantificador "∃" (existe) da seguinte forma: "∃(x)C(x)".

Outro quantificador que adotaremos será o "∀" (qualquer), que servirá para expressarmos frases do tipo: "todos são contribuintes", que significa dizer: "qualquer x é tal que x é contribuinte", representado por: "∀(x)C(x)".

Com os quantificadores nosso modelo lógico-simbólico fica muito mais poderoso, e podemos até manipular as proposições categóricas da lógica clássica, representando-as conforme a tabela abaixo:

Todo S é P	$\forall(x)\ (S(x) \rightarrow P(x))$
Nenhum S é P	$\forall(x)\ (S(x) \rightarrow \sim P(x))$
Algum S é P	$\exists(x)\ (S(x) \bullet P(x))$
Algum S não é P	$\exists(x)\ (S(x) \bullet \sim P(x))$

6. Lógica deôntica

Apesar do isoformismo proposto por Schreiber, entre as proposições normativas e as proposições descritivas, os elementos da lógica alética vistos até o momento não satisfazem as necessidades de representação de normas jurídicas. Tratam-se de construções erigidas sob a presunção de que as proposições a serem representadas são verdadeiras ou falsas; o que não alcança às proposições imperativas do mundo do dever ser.

Em 1951 von Wright publica na revista *Mind* a primeira teoria viável sobre Lógica Deôntica. Trata-se de uma lógica modal com três operadores:

O = "é obrigatório que";

P = "é permitido que";

V = "é vedado que".

Assim a expressão $O\alpha$ significa "α é obrigatório".

Estes três operadores definidos por von Wright, embora com alguma controvérsia, costumam ser apresentados através da tabela de equiparação modal abaixo:[20]

$P\,\alpha \equiv \sim O \sim\alpha \equiv \sim V\,\alpha$

$\sim P\,\alpha \equiv O \sim\alpha \equiv V\,\alpha$

$P \sim\alpha \equiv \sim O\,\alpha \equiv \sim V \sim\alpha$

$\sim P \sim\alpha \equiv O\,\alpha \equiv V \sim\alpha.$

A adição de tais equiparações ao sistema de lógica alética do cálculo proposicional, propicia a formação de um sistema de lógica modal deôntica.

Na tentativa de formação de uma representação sintática da norma jurídica, considerando-se um modal O (obrigatório), Von Wright propôs a seguinte transformação de estrutura da lógica alética para a lógica deôntica: de $\alpha \rightarrow \gamma$ para $O\ (\alpha \rightarrow \gamma)$.

Na qual:

α é a expressão que representa o antecedente da norma;

γ é a expressão que representa o conseqüente da norma;

O é o operador modal obrigatório.

Tal estrutura, porém, sofreu as críticas de Prior,[21] comentadas por Juliano Souza de Albuquerque Maranhão.[22]

Talvez o principal problema de adotar-se a estrutura de von Wright seria que a lógica alética tem como um de seus teoremas o *ex falso sequitur quodlibet*: é sempre verdade que $\sim\alpha \rightarrow (\alpha \rightarrow \gamma)$.

Daí, aplicando-se o operador O à ambos os membros da expressão, teríamos que aceitar a afirmação de que $O \sim\alpha \rightarrow O\ (\alpha \rightarrow \gamma)$. Independentemente de entrarmos na discussão se tratar-se de um falso paradoxo ou de um paradoxo de fato, podemos fugir a tal questionamento, adotando-se outra forma estrutural para a norma jurídica.

A solução será aceitar a seguinte construção normativa:

$$\boxed{\alpha \rightarrow O\gamma}$$

Na qual:

α é a expressão que representa o antecedente da norma;

20. Delia Teresa Echave, Maria Eugenia Urquijo e Ricardo A. Guibourg, *Lógica, Proposición y Norma*, p. 123.

21. A. N. Prior, "The paradoxes of derived obligation", in *Mind* 63/64-65, 1954.

22. J. S. A. Maranhão, *Padrões de Racionalidade na Sistematização de Normas*, p. 30.

γ é a expressão que representa o conseqüente da norma;

O é o operador modal obrigatório.

No caso de uma norma que prevê sanção em seu conseqüente no caso de descumprimento de uma conduta obrigatória prevista no conseqüente de outra norma, teremos:

$$\alpha \bullet \sim\gamma \rightarrow O\,\sigma$$

ou seja: "se ocorrer a hipótese de incidência prevista no antecedente α e não ocorrer a conduta prescrita no conseqüente γ então é obrigatório a sanção coercitiva σ".

Assim, passando-se para uma proposta de padrão sintático da norma deôntica (jurídica ou moral) propomos a seguinte forma:

$\alpha \rightarrow M\gamma$

na qual:

α: é uma hipótese ou um fato, um evento descrito, de forma denotativa ou conotativa, sob o qual incide a norma;

→: é o símbolo do operador lógico de implicação, uma ponte que liga o antecedente da norma ao conseqüente deôntico;

M: é o símbolo de operador modal no sistema D (sistema modal deôntico[23]), que pode ser moralmente obrigatório (*O*), proibido (*V*) ou permitido (*P*);

γ: é uma conduta humana, descrita de forma denotativa ou conotativa;

M γ: é uma conduta humana qualificada pelo modal operador *M*, a conduta prescrita pela norma.

Desta forma, a norma não é, propriamente, "uma prescrição de conduta, um mandamento, que reflete o sentido de um ato de vontade de alguém sobre uma conduta humana", como diria Kelsen.[24] Sob a ótica por nós apresentada, melhor seria dizer que se trata de um estrutura de linguagem que contém tal mandamento. A prescrição de conduta é, assim, o conteúdo da norma. Como Kelsen dá ênfase a tal característica da norma, afirma que a norma é o *dever ser* de certa conduta humana.

É neste sentido que devemos compreender a afirmação de Vilanova,[25] que tenta abarcar os três ângulos complementares da norma jurídica.

Quando Lourival Vilanova afirma que "a norma não é a oralidade ou a escritura da 'linguagem'", o autor opõe-se à Escola da Exegese, à norma entendida como o texto legal, para o qual não haveria a necessidade de interpretação; pois "o sentido estaria contido na própria lei" (*sic*). Trata-se, aí de limitar a cognição da norma à sua literalidade, reduzindo a análise normativa ao plano sintático-lógico da Semiótica. Por outro lado, ao afirmar que nem é a norma "'ato-de-querer ou pensar' ocorrente no sujeito emitente da norma, ou no sujeito receptor da norma", o autor critica a visão da norma meramente como juízo de valor. Sem dúvida a norma, como objeto cultural, possui valor,[26] um núcleo teleológico (que se refere ao seu plano pragmático e semântico); mas não se pode negar a ela, também, o seu caráter lógico-sintático. Finalmente, ao contestar caracterizar a norma como "a

23. G. E. Hughes e M. J. Cresswell, *A Introduction to Modal Logic*, p. 43.

24. Hans Kelsen, *Teoria Geral das Normas*, p. 2.

25. "A norma não é a oralidade ou a escritura da "linguagem', nem é o 'ato-de-querer ou pensar' ocorrente no sujeito emitente da norma, ou no sujeito receptor da nem é, tampouco, a 'situação objetiva' que ela denota. A norma jurídica é uma *estrutura lógico-sintática* de significado: a norma conceptua fatos e condutas, representa-os não como desenho intuitivo, imagem reprodutiva (que somente pode ser do concreto – há normas abstratas) de 'fatos-eventos' e 'fatos-condutas'. Representa-os como significações objetivas – endereçadas ao objetivo (plano pragmático) – confirmáveis ou não na espécie de eficácia ou ineficácia por parte das situações objetivas (os 'states-of-affairs')" (Lourival Vilanova, *Norma Jurídica/Proposição Jurídica: Significação Semiótica*, Editora do Governo do Estado de Pernambuco, Secretaria da Educação e Cultura, p. 10).

26. Paulo de Barros Carvalho, *Direito Tributário – Fundamentos Jurídicos da Incidência*, 2ª ed., p. 57.

'situação objetiva' que ela denota", Vilanova rejeita a norma como um mero "fato social", fruto da Escola Sociológica.

Vilanova defende a norma como uma estrutura de linguagem condicional "Se fato, então deve ser conduta prescrita"; que tem como significado a prescrição de uma conduta humana qualificada com um modal obrigatório, permitido ou proibido.

Assim, sendo o direito positivo um objeto cultural, o método não poderá ser apenas lógico-gramatical, ou apenas axiológico ou simplesmente sociológico; mas deve permitir-se ir além: para a conjugação dos três planos (o sintático, e o semântico e o pragmático); daí a importância da Semiótica para a interpretação do direito, como instrumento de investigação desses três planos da linguagem.

7. A coercibilidade do direito positivo

Para atingir o seu fim, ou seja, observar sua característica teleológica, talvez o mais relevante traço que caracterize as normas jurídicas seja a coercibilidade estatal:[27] a norma jurídica diferencia-se das demais normas de conduta por tratar-se de uma ordenação da conduta humana que sujeita o seu infrator à coerção, ao uso da força estatal. Uma vez descumprida a conduta prescrita, seria possível a execução de uma sanção coercitiva. É o que Kelsen chamou de ordem de coatividade[28] da norma jurídica. Saliente-se que a coercibilidade ou a coatividade é, em regra, nos sistemas de direito modernos, um monopólio dos órgãos judiciais instituídos pelo Estado. Se a coatividade for exercida por alguém que não tenha competência outorgada pelo Estado para tanto, a sanção imposta é um ato ilícito.

Assim, há que se ter bem clara tal característica da conduta prescrita pela norma jurídica: só trata-se de prescrição jurídica aquela passível de imputar a certo agente uma sanção estatal pelo seu descumprimento.

8. Normas jurídicas primária e secundária

Se o descumprimento de certa conduta não implicar em uma potencial sanção estatal, a conduta descumprida não se trata de conduta prescrita por norma jurídica.

É devido a tal característica que para cada norma jurídica NP ("norma jurídica primária"), que prevê como conduta prescrita $M_{NP}\ \gamma_{NP}$, (uma conduta humana γ_{NP} prescrita na norma primária, qualificada por um dos modos de M_{NP}: obrigatório O, proibido V ou permitido P, resultando em $O\ \gamma_{NP}$, $V\ \gamma_{NP}$ ou $P\ \gamma_{NP}$); sempre existirá outra norma jurídica NS ("norma jurídica secundária"), que prevê como conduta prescrita $M_{NS}\ \sigma_{NS}$, (uma conduta estatal sancionatória σ_{NS} prescrita na norma secundária, qualificada pelo modal obrigatório O, resultando em $O\ \sigma_{NS}$), como veremos a seguir.

Assim, da natureza coerciva do direito, infere-se que para cada norma jurídica deve existir uma outra norma jurídica que estabelece ao Estado o dever de sancionar o infrator quando chamado a fazê-lo por alguém que tenha legitimidade para requerer tal coerção do Estado-juiz. À primeira norma, que estabelece o dever de conduta de alguém, chamaremos de "norma primária"; já à norma que estabelece o dever do Estado-juiz de aplicar a sanção coercitiva, chamaremos de "norma secundária".

Neste sentido, em *Teoria Geral das Normas*, Kelsen retifica a nomenclatura adotada na *Teoria Pura do Direito*: "Se se admite a distinção de uma norma que prescreve uma conduta determinada e de uma norma que prescreve uma sanção para o fato da violação da primeira seja essencial para o Direito, então precisa-se qualificar a primeira como norma primária e a segun-

27. Miguel Reale, *Lições Preliminares de Direito*, p. 46.

28. Hans Kelsen, *Teoria Pura do Direito*, p. 36.

da como norma secundária – e não o contrário, como o foi por mim anteriormente formulado".[29]

Deve-se salientar, contudo, que a caracterização da norma secundária dá-se por duas características: (*a*) tais normas prevêem em seu conseqüente um ato de sanção coercitiva estatal; (*b*) o sujeito do dever de coerção (adotando-se a linguagem kelseniana) é o Poder Judiciário.

Não basta, assim, para caracterizar uma norma como secundária, ser o seu conseqüente como uma sanção a ato ilícito, como é o caso das chamadas "sanções administrativas".[30]

Também não há que se caracterizar como norma secundária aquela que atribui ao Poder Judiciário o dever de, quando requisitado, meramente declarar um fato jurídico, pois neste caso não se trata de dever de imposição de sanção coercitiva (execução forçada de uma penalidade). Apenas é secundária, repisamos este item, a norma que impõe ao Poder Judiciário a aplicação coercitiva de uma sanção.

A estrutura sintática da norma jurídica primária (NJP) tem a seguinte forma:

$\alpha_{NP} \rightarrow M_{NP}\, \gamma_{NP}$

na qual:

α_{NP}: é o antecedente jurídico (abstrato ou concreto) descrito na norma primária;

$\rightarrow$: é o símbolo do operador lógico-deôntico de implicação, uma ponte que liga o antecedente da norma ao conseqüente deôntico;

M_{NP}: é o símbolo do operador modal da norma primária, que pode ser obrigatório (*O*), proibido (*V*) ou permitido (*P*);

γ_{NP}: é uma conduta humana (geral ou individual), descrita na norma primária;

$M_{NP}\gamma_{NP}$: é uma conduta humana qualificada pelo modal operador *M*, a conduta prescrita pela norma primária.

Analogamente, a estrutura sintática da norma jurídica (NJS) secundária tem a seguinte forma:

$\alpha_{NS} \rightarrow M_{NS}\, \gamma_{NS}$

na qual:

α_{NS}: é o antecedente previsto na norma secundária, caracterizado como $\alpha_{NS} \equiv (\alpha_{NP} \bullet \sim\gamma_{NP})$,

onde:

- $\equiv$ é o símbolo do operador lógico de equivalência;
- α_{NP} é o fato descrito na norma primária;
- $\bullet$ é o símbolo do operador lógico de conjunção "E";
- $\sim$ é o símbolo do operador lógico de negação "NÃO";
- $\sim\gamma_{NP}$ é conduta humana que foi qualificada pelo operador modal $M_{NP;}$

$\rightarrow$: é o símbolo do operador lógico de implicação, uma ponte que liga o antecedente da norma ao conseqüente deôntico;

M_{NS}: é o símbolo do operador modal *O* da norma secundária;

γ_{NS}: é uma conduta estatal de coerção, descrita na norma secundária, também indicada por σ_{NS} ou simplesmente σ;

$M_{NS}\, \gamma_{NS}$: é uma conduta estatal qualificada pelo modal operador *O*, a conduta prescrita pela norma secundária.

Percebemos, assim, que a tanto a norma primária como a norma secundária observam a forma geral normativa $\alpha \rightarrow M\, \gamma$. À união (disjunção lógica representada pelo símbolo $\vee$) da norma primária com a norma secundária chamamos de norma jurídica completa (NJC).

A estrutura sintática da norma jurídica completa é:

$$NJC \equiv NJP \vee NJS, \text{ ou}$$

$$NJC \equiv (\alpha_{NP} \rightarrow M_{NP}\, \gamma_{NP}) \vee (\alpha_{NP} \bullet \sim\gamma_{NP} \rightarrow M_{NS}\, \sigma_{NS}).$$

29. Hans Kelsen, *Teoria Pura do Direito*, p. 181.

30. Paulo de Barros Carvalho, *Direito Tributário – Fundamentos Jurídicos da Incidência*, p. 37.

Neste ponto, há que se elucidar também o que entendemos por fato jurídico.

9. Fato jurídico

Fato distingue-se de evento:[31] o evento ocorre no chamado "mundo dos fenômenos", sendo, ou não, passível de cognição pelo ser humano. Se o evento for de conhecimento do ser humano, este conhecimento é expresso pela linguagem, pois não há conhecimento humano fora dela.[32] Uma vez declarado, constitui-se um fato, uma "realidade cultural". O fato é, assim, uma descrição de um evento ocorrido, o fato jurídico é uma declaração, emanada por um agente competente (com a legitimidade outorgada pelo direito positivo para informar a ocorrência, no mundo dos fenômenos, de um evento que pode ser relacionado com uma hipótese de incidência normativa através de um processo de denotação do evento à classe indicada na hipótese de incidência da norma abstrata). Assim, nem todos os fatos declarados pelo homem são relevantes para o mundo jurídico; somente aqueles que foram eleitos pelo direito positivo como susceptíveis de conseqüência jurídica, declarados pela autoridade competente, são fatos jurídicos.

Há, como ensina Lourival Vilanova, uma qualificação e tipificação dos fatos pelo direito.[33] A constituição destes fatos (através de declarações feitas pelo agente eleito pela respectiva norma de competência), enquadrados como espécies fenomenológicas da hipótese de incidência normativa, implica na inexorável incidência da norma geral e abstrata pela constituição da norma individual e concreta.

Vemos, portanto, que se faz necessária a positivação do direito pela constituição do fato jurídico através da linguagem.[34]

A norma de competência do direito positivo que elege o agente legitimado para constituir um fato jurídico pode optar tanto por um agente administrativo (por exemplo, um fiscal tributário; responsável por declarar o fato jurídico tributário através da linguagem na forma de lançamento); como um agente do Poder Judiciário (um juiz com a competência para declarar um fato na forma de linguagem de sentença) ou mesmo um particular (responsável por declarar um fato na forma de linguagem contratual ou na forma de declarações previstas como deveres administrativos).

Neste instante surge a norma individual e concreta que positiva a norma geral e abstrata, e nasce a conduta obrigatória para sujeito de dever. Para grande parte da doutrina nasceria neste instante também o assim chamado "direito subjetivo".

10. O chamado "direito subjetivo"

Há, contudo, que se tomar certo cuidado com a expressão "direito subjetivo".

Se adaptarmos a posição kelseniana em função das observações acima colocadas e entendermos que a norma não é, mas contém "o sentido de um ato de vontade de alguém sobre uma conduta humana", e que "o direito qualifica as condutas humanas em obrigatórias, proibidas ou permitidas em função da ocorrência, ou não de certas hipóteses de incidências normativas", então onde está o chamado "direito subjetivo" na estrutura sintática da norma jurídica?

O chamado "direito subjetivo" de um indivíduo i_1, titular de tal "direito subjetivo" referente a certa norma primária, nada mais seria do que o dever de conduta prescrito a um outro indivíduo i_2, o sujeito do dever previsto no conseqüente da norma.

31. Tércio Sampaio, *Introdução ao Estudo do Direito*, p. 253.

32. L. Wittgenstein, *Tractatus Logico-Philosophicus*, proposição 5.6.

33. Lourival Vilanova, *Causalidade e Relação no Direito*, 4ª ed., p. 53.

34. Paulo de Barros Carvalho, *Direito Tributário – Fundamentos Jurídicos da Incidência*, p. 11.

De fato, Kelsen critica a utilização da expressão “direito subjetivo”: “Se, neste caso, se fala de um direito subjetivo ou de uma pretensão de um indivíduo, como se este direito ou esta pretensão de um indivíduo fosse algo diverso do dever do outro (ou dos outros), cria-se aparentemente duas situações juridicamente relevantes onde só existe uma”.

Assim, Kelsen[35] abomina que se adote para a expressão “direito subjetivo” o significado de um “direito reflexo” de alguém em face do qual o dever jurídico imposto a outrem imediatamente subsiste, pois lembra que nem todo o dever de conduta de alguém precisa, obrigatoriamente, estar relacionado com um “direito subjetivo” reflexo de outra pessoa: “(...) não pressupomos um direito subjetivo reflexo em todos os casos de um dever jurídico (...). Tal acontece, por exemplo, no caso de certas normas jurídicas que prescrevem uma determinada conduta dos indivíduos em face de certos animais, plantas ou objetos inanimados. São direitos que – mediatamente – subsistem perante a comunidade jurídica, interessadas nestes objetos. Mas nem por isso são admitidos como direitos reflexos dos animais, das plantas e dos objetos inanimados em face dos quais estes deveres imediatamente subsistem”.

Com esse tipo de argumentação, Kelsen defende que o chamado “direito subjetivo” nada mais é do que a proteção da tutela de um interesse (individual ou coletivo) pelo direito positivo; seria o direito à coerção estatal, através do exercício da ação judicial.[36]

“Direito subjetivo”, assim, é a permissão outorgada pelo ordenamento jurídico para que alguém possa exigir a ação judicial coercitiva do Estado-juiz, como um dever jurídico público, contra o agente que descumpriu um conseqüente normativo.

Neste sentido, o chamado “direito subjetivo” é um pressuposto para a aplicação da norma secundária, derivado do conseqüente da norma primária; seria, assim, uma ligação entre a norma primária e a norma secundária. Teríamos a seguinte representação gráfica do direito subjetivo na norma jurídica completa:

$(\alpha_{NP} \rightarrow M_{NP}\ \gamma_{NP})$

↓ Direito subjetivo do autor da ação a exigir a conduta σ_{NS} do Estado quando ocorrer $\alpha_{NP} \bullet \sim\gamma_{NP}$

$(\alpha_{NP} \bullet \sim\gamma_{NP} \rightarrow M_{NS}\ \sigma_{NS})$

De forma alguma se diga que estamos com isso adotando uma teoria imanentista de ação, já superada pelo estágio atual da Teoria Geral do Processo.[37]

Não há que se confundir o direito abstrato a requerer ao Poder Judiciário uma ação, de caráter constitucional (independente do direito substantivo que se busca defender), que exige do órgão judiciário um dever de dar um provimento (favorável ou desfavorável) ao requerente, conforme explica Liebman,[38] com o direito a um provimento satisfativo, o chamado por Kelsen de “direito substantivo” a ter seu pedido ação coercitiva estatal provido em virtude do descumprimento de uma conduta prescrita em uma norma primária.

O direito constitucional de ação previsto no art. 5º, XXXV, de obter um provimento (satisfativo ou negativo) é autônomo e existe independentemente do direito material invocado. Por outro lado, o chamado “direito subjetivo” de ver ao Estado-juiz atribuído o dever de prestar um provimento obrigatoriamente satisfativo, através da aplicação de uma sanção coercitiva ao infrator da norma jurídica primária, é o

35. Hans Kelsen, *Teoria Pura do Direito*, p. 141.

36. Hans Kelsen, *Teoria Pura do Direito*, pp. 142 a 150.

37. Cintra, Grinover e Dinamarco, *Teoria Geral do Processo*, p. 209.

38. Cintra, Grinover e Dinamarco, *Teoria Geral do Processo*, p. 212.

próprio conteúdo da norma secundária par da norma primária descumprida.

Da mesma forma que a norma primária, geral e abstrata, para ser aplicada, carece da emanação de uma linguagem constitutiva do direito, uma norma protocolar, individual e concreta (um lançamento é o exemplo sempre lembrado entre os tributaristas), também o chamado "direito subjetivo" previsto na norma secundária (aquela que estabelece, de forma geral e abstrata, o dever do estado-juiz de impor uma sanção estatal coercitiva) necessita ser exercido na forma de linguagem. O exercício de tal "direito subjetivo", de exigir a sanção coercitiva dá-se pela petição inicial do legitimado para tanto; nela deverá estar contida a declaração de que teria ocorrido a situação "$\alpha_{NP} \bullet \sim\gamma_{NP}$", prevista no antecedente da norma secundária, que deverá ser confirmada, ou não, pelo órgão judicial no instante da sentença. Se na manifestação do órgão judicante ficar confirmada a declaração do titular do "direito subjetivo", então o Estado-juiz submete-se ao dever de sancionar o agente responsável pela ilicitude.

11. Os chamados "exercício de direito" e "direito potestativo"

Se o que chamamos de "exercício de direito", segundo Kelsen, é a exigência, pelo legitimado, da conduta devida pelo obrigado.[39] O exercício do direito, como um ato cultural, só pode dar-se através da linguagem, seja pela edição da norma individual e concreta que constitui o dever previsto na norma primária, referente ao chamado "direito material" (por exemplo, notificação de lançamento tributário para que o sujeito passivo pague o *quantum* devido); seja pela edição da norma individual e concreta que constitui o dever previsto na norma secundária, referente à chamada "*pretensão* de direito material" (petição para que o Poder Judiciário aplique a sanção coercitiva).

Dizemos que a pessoa com a faculdade para "adquirir"[40] ou "exercer" um direito independentemente da vontade de outrem, é titular de um "direito potestativo".

Agnelo Amorim Filho[41] cita Chiovenda, para quem os chamados "direitos potestativos" são poderes que se exercitam e atuam mediante simples declaração de vontade, mesmo que em certos casos haja a necessidade de intervenção judicial; "Têm todas de comum tender à produção de um efeito jurídico a favor de um sujeito e a cargo de outro, o qual nada deve fazer, mas nem por isso pode esquivar-se àquele efeito, permanecendo sujeito à sua produção"; o direito potestativo "tem como característica o estado de sujeição que o seu exercício cria para outras pessoas, independentemente da vontade dessas últimas".

Assim, o credor é titular do "direito potestativo" de notificar o devedor e constituir a mora; o Fisco, por outro exemplo, é titular do "direito potestativo" de notificar o devedor e constituir seu crédito tributário.

Por outro lado, o credor é titular do "direito subjetivo" de exigir, através da ação, que o Estado-juiz se manifeste, ou seja, dê-lhe um provimento (satisfativo ou negativo) de certa pretensão resistida, pode, assim, entrar com uma ação de cobrança de débito.

12. Decadência e prescrição

A tradicional doutrina civilista,[42] desconsiderando as observações de Kelsen quanto ao uso do termo "direito subjetivo"

39. Hans Kelsen, *Teoria Pura do Direito*, p. 140.

40. De Plácido e Silva, *Vocabulário Jurídico*, p. 93.

41. Agnelo Amorim Filho, "Critério científico para distinguir a prescrição da decadência e para identificar as ações imprescritíveis", *Revista de Direito Processual Civil* 3/95-132.

42. Limongi França, *Manual de Direito Civil*, v. I, p. 357.

e de Liebman quanto à natureza autônoma da ação, como um direito constitucional a um provimento judicial (satisfativo ou não), acima relatadas, propugna que a decadência e a prescrição são formas de extinção de "direitos subjetivos" (*sic*) pelo decurso de determinado prazo. A decadência afetaria o "direito material" e a prescrição afetaria o "direito de ação" (*sic*).

O equívoco semântico ocorre porque o que se extingue com a prescrição não pode ser o direito constitucional de ação (de ver o órgão judicial prestar um provimento satisfativo ou não ao pedido), pois o direito de ação é autônomo do direito material invocado. O que se extingue com a prescrição é, na verdade, a pretensão do autor em ver o Poder Judiciário submetido ao dever de lhe prestar um provimento satisfativo, aplicando coercitivamente uma sanção ao réu, tendo em vista o descumprimento de certa conduta pelo mesmo.

Hoje, contudo, o equivoco já está superado dentre os modernos civilistas: o Novo Código Civil adotou a proposta de Agnaldo Amorim Filho,[43] no sentido de que a decadência seria a perda do "direito material" pelo seu "não exercício" no prazo estipulado em lei, e a prescrição seria a perda da *pretensão* do "direito material" pelo seu não exercício no prazo estipulado em lei.

O que importa é traduzir tais conceitos ao plano da semântica da pesquisa analítica a que nos propomos.

Dizer que "decadência seria a perda do 'direito material' pelo seu 'não exercício' no prazo estipulado em lei" implica afirmar que o ordenamento jurídico estipula um prazo limite para que a norma individual e concreta que constitui um fato jurídico que se enquadra na hipótese de incidência da norma primária seja emanada pelo agente competente (exemplo: prazo decadencial do lançamento).

Da mesma forma, afirmar que "prescrição seria a perda da '*pretensão* do direito material' pelo seu 'não exercício' no prazo estipulado em lei", implica afirmar que o ordenamento jurídico estipula um prazo limite para que a norma individual e concreta que constitui um fato jurídico que se enquadra na hipótese de incidência da norma secundária seja emanada pelo agente competente (exemplo: prazo prescricional para a interposição da ação executiva pelo Fisco).

Não é por outro motivo que o Novo Código Civil entende que as chamadas "ações constitutivas de direitos" submetem-se a prazos de decadência enquanto as "ações de cobrança" submetem-se a prazos de prescrição, pois só estas referem-se ao verdadeiro exercício do dever do Poder Judiciário previsto em uma norma secundária (aplicação coercitiva de sanção estatal); as primeiras referem-se a formas de aplicação da norma primária (constituição de direitos materiais), ainda que realizadas pelo Poder Judiciário.

Em suma: a decadência referir-se-ia à constituição dos fatos previstos no antecedente conotativo da norma primária e a prescrição referir-se-ia à constituição dos fatos previstos no antecedente conotativo da norma secundária como as definimos.

13. Decadência e prescrição como normas de comportamento (1ª solução)

Ocorrido o decurso do prazo decadencial ou prescricional sem que o titular do chamado "direito potestativo" ou "direito subjetivo" exerça a sua faculdade de constituir em linguagem o fato jurídico denotativo referente à hipótese de incidência da norma primária (para a decadência) ou secundária (para a prescrição), então seria atribuído o modal proibido para a conduta de constituir tais fatos após este período.

Esta é a primeira, e mais singela, das formas possíveis para enfrentarmos

43. Nelson Nery Junior, *Código Civil Anotado*, p. 260.

os enunciados legais que dispõem sobre a decadência e prescrição. Encará-los desta forma é construir uma norma jurídica cujo antecedente é a decurso do prazo e o conseqüente a proibição de constituição de um fato jurídico.

Sendo o decurso de prazo decadencial ou prescricional encarado como uma hipótese de incidência de uma norma geral e abstrata, devemos positivar tal norma através da declaração de constituição do fato jurídico da decadência ou prescrição; ou seja, há que existir uma autoridade competente para declarar, em uma norma protocolar, o fato jurídico do decurso do prazo decadencial ou prescricional para que surja, através da incidência da norma geral e abstrata, o dever do agente de omitir-se (modal proibitivo) de exercer o seu direito de constituir de certo fato jurídico que sofreu os efeitos da decadência ou prescrição. Sem a constituição de tal fato jurídico pela linguagem competente, não há que se falar em "proibição de exercício de direito", pois onde não há linguagem não há fato jurídico e sem fato jurídico não há positivação de um dever.

Mas o instituto (tomo aqui "instituto" como o conjunto de normas jurídicas relacionadas com certa situação) da decadência e da prescrição não se limita à citada norma de conduta com modal proibitivo. Se assim fosse, bastaria sancionar o agente que exerceu sua faculdade após o prazo e manter-se-iam as declarações por ele constituídas. Mas assim não é, pois deve-se ainda desconstituir os fatos jurídicos que foram por ele declarados desrespeitando-se os prazos decadenciais e prescricionais.

Podemos, assim, admitir ainda que os enunciados legais referentes a prazos decadenciais ou prescricionais sejam encarados como "regras de estrutura".

14. Elementos de estrutura

Até aqui descrevemos a norma jurídica como uma norma que estabelece um comportamento humano; contudo, o sistema jurídico compõe-se, ainda, das chamadas "normas de estrutura", ou seja, prescrições que podem afetar a formação ou o conteúdo de outras normas.

Como a alteração de outras normas concorre para alterar a modalidade das condutas humanas; entendemos que as "normas de estrutura" não deixam de também regular condutas, embora de forma mediata.

Para Paulo de Barros Carvalho[44] as regras de estrutura "prescrevem o relacionamento que as regras de comportamento devem ter entre si, dispondo também sobre sua produção e acerca das modificações que se queiram produzir nos preceitos existentes, incluindo-se a própria expulsão de regras do sistema (ab-rogação)".

Cremos que, assim como os enunciados de isenção tributária, também os enunciados de decadência e a prescrição podem formar regras de estrutura.

Pois vejamos: da mesma forma que a norma de isenção reduz o âmbito de incidência da regra matriz,[45] mutilando-a parcialmente, em certos casos, sem suprimi-la totalmente, também assim age a regra de estrutura relativa aos prazos de decadência ou prescrição.

Comandos como o extraído do texto do art. 173 do Código Tributário Nacional podem ser compreendidos como regras que produzem ou regulam modificações em outros preceitos normativos existentes.

Ocorrendo o decurso do prazo (decadencial ou prescricional), não há que se falar mais em exigência da conduta contida no conseqüente da norma afetada (primária ou secundária). É como se a norma afetada pela regra de decadência ou prescrição tivesse parcela da classe dos eventos conotativos de seu antecedente afastada de sua incidência: não se submeteriam à incidência os eventos que não fossem declarados até certo prazo de sua ocorrência.

44. Paulo de Barros Carvalho, *Direito Tributário*, p. 481.
45. Idem, pp. 481 a 490.

Poderíamos esquematizar, em termos sintáticos, o efeito da regra de estrutura de decadência ou prescrição sobre a norma afetada:

Norma afetada desconsiderando-se os efeitos do enunciado de decadência ou prescrição: Hipótese de Incidência Original $\rightarrow$ Conseqüente.

Norma afetada considerando-se os efeitos do enunciado de decadência ou prescrição: Nova Hipótese de Incidência $\rightarrow$ Conseqüente.

Onde: Nova Hipótese de Incidência $\equiv$ Hipótese de Incidência Original • - decurso de prazo.

15. Decadência e prescrição como elementos constituintes das normas primária e secundária (2ª solução)

Assim, temos uma segunda proposta de solução sobre a estrutura sintática da decadência: adotar-se a decadência e a prescrição como enunciados que interferem na formação dos antecedentes jurídicos previstos nas normas primária e secundária, respectivamente.

Observe-se a seguinte estrutura da norma jurídica completa (NJC):

$NJC \equiv (\alpha_{NP} \rightarrow M_{NP}\, \gamma_{NP}) \vee (\alpha_{NS} \rightarrow M_{NS}\, \sigma_{NS})$.

Façamos agora:

$$\alpha_{NP} \equiv (\alpha'_{NP} \bullet \alpha''_{\sim D})$$

onde:

α_{NP} é a hipótese de incidência da norma primária;

α'_{NP} é a hipótese de incidência da norma primária desconsiderando-se a decadência;

$\alpha''_{\sim D}$ é a hipótese da não ocorrência da decadência.

Façamos ainda:

$$\alpha_{NS} \equiv (\alpha'_{NS} \bullet \alpha''_{\sim P})$$

onde:

α_{NS} é a hipótese de incidência da norma primária, que é equivalente a $\alpha_{NP} \bullet \sim\gamma_{NP}$;

α'_{NP} é a hipótese de incidência da norma primária desconsiderando-se a prescrição;

$\alpha''_{\sim P}$ é a hipótese da não ocorrência da prescrição.

Daí resulta que a norma completa passa a ter a seguinte estrutura:

$$NJC \equiv (\alpha'_{NP} \bullet \alpha''_{\sim D} \rightarrow M_{NP}\, \gamma_{NP}) \vee (\alpha'_{NS} \bullet \alpha''_{\sim P} \rightarrow M_{NS}\, \sigma_{NS})$$

16. Conclusão

A análise das normas de decadência e prescrição deve-se ater aos conceitos estabelecidos para as normas jurídicas pela Teoria Geral do Direito; qualquer estudo que não se apegue a tal pressuposto correrá o risco de ofender a unidade e a coerência do sistema.

Esperamos que os conceitos aqui expostos, bem como os desenvolvidos por outros autores que estudaram o tema sustentados pelo construtivismo lógico-semântico,[46] possam servir de ponto de partida para que o leitor se aprofunde no tema.

Bibliografia

AMORIM FILHO, Agnelo. "Critério científico para distinguir a prescrição da decadência e para identificar as ações imprescritíveis", in *Revista de Direito Processual Civil* 3/95-132, São Paulo, jan.-jun./1961.

BOBBIO, Norberto. *Teoria do Ordenamento Jurídico*. São Paulo/Brasília, Polis/Ed. UnB, 1989.

CANARIS, Claus-Wilhelm. *Pensamento Sistemático e Conceito de Sistema na Ciên-*

46. Eurico Marcos Diniz de Santi, *Decadência e Prescrição no Direito Tributário.*

cia do Direito. 3ª ed., Lisboa, Fundação Calouste Gulbenkian, 2002.

CARNAP, Rudolf. *Introduction to Symbolic Logic and its Applications*. Nova Iorque, Dover Publications, 1958.

CARVALHO, Paulo de Barros. *Curso de Direito Tributário*. 14ª ed., São Paulo, Saraiva, 2002.

______. *Direito Tributário – Fundamentos Jurídicos da Incidência*. 2ª ed., São Paulo, Saraiva, 1999.

______. *Filosofia do Direito I (Lógica Jurídica)*. Texto inédito.

______. *Sistema Jurídico e Norma Jurídica*. Texto inédito.

CINTRA, GRINOVER e DINAMARCO. *Teoria Geral do Processo*. 9ª ed., São Paulo, Malheiros Editores, 1993.

COPI, Irving M. *Introdução à Lógica*. 3ª ed., São Paulo, Mestre Jou, 1981.

DE PLÁCIDO E SILVA. *Vocabulário Jurídico*. vs. I e II, 4ª ed., Rio de Janeiro, 1996.

ECHAVE, Delia Teresa; URQUIJO, Maria Eugenia; GUIBOURG, Ricardo A. *Lógica, Proposición y Norma*. Buenos Aires, Editorial Astrea, 2002.

FERRAZ JÚNIOR, Tércio Sampaio. *Introdução ao Estudo do Direito – Técnica, Decisão, Dominação*. São Paulo, Atlas, 1991.

FRANÇA, Limongi. *Manual de Direito Civil*. São Paulo, Ed. RT, 1980.

KELSEN, Hans. *Teoria Geral das Normas*. Porto Alegre, Fabris, 1986.

______. *Teoria Pura do Direito*. 3ª ed., São Paulo, Martins Fontes, 1991.

______; KLUG, Ulrich. *Normas Jurídicas e Análise Lógica*. Rio de Janeiro, Forense, 1984.

KLUG, Ulrich. *Lógica Jurídica*. Caracas, Publicaciones de la Faculdad de Derecho, 1961.

MACHADO, Hugo de Brito. *Curso de Direito Tributário*. São Paulo, Malheiros Editores, 2005.

MARANHÃO, J. S. A. *Padrões de Racionalidade na Sistematização de Normas*. Tese de Doutorado, USP, 2004.

NERY JUNIOR, Nelson, e ANDRADE NERY Rosa Maria. *Código Civil Anotado*. 2ª ed., São Paulo, Ed. RT, 2003.

REALE, Miguel. *Lições Preliminares de Direito*. 22ª ed., São Paulo, Saraiva, 1995.

SANTI, Marcos Diniz de. *Decadência e Prescrição no Direito Tributário*. 3ª ed., São Paulo, Max Limonad, 2004.

SCHREIBER, Rupert. *Lógica del Derecho*. 4ª ed., Colonia del Carmen/México, Distribuciones Fontamara, 1999.

VILANOVA, Lourival. *As Estruturas Lógicas e o Sistema do Direito Positivo*. São Paulo, Max Limonad, 1997.

______. *Causalidade e Relação no Direito*. 4ª ed., São Paulo, Ed. RT, 2000.

WITTGENTEIN, Ludwig. *Tratactus Logico-Philosophicus*. São Paulo, EDUSP, 2001.

CADERNOS DE DIREITO TRIBUTÁRIO

APLICAÇÃO DOS PRINCÍPIOS DA LEGALIDADE E DA TIPICIDADE AO INSTITUTO DO PLANEJAMENTO TRIBUTÁRIO

JULIANA FERREIRA PINTO ROCHA
Mestranda em Direito Tributário pela PUC/SP. Advogada em São Paulo

1. Princípio da legalidade tributária. 2. Princípio da tipicidade tributária. 3. Planejamento tributário – Noções gerais. 4. Conceito de planejamento tributário. 5. Interpretação econômica e a capacidade contributiva. 6. Elisão e evasão fiscal: 6.1 Elisão fiscal e negócio jurídico indireto. 7. Planejamento tributário e os institutos ilícitos relativos à matéria: 7.1 A simulação; 7.2 A sonegação fiscal; 7.3 Fraude à lei; 7.4 Conluio fiscal. 8. Planejamento tributário e o abuso no uso deste direito. 9. Normas gerais antielisivas e os limites do planejamento tributário. Referências bibliográficas.

1. Princípio da legalidade tributária

O princípio da legalidade tributária teve sua origem histórica na *Magna Carta Libertatum*, documento imposto, em 1215, pelos barões ingleses ao Rei João-Sem-Terra, com a finalidade de limitar os seus poderes reais, em razão principalmente da maneira exorbitante e abusiva com que impunha tributos aos cidadãos.

Nas nossas Constituições, o princípio da legalidade tributária sempre esteve expresso na: Constituição Política do Império do Brasil, de 1824, arts. 36, I, e 171; Constituição de 1891, art. 72, § 30, que, no entanto, somente se referia a imposto, mas os doutrinadores à época subordinavam também as taxas ao referido princípio; Constituição de 1934, art. 17, que já mencionava o termo genérico tributo; Carta de 1937, art. 13; Constituição de 1946, art. 141, § 34; Emenda Constitucional n. 18, de 1965; Carta de 1967, arts. 20, I, e 150, § 29; Emenda Constitucional n. 1, de 1969, arts. 19, I, e 153, § 29, e atualmente, na Constituição de 1988, o art. 150, I, refere-se ao princípio da legalidade tributária.

O art. 5º, II, da Constituição Federal de 1988 consagra o princípio genérico da legalidade, segundo o qual ninguém será obrigado a fazer ou deixar de fazer alguma coisa senão em virtude de lei. Contudo, estamos diante de um princípio genérico e insuficiente para assegurar ao contribuinte a garantia que decorre do princípio específico, exigindo, para cada instituição ou majoração de tributo, norma jurídica emanada do Poder Legislativo.

O princípio da legalidade tributária requer lei formal, ou seja, lei em sentido estrito, para significar norma jurídica emanada do Poder Legislativo, como órgão de representação do povo.

Para Alberto Xavier,[1] o princípio da legalidade tem aplicação diversa no Direito Administrativo e no Direito Tributário. No Direito Administrativo, o princípio da legalidade contenta-se com uma simples *reserva relativa*, porque todo comportamento da Administração deve estar fundamentado em lei, mas a lei não tem que fornecer necessariamente o critério de decisão no caso concreto, o legislador pode confiar à livre valoração do órgão de aplicação do direito – o administrador. Contudo, no Direito Tributário a exigência é de uma *reserva absoluta da lei*: "No Direito Tributário, o princípio da legalidade revestiu sempre um conteúdo bem mais restrito. Com vista a proteger a esfera de direitos subjetivos dos particulares do arbítrio e do subjetivismo do órgão de aplicação do direito – juiz ou administrador – e, portanto, a prevenir a aplicação de 'tributos arbitrários', optou-se neste ramo do Direito por uma formulação mais restritiva do princípio da legalidade, convertendo-o numa *reserva absoluta de lei*, no sentido de que a lei, mesmo em sentido material, deve conter não só o fundamento da conduta da administração, mas também o próprio critério da decisão no caso concreto. Se o princípio da reserva de lei formal contém em si a exigência da *lex scripta*, o princípio da reserva absoluta coloca-nos perante a necessidade de uma *lex stricta*: a lei deve conter em si mesma todos os elementos da decisão no caso concreto, de tal modo que não apenas o fim, mas também o conteúdo daquela decisão sejam por ela diretamente fornecidos. A decisão do caso concreto obtém-se, assim, por mera dedução da própria lei, limitando-se o órgão de aplicação a subsumir o fato na norma, independentemente de qualquer livre valoração pessoal".

O princípio da legalidade prescreve que somente lei em sentido estrito tem caráter disciplinador das condutas impositivas tributárias. O que significa afirmar que não deve ser confundida com norma jurídica em sentido lato, como a expressão "legislação tributária", que compreende as leis, os tratados e as convenções internacionais, os decretos e as normas complementares que versem, no todo ou em parte, sobre tributos e relações jurídicas a eles pertinentes (art. 96, do Código Tributário Nacional).

2. *Princípio da tipicidade tributária*

Para atender aos ditames do Estado de Direito, não basta o princípio da tipicidade tributária exigir lei formal e material para a criação do tributo. Persiste a necessidade de que a lei defina também: (*i*) tipo fechado, (*ii*) cerrado, (*iii*) de todos os elementos da obrigação tributária, para não deixar qualquer lacuna que possa ser preenchida pela Administração, tendo em vista a atividade administrativa plenamente vinculada aos limites da lei.

O princípio da tipicidade até poderia ser considerado um princípio autônomo do princípio da legalidade. Todavia, os dois princípios são se completam, como força de expressão um do outro.

Alberto Xavier[2] leciona que "o princípio da tipicidade não é, ao contrário do que já uns sustentaram, um princípio autônomo do da legalidade: antes *é a expressão mesma deste princípio quando se manifesta na forma de uma reserva absoluta de lei*, ou seja, sempre que se encontra construído por estritas considerações de segurança jurídica" (*sic!*).

O princípio da tipicidade possui também uma característica seletiva, porque ao exercer a atividade legislativa, o órgão enunciador deverá eleger as situações tipificáveis que pretende introduzir como antecedente em normas de tributação capazes de fazer incidir o comando prescrito no seu conseqüente.

1. *Os Princípios da Legalidade e da Tipicidade da Tributação*, São Paulo, Ed. RT, 1979, pp. 36-38.

2. Ob. cit., pp. 69-70.

Segundo doutrina de José Artur Lima Gonçalves[3] a tipicidade taxativa no direito tributário implica, pois, a definição de um tipo específico veiculado por lei que contenha a descrição completa de todos os critérios necessários e bastantes à tributação, encerrando em si mesmo uma valoração – um processo decisório – definitiva, que exclui, cabal e completamente, a interferência de valorações ulteriores.

O princípio da tipicidade representa uma barreira à atuação da administração tributária, isto é, somente os elementos descritos no antecedente da regra-matriz do tributo poderão ensejar a aplicação do direito ao caso concreto, dado a ocorrência do fato jurídico ali descrito. A administração tributária deverá selecionar os eventos do mundo social e identificá-los com os elementos que compõem a norma de tributação, ou seja, a chamada subsunção. A subsunção exige um ato de vontade e uma tomada de decisão do agente da administração tributária, porque a subsunção exige a tradução dos eventos sociais em fatos jurídicos, que são significações conceituais dos próprios eventos econômicos.

Por isso que qualquer evento do mundo social que não contenha conceitos descritos na norma de tributação não poderá ser atingido em razão da ausência de tipo legal. O que Alberto Xavier[4] chama de seleção: "A seleção, quer dos fatos, quer dos efeitos, exerce um duplo efeito. Por um lado, a especificação do conceito geral a que tipo se reporta, pela criação de uma pluralidade de modelos que representem todos eles expressões parciais de uma única realidade, de que o conceito é a síntese. Por outro lado, o preenchimento incompleto do mesmo conceito, pelo que a tipologia se distingue da classificação, ao deixar fora do seu âmbito realidades que, se bem que aspectos do conceito geral, foram precisamente excluídas pela atividade seletiva do legislador".

A atividade administrativa é vinculada aos limites prescritos na lei, isto é, aos tipos descritos como hábeis a fazer incidir a norma de tributação. Contudo, o agente fiscal sequer detém qualquer parcela de competência (para legislar) no sentido de preencher eventuais lacunas ou defeitos da lei. Qualquer atitude nesse sentido é um exercício inconstitucional, porque a autoridade administrativa não tem competência para a prática de nenhum ato que extrapole ou modifique a prescrição contida em lei, estando sujeita, rigorosamente aos preceitos legais que lhe compete aplicar.

Analisados os princípios constitucionais da legalidade e da tipicidade que regulam o exercício do Poder Legislativo de enunciação de comandos normativos no ordenamento jurídico como capazes de disciplinar as condutas intersubjetivas e assim, resguardar a segurança jurídica dos particulares de eventuais práticas de aplicação fora desses limites pela autoridade administrativa tributária, é indispensável que analisemos as figuras tributárias do nosso Direito Tributário.

3. Planejamento tributário – Noções gerais

Inicialmente, antes de adentrarmos a questão do planejamento tributário, mister traçarmos algumas premissas.

A obrigação tributária surge com a concreção da situação hipotética prevista no antecedente da norma, fazendo assim surgir ao Fisco (aqui empregado com sujeito ativo da relação jurídica tributária) um direito subjetivo de exigi-la. Essa exigência de caráter patrimonial (econômico) é o objeto da relação jurídica tributária, ou seja, o tributo.

O direito do Fisco em exigir tal prestação, conforme prevê o art. 3º do Código Tributário Nacional, decorre da autorização expressa pela Constituição Federal de

3. *Imposto sobre a Renda – Pressupostos Constitucionais*, São Paulo, Malheiros Editores, 1ª ed., 2ª tir., 2002, p. 82.

4. Ob. cit., pp. 83-84.

1988 ao traçar as competências das pessoas políticas de direito público (União, Estados, Municípios e Distrito Federal), bem como os limites de tal competência, estabelecendo assim, nos princípios constitucionais tributários (legalidade, anterioridade, irretroatividade, isonomia ou igualdade, capacidade contributiva, não-confisco, etc.), além da imunidade.

A competência tributária é a atividade autorizada pela Constituição Federal de criação e edição de normas jurídicas tributárias, ou seja, está intimamente ligada à aptidão de legislar *in abstrato* para a criação de figuras tributárias.

As atividades de criação e introdução de normas jurídicas tributárias encontram-se predispostas na esfera do Poder Legislativo de cada Pessoa Política de Direito Público. Mas, o exercício de criação de normas de tributação, decorre de um bem maior que é o povo. O povo, enquanto detentor do poder soberano, elege seus representantes para que o represente em toda estrutura organizacional da sociedade, impondo as regras que deverão ser observadas por todos, inclusive pelos seus representantes políticos.

Em linhas passadas tivemos a oportunidade de tratarmos dos princípios da legalidade e da tipicidade como corolários lógicos do processo de introdução de normas no sistema jurídico, pois bem; é aqui que surge a figura do planejamento tributário.

O planejamento tributário será visto como o direito do contribuinte de organizar-se e buscar a incidência de uma carga tributária menos agressiva decorrente justamente da relação jurídica entre o Estado e os particulares, assistidos por estes limites fixados no Texto Constitucional, especificamente pelos princípios da legalidade e da tipicidade.

4. Conceito de planejamento tributário

O conceito clássico de planejamento tributário é aceito como a busca ou o objetivo na escolha de alternativas lícitas, decorrentes de ações ou projetos, anteriores a ocorrência do fato jurídico tributário, com a finalidade direta ou indireta de reduzir o ônus tributário, bem como a recuperar possíveis créditos fiscais, escriturais ou em moeda, seja através de pedidos de repetição ou mesmo do instituto da compensação de tributos pagos a maior ou indevidamente, e até mesmo a administração e a redução do passivo tributário por meio do aproveitamento de remissões, anistias e parcelamento.

Para José Artur Lima Gonçalves[5] a atividade vulgarmente chamada de planejamento tributário se desenvolve a partir da técnica de identificar em que parcela da atividade econômica não existe nenhum âmbito de validade de regra de tributação passível de incidir, pois se trata de desvendar o âmbito dos eventos econômicos que não são juridicamente relevantes.

O que estiver fora do âmbito de incidência da norma de tributação significa que não será atingido pela carga tributária e não ocorrerá a instauração da relação jurídica tributária.

Para que haja a incidência e, por conseguinte, a tributação, será necessária a anterior previsão legislativa do comportamento do contribuinte como capaz de fazer incidir a regra ali prescrita. A incidência da norma tributária consiste na subsunção, isto é, a estrita identidade que o evento ocorrido no mundo social (comportamento) guarda com o antecedente da regra-matriz de incidência. Quando juridicizado, isto é, vertido em linguagem competente, faz irradiar efeitos, e estes efeitos por sua vez são os previstos no conseqüente da regra-matriz de incidência do tributo.

Temos na regra-matriz de incidência uma norma geral e abstrata, descrevendo uma situação hipotética e prescrevendo um dever jurídico relacionado por sujeito. Então ocorrido o evento descrito no ante-

5. "Planejamento Tributário", in *Grandes Questões Atuais do Direito Tributário*, v. 10, Dialética, pp. 262-275.

cedente e este vertido em linguagem competente, faz incidir o dever contido no conseqüente, instalando, portanto, uma norma individual e concreta, que passará a ter no seu antecedente o fato jurídico tributário e no seu conseqüente a relação jurídica tributária.

A importância prática da fenomenologia da incidência normativa com a subsunção do fato à norma consiste na possibilidade de conhecermos juridicamente as regras do direito positivo, em qualquer dos seus subdomínios, em face dos acontecimentos do mundo social, bem como o enquadramento do fato à hipótese torna-se possível asseverar o tipo (tipologia), em respeito ao princípio da estrita legalidade, que tal conduta é prevista no Direito. Por isso se afirma que este enquadramento deve ser completo para que se dê verdadeiramente a subsunção.

Para José Artur,[6] o saber se é conveniente ou não, saber se é isonômico ou não, saber se convém submeter um dado negócio econômico à incidência tributária, é algo que está contido no plano de processo decisório legislativo de criar a hipótese de incidência da norma tributária.

É o Poder Legislativo das Pessoas Políticas de Direito Público Interno quem decide que dado comportamento estará ou não sujeito às regras de tributação impostas no sistema jurídico. E ao elegerem o comportamento apto a ensejar a incidência da regra-matriz tributária, é como autorizassem que os comportamentos não prescritos estão fora do âmbito da tributação.

Portanto, o que não estiver no âmbito de prescrição do direito positivo como causa de incidência da regra-matriz de tributação significa que está fora do mundo jurídico como comportamento disciplinado de levar dinheiro aos cofres públicos, portanto, passível de ser utilizado pelo sujeito como uma forma de organização com objetivo de reduzir a carga tributária, tudo com base nos prescritivos legais.

6. Ob. cit., p. 274.

5. Interpretação econômica e a capacidade contributiva

A partir da noção de planejamento tributário, é possível traçarmos com segurança alguns contornos a respeito do nosso objeto de estudo, com a adoção da premissa da segurança jurídica e com o amplo acatamento aos princípios da legalidade e da tipicidade.

Frisamos que somente por meio de lei, como instrumento manifestador do consentimento do cidadão ao tributo é possível assegurar a aplicação eficaz dos ditames prescritos no nosso sistema jurídico em matéria de tributação.

A interpretação econômica significa que a lei tributária deve ser interpretada funcionalmente, levando em consideração a consistência econômica do fato jurídico tributário e a respectiva compatibilidade das formas jurídicas adotadas, prescritivamente delimitadora do campo de incidência da norma tributária.

O primado do segurança jurídica assegura que em respeito ao princípio da legalidade e da tipicidade somente os comportamentos prescritos em lei em sentido estrito serão aptos a fazer incidir a norma de tributação. Representam verdadeiros seletores de propriedades capazes de eleger os comportamentos que tipificarão o comportamento tributável.

No planejamento tributário a incidência tributária fica a cabo da autoridade administrativa tributária, que muitas vezes confunde a verdadeira capacidade jurídica com a capacidade econômica de fazer incidir da norma de tributação.

Cumpre observar que para as leis tributárias, os fundamentos econômicos não são elementos separáveis da lei, mas fazem parte de seu conteúdo normativo, porque uma norma somente é qualificada como tributária quando na sua figura jurídica estão os pressupostos de fato da incidência que a própria lei descreve e estes pressupostos que, pela natureza e escolha do legislador, são econômicos e esses pressupostos ao se realizarem darão nascimento ao vínculo jurídico.

Para José Artur[7] é equivocado – além de muito perigoso – sustentar que toda pessoa que manifeste uma dada capacidade contributiva, no plano dos eventos econômicos, é sujeito passivo da regra de tributação. O fato de alguém manifestar capacidade contributiva em sentido econômico, ou seja, o fato de alguém ter a aptidão de contribuir não vai necessariamente significar que este agente seja sujeito passivo da obrigação tributária.

O que tornará uma pessoa que manifeste signos de riquezas como sujeito passivo da obrigação tributária é somente se o evento econômico revelador da capacidade contributiva ensejar a incidência da norma tributária. E, como vimos, a incidência tributária decorre da ação de tributar do Estado, que por meio do exercício da sua competência legislativa, observa a atividade econômica, enquanto eventos produzidos e protagonizados pelos particulares que se identificam com as manifestações de riquezas.

O Poder Legislativo das Pessoas Políticas de Direito Público Interno atribuiu de certo modo, alguns efeitos jurídicos para cada um desses elementos. O que significa afirmar que ocorrerá a seleção dos elementos capazes de fazer incidir a norma de tributação. O legislador, ao instituir um tributo, indica sempre um fato ou uma situação como capazes de surgimento ou ocorrência, ensejarem o nascimento do tributo. E, estes fatos ou situações serão sempre considerados pelo seu conteúdo econômico e representarão índices de capacidade contributiva conceituada a partir de critérios prescritos na lei em sentido estrito.

6. Elisão e evasão fiscal

O planejamento tributário é também empregado na figura da elisão fiscal, isto é, como uma forma lícita do contribuinte conseguir reduzir a dívida tributária aproveitando-se de lacunas ou imperfeições da lei tributária deixadas pelo legislador ordinário, bem como a ação tendente a evitar, minimizar ou adiar a ocorrência do fato jurídico tributário.

Segundo a classificação proposta por Antonio Roberto Sampaio Dória,[8] a elisão tributária se subdivide em duas espécies: (*a*) elisão induzida pela lei e (*b*) elisão resultante de lacunas da lei. Na primeira espécie, o "legislador conscientemente, prevalecendo razões extrafiscais, permite ou induz à prática de certas modalidades de negócios benevolamente tributados ou mesmo excluídos do círculo de incidência (reduções, isenções, não-incidências em determinados casos) – (*sic!*) (...). Nestes casos de indução legal não há, em regra, necessidade de o indivíduo amoldar os resultados econômicos, que visa, às formas jurídicas mais adequadas do prisma fiscal. Os resultados objetivados são *diretamente* atingidos, sem alteração da estrutura negocial com que normalmente vêm revestidos, porquanto a lei, de modo ineludível, assim os quer beneficiar (*sic!*). Destarte, poder-se-ia denominar tal elisão como *imprópria*. A verdadeira elisão tributária é a que resulta de lacunas da lei (...)".

E, sob a segunda espécie de elisão tributária, o citado autor trata da elisão resultante de lacunas da lei, ou seja, "o legislador, que não pode ser oniprevidente, deixa malhas e fissuras no sistema tributário, inclusive nos próprios casos em que deseja permitir uma elisão para específicos propósitos, por onde escapam à tributação determinados fatos moldados juridicamente pela inesgotável engenhosidade dos contribuintes, ou de seus assessores, da forma a mais benéfica fiscalmente, sem, contudo, os desnaturar a ponto de não mais terem, por conveniências da tributação, a eficácia econômica ou a utilidade negocial que incita à sua realização (...)".

7. Ob. cit., pp. 268-269.

8. *Elisão e Evasão Fiscal*, São Paulo, Edições Lael, 1971, pp. 28-31.

Assim, somos da corrente que vê o planejamento tributário, enquanto empregado na figura da elisão fiscal como uma forma lícita de conseguir reduzir a carga tributária aproveitando-se de lacunas ou imperfeições da lei tributária deixadas pelo legislador ordinário e partindo da premissa que se o legislador não quis eleger determinado comportamento como critério material da hipótese de incidência de certa norma de tributação, é porque não o vedou expressamente, sendo, assim, permitido.

Contudo, na seara do planejamento tributário, é comum, pelo menos na visão do Fisco, a confusão do lícito e ilícito; do permitido e do proibido; do legal e do ilegal. Trata-se da confusão das figuras da elisão fiscal com a evasão fiscal.

Vimos que a elisão fiscal resulta de lacunas deixadas pelo legislador ordinário e que permitem uma menor incidência da carga tributária em relação ao contribuinte.

A evasão fiscal é o oposto. Ela representa toda e qualquer ação ou omissão com o objetivo único de elidir, reduzir ou retardar o cumprimento de obrigação tributária. E a ação ou omissão dos contribuintes sujeitos à satisfação do dever fiscal resulta, por conseqüência, na supressão, diminuição ou adiamento da obrigação de recolher o tributo aos cofres públicos.

Sampaio Dória[9] ao tratar da evasão fiscal, também efetua a sua distinção em espécies classificadas em: (*a*) evasão omissiva (intencional ou não) e (*b*) evasão comissiva (sempre intencional).

O ilustre autor divide a evasão omissiva em duas subespécies: (*a*) evasão imprópria (abstração de incidência, transferência econômica) e (*b*) evasão por inação, sendo que esta ele a divide em (*a-i*) intencional (sonegação, falta ou atraso de recolhimento) e (*a-ii*) não intencional (ignorância do dever fiscal). A evasão comissiva (sempre intencional) é dividida em: (*a*) ilícita (fraude, simulação, conluio) e (*b*) lícita ou legítima (evasão *strito sensu*, elisão ou economia fiscal).

O que distingue a elisão fiscal da evasão fiscal são diversos fatores, mas em um fator, as figuras se estreitam, são: a ação, a intenção, a finalidade e o resultado. Em ambas as figuras a intenção é a mesma: reduzir, ainda que sensivelmente a carga tributária.

O primeiro fator que as afastam diz respeito aos meios empregados para atingir o objetivo colimado. Na evasão, os meios são ilícitos e, na elisão, a licitude dos meios empregados aparece como condição *sine qua non* de sua realização efetiva.

O segundo fato diz respeito ao momento do emprego da ação ou da omissão pelo contribuinte, pois na evasão fiscal, a ação ou omissão opera-se com a distorção da realidade econômica em momento anterior ou posterior a sua ocorrência, na forma dos prescritivos legais como seletor de propriedades do comportamento ao qual se funda a incidência. Na elisão fiscal, o contribuinte atua na mesma realidade econômica, mas antes da sua exteriorização, como forma alternativa não prescrita na lei como hipótese de incidência tributária.

Portanto, o que diferencia a elisão fiscal da evasão fiscal são os meios empregados para atingir a redução da carga tributária e o momento da utilização desses meios. A elisão sempre representará a ação do contribuinte em aproveitamento às lacunas e brechas da lei, o que se chegará a uma possível não-incidência, isto é, o comportamento praticado pelo contribuinte está fora do campo de incidência da regra tributária por não prevê-lo como hipótese de incidência da norma tributária em sentido estrito.

A evasão fiscal decorrerá ação ou omissão tendente a fugir da incidência da norma de tributação, porque o comportamento o qual o contribuinte pretende não ver tributado vem expresso em lei como hipótese de incidência da norma tributária em sentido estrito. E, o que quer o sujeito passivo da relação jurídica tributária que

9. Ob. cit., pp. 14-16.

ela não se instaure, obrigando-o a levar aos cofres públicos o objeto da relação jurídica tributária (valor pecuniário). A elisão fiscal visa não entrar na relação jurídica por falha expressa na lei. A evasão visa dela sair, porque o fato jurídico tributário ocorreu e, por conseguinte, a subsunção do fato à norma jurídica de tributação.

6.1 Elisão fiscal e negócio jurídico indireto

Ao tratarmos da elisão fiscal vimos que tal instituto decorre de meios lícitos ou de brechas do texto legal que permitem a redução da carga tributária.

A elisão fiscal se assemelha ao negócio jurídico indireto. No negócio jurídico indireto as partes recorrem a um determinado negócio visando alcançar através dele, consciente e consensualmente, finalidades diversas das que lhe são típicas, ou seja, as partes pretendem alcançar um fim, que não é o típico do negócio adotado. O que caracteriza o negócio jurídico indireto é justamente a diferença existência entre o objetivo típico do negócio, em abstrato, e os objetivos ulteriores conferidos, pelas partes, no caso concreto. As partes se socorrem desse esquema negocial para atingir fins diversos dos que lhe são peculiares.

Sampaio Dória[10] adota a classificação das modalidades de negócio indireto tributário em:

(*i*) negócio indireto tributário de exclusão: a estrutura do negócio jurídico típico é pressuposto legal de incidência e a do negócio indireto selecionado configura hipótese de não-incidência, isenção ou imunidade;

(*ii*) negócio indireto tributário de redução: o indivíduo não pretende subtrair-se à tributação, mas amortecer-lhe o impacto quantitativo, com a adoção de negócio indireto objeto de estatuição tributária menos onerosas;

(*iii*) negócio indireto tributário de retardamento: o negócio direto desencadeia conseqüências tributárias imediatas e o indireto, conquanto resulte afinal em identidade de tributação, posterga-a por tempo mais ou menos longo.

A figura do negócio indireto tributário guarda estreita identidade com o instituto do planejamento tributário, porque em ambos os casos o agente age conscientemente, mas de forma lícita, buscando sempre uma tributação menos gravosa, de modo a amortecer o seu impacto.

7. *Planejamento tributário e os institutos ilícitos relativos à matéria*

Como afirmado em linhas atrás, o planejamento tributário não decorre do emprego de meios ardilosos ou ilícitos, mas de meios sempre lícitos e amparados por lei, porque o que não estiver prescrito, não integra o mundo do direito positivo, enquanto conjunto de normas válidas que prescrevem comportamentos dos sujeitos nas relações intersubjetivas.

A figura da elisão fiscal corresponde à economia tributária mediante um planejamento fiscal, ou seja, economia tributária lícita, obtida através de toda e qualquer ação anterior à ocorrência do fato jurídico tributário, que sem qualquer infração a lei, ou até mesmo de comportamentos não inseridos como hipótese de incidência tributária, para assim evitar, reduzir ou postergar o imposto.

Na contramão da elisão fiscal, ou seja, a adoção pelo contribuinte, de condutas lícitas, com a finalidade de evitar a prática do fato jurídico tributário da obrigação tributária, reduzir seu montante ou adiar seu cumprimento, também estão as figuras da evasão fiscal, simulação, sonegação fiscal, fraude à lei e conluio.

Como vimos em linhas passadas que a evasão fiscal decorre da ação ou omissão

10. Ob. cit., p. 55.

tendente a fugir da incidência da norma de tributação, porque o comportamento o qual o contribuinte pretende não ver tributado vem expresso em lei como hipótese de incidência da norma tributária em sentido estrito.

7.1 A simulação

A simulação decorre da deformação consciente e desejada pela declaração de vontade do agente firmada em ato apenas aparente ou fictício, que encobre, disfarça ou simula a existência de uma declaração que não se fez. E, o que a difere da elisão fiscal, primeiramente, é a natureza dos meios empreendidos para atingir o fim colimado, ou seja, os atos do agente são disfarçados de uma menor ou maior ilicitude, mas de modo não habitual. O segundo fator diz respeito ao momento de ocorrência do fato jurídico tributário, porque na elisão fiscal a adoção de forma alternativa, pressupõe a adoção de molde a evitar a ocorrência do fato jurídico tributário. Ao passo que, na simulação, o fato jurídico tributário ocorre efetivamente, mas vem desnaturado, em decorrência dos artifícios utilizados, a fim de afastar a incidência tributária por ausência do tipo jurídico legalmente prescrito. O terceiro e último fator diz respeito à eficácia dos meios, porque na elisão fiscal os meios empregados pelo agente são coerentes aos dispositivos prescritos em lei ou estão fora deles, e, portanto, não vedados. Na simulação há uma adaptação forçada à forma jurídica prescrita, de modo a mascarar o fato jurídico tributário, escondendo o negócio jurídico então prescrito em lei, desnaturando-o.

A simulação pode se apresentar sob duas formas: (*i*) simulação relativa e (*ii*) simulação absoluta. Na simulação absoluta há apenas a aparência de negócio jurídico, que de fato é falso, havendo um único negócio jurídico que se simula. O ato absolutamente simulado é inexistente, de modo a não se mostrar presente o elemento de vontade ou declaração que dá existência ao mesmo. As partes não pretendem realizar nenhum negócio, qualificando-o como inexistente. A simulação relativa se caracteriza por uma discordância entre a vontade e a declaração de vontade e pressupõe a existência efetiva de um negócio jurídico, mas que se apresenta mediante uma vontade declarada em desarmonia com a real vontade. Decorre de uma declaração enganosa da vontade em ocultar o negócio real.

Portanto, na simulação o objetivo desejado pelas partes está em contraste com o que decorre da própria vontade, ou seja, as partes para alcançar um determinado fim falseiam, declarando determinado negócio que não corresponde à vontade delas.

7.2 A sonegação fiscal

A sonegação fiscal consiste na ocultação do fato jurídico tributário com o objetivo de não pagar o tributo devido de acordo com a lei, tendo como característica principal: a intencionalidade. A intencionalidade também pode ser presumida, revelada segundo fato capaz de, por omissão, causar o dano ou assumir o risco de sua verificação.

Sampaio Dória[11] doutrina que na sonegação, os fins são condenáveis, mas os métodos, encarados de per si, senão edificantes ou recomendáveis, carecem ao menos de conotação delituosa no estágio atual do direito positivo brasileiro.

A sonegação fiscal representa uma modalidade de evasão e é a figura mais repugnada pelo Fisco, porque o agente detém a intenção específica de lesionar o erário.

7.3 Fraude à lei

A fraude à lei consiste na ação intencional, consciente e voluntária do agente, que fazendo uso de meios ilícitos, visa eliminar, reduzir ou retardar o pagamento de tributo efetivamente devido. Ela pode

11. Ob. cit., p. 19.

ser verificada a partir da falsificação de documentos fiscais, na prestação de informações falsas ou na inserção de elementos inexatos nos livros fiscais.

Marco Aurélio Greco[12] conceitua a fraude à lei como a conduta do contribuinte de frustrar a aplicação da lei tributária mediante a utilização de uma "norma de cobertura" que protegeria a conduta realizada. Nesta figura haverá uma norma contornada (de que resulta o ônus tributário) e uma norma de cobertura (de que resulta menos ônus) que o contribuinte invocaria e sob cuja incidência pretende se ver alcançado.

Portanto, a fraude à lei consistirá na ação do contribuinte, mediante o emprego de meios ilícitos, com o objetivo de não pagar o tributo efetivamente devido ou de pagar o menor do que o realmente devido.

7.4 Conluio fiscal

A última figura ilícita relativa à matéria é o conluio. O conluio pode ser verificado como uma modalidade de fraude à lei, mediante o ajuste doloso entre duas ou mais pessoas naturais ou jurídicas visando obter os efeitos da sonegação ou da fraude à lei.

O conluio terá por fim a sonegação, por exemplo, quando, o locador e o locatário anuem em não declarar ao Fisco a existência da locação, pelo que o locador não declara o recebimento do aluguel e o locatário não declara que o pagou. Neste caso o locador lucrará com o não pagamento do imposto sobre a renda e o locatário com a redução do valor do aluguel que lhe é concedida pelo proprietário do imóvel.

Na fraude à lei, o conluio aparece, por exemplo, no caso de uma pessoa, natural ou jurídica, fornecer a uma outra pessoa jurídica recibo de prestação de serviço declarando a ocorrência do evento que não ocorreu. Assim, o contribuinte do imposto sobre a renda deduz do seu lucro a despesa, pagando a menor o imposto, dando, em contrapartida, ao falso prestador do serviço quantia em dinheiro correspondente a um percentual sobre o valor do recibo.

Assim, demonstradas as figura lícitas do planejamento tributário e da elisão fiscal, bem como as figuras ilícitas, tais como a evasão, simulação, sonegação, fraude e conluio, passemos a questão do abuso do direito do sujeito passivo ao fazer uso do planejamento tributário.

8. Planejamento tributário e o abuso no uso deste direito

O planejamento tributário, conforme afirmamos em linhas atrás, é um direito do sujeito passivo em buscar organizar-se de maneira lícita, com o objetivo de obter uma carga tributária menos onerosa. Contudo, o fato de ser um direito do contribuinte não significa que possa exercê-lo de qualquer maneira, sem qualquer limite, ou seja, o contribuinte pode agir antes da ocorrência do fato jurídico tributário, mediante a utilização de meios lícitos, mas pode agir de modo abusivo. E, são abusos empreendidos pelo contribuinte que ensejam as conseqüências na aplicação da norma sancionatórias e na oposição do Fisco ao planejamento tributário.

A questão do abuso do direito não diz respeito à licitude do ato praticado pelo contribuinte tendente a evitar a incidência da norma e, por conseguinte, a instauração da relação jurídica tributária. O abuso de direito remete a análise da conduta do contribuinte, se abusiva ou não.

Marco Aurélio Greco[13] afirma que quando se analisa o abuso de direito a interpretação se desdobra em três etapas: *primeiro* examina-se o ato que *a priori* se afigura lícito quando em si mesmo considerado; em *segundo* lugar, examina-se a existência do abuso que implica no ato ser ineficaz perante o Fisco; *terceiro*, no mo-

12. *Planejamento Fiscal e Interpretação da Lei Tributária*, p. 58.

13. Ob. cit., pp. 76-77.

mento em que se concluiu pela ineficácia perante o Fisco, o intérprete retorna para o exame do ato e vai concluir que houve uma desconformidade com o ordenamento como um todo, que houve um "ilícito" entre aspas.

O abuso pode advir do emprego de formas de instrumentação de maneira diversa da usualmente empregada, o que ficará sob o arbítrio do aplicador da lei (administração fiscal) a decisão sobre este procedimento.

O abuso do direito no uso do planejamento tributário pode também decorrer do próprio direito do sujeito passivo valer-se deste instituto, isto é, do direito de auto-organizar-se com a finalidade única e exclusiva de pagar menos tributo.

Todavia, cabe ao Fisco no sentido de desqualificar e requalificar os negócios dos particulares, desde que, é claro, se puder demonstrar de forma inequívoca que o ato praticado pelo sujeito passivo foi abusivo, posto ter sido sua finalidade única a de recolher menos tributo.

Cabe lembrar que o Fisco não "vê com bons olhos" a figura do planejamento tributário, porque sempre pressupõe o abuso no exercício do instituto pelo contribuinte, porque a conduta do contribuinte representará uma aparente licitude jurídica, por não contrariar as estruturas definidoras do seu direito, no entanto, o seu exercício extrapola, viola ou foge do cumprimento, no seu sentido concreto.

9. Normas gerais antielisivas e os limites do planejamento tributário

O planejamento tributário sempre foi visto pelo Fisco com ressalvas, porque pressupõe (ao menos na visão fiscal) o chamado "abuso de direito" e assim suscetível de enquadramento como simulação.

Para limitar a organização do contribuinte frente à desenfreada tributação, em 10 de janeiro de 2001 foi acrescido ao art. 116, do Código Tributário Nacional, um parágrafo único, que, a bem da verdade, representa um verdadeiro "cheque em branco" à administração tributária.

Segundo os prescritivos contidos no parágrafo único inserido, as autoridades fiscais poderão desconsiderar atos ou negócios jurídicos praticados com a finalidade de dissimular a ocorrência do fato jurídico tributário ou a natureza dos elementos constitutivos da obrigação tributária, desde que observados os procedimentos a serem estabelecidos em lei ordinária.

O modelo da norma de antielisão nos moldes do parágrafo único do art. 116 do CTN demonstra a tentativa de limitar a ação de planejamento tributário do contribuinte, porque o referido preceito normativo é norma geral que confere poderes às autoridades fiscais para tornar sem efeito para fins fiscais, os atos e negócios jurídicos que tenham sido praticados pelos contribuintes. Todavia, tal preceito terá sua eficácia, somente nos casos que de fato os atos ou negócios jurídicos tenham sido praticados com o propósito de dissimular o fato jurídico tributário ou qualquer dos elementos da relação jurídica tributária.

Cumpre lembrar que a Carta Constituição ao atribuir a parcela de competência legislativa para cada Pessoa Jurídica de Direito Público Interno, autorizou-as em exercê-la de forma plena, mas respeitando os limites impostos pela própria Carta Maior. A Pessoa Jurídica de Direito Público Interno ao exercer seu Poder Legislativo, introduzindo enunciados prescritivos de conduta, o faz mediante o consentimento do povo, enquanto detentor do poder. Assim, editada uma norma tributária, essa deverá trazer todos os elementos necessários à sua aplicação, de modo a não deixar qualquer parcela legislativa a ser exercida pela autoridade administrativa, já que esta não é a sua função. Assim, dada a ocorrência de um determinado fato jurídico, ele deve estar prescrito em texto legal e ser típico, do contrário ele não existe. Mas, se determinado evento não está prescrito como algo proibido, então ele é permitido.

É justamente na falta de prescrição legal como proibido ou não obrigado que encontramos a figura do planejamento tributário. Mas, também é a parcela do exercício da atividade administrativa verificadora, que fará o enquadramento do fato à norma.

A aplicação da norma antielisiva prescrita no parágrafo único do art. 116, do CTN, surge aqui, no momento da verificação e constatação da ocorrência do ato ou do negócio jurídico. A análise do exercício do contribuinte (elisão fiscal), se está de acordo com os ditames legais, fica a cabo do agente administrativo, que, por sua vez, aferirá se houve ou não abuso ou dissimulação.

A lei não contém uma definição específica do que deve ser entendido como "dissimulação" e nem colaciona as condições em que a autoridade fiscal poderá agir, deixando ao livre arbítrio do agente fiscal, enquanto aplicador do direito.

Mas, o que significa dissimular? Quais os elementos identificadores desse instituto?

A dissimulação está muito próxima da simulação. A simulação decorre da deformação consciente e desejada pela declaração de vontade do agente firmada em ato apenas aparente ou fictício, que encobre, disfarça ou simula a existência de uma declaração que não se fez. A dissimulação representa um modo intencional de desfigurar um determinado ato jurídico, emprestando-lhe uma aparente fisionomia legal para encobrir uma realidade ilícita.

A autoridade fiscal para desconstituir um determinado ato ou negócio jurídico deverá comprovar a existência de condutas que visem de fato afastar a incidência da norma jurídica tributária e visem evitar a instauração da relação jurídica tributária mediante a dissimulação, como prescreve o parágrafo único do art. 116 do CTN. Para aplicação do referido dispositivo, não basta a ocorrência da redução da carga tributária, enquanto fato jurídico ensejador da incidência do prescritivo citado. Será necessária a produção de provas pela autoridade administrativa que o contribuinte agiu abusivamente e com emprego de táticas e artifícios tendentes a dissimular a ocorrência do fato jurídico tributário. E se assim não ocorrer, o ato administrativo de aplicação do direito está viciado, pois, contrário aos princípios da legalidade, tipicidade e, conseqüentemente, da segurança jurídica.

Portanto, não dá para falar que a norma antielisiva prescrita no parágrafo único do art. 116 do CTN não é válida. Veja, que por se tratar de uma norma geral, foi veiculada corretamente por uma lei complementar (Lei Complementar n. 104/2001), mas o que não dá para aceitar é a amplitude do campo de atuação da autoridade administrativa, que terá a plena liberdade em dizer se o ato ou negócio jurídico são atentatórios aos cofres públicos ou não. O que é inaceitável é a ausência de regras impositivas ao agente fiscal, no sentido de coibir abusos e, por conseguinte, prejuízos causados aos contribuintes, que, amparados por leis autorizadoras, são tolhidos no direito ao exercício de se organizar para obter uma tributação menos onerosa.

Referências bibliográficas

ATALIBA, Geraldo. *Hipótese de Incidência Tributária*. São Paulo, Malheiros Editores, 2003.

AMARO, Luciano. *Direito Tributário Brasileiro*. São Paulo, Saraiva, 1999.

BALEEIRO, Aliomar. *Direito Tributário Brasileiro*. Rio de Janeiro, Forense, 1999.

BECKER, Alfredo Augusto. *Teoria Geral do Direito Tributário*. São Paulo, Lejus, 1998.

CARVALHO, Paulo de Barros. *Curso de Direito Tributário*. São Paulo, Saraiva, 2003.

CASSONE, Vittorino. *Direito Tributário Brasileiro*. São Paulo, Atlas, 1999.

COELHO, Sacha Calmon Navarro. *Curso de Direito Tributário Brasileiro*. Rio de Janeiro, Forense, 1999.

CORRÊA, Antônio. *Dos Crimes Contra a Ordem Tributária: Comentários à Lei n. 8.137, de 27.12.1990*. São Paulo, Saraiva, 1994.

EISELE, Andréas. *Crimes Contra a Ordem Tributária*. São Paulo, Dialética, 1998.

GRECO, Marco Aurélio. *Planejamento Fiscal e Interpretação da Lei Tributária*. São Paulo, Dialética, 1998.

HARADA, Kiyoshi. *Direito Financeiro e Tributário*. São Paulo, Atlas, 2001.

MACHADO, Hugo de Brito. *Curso de Direito Tributário*. São Paulo, Malheiros Editores, 1999.

ROSA JÚNIOR, Luiz Emygdio F. da. *Manual de Direito Financeiro e Direito Tributário*. Rio de Janeiro, Renovar, 1999.

SALOMÃO, Heloisa Estellita. *A Tutela Penal e as Obrigações Tributárias na Constituição Federal*. São Paulo, Ed. RT, 2001.

SHINGAKI, Mário. *Gestão de Impostos – Para Pessoas Físicas e Jurídicas*. São Paulo, Saint Paul Institute of Finance, 2002.

ESTUDOS & COMENTÁRIOS

DESVIO DE FINALIDADE DAS CONTRIBUIÇÕES DE INTERVENÇÃO NO DOMÍNIO ECONÔMICO

DANIEL MONTEIRO PEIXOTO

Mestre e Doutorando em Direito Tributário pela PUC/SP. Pesquisador do Núcleo de Tributação e Finanças Públicas da Direito GV. Professor e Coordenador no Programa de Pós-Graduação *Lato Sensu* do GV*Law*

1. Introdução. 2. Tributos e alteração no comportamento dos agentes econômicos. 3. Destinação como elemento de caracterização das CIDEs. 4. Requisitos constitucionais para a instituição válida das CIDEs: 4.1 Requisitos para o desempenho da competência na instituição das CIDEs; 4.2 Requisitos formais para a instituição das CIDEs; 4.3 Requisitos substanciais para a criação das CIDEs. 5. Análise da destinação de algumas CIDEs: 5.1 Recursos da CIDE-Combustíveis; 5.2 Eficácia da decisão do TCU no tocante a destinação da CIDE-Combustíveis; 5.3 Recursos da Contribuição ao FUST; 5.4 Eficácia da decisão do TCU no tocante à destinação do FUST. 6. Conclusões: 6.1 Da lei orçamentária como veículo que complementa o desenho das CIDEs; 6.2 Do duplo desvio de finalidade, no contingenciamento de recursos para a formação de superávit primário; 6.3 Qual seria o instrumento processual adequado no controle destes desvios? 7. Referências bibliográficas.

1. Introdução

O presente estudo tem por objetivo demarcar as possíveis conseqüências jurídicas da desvinculação dos recursos arrecadados por meio das Contribuições de Intervenção no Domínio Econômico – CIDEs, previstas no art. 149 da CF/1988. Mais especificamente, cuidaremos de questionar em que medida eventuais problemas na destinação compromete a cobrança da CIDE-Combustíveis e da Contribuição ao FUST instituídas, respectivamente, pelas Leis ns. 10.336/2001 e 9.998/2000.

A relevância teórica e prática do referido questionamento decorre de sucessivas constatações acerca da utilização inadequada dos recursos das aludidas contribuições, a destacar: (*i*) julgamento da ADI n. 2.925, em dezembro de 2003, pelo STF; (*ii*) julgamento dos Acórdãos ns. 2.148 (FUST) e 1.857 (CIDE-Combustíveis) de 2005, pelo TCU, e; (*iii*) levantamento elaborado pelo Núcleo de Tributação e Finanças Públicas da Direito GV acerca da permanência do problema, não obstante as manifestações e recomendações do STF e do TCU.[1]

1. Como resultado das discussões realizadas ao longo do ano, no referido núcleo, foram produzidos os seguintes trabalhos, relativos a destinação das contribuições de intervenção: Eurico Marcos

2. *Tributos e alteração no comportamento dos agentes econômicos*

Que tipo de relação deve haver entre uma norma que institui determinado tributo e os efeitos no comportamento dos agentes econômicos para que a espécie tributária seja considerada uma CIDE?

Há uma vertente de interpretação na qual a própria instituição do tributo pode ser tomada como uma forma de intervenção, dados os efeitos extrafiscais que lhe são inerentes. Com base neste fundamento, já se afirmou, por exemplo, que as contribuições da Lei n. 10.865/2004 (Contribuição para o PIS e a Cofins, incidentes sobre a importação) teriam perfil jurídico de CIDEs, dada a finalidade e equalização da balança comercial anunciada na exposição de motivos da Medida Provisória que instituiu, originariamente, os referidos tributos.

Pensamos que conclusões deste tipo, sobre não considerar os aspectos peculiares que devem nortear o exercício da competência na instituição de CIDEs, não observam um dado básico: toda norma tributária, uma vez instituída, provoca alteração no comportamento dos agentes econômicos. Seja para que se ajustem a determinado incentivo fiscal previsto em lei (indução positiva), seja para que fujam ao espectro de incidência de determinado tributo, via mudança das características das operações normalmente praticadas (indução negativa).

Não há tributo exclusivamente fiscal (finalidade de arrecadar recursos) nem tributo exclusivamente extrafiscal (finalidade de induzir alteração no comportamento dos agentes econômicos). Todo tributo, além da finalidade arrecadatória, acaba, em maior ou menor medida, promovendo a extrafiscalidade. Do mesmo modo, seria de todo absurdo conceber que, dado o propósito extrafiscal de determinado tributo, haveria o Estado de descuidar da rígida disciplina e efetivação de sua arrecadação.

Os tributos, na sistematização de Joseph Stiglitz,[2] podem impactar a economia das mais diversas formas, dentre as quais: (*i*) efeitos comportamentais em indivíduos: são os relativos a quantidade do tempo dedicado ao trabalho, a educação, a aposentadoria, podendo até mesmo, no limite, influenciar a decisão do sujeito em se casar/divorciar ou não; (*ii*) efeitos financeiros: são aqueles relativos a forma de remuneração dos empregados (salários/benefícios indiretos) ou à própria forma de financiamento das empresas (tomar recursos emprestados/emitir ações); (*iii*) efeitos organizacionais: tipo de estrutura societária que será adotada pelas empresas; (*iv*) efeitos futuros a partir do próprio anúncio da criação do tributo: o preço dos bens são automaticamente aumentados a partir da divulgação de novo tributo, independentemente do pagamento concreto, (*v*) outros efeitos indiretos: nesta rubrica podemos mencionar, por exemplo, as próprias decisões empresariais relativas à forma de emprego dos seus recursos materiais e financeiros.

Enfim, após sumariar algumas modalidades de entrelaçamento entre tributo e comportamento dos agentes econômicos, conclui o autor: "Any tax system influences behavior. After all, the government is taking money away form an individual, and we would expect him to respond, in some way, to this lower income. When we say that we want the tax system to be nondistortionaly, clearly we do not mean

Diniz de Santi, Tathiane dos Santos Piscitelli e Andrea Mascitto, *Uma Análise da Destinação dos Recursos da CIDE-Combustíveis no Período de 2002 a 2006*; Daniela Galvão, *Eficácia no Controle das Contas Públicas*; Renata Ferrero Pallone e Vanessa Inhasz Cardoso, *A Incorreta Aplicação dos Recursos da CIDE-Combustíveis e da CPMF Ofende a Lei de Responsabilidade Fiscal?*; Priscila Faricelli de Mendonça e Luciano Costa, *Eficácia das Leis Orçamentárias Anuais (LOAs) em face da Destinação Constitucional da Cide-Combustíveis e da CPMF.*

2. Joseph E. Stiglitz, *Economics of the Public Sector*, 3ª ed., p. 462.

that we want the individual not to react at all".[3]

Na mesma linha de raciocínio, assim expõem Murphy & Nagel: "Todo imposto que não é semelhante ao imposto fixo individual, ou seja, que não é simplesmente cobrado de todos independentemente do que façam, acaba por ter efeitos específicos de motivação sobre as decisões das pessoas – ou outro tipo de 'efeito de distorção'. Um sistema tributário moderno não pode ter a pretensão de ser neutro em seus efeitos de incentivo sobre as decisões economicamente significativas que as pessoas tomam a respeito do trabalho, do lazer, do consumo, da propriedade e da forma de vida".[4]

Evidentemente, o fato de reconhecer que toda regra tributária causa distorção na economia não quer dizer que não haja tributos com maior ou menor vocação extrafiscal para determinado propósito, podendo este efeito ser racionalmente utilizado como instrumento de política econômica. Assim, por exemplo, (*i*) uma isenção de IPI sobre determinado produto essencial (ex.: trigo), promove sua acessibilidade ao consumo; (*ii*) o estabelecimento de depreciação acelerada relativo a determinado bem de capital, para efeitos de dedução no IRPJ, promove a renovação dos equipamentos de determinado setor da indústria; (*iii*) o aumento da alíquota de importação de um produto similar ao produzido internamente, incentiva a produção nacional; (*iv*) o estabelecimento de redução do ICMS, atrai empresas a se implantarem no Estado-membro que institui o benefício fiscal.

Por outro lado, um tributo que incide sobre a receita (ex.: PIS/Cofins) possui menor vocação extrafiscal que o imposto de importação, visto que auferir, ou não, receita, não é uma decisão a ser considerada pelas empresas. Ainda assim, isto não impede que haja instrumentos de extrafiscalidade dentro do próprio regramento do PIS/Cofins, como, de fato, existem (*v.g.*, a exclusão de algumas receitas da base de cálculo ou o estabelecimento de alguns créditos presumidos, tudo com o propósito de incentivar esta ou aquela atividade).

Em suma: todo tributo tem aspectos fiscais e extrafiscais, em maior ou menor expressão e, portanto, se apresenta como instrumento de correção de falhas de mercado.[5] Isto não quer dizer, todavia, que todo tributo seja uma Contribuição de Intervenção no Domínio Econômico, nos moldes do art. 149 da Constituição Federal, pelo simples fato de ter sido racionalmente utilizado como meio de intervenção, via extrafiscalidade. Há algo mais a ser considerado para que determinado tributo se torne adequado aos parâmetros de uma CIDE.

3. Destinação como elemento de caracterização das CIDEs

Se a mera utilização do tributo com propósito extrafiscal fosse fator de identificação das CIDES, teríamos de enquadrar nesta categoria, tributos como o Imposto de Importação, cuja vocação de equilíbrio na balança comercial e de proteção a determinados segmentos da indústria nacional é inequívoca,[6] Teríamos ainda que reconhecer a inconstitucionalidade de diversos impostos Municipais ou Estaduais, nos quais podemos identificar emprego extrafiscal, sob o argumento de que a instituição de CIDEs é de competência privativa da União Federal, *ex vi* do art. 149 da CF/1988.[7]

3. Joseph E. Stiglitz, idem, ibidem.

4. Liam Murphy e Thomas Nagel, *O Mito da Propriedade: os Impostos e a Justiça*, p. 235.

5. Ainda segundo J. Stiglitz, "a tax system should be designed so as not to interfere with economic efficiency. But recall that in the presence of market failures, the allocation of resources will not, in general, be efficient, taxation can sometimes be used in a positive way, to correct some market failure" (ob. cit., p. 463).

6. V. considerações que tecemos sobre o tema em outra oportunidade, em parceria com o prof. Eurico de Santi, no artigo: "PIS e Cofins na importação, competência: entre regras e princípios", *RDDT* n. 121/34.

7. Segundo observa Luis Eduardo Schoueri, "fosse a presença da intervenção econômica no contorno do fato gerador um critério distintivo das

Estes argumentos, que não pretendem trazer nenhum teor de novidade, apenas reforçam que há um fator necessário e, ao mesmo tempo, preponderante na caracterização das CIDEs, qual seja: a destinação dos recursos arrecadados a determinado órgão, fundo ou despesa que se preste à efetiva intervenção no domínio econômico, via incentivo ou fomento. Se, por um lado, "domínio econômico" é um conceito de difícil determinação semântica, a destinação é perfeitamente controlável pelo estudo (*i*) da própria lei instituidora do gravame, (*ii*) da lei orçamentária relativa a cada exercício e, com um pouco mais de dificuldade, (*iii*) nas etapas posteriores, em que os recursos são direcionados via execução orçamentária.

As etapas da destinação, bem como, os tipos de influência que eventuais desvios de finalidade podem surtir na validade destas contribuições são temas que serão retomados mais adiante. Antes, porém, para fins de captarmos melhor a relevância contextual do item "destinação", versaremos sobre os demais requisitos para a instituição válida das CIDEs.

4. Requisitos constitucionais para a instituição válida das CIDEs

A competência legislativa para a criação das normas tributárias que instituem CIDEs vem genericamente prevista no art. 149 da CF/1988, a citar:

> Art. 149. Compete exclusivamente à União instituir contribuições sociais, de intervenção no domínio econômico e de interesse de categorias profissionais ou econômicas, como instrumento de sua atuação nas respectivas áreas, observado o disposto nos arts. 146, III, e 150, I e III, e sem prejuízo do previsto no art. 195, § 6º, relativamente às contribuições a que alude o dispositivo.
>
> (...).
>
> § 2º. As contribuições sociais e de intervenção no domínio econômico de que trata o *caput* deste artigo:
>
> I – não incidirão sobre as receitas decorrentes de exportação;
>
> II – incidirão também sobre a importação de produtos estrangeiros ou serviços;
>
> III – poderão ter alíquotas:
>
> a) *ad valorem*, tendo por base o faturamento, a receita bruta ou o valor da operação e, no caso de importação, o valor aduaneiro;
>
> b) específica, tendo por base a unidade de medida adotada.

Adicione-se, como bem observa Marco Aurélio Greco, que o estudo da matéria tributária, com maior razão em relação às contribuições de intervenção, não deve se limitar ao Capítulo I do Título VI da Constituição Federal – "Do Sistema Tributário Nacional", visto que várias das finalidades a que se propõem as aludidas contribuições possuem o seu detalhamento jurídico traçado em outras partes do texto constitucional. Segundo, adverte o autor, devemos, no estudo do tema: "proceder a uma leitura ampla da Constituição Federal. O Direito Tributário não começa no seu art. 145 nem termina no art. 156. O estudo do Direito Tributário principia no preâmbulo da Constituição e vai até o último dos seus dispositivos transitórios. Isto é importante, pois os motivos e os fins que justificam as contribuições estão fora do capítulo tributário".[8]

Neste contexto é que, para verificarmos os requisitos de validade das CIDEs

contribuições de intervenção no Domínio Econômico, então não se toleraria que Estados e Municípios, ao desenharem as regras de incidência de seus respectivos tributos, interviessem sobre o Domínio Econômico, já que o art. 149 do texto constitucional daria tal competência apenas à União. Do mesmo modo, passariam à categoria de contribuição diversos tributos cuja natureza de imposto ou de taxa é clara, mas em cujo desenho entram normas tributárias indutoras" (in *Normas Tributárias Indutoras e Intervenção Econômica*, p. 195).

8. Marco Aurélio Greco, "Em busca do controle sobre as CIDEs", *Revista do Advogado*, nov./2007.

devemos percorrer, com maior destaque, o capítulo referente à "Ordem Econômica e Financeira"[9] e ainda às "Finanças Públicas", no propósito de melhor compreender o perfil jurídico destes tributos.

Com o propósito de traçar alguns parâmetros de sistematização dos requisitos Constitucionais para a instituição das CIDEs sem, contudo, a pretensão de sermos exaustivos, traçaremos a seguinte demarcação de requisitos: (*a*) requisitos de desempenho da competência; (*b*) requisitos formais, e; (*c*) requisitos materiais ou substanciais.

4.1 Requisitos para o desempenho da competência na instituição das CIDEs

Em outra oportunidade, tentamos demonstrar, em trabalho dedicado ao estudo dos desdobramentos do conceito de "competência", que "o exercício da autorização para produzir normas jurídicas, seja na produção de leis a partir de preceitos constitucionais, seja na produção de atos administrativos ou de sentenças judiciais a partir dos ditames legais/constitucionais, é orientado por três condicionantes básicas: (*i*) quanto à obrigatoriedade ou facultatividade do próprio exercício da competência ante determinadas circunstâncias fácticas; (*ii*) quanto à forma de produção (agente competente, procedimento, tempo e espaço) e; (*iii*) quanto aos limites materiais das normas a serem produzidas. Condicionantes denominadas, respectivamente, de *referência de desempenho*; *referência formal e referência material (ou substancial)*".[10]

Via de regra, a Constituição Federal não condiciona o surgimento da prerrogativa de legislar à ocorrência de circunstâncias de fato. Há muitas zonas de certeza negativa em relação a esta exigência: não há, por exemplo, nenhuma situação fáctica específica que deve ocorrer para que os entes federativos possam criar impostos. Há também alguns campos de certeza positiva relativa a esta condicionante: a prerrogativa da União para instituir "impostos extraordinários" só nascerá se ocorrida a circunstância fáctica de guerra externa, iminente ou efetiva (CF, art. 154, II). Também subordina-se a determinados pressupostos fácticos a prerrogativa para a instituição de empréstimos compulsórios (CF, art. 148, I e II).

Com relação às CIDEs, é de todo procedente a idéia de que somente caberá instituir este tributo quando constatada, de fato, a necessidade de intervenção no domínio econômico, com vistas a implementar um dos "princípios gerais da atividade econômica" estabelecidos no art. 170 da CF/1988. Ausente este pressuposto fáctico ou, embasada em pressuposto fáctico contraditório a um destes preceitos, resta bloqueada a autorização para instituição do tributo. Nesta linha de entendimento, sustenta Paulo Ayres Barreto que "tal forma de intervenção deve ser adotada em caráter excepcional se, e somente se, for detectado um desequilíbrio de mercado, que possa ser superado com a formação de um fundo que seja revertido em favor do próprio grupo alcançado pela contribuição interventiva".[11]

9. "Sobre a relação entre tributação e Ordem Econômica, deve-se ponderar que a primeira não é um corpo estranho da última, mas parte dela e por isso deve estar em coerência com a Ordem Econômica, submetendo-se a ela. Se a lei tributária influi na Ordem Econômica, então ela já não mais se justifica apenas com argumentos extraídos da doutrina tributária" (Luis Eduardo Schoueri, cit., p. 87).

10. Daniel Monteiro Peixoto, *Competência Administrativa na Aplicação do Direito Tributário*, p. 82.

11. Paulo Ayres Barreto, *Contribuições, Regime Jurídico, Destinação e Controle*, p. 118. Também acompanha este raciocínio Helenilson Cunha Pontes, para quem "o legislador constituinte brasileiro condiciona a criação da CIDE à (...) necessidade do mercado. A CIDE é tributo que deve ser criado *a favor do mercado*, como instrumento de atuação da União Federal para implementar e melhorar as condições de funcionamento do mercado, maximizando os objetivos norteadores da atividade econômica, expressos no art. 170 da Constituição Federal. Logo, somente se pode cogitar do exercício

Todavia, diferentemente do caso de "guerra externa para efeitos de instituição de imposto extraordinário" é dificílima a demonstração fática da ausência de necessidade de intervenção, pois envolve o próprio juízo de mérito acerca daquela decisão política do Estado, que resolve, em caráter excepcional, atuar como agente de planejamento e/ou fomento diante das forças de mercado.

A respeito desta difícil aferição acerca da efetiva necessidade interventiva que autorizaria o desempenho da competência para criação das CIDEs, Helenilson Cunha Pontes observa que o juízo de validade tradicionalmente efetivado pelo Judiciário tem como parâmetros limitações expressas e claramente formuladas e que o controle quanto à necessidade de criação de um tributo regulatório sobre a ordem econômica é um autêntico desafio ao papel controlador dos tribunais. Nas suas palavras: "Se a CIDE é um tributo constitucionalmente dirigido à regulação das distorções de mercado, o controle jurisdicional da norma que a instituiu terá por objeto o juízo dos demais Poderes acerca de questões ligadas à política econômica. Em outras palavras, o Poder Judiciário deverá sindicar o mérito das avaliações realizadas pelos demais Poderes acerca (*a*) da existência de uma efetiva distorção no mercado a exigir uma intervenção estatal, e (*b*) da necessidade constitucional da instituição de uma exação como o melhor meio de corrigir tal distorção".[12]

Em resumo, salvo em algum caso de clara afronta entre os possíveis efeitos fácticos da regra instituidora da contribuição à determinado princípio da atividade econômica (ex.: contribuição interventiva que ocasiona aumento de desigualdade regional), é de remoto emprego o controle sob o ponto de vista dos "requisitos para o desempenho", o que não implica dizer que este tipo de aferição está ao largo das atribuições do Judiciário.

4.2 Requisitos formais para a instituição das CIDEs

A título de requisitos formais, cabe destacar que no meio doutrinário há ainda certos desencontros acerca da necessidade ou não de lei complementar prévia para que as CIDEs sejam validamente instituídas. A discussão ocorre em função do texto inscrito na parte final do art. 149 da CF, que faz remissão expressa ao art. 146, III, também da CF/1988, confira-se:

> Art. 149. Compete exclusivamente à União instituir contribuições sociais, *de intervenção no domínio econômico* e de interesse de categorias profissionais ou econômicas, como instrumento de sua atuação nas respectivas áreas, *observado o disposto nos arts. 146, III,* e 150, I e III, e sem prejuízo do previsto no art. 195, § 6º, relativamente às contribuições a que alude o dispositivo.

Certo segmento doutrinário sustenta que, antes da criação deste tributo por lei ordinária, deve ser editada lei complementar definindo os critérios básicos para a sua instituição, uma vez que a Constituição limitou-se a definir, genericamente, a finalidade a ser alcançada pelas CIDEs.

Não nos parece ser este o entendimento mais acertado, sendo prudente rememorarmos o teor art. 146, III, da CF:

> Art. 146. Cabe à lei complementar:
>
> (...);
>
> III – estabelecer normas gerais em matéria de legislação tributária, especialmente sobre:
>
> a) definição de tributos e de suas espécies, bem como, em relação aos impostos discriminados nesta Constituição,

da competência tributária para a criação de CIDE (...) quando o mercado manifestar a necessidade de um tributo regulatório que retire ou diminua as distorções nele existentes, segundo os parâmetros da ordem jurídica na economia, inscritos nos princípios diretores da ordem econômica (art. 170) e não segundo a discricionária avaliação do governante" (in *Grandes Questões Atuais de Direito Tributário*, v. 6, coord. Valdir de Oliveira Rocha, p. 142).

12. Ob. cit., pp. 146-147.

a dos respectivos fatos geradores, bases de cálculo e contribuintes;

b) obrigação, lançamento, crédito, prescrição e decadência tributários; (...).

Com relação à alínea *b* do referido dispositivo, resta observar que não há necessidade alguma de lei complementar específica para as CIDEs, visto já existir norma recepcionada pelo atual regime constitucional com o propósito de disciplinar o processo de cobrança administrativa deste e dos demais tributos – o Código Tributário Nacional.[13]

No tocante à alínea *a*, parece-nos que a exigência de definição de "fatos geradores, base de cálculo e contribuintes" é direcionada aos *impostos*, mesmo assim com ressalvas, pois, na linha do sustentado, dentre outros, por Paulo de Barros Carvalho,[14] à lei complementar só caberá este tipo de função (*i*) para dirimir possíveis conflitos de competências entre entes federativos, ou ainda, (*ii*) para regular as limitações constitucionais ao poder de tributar.

Como ressalta Tácio Lacerda Gama, o regime jurídico de instituição das contribuições não se confunde com o dos impostos, visto tratar-se de espécie tributária diferenciada, ainda que tenha como materialidade um fato não estatal, revelador de capacidade contributiva. Neste sentido, não há como se estender às contribuições, exigência que, segundo dicção expressa do texto constitucional, é específica dos impostos.[15]

4.3 Requisitos substanciais para a criação das CIDEs

Quando falamos em "requisitos substanciais", não estamos nos referindo apenas ao possível critério material que irá compor o núcleo da hipótese de incidência da regra matriz (norma que cria o tributo). Em outras palavras, não se trata, apenas, de delimitar o potencial fato gerador a ser tomado como pressuposto para cobrança do tributo. Também faz parte das exigências substanciais delineadas pelo texto constitucional, a criação de outras regras que prevejam a destinação, traço característico forte da subespécie de contribuição em apreço.

Já é ponto pacífico na doutrina que a regra de incidência, em sentido estrito, não fornece informações suficientes para diferençar impostos de contribuições. O fator de *discrímen* está em outro tipo de regra, qual seja, aquelas que cuidam da destinação dos recursos arrecadados. Neste sentido que Eurico de Santi, em artigo que encontrou grande acolhida entre aqueles que se propuseram, posteriormente, a enfrentar o tema da classificação das espécies tributárias,[16] distingue entre "classificação intrínseca" e "classificação relacional". Só há identificação das contribuições enquanto espécie tributária autônoma quando se efetua o cotejo entre a norma tributária e as

13. Esta é, p.ex., a posição de Marco Aurélio Greco, para quem a única exigência plausível, surgida com a referência feita pelo art. 149 ao art. 146, III, da CF, se dá no sentido de haver lei complementar que discipline o processo de "lançamento, obrigação, crédito, prescrição e decadência tributários", sendo que, para isto, já existe o Código Tributário Nacional" (Marco Aurélio Greco, "Contribuição de Intervenção no Domínio Econômico – Parâmetros para sua criação", in *Contribuições de Intervenção no Domínio Econômico e Figuras Afins*, coord. Marco Aurélio Greco, p. 11).

14. Paulo de Barros Carvalho, *Curso de Direito Tributário*, 13ª ed., pp. 207-210.

15. Tácio Lacerda Gama, *Contribuição de Intervenção no Domínio Econômico*, pp. 193-198.

16. Eurico Marcos Diniz de Santi, "As classificações no Sistema Tributário Brasileiro", in *Congresso Internacional de Direito Tributário 1*, 1998, Vitória-ES. Utilizando como ponto de apoio a classificação do professor, confira-se: Luís Eduardo Schoueri (*Normas Tributárias Indutoras e Intervenção Econômica*, ob. cit., pp. 126-130); Roberto Quiroga Mosquera (*Direito Monetário e Tributação da Moeda*, pp. 143-146); Tácio Lacerda Gama (*Contribuição de Intervenção no Domínio Econômico*, ob. cit., p. 97); Érico Hack (*Contribuição de Intervenção no Domínio Econômico – Destinação do Produto Arrecadado e Finalidade como Requisitos de Validade*, p. 26), entre vários outros. Paulo Ayres (in *Contribuições*...) e Marcio Severo Marques (in *Classificação Constitucional dos Tributos*), apresentam pontos de vista originais sobre o assunto, mas dialogam de forma intensa com o modelo proposto pelo citado professor.

normas relativas à destinação dos recursos arrecadados.

4.3.1 Demarcação do possível critério material

Nos impostos em geral, a técnica de demarcação e repartição de competências entre os entes federativos baseou-se na atribuição, a cada um deles, de possíveis situações de fato caracterizadoras de capacidade contributiva, as chamadas "materialidades". Assim, a União Federal pode contemplar, como núcleo da hipótese de incidência de suas regras tributárias, manifestações de riqueza como: (*i*) renda; (*ii*) produtos industrializados; (*iii*) importação e exportação. Os Estados: (*i*) circulação de mercadorias; (*ii*) serviços de transporte extra-municipal; (*iii*) serviços de comunicação; (*iv*) transmissão gratuita de quaisquer bens; (*v*) propriedade de veículos automotores. Os Municípios: (*i*) serviços, não contemplados na competência Estadual; (*ii*) propriedade territorial urbana; (*iii*) transmissão onerosa de bens imóveis. É este, em síntese, o teor dos principais incisos dos arts. 153, 155 e 156 da CF/1988.

Algo parecido acontece em relação às contribuições para a seguridade social: as contribuições genéricas devem obedecer às materialidades do art. 195 da CF; a contribuição CPMF tem materialidade pré-definida no art. 74 do ADCT.[17] Nestas contribuições, além da exigência da destinação específica, há traços firmes, já na Constituição, demarcando a materialidade a ser explorada.

Diverso é o caso das CIDEs. Excetuando-se a CIDE-Combustíveis, em que há delimitação clara das possíveis materialidades no art. 177, § 4º, da CF, não há circunscrição rigorosa em relação aos fatos econômicos que possam ser objeto de tributação mediante esta figura tributária. Reside aqui, a nosso ver, *um dos* fatores que levaram Marco Aurélio Greco a afirmar a insuficiência de critérios constitucionais de controle das CIDEs.[18]

Isto não significa, todavia, que seja plena a liberdade do legislador infraconstitucional na eleição dos possíveis fatos geradores deste tributo. Ainda que haja um espaço maior para a criatividade legislativa – se compararmos com as competências para a criação de impostos – entendemos que, paralelamente aos princípios constitucionais que devem informar a criação destas regras, como o da capacidade contributiva, os princípios da ordem econômica, e outros, a Constituição utilizou de algumas demarcações para as potenciais hipóteses de incidência das CIDEs, são elas: (*a*) *demarcações fracas*; (*b*) *demarcações negativas*; (*c*) *demarcações correlacionais*.

4.3.1.1 Demarcações fracas de materialidade

Por demarcações fracas, entendemos as materialidades relacionadas dentro do § 2º do art. 149 da CF.[19] Entendemos que são *fracas* pelo fato de não apontarem precisamente a materialidade que será empregada, pois, além da previsão de várias possibilidades pontuais como (*i*) o faturamento, (*ii*) a receita bruta, e (*iii*) a importação, o dispositivo em questão contempla também, como alternativas, a tributação (*iv*)

17. Entendemos a CPMF como autêntica contribuição para a seguridade social, em razão das finalidades demarcadas nos arts. 74, 75, 80, 84 e, por último no art. 90 do ADCT (EC n. 42/2002), a saber: saúde, previdência e fundo de erradicação da pobreza (assistência social). Tais finalidades coincidem com o escopo da "seguridade social" tal como definida no art. 194 da CF/1988.

18. Idem, ibidem.

19. "Art. 149. (...). § 2º. As contribuições sociais e de intervenção no domínio econômico de que trata o *caput* deste artigo: (...); II – incidirão também sobre a importação de produtos estrangeiros ou serviços; III – poderão ter alíquotas: (a) *ad valorem*, tendo por base o faturamento, a receita bruta ou o valor da operação e, no caso de importação, o valor aduaneiro; (b) específica, tendo por base a unidade de medida adotada."

do valor da operação[20] ou (*v*) de determinada unidade de medida.

Que tipo, exatamente, de materialidade é mensurada pela base de calculo "valor da operação"? A resposta é simples: qualquer operação, i.é., qualquer fato revelador de capacidade contributiva que decorra de vínculo negocial. Em outras palavras, qualquer "operação" como prestação de serviços, venda de mercadorias, importação de bens ou serviços, transmissão gratuita ou onerosa em caráter civil e muitas outras podem, em princípio, ser previstas como hipótese de incidência de CIDE.

E quanto à propriedade de bens? Estaria a salvo das CIDEs, pelo fato de não ser operação? Parece-nos que não, bastando que a materialidade "propriedade de terreno industrial", por exemplo, venha acompanhada de base de cálculo que adote como parâmetro "unidade de medida" deste terreno, sendo a alíquota "específica". Assim, nada impede, em tese, que tenhamos uma CIDE sobre "propriedade industrial", que tome a "área deste terreno em m^2" com base de cálculo, e o "valor de R$ 100,00" como alíquota.

Faz pouco tempo, a 2ª Turma do TRF da 4ª Região entendeu que a Contribuição ao INCRA (identificada como CIDE, em recente virada jurisprudencial no âmbito do STJ) não foi recepcionada pela EC n. 33/2001 (emenda que introduziu grande parte do atual teor prescritivo do art. 149, § 2º), pelo fato de que "folha de salários", que é a base de cálculo da aludida contribuição, não se conforma a nenhum dos conceitos alinhavados no corpo do referido dispositivo. Confira-se:

Tributário. Contribuição ao INCRA. Natureza jurídica. Referibilidade. Não-recepção pela EC n. 33/2001.

1. A contribuição ao INCRA, conforme orientação do STJ, configura contribuição de intervenção no domínio econômico, não tendo sido revogada pelas Leis n. 7.789/1989 e 8.212/1991.

2. Contudo, não foi recepcionada pela EC n. 33/2001. Efetivamente, a EC 33/2001, ao acrescer o § 2º ao art. 149 da CF, especificou o regime das contribuições sociais e de intervenção no domínio econômico, estabelecendo critérios para o aspecto quantitativo de tais contribuições, quando fossem *ad valorem*, dizendo as bases tributáveis (faturamento, receita bruta ou valor da operação). No caso da contribuição ao INCRA, incidindo sobre a folha de salários, é incompatível com o art. 149, § 2º, "a", da CF, a [*sic*].

3. A amplitude do pólo passivo depende da verificação da referibilidade, traço inerente às contribuições. A intervenção para fiscalizar e fazer com que os imóveis rurais cumpram sua função social só diz respeito ao mundo rural. Incabível, pois, de qualquer modo, a cobrança da contribuição de empresa urbana, que não mantém nenhum nexo com a atividade interventiva do INCRA (TRF-4ª R., 2ª T., AC n. 2005.71.08.000226-4-RS, Rel. Desembargador Otávio Roberto Pamplona, v.u., j. 19.6.2007, *RDDT* n. 145/220).

O argumento da referibilidade utilizado no item 3 da referida ementa é convincente (o tema será retomado adiante, em tópico próprio). Todavia, não nos parece que a "folha de salários" escape da superabrangente conotação do vocábulo "valor da operação". Onde houver negócio jurídico decorrente de fato revelador de capacidade contributiva será possível a identificação de "operação". No caso, "folha de salários" é a contraprestação dos serviços prestados em cumprimento de vínculo negocial decorrente de contrato trabalhista.

Estas considerações revelam porque designamos os critérios do aludido enun-

20. Apesar da literalidade se referir às possíveis "bases de cálculo", não há disputas no sentido de que se trata de índice seguro para a identificação da respectiva "hipótese de incidência". É por isto que Paulo de Barros Carvalho afirma que a base de cálculo é o fator que revela a efetiva compositura do critério material da hipótese de incidência, ante suas funções confirmadora, afirmadora ou infirmadora (cf. *Curso de Direito Tributário*, 13ª ed., pp. 327-328).

ciado constitucional como "demarcações fracas de materialidade", visto que pouca ou nenhuma relevância possuem sob o ponto de vista da limitação da competência para a instituição das CIDEs.[21]

4.3.1.2 Demarcações negativas de materialidade

Por demarcações negativas, entendemos tudo aquilo que *não* pode ser contemplado em hipótese de incidência de CIDE. É o caso da imunidade introduzida por meio da Emenda Constitucional n. 33/2001 que, ao acrescentar o inciso I ao § 1º do art. 149, determinou que as contribuições, de um modo geral, não incidirão sobre as receitas decorrentes de exportação.

Discute-se bastante a respeito da existência ou não de impedimento à União Federal em empregar, nas regras instituidoras de CIDEs, materialidade atribuída ao campo impositivo dos Estados e Distrito Federal (art. 155) ou dos Municípios (art. 156). Se prestarmos atenção na configuração de contribuições como a CIDE-Combustíveis, veremos que esta possui materialidade semelhante, ao menos em parte, à do ICMS, bastando considerar que os combustíveis são espécie do gênero "mercadorias". O mesmo se dá no tocante à CIDE-*Royalties* em relação ao ISS cobrado na importação e ainda entre CIDE-FUST e ICMS, agora considerando que os serviços de telecomunicação sobre os quais há incidência desta contribuição estão também contemplados dentre os serviços sujeitos à incidência do aludido imposto Estadual.

Em relação ao assunto, o Supremo Tribunal Federal firmou posicionamento quando julgou os Recursos Extraordinários ns. 165.939-RS (1995) e 177.137-RS (1997), em que se discutia a eventual inconstitucionalidade do AFRMM – Adicional ao Frete para a Renovação da Marinha Mercante por sobrepor, em certos pontos, a competência Estadual para a instituição do ICMS – Imposto sobre Circulação de Mercadorias e Serviços. A decisão do STF foi no sentido de que, por tratar-se de "contribuição", espécie tributária autônoma e distinta dos "impostos" não há impedimentos com relação à aludida sobreposição. Neste sentido, o seguinte trecho do voto do Ministro Carlos Veloso, no Acórdão de 1997:

> Assentado está que o AFRMM é uma contribuição de intervenção no domínio econômico (CF, art. 149). Não é, portanto, nem taxa nem imposto, mas um terceiro gênero tributário, ou uma subespécie da espécie tributária contribuição (...). A contribuição, não obstante um tributo, não está sujeita à limitação inscrita no § 2º do art. 145 da Constituição. Também não se aplicam a ela as limitações a que estão sujeitos os impostos, em decorrência da competência privativa dos entes políticos para instituí-los (CF, arts. 153, 155 e 156), a impedir a bi-tributação.

Observe-se que o argumento que sustenta a possibilidade de sobreposição material é o da diferenciação específica entre impostos e contribuições. Nestes termos, devemos estar atentos para a circunstância de que, sendo o fator de diferenciação das contribuições a destinação, uma vez descaracterizada esta afetação, cai por terra o fator de *discrímen* e, via de conseqüência, abre-se espaço para a invalidação da figura criada sob o rótulo de "CIDE", nas hipóteses em que contemplar materialidade constitucionalmente reservada a impostos dos Estados ou Municípios.

21. Em semelhante sentido, com relação às materialidades trazidas pela EC n. 33/2001, Helenilson Cunha Pontes entende que "excluindo-se a imunidade das receitas de exportação quanto à incidência de CIDE e contribuições sociais, a Emenda Constitucional n. 33 nada contribuiu para delimitar o alcance da competência constitucional da União para instituir CIDE. Vale dizer, desde que respeite a imunidade das receitas de exportação, a União Federal continua autorizada constitucionalmente a instituir CIDE sobre qualquer área do domínio econômico, desde que este tributo represente um instrumento de atuação federal na respectiva área do domínio econômico submetida à referida intervenção" (in *Grandes Questões Atuais de Direito Tributário*, v. 6, coord. Valdir de Oliveira Rocha, p. 118).

4.3.1.3 Demarcações correlacionais: a questão da referibilidade

Referibilidade é o nexo de consistência entre a destinação da contribuição e o grupo econômico chamado a suportar o impacto do tributo. Deste modo, o critério material da hipótese de incidência e, conseqüentemente, o contribuinte (aquele que possui relação pessoal e direta com o "fato gerador") devem ser eleitos a partir da pertinência ou não ao setor beneficiado pela intervenção.

Não se pode confundir "referibilidade", noção relativa às CIDEs e às Contribuições de Interesse de Categorias Profissionais e Econômicas, com "contraprestação direta", elemento característico das taxas. Nestas contribuições não há exigência de benefício direto ao contribuinte. O que se exige é a correlação indireta entre a destinação a ser efetivada e o contribuinte, pertencente ao grupo objeto da intervenção. Esta correlação, rotulada pela doutrina e jurisprudência como "referibilidade", tem por fundamento a primeira parte do *caput* do art. 149 da CF/1988, a citar:

> Art. 149. Compete exclusivamente à União instituir contribuições sociais, de intervenção no domínio econômico e de interesse de categorias profissionais e econômicas, *como instrumento de sua atuação nas respectivas áreas* (...).

A primeira dificuldade – talvez a maior – no estabelecimento desta conexão é a delimitação do que seria grupo econômico, para fins de intervenção, visto que não se concebe uma intervenção geral na economia. Sob a vigência da EC n. 1/1969, estas contribuições partiam de uma concepção, de certo modo, restrita, de domínio econômico a ser alvo de intervenção, tendo viés de proteção a determinados setores produtivos.[22] Destaque-se, a título exemplificativo, a contribuição para o Instituto Brasileiro do Café e a contribuição para o Instituto do Açúcar e do Álcool.

Atualmente, os âmbitos de intervenção são muito mais abstratos, indicando, por outro lado, maior dificuldade de controle acerca da correta destinação dos recursos arrecadados. Basta observar que, dentre outras, foram criadas contribuições com as seguintes finalidades interventivas: (*i*) universalização dos serviços de telecomunicação (Lei n. 9.998/2000 – FUST); (*ii*) desenvolvimento tecnológico dos serviços de telecomunicação (Lei n. 10.052/2000 – FUNTTEL); (*iii*) desenvolvimento de tecnologia em âmbito nacional (Lei n. 10.168/2000 – CIDE-*Royalties*); (*iv*) infra-estrutura de transportes, subsídios e projetos ambientais relativos ao setor de combustíveis (Lei n. 10.336/2001 – CIDE-Combustíveis).

Esta demarcação de novos âmbitos decorre, por um lado, da modernização e aumento de relevância de determinados segmentos, de forma a viabilizar a especificação de "setores ou áreas de atuação" e, por outro, do recuo da atividade estatal

22. Ricardo Lobo Torres traça interessante panorama da regulação da matéria naquele contexto, demonstrando que: "a Emenda Constitucional n. 1, de 1969, é que inseriu na Constituição Tributária aquele ingresso, dando-lhe conseqüentemente o *status* de tributo, ao permitir, no art. 21, § 2º, I, que a União instituísse contribuições 'tendo em vista a intervenção no domínio econômico'. No art. 163 a Constituição facultava 'a intervenção no domínio econômico e o monopólio de determinada indústria ou atividade, mediante lei federal, quando indispensável por motivo de segurança nacional ou para organizar setor que não possa ser desenvolvido com eficácia no regime de competição e de liberdade de iniciativa, assegurados os direitos e as garantias individuais', acrescentando, após, no parágrafo único, que 'para atender a intervenção de que trata este artigo, a União poderá instituir contribuições destinadas ao custeio dos respectivos serviços e encargos, na forma que a lei estabelecer'. As contribuições econômicas criadas sob a égide da EC n. 1/1969 refletiam a mentalidade patrimonialista e paternalista e procuravam induzir o desenvolvimento sob a proteção do Estado, como acontecia com as exações destinadas aos extintos Instituto do Açúcar e do Álcool, Instituto Brasileiro do Café, Sunaman, Portobrás, etc." (in "A política industrial da Era Vargas e a Constituição de 1988", *Curso de Direito Tributário e Finanças Públicas: do Fato à Norma, da Realidade ao Conceito Jurídico*, coord. Eurico de Santi, p. 259).

com relação à atuação direta na atividade econômica: onde, antes, havia empresas estatais exercendo diretamente a atividade econômica em setores estratégicos há, hoje, em contrapartida à delegação, atuação do Estado como agente de regulação, planejamento, fiscalização e fomento. As CIDES representam uma das formas de atuação do Estado como agente de incentivo e fomento.

Todavia, a amplitude semântica da expressão "domínio econômico" representou um verdadeiro "achado" nas mãos do Fisco. Isto é perceptível, por exemplo, na recente vitória do INCRA em convencer o Superior Tribunal de Justiça de que a contribuição ao órgão, criada sob o regime constitucional anterior é, na verdade, uma CIDE (EREsp n. 770.451-SC, Rel. Ministro Castro Meira). Observe-se que o mesmo tribunal vinha reiteradamente decidindo que o aludido tributo havia sido tacitamente revogado pela Lei n. 8.212/1991, não podendo ser cobrado das empresas urbanas (EREsp n. 173.380-DF, Rel. Ministro José Delgado). A redefinição da espécie tributária transformou, com apoio na noção abstrata de domínio econômico, uma contribuição para a seguridade inválida em uma contribuição interventiva válida.

Uma vez traçado o domínio econômico objeto de intervenção – em que pese a indeterminação da expressão –, deve ser diagnosticada, a título de referibilidade, uma relação entre a atuação do Estado (corporificada pela destinação) em favor deste segmento e a atividade particular chamada ao recolhimento do tributo. Esta relação pode consistir ou (*a*) especial custo gerado pelo contribuinte à coletividade, em função do exercício da atividade econômica circunscrita, ou (*b*) benefício especial àquele grupo econômico no qual se enquadra o contribuinte.

A título de ilustração, podemos analisar o ciclo de referibilidade operado pela contribuição instituída pela Lei n. 10.168/2000: (*i*) as pessoas jurídicas que importam serviços que impliquem transferência de tecnologia devem recolher, a título de CIDE, o percentual de 10% sobre o valor pagamento em razão do negócio jurídico (art. 2º); (*ii*) os recursos arrecadados são destinados ao FNDCT – Fundo Nacional de Desenvolvimento Científico e Tecnológico que, sob a supervisão do Comitê Gestor do Ministério da Ciência e Tecnologia, fomentará programas de capacitação tecnológica, amparo à pesquisa científica e desenvolvimento tecnológico (arts. 4, 5 e 6); (*iii*) o segmento econômico relativo a produção e utilização de tecnologia será beneficiado na forma de fomento, ao passo que o contribuinte antes mencionado poderá, em tese, ser futuramente beneficiado quando houver produção, em território nacional, da tecnologia que antes precisava importar.

Não se exige, importa reiterar, um retorno imediato ao sujeito que recolhe o tributo, mas ao grupo no qual se insere. Há uma espécie de solidariedade limitada ao grupo, diferente da solidariedade difusa das contribuições para o financiamento da seguridade social.[23] O benefício individualizado em relação ao sujeito passivo da obrigação tributária é apenas potencial; o benefício ao grupo, na forma de destinação dos recursos arrecadados, deve ser efetiva.

Observe-se que, uma vez definido o âmbito de intervenção, o ciclo de referibilidade exigido como requisito de validade das CIDES acaba restringindo, de certo modo, o espectro das possíveis atividades manifestadoras de capacidade contributiva que poderão compor o critério material da hipótese de incidência.

4.3.2 Requisito da destinação do produto da arrecadação das CIDEs

Conforme já sinalizado linhas acima, a destinação é o elemento preponderante

23. CF, art. 195: "*A seguridade social será financiada por toda a sociedade*, de forma direta e indireta, nos termos da lei, mediante recursos provenientes dos orçamentos da União, dos Estados, do Distrito Federal e dos Municípios, e das seguintes contribuições sociais: (...)".

de caracterização das contribuições em geral. Desde a Constituição Federal (art. 149), já se pode constatar o peremptório comando de que a instituição e cobrança de *qualquer contribuição* deverá servir como "instrumento de atuação (do Estado) nas respectivas áreas" anunciadas como fundamento para o desempenho da competência tributária.

De um modo geral, o legislador federal, quando institui determinada CIDE, elege, de acordo com dada necessidade de atuação no domínio econômico, as ações necessárias ao implemento de determinada finalidade. Como visto, o Texto Constitucional, salvo no caso da CIDE-Combustíveis (art. 177, § 4º), não predetermina a materialidade da hipótese de incidência, mas exige que, uma vez eleita a finalidade interventiva, haja um alinhamento entre a estrutura da regra de incidência e esta finalidade, por meio da noção de referibilidade.

Adiante, descreveremos o cenário da destinação efetiva dos recursos arrecadados pela CIDE-Combustíveis e pela Contribuição ao FUST para, a partir de dados empíricos, nos manifestarmos acerca das principais conseqüências jurídicas no tocante à instituição e cobrança destas contribuições.

5. Análise da destinação de algumas CIDEs

5.1 Recursos da CIDE-Combustíveis

Além do fundamento genérico do art. 149, a CF/1988 passou a contemplar, a partir da edição da Emenda Constitucional n. 33/2001, que acrescentou o § 4º ao art. 177, alguns requisitos especiais relativos à instituição e destinação da CIDE-Combustíveis. Confira-se:

> Art. 177. (...).
>
> § 4º. A lei que instituir contribuição de intervenção no domínio econômico relativa às atividades de importação ou comercialização de petróleo e seus derivados, gás natural e seus derivados e álcool combustível deverá atender aos seguintes requisitos:
>
> (...)
>
> II – os recursos arrecadados serão destinados:
>
> a) ao pagamento de subsídios a preços ou transporte de álcool combustível, gás natural e seus derivados e derivados de petróleo;
>
> b) ao financiamento de projetos ambientais relacionados com a indústria do petróleo e do gás;
>
> c) ao financiamento de programas de infra-estrutura de transportes.

Observa-se, portanto, que, diferentemente do que ocorre com as demais CIDEs, o próprio texto constitucional cuidou de predeterminar os possíveis critérios materiais a serem contemplados na lei, bem como as correspondentes destinações dos recursos. O espaço de criatividade legislativa foi efetivamente restrito, cuidando a Lei n. 10.336/2001 de moldar os pormenores relativos à incidência da referida contribuição. Um pouco mais tarde, conforme previsão da própria lei instituidora, foi editada a Lei n. 10.636, de 30 de dezembro de 2002, com o propósito de estabelecer os pormenores relativos à aplicação dos recursos arrecadados por meio da CIDE-Combustíveis.

Transcorridos quatro anos da instituição do referido tributo, o Tribunal de Contas da União, após processo de acompanhamento da aplicação dos recursos, proferiu, sob relatoria do Ministro Marcos Vinicios Vilaça, o Acórdão de n. 1.857/2005, assim sumariado:

> *Acompanhamento. Aplicação dos recursos da CIDE-Combustíveis. Constatação de desvio de finalidade.* Custeio de despesas administrativas, incompatíveis com o propósito dessa contribuição. Manutenção de grande volume de recursos em caixa, para utilização no cumprimento das metas de superávit primário. Substituição de fontes ordinárias de dotações antigas do Orçamento dos Transportes por receitas proporcionadas pela CIDE-Combustíveis. Falta de concreti-

zação dos mandamentos constitucionais que justificaram a instituição da contribuição. Determinações. Recomendações. Ciência.

Em linhas gerais, após levantar dados relativos ao emprego dos recursos desta CIDE ao longo dos exercícios de 2002, 2003, 2004 e 2005, o órgão de controle constata as seguintes irregularidades:

(*i*) Utilização de recursos, notadamente em 2002, em finalidades alheias as estabelecidas pela Constituição Federal, como o pagamento de divida interna e outros encargos, a agricultura e a previdência social.

(*ii*) Com relação aos valores direcionados ao Ministério dos Transportes, parte significativa foi empregada no pagamento de despesas tipicamente administrativas, como "remuneração de servidores", "assistência pré-escolar aos seus dependentes", "assistência médica e odontológica de servidores", "auxílio transporte", "auxílio alimentação" e "propaganda".[24]

(*iii*) Ainda que tenha sido constatado um aumento global nos recursos destinados ao Ministério dos Transportes, constatou-se que mais de 50% dos valores relativos a CIDE serviu para substituir as fontes orçamentárias que anteriormente eram direcionadas ao órgão, inclusive para gastos administrativos, frustrando-se o propósito de incremento da infra-estrutura de transporte.[25]

(*iv*) Não utilização de grande parte dos recursos arrecadados, seja por meio de alocação em reservas de contingência (lei orçamentária),[26] seja mediante a limitação de empenho (decreto do executivo)[27] ou mesmo pela simples conduta omissiva na execução da despesa prevista.[28]

5.2 Eficácia da decisão do TCU no tocante a destinação da CIDE-Combustíveis

Qual o panorama nos anos seguintes à referida decisão? Em estudo detalhado sobre a destinação efetiva das CIDEs, Luciano Costa e Priscilla Faricelli de Mendonça[29] apontam, a partir de dados coletados no SIGA BRASIL, o quadro referente a destinação da contribuição nos anos de 2002 a 2006 (na página seguinte):

24. Como bem observa o relator do referido Acórdão "não se questiona a necessidade dessas despesas, mas sim a sua cobertura com recursos de um ônus tributário a mais imputado aos cidadãos, sob a esperança de melhorar o trágico setor de transportes. Não é demais lembrar que esses gastos estão em desacordo com o inciso II do § 4º do art. 177 da Constituição Federal".

25. Com relação aos exercícios de 2002 e 2003, a situação de substituição de fontes do Ministério dos Transportes era ainda mais grave, consignando o TCU que "chega-se à conclusão inarredável de que está indo para outras áreas o dinheiro que antes financiava o setor de transportes, que hoje sobrevive essencialmente às custas da novel contribuição. E mais: observando que o orçamento dos transportes não cresceu em 2002 e 2003, exercícios nos quais a Cide foi cobrada, pode-se deduzir que a instituição da contribuição não colaborou sequer com um centavo para o desenvolvimento do setor". Conforme mencionamos no corpo do texto, este panorama é amenizado a partir de 2004, sem, contudo, eliminar a questão da substituição de antigas fontes pela CIDE, que passa a ser feita em um patamar menos grave.

26. Cf. art. 5º, III, *b*, da LRF.

27 . Cf. art. 9º da LRF

28. "No que se refere à não-utilização dos recursos arrecadados a título de CIDE-Combustíveis, foi registrado que a disponibilidade de recursos, em 31.12.2003, atingiu R$ 9.012 milhões, significando que 41% dos valores arrecadados nos exercícios de 2002, 2003 e 2004 não foram, de fato, desembolsados. (...) Neste sentido, foi registrado que parcela considerável dos recursos foi direcionada no orçamento à Reserva de Contingência: 39% em 2003 e 33% em 2004. No entanto, em 2005 houve uma reversão deste cenário e não foram alocados recursos da Contribuição em Reserva de Contingência. Também foi verificado que parcela dos recursos alocados no orçamento não tem sido objeto de efetivação, o que agrava a não-utilização dos recursos arrecadados a título de CIDE-Combustíveis" (Acórdão n. 1.857/2005).

29. Priscila Faricelli de Mendonça e Luciano Costa, *Eficácia das Leis Orçamentárias Anuais (LOAs) em face da Destinação Constitucional da CIDE-Combustíveis e da CPMF.*

	Valores Autorizados (em %)				**Valores Pagos** (em %)			
Ano	Investimento	Despesas correntes	Pessoal e encargos	Inversões financeiras e outros	Investimento	Despesas correntes	Pessoal e encargos	Inversões financeiras e outros
2002	46,21	44,70	4,56	4,53	21,85	65,50	7,98	4,67
2003	41,37	23,73	7,00	27,90	11,36	38,14	12,29	38,20
2004	53,77	14,89	9,32	22,01	35,94	13,62	16,18	34,25
2005	52,12	39,66	5,14	3,07	39,17	48,78	8,77	3,27
2006	65,06	32,19	0,28	2,46	47,91	48,54	0,56	2,98

Fonte: Mendonça; Costa.

O levantamento efetuado pelos referidos autores demonstra que, não obstante o aumento gradativo dos valores gastos em investimentos, estes continuam em patamares inferiores a 50%, fator que coloca em questão a efetiva utilização da CIDE em sua finalidade precípua. Por outro lado, após 2005 (ano da decisão do TCU), observa-se que uma das recomendações do órgão de controle, relativa à equivocada aplicação dos recursos com pagamento de despesas de pessoal, sofreu importante impacto, pois de 8,27%, a quantia empregada nesta categoria foi reduzida para 0,56% em 2006.

5.3 Recursos da Contribuição ao FUST

Em dezembro de 2005, o Tribunal de Contas da União, por meio do Acórdão n. 2.148/2005, julgou o relatório de auditoria instaurada em face do Ministério das Comunicações e da Agencia Nacional de Telecomunicações – ANATEL, com o "objetivo de verificar as dificuldades, limitações e barreiras que impedem a aplicação dos recursos do FUST", constatando, em síntese, a "ausência de atuação eficaz do Ministério das Comunicações, no estabelecimento de políticas, diretrizes e prioridades que orientarão a aplicação dos recursos, conforme determina a Lei n. 9.998/2000, que criou o fundo. Ausência de definição dos programas, projetos e atividades que receberão recursos do FUST. Falta de integração das ações relativas à inclusão digital. Problemas na formulação do SCD. Constatação de que a atual legislação não impede a utilização dos recursos do FUST".

Trata-se de CIDE instituída em 2000 pela Lei n. 9.998, com o propósito de gerar recursos para a promoção de projetos de universalização de serviços de telecomunicação, nos termos da Lei Geral de Telecomunicações – LGT (Lei n. 9.472/1997). Destaque-se que a contribuição, incidente à alíquota de 1% sobre a receita bruta das prestadoras de serviços de telecomunicação,[30] conforma apenas uma parte dos recursos do FUST (em torno de 52%, conforme informação disponibilizada pela ANATEL[31]).

Após minuciosa análise promovida acerca da aplicação dos recursos e até de alguns indicadores de desempenho dos serviços de telecomunicação, o relatório formulado pelos auditores do TCU indica, basicamente, a completa omissão do Ministério das Comunicações em formular

30. Art. 6º, IV: "contribuição de um por cento sobre a receita operacional bruta, decorrente de prestação de serviços de telecomunicações nos regimes público e privado, excluindo-se o Imposto sobre Operações relativas à Circulação de Mercadorias e sobre Prestações de Serviços de Transportes Interestadual e Intermunicipal e de Comunicações – ICMS, o Programa de Integração Social – PIS e a Contribuição para o Financiamento da Seguridade Social – COFINS".

31. Informação relatada no Acórdão n. 2.148/2005, já mencionado.

uma política de emprego dos recursos da CIDE, ocasionando total contingenciamento dos recursos:

> Desde a edição da Lei do FUST, em agosto de 2000, só houve uma tentativa concreta de aplicação de seus recursos, culminando na não utilização do fundo até o momento, e sua alocação sistemática para elevar o superávit primário do orçamento público federal. (...)
>
> Ao analisar a atuação dos formuladores de políticas, desde a criação da Lei do FUST até o presente momento, a equipe constatou que não existem políticas públicas, diretrizes gerais e prioridades, formuladas ou em discussão, no âmbito do Ministério das Comunicações, que possam orientar de forma efetiva a aplicação dos recursos do FUST, nos termos da Lei. Verificamos que até o ano de 2003, a definição de prioridades foi superficial e genérica, com descompasso entre os programas definidos pelo Ministério e as leis orçamentárias, o que demonstrou a fragilidade das estratégias de utilização dos recursos nesse período. (...)
>
> A destinação quase que integral dos recursos do FUST à reserva de contingência indica a falta de perspectiva atual para a aplicação dos recursos. (...)
>
> A equipe buscou ainda identificar a existência de definição de quais programas, projetos e atividades governamentais deveriam ser financiados com os recursos do FUST, quando verificou que não há uma política integrada – nem prioridade – para as iniciativas de inclusão digital do Poder Executivo Federal.

Naquele julgamento, o Ministro Relator Ubiratan Aguiar, apontou que, após cinco anos de instituição desta CIDE, foram arrecadados cerca de 3,6 bilhões de Reais sem que o governo tenha conseguido, por absoluta inércia, implementar as condições necessárias para aplicação dos recursos que compõem este fundo. Em suas palavras "durante cinco anos vêm sendo retirados recursos da sociedade, sem que ela tenha a contrapartida prevista em lei, que é a universalização dos serviços de telecomunicações, pela incapacidade dos governos de formularem uma política consistente para a aplicação desses recursos".

5.4 Eficácia da decisão do TCU no tocante à destinação do FUST

No referido Acórdão, após a análise das razões pelas quais os recursos do FUST não foram devidamente empregados, o TCU *determinou* ao Ministério das Comunicações que formulasse as políticas, diretrizes e prioridades para aplicação dos recursos do aludido fundo. A decisão chega ao requinte de indicar, além dos prazos e metas, os caminhos institucionais para que as referidas políticas públicas sejam implementadas.

Em consulta ao sistema de acompanhamento da execução orçamentária disponibilizado pelo *site* do Senado Federal – SIGA BRASIL – percebemos que, após decisão do Tribunal de Contas, os valores destinados para a unidade orçamentária "Universalização dos Serviços de Telecomunicação" tiveram, no próprio ano de 2005, o seguinte tratamento financeiro:

Programa	**Dotação inicial** (R$)	**Autorizado** (R$)	**Empenhado**	**Pago**
0257 – Universalização dos Serviços de Telecomunicações	30.000.000	30.000.000	0	0
0999 – Reserva de Contingência	499.298.765	499.298.765	0	0
TOTAL	**529.298.765**	**529.298.765**	**0**	**0**

O exercício de 2006, ano seguinte à decisão do Tribunal de Contas, encerrou com os seguintes dados acerca da destinação dos recursos que compõem o FUST:

Programa	Dotação inicial (R$)	Autorizado (R$)	Empenhado	Pago
0257 – Universalização dos Serviços de Telecomunicações	7.388.001	1.388.001	0	0
0999 – Reserva de Contingência	655.723.475	655.723.475	0	0
1008 – Inclusão Digital	3.200.000	0	0	0
TOTAL	**666.311.476**	**657.111.476**	**0**	**0**

Observa-se que nos dois últimos anos, a despeito da determinação do órgão de controle, os recursos que compõem o FUST continuaram a ser contingenciados, seja sob a forma de alocação formal em reserva de contingência, seja sob a forma de omissão quanto a utilização concreta dos recursos dotados/autorizados, de modo que "R$ 0,00" tiveram emprego na finalidade propugnada pela lei criadora do Fundo.

Apenas em abril de 2007 que o Ministério das Comunicações, fazendo alusão expressa ao julgado que antes mencionamos, publicou extenso relatório, composto de sete documentos que detalham os caminhos pelos quais se concretizará o programa de universalização. Confira-se:

> O presente relatório visa, dentre outras motivações, *atender a uma das demandas preconizada no item 9.1.1 do Acórdão n. 2.148/2005 do Tribunal de Contas da União* (TCU). Conforme o documento "Políticas, diretrizes e prioridades para aplicação dos recursos do Fundo de Universalização dos Serviços e Telecomunicações – FUST: atividades e cronograma", estão previstas as seguintes atividades por parte do Ministério das Comunicações: Atividade 2.1: Diagnóstico das necessidades de universalização; Atividade 2.2: Análise das ações governamentais em inclusão digital; Atividade 2.3: Análise custo-benefício das soluções utilizando o STFC; Atividade 2.4: Análise custo-benefício das soluções banda larga; Atividade 2.5: Definição das políticas para as aplicações do FUST; Atividade 2.6: Elaboração e publicação de documentos; Atividade 2.7: Estudos técnicos e de viabilidade econômico-financeira para a imputação de metas; Atividade 2.8: Estudos técnicos e de viabilidade econômico-financeira do serviço de redes digitais faixa larga.[32]

Pois bem, a julgar pelo volume de informações e detalhes disponibilizados no aludido projeto, parece-nos que algo já foi feito, ao menos em termos de estudos. Resta aguardarmos a divulgação do relatório de execução orçamentária de 2007 para sabermos se, em efetivo, houve emprego dos recursos nos aludidos projetos. Por enquanto, só temos mais uma carta de intenções acerca da utilização dos recursos.

6. Conclusões

As CIDEs, assim como as demais contribuições que tomam como fundamento genérico o art. 149 da Constituição Federal, possuem a finalidade como traço característico preponderante. Isto implica a obrigatoriedade do próprio legislador em prever a destinação adequada no momento do exercício da competência legislativa tributária. Se, no ato de instituição da contribuição, for prevista destinação incompatível com a finalidade anunciada ou, ainda, se houver omissão desta previsão, o tributo

32. *http://www.mc.gov.br/003/00301009.asp?ttCD_ CHAVE=18760.*

instituído já trará, de plano, o vício de inconstitucionalidade.

Em outras palavras, para que a contribuição seja validamente instituída, não basta a criação de uma regra (a chamada regra-matriz de incidência, que define a hipótese de incidência, a base de cálculo, a alíquota, o sujeito ativo e o sujeito passivo), sendo obrigatória a criação, por meio do mesmo ato de exercício de competência legislativa, de outra regra, garantidora da destinação dos recursos arrecadados. Assim, instituir CIDE implica criar, por meio de lei ordinária, duas regras: (*i*) regra de incidência; (*ii*) regra de destinação.[33]

No caso da CIDE-Combustível e da Contribuição ao FUST, se não tivesse sido prevista determinada destinação desde a lei instituidora, a invalidade da regra de incidência seria patente. Primeiramente, por inadequada utilização do fundamento Constitucional, inscrito no art. 149 da CF/1988. Depois, porque, ainda que tomadas como impostos ante a ausência de destinação, haveria invasão de competência estadual pela União Federal, visto que (*a*) a materialidade da CIDE-Combustível se assemelha, em alguns pontos, a do ICMS incidente sobre os combustíveis, e; (*b*) a materialidade do FUST intersecciona a do ICMS, na parte em que abrange os serviços de telecomunicações.

Todavia, ficou evidente na análise dos dados relativos à execução orçamentária, que a previsão geral e abstrata da lei instituidora da contribuição não é suficiente para assegurar o efetivo emprego dos recursos arrecadados. Em verdade, o efetivo emprego só ficará assegurado se, facticamente, houver empenho e pagamento de despesas referentes ao fomento e incentivo de determinado setor da economia. Ainda assim, acreditamos que, mesmo no plano legal (abstrato e geral), há alguns parâmetros que devam ser melhor avaliados para que se caminhe em direção a pretendida efetivação das finalidades anunciadas. Estamos falando aqui, da questão orçamentária.

6.1 Da lei orçamentária como veículo que complementa o desenho das CIDEs

Tradicionalmente, a validade de determinada contribuição é avaliada de modo limitado à lei que a institui. Ocorre que este tipo de análise, ainda que considere o elemento destinação, abstrai a circunstância de que outras regras, também abstratas, deverão criadas no propósito de dar consistência programática à finalidade noticiada. Isto porque a própria Constituição Federal prescreve em seu art. 167, I, a necessidade de previsão orçamentária para que se efetivem programas ou projetos, confira-se:

> Art. 167. São vedados:
>
> I – o início de programas ou projetos não incluídos na lei orçamentária anual;

Resta claro, a partir do dispositivo em questão que, de nada adianta a previsão de destinação de determinada contribuição, por exemplo, ao "financiamento de programas de infra-estrutura de transportes", se este programa não estiver contemplado na lei orçamentária que vigerá no exercício subseqüente. Se já se sabe de antemão, pela investigação dos enunciados prescritivos que compõem a lei orçamentária anual, que será inviável destinar os recursos para determinado programa ou projeto, resta clara a absoluta falta de eficácia técnica da norma que prescreve a destinação.

Reitere-se: *somente a partir da previsão orçamentária que contemple a destinação para o aludido programa é que restará completo o desenho da CIDE que poderá ser cobrada no ano seguinte.*

33. Neste sentido, a construção de Eurico Marcos Diniz de Santi, constatada, dentre outros textos, no artigo sobre classificação das espécies tributárias, antes mencionado, e ainda no seguinte trabalho, escrito em parceria com Vanessa Canado: "Direito tributário e direito financeiro: reconstruindo o conceito de tributo e resgatando o controle da destinação", in *Curso de Direito Tributário e Finanças Públicas: do Fato à Norma, da Realidade ao Conceito Jurídico*, coord. Eurico de Santi, pp. 608-625.

Retomando o raciocínio do item anterior, para que seja validamente criada e cobrada determinada CIDE é necessária a existência de duas regras: (*i*) a regra de incidência; (*ii*) a regra de destinação. A afirmação que acabamos de adicionar é que o veículo normativo instituidor da regra de destinação não é apenas a "lei tributária", mas, também, a "lei orçamentária". É da conjugação de ambas que se obtém enunciados suficientes para a caracterização plena da regra abstrata de destinação.

Em termos mais rigorosos, podemos dizer que, na ausência de previsão da adequada destinação na lei orçamentária, via direcionamento a determinado programa ou projeto, faltará à regra de destinação, prevista na lei instituidora da CIDE (lei tributária), eficácia técnico-sintática. Sobre o tema, assim dispõe Tércio Sampaio Ferraz Jr.: "Uma norma também se diz eficaz quando estão presentes certos requisitos técnicos. A dogmática supõe, nesse caso, a necessidade de enlaces entre diversas normas, sem os quais a norma não pode produzir seus efeitos. Por exemplo, a norma que prescreve que crimes hediondos serão inafiançáveis, mas transfere para outra norma a definição de *hediondo*. Enquanto esta não existir, a primeira não poderá produzir efeitos. Fala-se, então, de eficácia ou ineficácia técnica. A exigência desses enlaces nos permite dizer que a eficácia técnica tem uma relevância sintática (relação signo/signo, norma/norma)".[34]

Neste sentido, se diz que as normas de destinação das CIDEs, veiculadas na "lei tributária" possuem eficácia *limitada*, visto que dependem de outras normas para que possam ser aplicadas, i.é., as normas veiculadas na "lei orçamentária". Sem a possibilidade técnica de destinação de determinados recursos no ano, resta também comprometida a eficácia técnica da própria regra de incidência, visto que o desenho da contribuição, enquanto contribuição, tem como traço fundamental a indissociabilidade do caráter finalístico. Logo, no início de cada ano, deve ser investigado se havia previsão em lei orçamentária quanto ao destino que será dado para as CIDEs naquele exercício.

Havendo, por exemplo, direcionamento de quase-totalidade dos recursos para "reservas de contingência", fica clara a falta de eficácia técnica da regra destinação.

Importa relatar, a título de exemplo, o caso da Contribuição ao FUST. Em 2005, observa-se, a partir de dados do SIGA BRASIL, uma arrecadação de R$ 418.432.752,30 e que, de antemão, apenas R$ 30.000.000,00 do total dos recursos que compõem o fundo foram direcionados ao "Programa 0257 – Universalização dos Serviços de Telecomunicações", pela lei orçamentária. Observe-se que, também de acordo com a lei orçamentária para 2005, que do total dos recursos que compõem o FUST, R$ 499.298.765,00 foram diretamente para a reserva de contingência (a diferença numérica para maior em relação aos valores arrecadados, se deve à circunstância de que o FUST é composto por diversas outras fontes, além da contribuição propriamente dita).

O mesmo fenômeno ocorre quando há direcionamento de recursos à despesa estranha à finalidade interventiva, como se deu com a CIDE-Combustíveis. No caso deste tributo, o TCU constatou que parte significativa foi empregada no pagamento de despesas tipicamente administrativas, como "remuneração de servidores", "assistência pré-escolar aos seus dependentes", "assistência médica e odontológica de servidores", "auxílio transporte", "auxílio alimentação" e "propaganda". Ora, a Constituição Federal elegeu determinada finalidade consistente exatamente em programas de investimento em infra-estrutura de transportes, subsídios e programas ambientais. Se o orçamento do ano não contempla adequadamente a afetação dos recursos a estas finalidades, não há eficá-

34. Tércio Sampaio Ferraz Jr., *Introdução ao Estudo do Direito: Técnica, Decisão, Dominação*, 4ª ed., p. 200.

cia técnico-sintática da regra de incidência com relação àquele exercício.

Portanto, a conclusão parcial que se impõe é que, havendo direcionamento, já na lei orçamentária, de quase totalidade dos recursos para a "reserva de contingência" ou para finalidades diversas daquelas contempladas pela lei que institui a contribuição, não haverá possibilidade de cobrança naquele ano, por falta de eficácia técnico-sintática das regras que, juntas, dão o perfil da CIDE enquanto tributo destinado a determinada finalidade.

6.2 Do duplo desvio de finalidade, no contingenciamento de recursos para a formação de superávit primário

Há certo senso comum, principalmente por parte dos gestores de recursos públicos, de que, muito embora a finalidade original das CIDEs não esteja sendo observada em sua plenitude, os esforços do governo estão direcionados a outro propósito, tão ou mais relevante do que os investimentos em infra-estrutura: o cumprimento das metas de superávit primário.

Parece-nos que este argumento é de todo equivocado: primeiro porque a finalidade a ser perseguida por meio da instituição das CIDEs não está sujeita ao juízo discricionário do administrador público, por mais relevante que seja a finalidade anunciada; segundo, porque o contingenciamento dos recursos das CIDEs, a título de formação de reservas para pagamento da dívida pública, constitui mecanismo de burla às próprias metas de superávit, visto que se tratam de receitas vinculadas e, nem mesmo em exercício seguinte podem ser objeto de desvinculação, conforme estatui a Lei de Responsabilidade Fiscal no parágrafo único do seu art. 8º, *in verbis*: "Os recursos legalmente vinculados a finalidade específica serão utilizados exclusivamente para atender ao objeto de sua vinculação, ainda que em exercício diverso daquele em que ocorrer o ingresso".

O próprio TCU, ao proferir o Acórdão de n. 1.857, consigna esta observação ao destacar que "os recursos não gastos da CIDE, embora constituam parcela do resultado primário e permaneçam nas disponibilidades, reduzindo o valor da dívida líquida do setor público, não podem, de fato, ser utilizados para reduzir o montante da dívida e, conseqüentemente, o valor de seu serviço".

Por isso a afirmação do duplo desvio de finalidade: a finalidade das CIDEs e mesmo da para-finalidade de formação de reservas para o pagamento da dívida pública.

Observa-se, portanto, que o aludido superávit não se origina de austeridade fiscal, que exigiria, basicamente, redução do gasto público, via otimização de despesas correntes. Seus fundamentos se dão, primordialmente, na elevação da carga tributária e no corte dos investimentos (parte deles com fonte de financiamento nas CIDEs). Ora, se o valor das CIDEs é constitucionalmente vinculado, e nem mesmo o decurso do exercício financeiro é capaz de retirar juridicamente o dever de vinculação, nos resta apenas duas alternativas: ou (*i*) o superávit formado pelo contingenciamento de CIDEs é mesmo ilusório, no que se refere ao seu potencial de arcar com a redução da dívida pública, visto que jamais poderá ser utilizado para gastos estranhos àqueles predefinidos, ou (*ii*) há uma inconfessável intenção de, futuramente, "quebrar" a vinculação dos recursos destinados, via Emenda Constitucional ou alteração da Lei de Responsabilidade Fiscal. Em ambos os casos, é clara a idéia de desvirtuamento finalístico.

6.3 Qual seria o instrumento processual adequado no controle destes desvios?

Um assunto que sempre vem à tona quando se discute o desvio de finalidade das CIDEs, diz respeito a possibilidade, ou não, de invalidação da norma que institui o tributo, bem como de repetição dos recursos por parte dos contribuintes, sobretaxados em razão do cumprimento de finalidades que nunca se concretizaram em sua plenitude.

O próprio Tribunal de Contas da União, quando analisou a aplicação da CIDE-Combustíveis e da Contribuição ao FUST, manifestou preocupação neste sentido:

> Todos esses problemas forçosamente despertam um receio acerca da validade da cobrança dessa contribuição. Enquanto não forem resolvidos, recairão incertezas sobre a legitimidade da exação adicional compelida aos contribuintes (Acórdão 1.857/2005 – CIDE-Combustíveis).
>
> A urgência na aplicação dos recursos do FUST é ainda maior diante do risco de que os contribuintes da Contribuição de Intervenção no Domínio Econômico – CIDE – do FUST venham a pleitear no Judiciário a devolução dos recursos. Nesse caso, considerando os tributos arrecadados até junho de 2005, a União estaria diante de um passivo contingente de cerca de R$ 2,8 milhões (Acórdão 2.148/2005 – Contribuição ao FUST).

Na linha das premissas até então colocadas, percebemos que vários diplomas normativos se entrelaçam para que determinada contribuição seja instituída, cobrada e efetivamente destinada. Dentre estes vários atos, façamos um recorte simplificador para destacar: (*i*) produção do veículo normativo, originário, da contribuição: a "lei tributária"; (*ii*) produção do veículo normativo que canaliza os recursos para os programas e projetos a que se referem as CIDEs: a "lei orçamentária"; (*iii*) produção de veículos normativos infralegais, como decretos que determinam o contingenciamento parcial de recursos; (*iv*) produção de atos administrativos de liquidação, empenho e pagamento. Façamos outro recorte para destacar os atos *i* e *ii*, cujas principais características comuns residem na circunstância de: (*a*) serem originários da atividade legislativa; (*b*) veicularem normas gerais e abstratas.[35]

Colocamos as expressões "lei tributária" e "lei orçamentária" entre parênteses para destacar a nossa posição de que a lei orçamentária é também um veículo essencial no complemento do desenho tributário de determinada CIDE. Como defendido, com base na noção de eficácia técnico-sintática, só é possível a incidência de determinada CIDE, em determinado ano, se, além da preexistência da "lei tributária", houver "lei orçamentária" contemplando, para o exercício em questão, uma adequada destinação.

Caberia, neste sentido, declaração de inconstitucionalidade da "lei tributária" por meio de ADI?

Parece-nos que a resposta a esta questão é negativa, pois o exercício da competência legislativa tributária, localizado em determinadas coordenadas de espaço e tempo, tem como único parâmetro o texto constitucional. Estando presentes os elementos: necessidade de criação da contribuição, correção formal, adequação do critério material, referibilidade na eleição dos contribuintes e havendo ainda previsão abstrata de destinação, não se pode dizer que o diploma legislativo padece de inconstitucionalidade. Os atos viciados serão, eventualmente, os subseqüentes, mas daí, dizer que tornará inválida a norma geral e abstrata instituidora do tributo nos parece um salto argumentativo difícil de sustentar.

35. Quanto ao caráter abstrato da lei orçamentária e a possibilidade de seu controle pelo STF, confira-se a ADI n. 2.925-DF, de dez./2003 (Rel. p/ Acórdão, Ministro Marco Aurélio). Estamos conscientes de que os demais atos são fundamentais para a constatação relativa ao emprego efetivo das CIDEs nas finalidades anunciadas. Todavia, os dois primeiros atos são os de maior relevância, visto restringirem fortemente a configuração dos demais. Parece-nos que os atos administrativos de emprego concreto, caso atuem fora dos limites das leis orçamentárias são passíveis de controle individualizado, não repercutindo na validade da cobrança do tributo.

E quanto ao ajuizamento de ação de declaração de inconstitucionalidade da própria "lei orçamentária" que, por omissão ou por equivocada destinação, frustrar a correta utilização dos recursos da CIDE para determinado exercício?

Neste caso, parece-nos um dos mecanismos adequados, se o vício estiver na própria lei orçamentária. Vale lembrar que a experiência jurídica brasileira já presenciou acontecimento desta natureza, no julgamento da ADI n. 2.925-DF. Todavia, é importante observar que este tipo de ação só terá cabimento durante a vigência da lei orçamentária em questão, visto que a jurisprudência do Supremo Tribunal Federal é uníssona no sentido da não-admissibilidade de ADI com relação a lei não mais vigente, sob a alegação de falta de objeto da ação. Deste modo, o efeito da declaração de inconstitucionalidade será, no mais das vezes, o de completar a eficácia técnico-sintática da regra de destinação da CIDE, de modo a assegurar, ao menos no plano abstrato, o correto emprego dos recursos. Logo, o seu efeito não será o de abrir caminho para a repetição do indébito. Muito pelo contrário.

Da perspectiva do contribuinte que deseja pleitear repetição do indébito, parece-nos que o caminho apropriado é o questionamento em concreto, via ação ordinária de repetição do indébito. Caberia a ação, por exemplo, em caso de regularidade da "lei tributária" acompanhada de irregularidade da "lei orçamentária" que, por hipótese, determina o contingenciamento dos recursos ou confere destinação incompatível com a finalidade interventiva.

O pedido de restituição, nesta circunstância, não precisa assumir nenhuma premissa de inconstitucionalidade. Basta a demonstração da falta de eficácia técnico-sintática da regra de destinação da contribuição, em razão do equivocado tratamento orçamentário naquele exercício em especial. Assim, podemos constatar, *v.g.*, que os recursos arrecadados durante 2005, a título de FUST, poderão ser objeto de pedido de restituição, não porque a "lei tributária" – no caso, a Lei n. 9.998/2000 – era inconstitucional, mas porque lhe faltava eficácia técnica para que pudesse ser aplicada. Neste sentido, os atos de lançamento e de auto-lançamento embasados nesta regra é que devem ser objeto de invalidação, por falta de amparo em lei que, naquele ano, pudesse ser aplicada.

7. Referências bibliográficas

BARRETO, Paulo Ayres. *Contribuições, Regime Jurídico, Destinação e Controle.* São Paulo, Noeses, 2006.

CARVALHO, Paulo de Barros. *Curso de Direito Tributário.* 13ª ed., São Paulo, Saraiva, 2000.

FERRAZ JR., Tércio Sampaio. *Introdução ao Estudo do Direito: Técnica, Decisão, Dominação.* 4ª ed., São Paulo, Atlas, 2003.

GALVÃO, Daniela. *Eficácia no Controle das Contas Públicas.* Inédito, 2007.

GAMA, Tácio Lacerda. *Contribuição de Intervenção no Domínio Econômico.* São Paulo, Quartier Latin, 2003.

GRECO, Marco Aurélio. "Contribuição de Intervenção no Domínio Econômico – Parâmetros para sua criação", in GRECO, Marco Aurélio (coord.). *Contribuições de Intervenção no Domínio Econômico e Figuras Afins.* São Paulo, Dialética, 2001.

______. "Em busca do controle sobre as CIDEs", *Revista do Advogado*, AASP, nov./2007.

HACK, Érico. *Contribuição de Intervenção no Domínio Econômico – Destinação do Produto Arrecadado e Finalidade como Requisitos de Validade.* Dissertação de Mestrado, PUC/PR, inédito.

MARQUES, Marcio Severo. *Classificação Constitucional dos Tributos.* São Paulo, Max Limonad, 1999.

MENDONÇA, Priscila Faricelli de; COSTA, Luciano. *Eficácia das Leis Orçamentárias Anuais (LOAs) em face da Destinação Constitucional da CIDE-Combustíveis e da CPMF.* Inédito, 2007.

MOSQUERA, Roberto Quiroga. *Direito Monetário e Tributação da Moeda.* São Paulo, Dialética, 2006.

MURPHY, Liam; NAGEL, Thomas. *O Mito da Propriedade: os Impostos e a Justiça.* Trad. Marcelo Brandão Cipolla. São Paulo, Martins Fontes, 2005.

PALLONE, Renata Ferrero; CARDOSO, Vanessa Inhasz. *A Incorreta Aplicação dos Recursos da CIDE-Combustíveis e da CPMF Ofende a Lei de Responsabilidade Fiscal*? Inédito, 2007.

PEIXOTO, Daniel Monteiro. *Competência Administrativa na Aplicação do Direito Tributário.* São Paulo, Quartier Latin, 2006.

PONTES, Helenilson Cunha. In ROCHA, Valdir de Oliveira (coord.). *Grandes Questões Atuais de Direito Tributário.* v. 6, São Paulo, Dialética, 2002.

SANTI, Eurico Marcos Diniz de. "As classificações no Sistema Tributário Brasileiro", in *Congresso Internacional de Direito Tributário 1*, Vitória-ES, 1998.

______; CANADO, Vanessa Rahal. "Direito tributário e direito financeiro: reconstruindo o conceito de tributo e resgatando o controle da destinação", in SANTI, Eurico de (coord.). *Curso de Direito Tributário e Finanças Públicas: do Fato à Norma, da Realidade ao Conceito Jurídico.* São Paulo, Saraiva, 2007.

______; PEIXOTO, Daniel Monteiro. "PIS e Cofins na importação, competência: entre regras e princípios", *RDDT* 121/34.

______; PISCITELLI, Tathiane dos Santos; MASCITTO, Andrea. *Uma Análise da Destinação dos Recursos da CIDE-Combustíveis no Período de 2002 a 2006.* Inédito, 2007.

SCHOUERI, Luis Eduardo. *Normas Tributárias Indutoras e Intervenção Econômica.* Rio de Janeiro, Forense, 2005.

STIGLITZ, Joseph E. *Economics of the Public Sector.* 3ª ed. Nova Iorque, WW. Norton & Company, 2000.

TORRES, Ricardo Lobo. "A política industrial da Era Vargas e a Constituição de 1988", in SANTI, Eurico de (coord.). *Curso de Direito Tributário e Finanças Públicas: do Fato à Norma, da Realidade ao Conceito Jurídico.* São Paulo, Saraiva, 2007.

ESTUDOS & COMENTÁRIOS

ICMS-COMUNICAÇÃO: DA EFETIVA PRESTAÇÃO DE SERVIÇOS *VERSUS* EFETIVA COMUNICAÇÃO

RUBYA FLORIANI DOS ANJOS

Mestre e Especialista em Direito Tributário pela PUC/SP. Professora e Pesquisadora do IBET – Instituto Brasileiro de Direito Tributário. Professora da PUC/SP-COGEAE. Advogada em São Paulo

Introdução. 1. Análise da expressão "prestação de serviços" e sua efetividade no ISS. 2. Definição do conceito de comunicação. 3. Comunicação susceptível ao ICMS e desnecessidade de efetiva comunicação. Conclusões.

Introdução

A doutrina, em geral, quando analisa o ICMS[1] incidente sobre a prestação de serviços de comunicação não hesita em afirmar que o imposto recai sobre a *efetiva prestação de serviços de comunicação* e que isso só se conforma com a *efetiva comunicação*. Ocorre que os autores fazem tal asserção aproveitando-se de estudos realizados em torno da locução "prestação de serviços" do ISS.[2] Mas o que é "efetiva comunicação" e "efetiva prestação de serviços para o ICMS-Comunicação"?

Não se pode esquecer que a "prestação de serviços" pode ser tributada tanto pelo ISS, como pelo ICMS, o que se verifica do disposto nos arts. 156, III, e 155, II da Carta Magna. O art. 156, III, outorga competência aos Municípios para instituírem o imposto sobre serviços de qualquer natureza que não estejam compreendidos no art. 155, inciso II, quais sejam: os serviços de comunicação e de transporte interestadual e intermunicipal (de competência dos Estados e do Distrito Federal).

Portanto, a locução "prestar serviços" faz parte de dois impostos e, para indicar a "prestação de serviços" de competência do respectivo Ente Político há que se realizar uma qualificação do vocábulo "serviços", ao qual pode ser atribuído: *de qualquer natureza, ou comunicação, ou transporte*.

Desse modo, é relevante que se investigue a "prestação de serviços" e sua efetividade, em consonância com cada imposto a que se refere.

Nesta oportunidade demonstraremos que o significado de efetividade para o ICMS-Comunicação é diferente do que vem sendo adotado usualmente, e para isso, passaremos pelo entendimento utilizado pelos especialistas em ISS, bem como será necessário definir o conceito de

1. ICMS, conforme art. 155, II da CR/1988, está no lugar de "Imposto sobre operações relativas à circulação de mercadorias e sobre prestações de serviços de transporte interestadual e intermunicipal e de comunicação, ainda que as operações e as prestações se iniciem no exterior".

2. ISS: abreviação que representa o imposto sobre serviços de qualquer natureza, v. art. 156, III, da CR/1988.

comunicação que entendemos adequado ao ICMS.

1. Análise da expressão "prestação de serviços" e sua efetividade no ISS

"Prestação", como objeto da obrigação, quando associada ao termo "serviço", envolve obrigação de fazer – pois "serviço" é sinônimo de bem material ou imaterial,[3] resultado de um esforço humano – que só se torna obrigação porque estabelecida de forma negocial, em consonância com as regras do Direito Privado.[4] Em outras palavras, envolve o exercício de uma atividade por um *prestador* em benefício do *tomador*, o qual remunerará aquele por meio de um *preço* previamente ajustado,[5] consubstanciando uma relação jurídica.

Nesse sentido, De Plácido e Silva,[6] diz que "Juridicamente, na terminologia das obrigações, *prestação* entende-se como *objeto da obrigação*, ou seja, aquilo que o devedor está obrigado a cumprir, a fim de que se libere da obrigação assumida. E a prestação tanto pode consistir na entrega de uma coisa, como na prática ou execução de um ato" (destacamos).

O legislador constituinte está fazendo uso de conceito de direito privado,[7] especificamente do Direito Civil, para delimitar o campo de atuação do legislador infraconstitucional, pois prestar serviços é uma *obrigação de fazer*.

Ocorre que o Direito Civil[8] segrega as obrigações em duas, as quais podemos entender a partir da definição do De Plácido e Silva, acima transcrita, que são: obrigação de dar – entrega de algo – ou, obrigação de praticar, executar determinado ato, enfim, de fazer. Devemos adotar essas noções sem o exagero do rigor que a leitura das palavras pode provocar, pois, a prestação de serviços pode ocasionar a entrega de algo, a exemplo de uma obra de arte.

Prestar serviço, que pode abarcar a entrega de bem material e imaterial,[9] compõe o rol das obrigações de fazer como definida pelo direito privado. Esse também é o entendimento de José Eduardo Soares de Melo,[10] para quem "O cerne da materialidade da hipótese de incidência do imposto em comento não se circunscreve

3. Sobre o uso de bem material e imaterial para definir a incidência do ICMS ou do ISS, diz Aires F. Barreto que tal critério não pode ser usado, pois uma obra de arte é material, no entanto, não sofre incidência de ICMS e sim de ISS. V.: "ICMS e ISS – Estremação da incidência", *Revista Dialética de Direito Tributário* 71/10, São Paulo, Dialética, 2001.

4. "Portanto, o *prestar serviços* que enseja a tributação é o negócio jurídico, sob o regime de Direito Privado, de tal modo que a pessoa física ou jurídica 'A' contrata a pessoa física ou jurídica 'B', em caráter oneroso e sem vínculo empregatício, para que lhe preste determinado serviço" (grifos nos original) (Susy Gomes Hoffman, "O imposto sobre serviços de qualquer natureza", in Eurico Marcos Diniz de Santi (org.), *Curso de Especialização em Direito Tributário: Estudos Analíticos em Homenagem a Paulo de Barros Carvalho*, Rio de Janeiro, Forense, 2005, p. 506).

5. Paulo de Barros Carvalho, texto inédito.

6. *Vocabulário Jurídico*, v. III, 11ª ed., s.v. "Prestação", Rio de Janeiro, Forense, 1989, p. 439.

7. André Mendes Moreira explica: "ao analisar o conceito de prestação de serviços à luz da CR/1967-1969 – mais especificamente a possibilidade de tributação do serviço de transporte por uma empresa a si mesma –, o Pleno do Tribunal Federal de Recursos decidiu que o conceito de serviço utilizado pelo Constituinte para definição da competência tributária é aquele formulado no direito privado. E, no direito privado, a prestação de serviços pressupõe um contrato entre duas pessoas (o prestador e o tomador) e uma retribuição" (*A Tributação dos Serviços de Comunicação*, São Paulo, Dialética, 2006, pp. 58-59).

8. V. também Susy Gomes Hoffman, "O imposto sobre serviços de qualquer natureza", cit., p. 507.

9. Do mesmo modo Misabel Abreu Machado Derzi: "O trabalho às vezes é predominantemente imaterial (do advogado, professor, cantor, *et al.*), na maioria das vezes, porém, a prestação dos serviços se concretiza em bens materiais. O que é fundamental é que o fazer haverá de prevalecer sobre o dar" (nota atualizadora em Aliomar Baleeiro, *Direito Tributário Brasileiro*, 11ª ed. atual. por Misabel Abreu Machado Derzi, Rio de Janeiro, Forense, 1999, p. 491).

10. *Aspectos Teóricos e Práticos*, 3ª ed., São Paulo, Dialética, 2003, p. 33.

a 'serviço', mas a uma 'prestação de serviço', compreendendo um negócio (jurídico) pertinente a uma obrigação de 'fazer', de conformidade com os postulados e diretrizes do *direito privado*" (destacamos).

O Supremo Tribunal Federal na mesma esteira ressaltou a importância do art. 110 do CTN,[11] no RE 116.121-3-SP,[12] quando o Plenário da Corte analisou a expressão "locação de bens móveis", para afastar a "incompreensível confusão que ocorria com locação de serviços",[13] declarando inconstitucional o item 79 da lista de serviços vigente à época. Vejamos:

Tributo – Figurino constitucional. A supremacia da Carta Federal é conducente a glosar-se a cobrança de tributo discrepante daqueles nela previstos. Imposto sobre serviços – Contrato de locação. A terminologia constitucional do Imposto sobre Serviços revela o objeto da tributação. Conflita com a Lei Maior dispositivo que imponha o tributo considerado contrato de locação de bem móvel. Em Direito, os institutos, as expressões e os vocábulos têm sentido próprio, descabendo confundir a locação de serviços com a de móveis, práticas diversas regidas pelo Código Civil, cujas definições são de observância inafastável – art. 110 do Código Tributário Nacional.

Com efeito, os fatos eleitos pelo constituinte e que vão compor a hipótese de incidência dos tributos devem denotar riqueza; logo, apenas aqueles serviços que forem prestados a título oneroso é que serão passíveis de sofrer a exação, e isso para quaisquer serviços, independente do ente político competente instituidor do tributo.

Por decorrência, os serviços prestados de *forma gratuita* não estão susceptíveis à incidência tributária, porque tal circunstância impede que haja montante para a aplicação da alíquota e, conseqüentemente, tampouco haverá o objeto em torno do qual se formam as relações jurídicas tributárias.

Essa relação jurídica tributária, que é obrigacional, é necessariamente irreflexiva, ou seja, deve ter sujeito passivo diferente de sujeito ativo,[14] isto é, nunca pode ser a mesma pessoa preenchendo essas duas posições, de modo que o *auto-serviço* não pode representar um fato tributável, que ademais, também não tem base de cálculo, como nos serviços gratuitos.

Em atendimento ao rigor, ressalva Aires F. Barreto[15] que: "O conceito de serviço supõe uma relação com outra pessoa, a quem se serve. Efetivamente, se é possível dizer-se que se fez um *trabalho* 'para si mesmo', não o é afirmar-se que se *prestou um serviço* 'a si próprio'. Em outras palavras, pode haver *trabalho*, sem que haja relação jurídica, mas só haverá *serviço no bojo de uma relação jurídica*" (grifei).

Assim, automaticamente ficam excluídos, dentre outros, o serviço empregatício, bem como o serviço público; este que, conforme Aires F. Barreto "(...) – não

11. "A lei tributária não pode alterar a definição, o conteúdo e o alcance de institutos, conceitos e formas de direito privado, utilizados, expressa ou implicitamente, pela Constituição Federal, pelas Constituições dos Estados, ou pelas Leis Orgânicas do Distrito Federal ou dos Municípios, para definir ou limitar competências tributárias."

12. Rel. Ministro Octavio Gallotti.

13. Cf. Gustavo da Silva Amaral, "ISS – Materialidade de sua incidência", in Eurico Marcos Diniz de Santi (org.), *Curso de Especialização em Direito Tributário: Estudos Analíticos em Homenagem a Paulo de Barros Carvalho*, cit., p. 497.

14. Cf. Lourival Vilanova: "O conectivo dever-ser triparte-se em três relacionais específicos: obrigatório (*O*), proibido (*V*) e permitido (*P*). Não entram na categoria de *relacionais reflexivos*, isto é, aqueles que satisfazem a forma lógica '*x R x*', como 'igual a', 'equivalente a', 'idêntico a'. Inexiste possibilidade lógica (e ontológica) de alguém juridicamente proibir-se a si mesmo, obrigar-se a si mesmo. O sujeito S não é credor de si mesmo, ou locador de si próprio. Se R interpretamos como 'vendedor', não se dá a forma '*SRS*'. Todo relacional deôntico no direito é entre sujeitos diferentes, como termos de relação estatuída. Por isso, a *relação conversa* (ou inversa), ainda que implicada pela *relação direta*, dela difere. A relação vender tem a conversa comprar. Não há vendedor sem comprador: os termos são correlatos" (*As Estruturas Lógicas e o Sistema do Direito Positivo*, São Paulo, Noeses, 2002, p. 76).

15. *ISS na Constituição e na Lei*, 2ª ed., São Paulo, Dialética, 2005, p. 29.

só por ser imune, como também por não ter (...) as demais características do serviço tributável por via de imposto – deverá ser excluído do conceito contido na expressão 'serviço' (...)".[16]

O Supremo Tribunal Federal, no entanto, decidiu que os Municípios e o Distrito Federal podem cobrar ISS sobre serviços notariais e de registro público quando julgou improcedente a Ação Direta de Inconstitucionalidade n. 3.089.[17]

Podemos concluir com Susy Gomes Hoffman que a expressão prestação de serviços "encontra seu significado no âmbito constitucional", pois "o legislador constitucional, ao determinar que a incidência do ISS será sobre (a prestação dos) serviços, utiliza-se dos conceitos de Direito Civil". Portanto, "(...) está o legislador infraconstitucional (...) adstrito às características jurídicas (estabelecidas pelo Direito Civil) de tal instituto".

Toda nossa análise sobre a expressão remeteu-nos necessariamente ao ISS; isto porque, a "prestação de serviços" para esse imposto, já foi amplamente estudada. Sendo assim, as explicações feitas *até aqui*, aplicam-se, em sua totalidade à prestação de serviços que envolve o ICMS, com o cuidado de que os serviços não serão mais os de qualquer natureza e sim os de transporte interestadual e intermunicipal ou comunicação e, mais especificamente, considerando nosso objeto de estudo, a prestação de serviços de comunicação.

No tocante à efetividade (consoante já destacamos para o ISS), mas também para o ICMS, a doutrina não destoa do entendimento de que tais impostos incidem sobre o *acontecimento efetivo da prestação do serviço contratado e não sobre os contratos de prestação de serviços*. Nas palavras de Aires F. Barreto, "O ISS não é um tributo sobre atos jurídicos mas sobre fatos, sobre o *facere* que alguém (o prestador) tenha desenvolvido em favor de terceiro (o tomador)".[18] Portanto, o ISS não pode incidir sobre serviço "potencial", o que nos faz considerar que a obrigação tributária de recolher o ISS apenas surgirá diante de fato concretamente ocorrido.[19]

Entende o Autor, que para ser fato, não pode ser potencial, de modo que consignação deste tipo é até redundante; em suas palavras: "se é fato, nunca pode ser potencial; potencial é incompatível com fato".[20] E conclui relembrando que nenhum outro imposto poderá incidir sobre fato de provável ocorrência.

Com efeito, o contrato encerra uma promessa que se baseia em potencial cumprimento da "obrigação" de fazer o previamente acordado, mas não será hipótese de incidência tributária apenas aquilo que foi prometido, e sim o que realmente for realizado. Isso leva os Autores a fazerem o seguinte asserto: considerando que o ISS em suas relações jurídicas envolve a prestação de serviços, ele só poderá incidir quando tais serviços efetivamente acontecerem.

E tais conclusões são imediatamente transportadas para o ICMS: "A incidência de norma de ISS (e a do ICMS) dá-se sobre o fato 'prestar serviço' e não sobre o ato do contratar".[21] "A promessa, portanto,

16. Idem, p. 28. Ocorre que os serviços, para sofrerem tributação, devem ser prestados sob o regime de direito privado, e a natureza jurídica dos serviços públicos conforma outro regime. Agora, a discussão sobre os serviços que fazem parte da lista não são objeto deste estudo.

17. Decisão de 14.2.2008, na qual, somente Carlos Ayres Britto entendeu pela ilegalidade da cobrança, porque os serviços em discussão seriam imunes. Os outros não vislumbraram tal vício, já que constam nos itens 21 e 21.1 da lista anexa à Lei Complementar n. 116/2003. Dentre os argumentos está, principalmente, aquele que diz que o serviço notarial e de registro é uma atividade estatal delegada, mas, sendo atividade privada explorada economicamente por particular, nada impede a cobrança do ISS.

18. "ICMS e ISS – Estremação da incidência", *Revista Dialética de Direito Tributário* 71/13.

19. *ISS na Constituição e na Lei*, 2ª ed., cit., p. 296.

20. Ibidem, p. 296.

21. "ICMS e ISS – Estremação da incidência", *Revista Dialética de Direito Tributário* 71/15.

é formulada pelo potencial prestador do serviço"[22] e, "sem a concreta realização do 'fazer', também não há serviço".[23]

Esse é o entendimento de Misabel Abreu Machado Derzi: "Além disso, o ICMS abrange as efetivas prestações de serviços de transporte e de comunicação, como execução de obrigações de fazer. A incidência, como se verifica, nunca se dá sobre atos ou negócios jurídicos em si, mas somente sobre as operações de execução desses atos ou negócios jurídicos (nas obrigações de dar mercadoria) ou na execução de serviços de transporte e de comunicação (atos de efetiva prestação), como execução das obrigações de fazer".[24]

Estamos de acordo com tais asserções e não vamos levantar, neste momento, questionamentos relacionados ao ISS, nem ao ICMS incidente sobre o transporte, todavia, para o ICMS-Comunicação precisamos apontar uma diferença que visualizamos: esse imposto incide, claro, sobre a prestação de serviços de comunicação, mas sua *incidência prescinde da efetiva realização da comunicação*. Para fundamentar esta postura, necessitamos, antes, definir o conceito de comunicação do ICMS.

O que importa reter agora é nossa ressalva sobre esse ponto, bem como as seguintes características da locução "prestação de serviços" (que serão oportunamente retomadas):

(*a*) um negócio jurídico entre *tomador* e *prestador*, determinando a vontade das partes que acarretará na existência de pessoas distintas a comporem a relação jurídica; bem como na existência de um preço ajustado pelo serviço prestado.

(*b*) o serviço, objeto negocial, deve constar na lista[25] da LC n. 116/2003 para o ISS, ou ser serviços de transporte,[26] ou os serviços de comunicação nos termos que definiremos.[27]

2. Definição do conceito de "comunicação"

Não há como falar em ICMS-Comunicação sem definirmos o conceito de comunicação, especialmente porque é um termo polissêmico, podendo ser usado com inúmeros significados. Se percorrermos os léxicos,[28] por exemplo, encontraremos inúmeras possibilidades para seu uso,[29] o que

22. Idem, ibidem.

23. Idem, ibidem.

24. Cf. nota atualizadora em Aliomar Baleeiro, *Direito Tributário Brasileiro*, 11ª ed., atual. por Misabel Abreu Machado Derzi, cit., p. 377. Tal entendimento é confirmado em outras passagens: "Igualmente, não se incluem no campo de incidência do ICMS os contrato de prestação de serviços de transporte e comunicação propriamente ditos, mas os atos de execução daqueles contratos, ou seja, a efetiva prestação do serviço". "Assim, o fato gerador (dentro do campo de incidência do ICMS) não são os contratos de prestação de serviços de transporte e de comunicação propriamente ditos, mas os atos de execução daqueles contratos, ou seja a efetiva prestação do serviço". V., respectivamente, pp. 379 e 479.

25. Sabemos que o assunto não é totalmente pacífico, mas adotaremos como premissa que apenas aqueles indicados na lista da Lei Complementar n. 116/2003 é que podem sofrer a incidência do ISS, ou seja, consideramos a lista de serviços taxativa, tal como de longa data definido pelo STF.

26. A prestação de serviços de transporte pode sofrer a incidência do ISS, quando o transporte for prestado exclusivamente dentro do território do Município, ou do ICMS, quando extrapolar esses limites passando a ser caracterizado como transporte intermunicipal e, também, indo mais além, como interestadual. Vemos que se trata de uma materialidade complexa, que merece e possui estudos específicos.

27. V. próximo item.

28. O léxico é o conjunto de palavras de uma língua. Exemplos são os dicionários, que registram os vocábulos, bem como suas definições e seguindo um critério, que no caso é o alfabético.

29. Vejamos algumas acepções já consolidadas: 1. ato, efeito ou meio e ação de transmitir uma mensagem, para o qual acrescenta: e, eventualmente, receber outra mensagem como resposta; 1.1 dentro da rubrica Comunicação define-a como processo comunicacional explicitando seus elementos: fonte emissora, por recursos físicos (p. ex.: fala) ou aparelhos técnicos, por meio de um código, transmite e recebe mensagens; 2. à informação acrescenta: transmitida, ou seja, comunicação é conteúdo; 3.

acaba não resolvendo o problema da ambigüidade, atitude necessária para a compreensão da mensagem legislativa. Isso ocorre, porque a "comunicação", enquanto fenômeno comunicacional é amplo e pode ser explorado sob diferentes perspectivas, mas nosso interesse é analisá-lo como um fenômeno lingüístico, o que nos autoriza a realizar sua definição tal como oferecida pelos lingüistas que, por sua vez, partiram das teorias matemáticas da comunicação (ou teoria da informação) para chegar aos componentes do processo comunicacional, estes usados como base de nossa definição. Assim já nos manifestamos em outra oportunidade:

"Entendendo fundamental o uso teoria do processo comunicacional para aproximação ao objeto de estudo e conseqüente estabelecimento do raciocínio, ela será nosso ponto de partida.

"Justificamos.

"A comunicação concebida a partir do processo comunicacional é a acepção científica, na medida em que é a significação elaborada pela teoria da comunicação. Interessa-nos sobremaneira pois, estudar a comunicação sob o ponto de vista deste processo comunicacional, desde já ressaltando a imprescindibilidade da presença humana, enquanto emissor e receptor da mensagem."[30]

lugar de passagem de um ponto para outro e também: junção, união, cruzamento entre duas ou mais coisas; 4. referindo-se à física: em mecânica, transmissão de uma força, de um lugar para outro, sem transporte de material; 5. para lingüística. Intercâmbio que se processa, por meio de um código lingüístico, entre um emissor, que produz um enunciado, e o interlocutor ao qual esse enunciado é dirigido; 6. em telecomunicação: ligação, por meio de dispositivos elétricos, eletrônicos, telegráficos, telefônicos, radioelétricos, pneumáticos etc., de dois ou mais locais distanciados no espaço; conjunto dos meios técnicos de comunicação; telecomunicações; conjunto dos meios de transportes existentes.

30. Rubya Floriani Anjos, "A tributação do serviço de VoIP (Voz sobre IP)", *Revista de Direito Tributário* 97/135, São Paulo, Malheiros Editores, 2007.

Dentre outras significações, o Dicionário de Lingüística[31] diz que a *comunicação* pode ser entendida como: "(...) o fato de uma *informação ser transmitida* de um ponto a outro (lugar ou pessoa). A transferência dessa informação é feita *por meio de uma mensagem*, que recebeu uma certa forma, *que foi codificada*. A primeira condição, com efeito para que a comunicação possa estabelecer-se é *codificação da informação*, i.e., a transformação da mensagem sensível e concreta em um sistema de signos, ou código, cuja característica essencial é ser uma *convenção preestabelecida, sistemática e categórica*"[32] (grifamos).

A esse respeito Lúcia Santaella:[33] "De um modo geral, pode-se dizer que, onde quer que uma informação seja transmitida de um emissor para um receptor, tem aí um ato de comunicação. Não há, portanto, comunicação sem informação. Mas não há também transmissão de informação sem um canal ou veículo através do qual essa informação transite, assim como não há comunicação ou ligação entre um emissor e um receptor se estes não compartilharem, pelo menos parcialmente, do código através do qual a informação se organiza na forma de mensagem".

Por fim, determinam que o esquema da comunicação forma um sistema que supõe "(...) a *transmissão* de uma mensagem entre um emissor e um receptor, que possuem em comum, ao menos parcialmente, o código necessário para a transcrição da mensagem"[34] (destacamos).

Percebe-se que esses autores já se utilizam dos componentes do processo comunicacional.

31. Jean Dubois *et al.*, *Dicionário de Lingüística*, 10ª ed., s.v. "Comunicação", São Paulo, Cultrix, 1998.

32. Ibidem.

33. *Cultura das Mídias*, São Paulo, Experimento, 1996, p. 31.

34. Jean *et al.* Dubois, *Dicionário de Lingüística*, 10ª ed., s.v. "Comunicação", cit.

Portanto, tomando por suporte, as lições de Roman Jakobson,[35] bem como nos sentidos fornecidos pelo Dicionário de Lingüística podemos indicar seis elementos presentes: *1.* remetente, emissor ou destinador; *2.* mensagem ou informação; *3.* contato ou canal; *4.* código ou repertório; *5.* destinatário ou receptor; *6.* contexto,[36] que podemos explicá-los da seguinte maneira:

1. Emissor: que também pode ser considerado destinador ou remetente, é a fonte da mensagem, que contém as informações que pretende transmitir, e mais: é a partir dele que tudo tem início, pois essa movimentação só acontece mediante a realização de um ato de fala, entendido como ato de enunciação;

2. Mensagem: é a informação, é o conteúdo transmitido, ou o produto do processo comunicacional;

3. Canal: é também chamado de contato, veículo, meio ou suporte físico necessário à transmissão da mensagem, "é o ar para o caso da comunicação verbal; mas o canal pode ter formas muito diversas: faixas de freqüência de rádio, luzes sistemas mecânicos ou eletrônicos diversos, etc.";[37]

4. Código: também chamado de repertório, são os signos e suas regras, indicando as combinações possíveis daquele sistema de sinais, conhecido e utilizado por um grupo de indivíduos, para o idioma, é o quadro das regras de formação (morfologia) e de transformação (sintaxe). Insta ressaltar que a "qualquer comunicação seria impossível na ausência de um certo repertório de 'possibilidades preconcebidas'";[38]

5. Receptor: ou destinatário, a pessoa que recebe a mensagem, a informação;

6. Contexto: "é o meio envolvente e a realidade que circunscrevem o fenômeno observado".[39]

Podemos, em poucas palavras, dizer que um dos possíveis conteúdos semânticos atribuído ao vocábulo "comunicação" é aquele que envolve uma estrutura comunicacional, onde, por um canal, ocorre a transmissão de uma mensagem, entre emissor e receptor, que possuem em comum o código ou repertório para a compreensão da mensagem.

35. "O REMETENTE envia uma MENSAGEM – ao DESTINATÁRIO. Para ser eficaz, a mensagem requer um CONTEXTO a que se refere (ou 'referente', em outra nomenclatura algo ambígua), apreensível pelo destinatário, e que seja verbal suscetível de verbalização; um CÓDIGO total ou parcialmente comum ao remetente e ao destinatário (ou, em outras palavras, ao codificador e ao decodificador da mensagem); e, finalmente, um CONTACTO, um canal físico e uma conexão psicológica entre o remetente e o destinatário, que os capacite a entrarem e permanecerem em comunicação" (*Lingüística e Comunicação*, 26ª ed., São Paulo, Cultrix, 2005, p. 123).

36. E continuam: "Um sistema comporta os seguintes elementos: 1º. O código, que compreende sinais específicos, em um conjunto de regras de combinações próprias a esse sistema de sinais; nas línguas naturais, o código é constituído pelos fonemas, pelos morfemas e pelas regras de combinação desses elementos entre si (por oposição à fala, constituída pelos enunciados realizados ou mensagem); 2º. O canal, suporte físico da transmissão da mensagem, meio pelo qual o código ou os sinais são transmitidos: é o ar para o caso da comunicação verbal; mas o canal pode ter formas muito diversas: faixas de freqüência de rádio, luzes sistemas mecânicos ou eletrônicos diversos, etc.; 3º. O emissor, que é ao mesmo tempo a fonte de mensagem, o emissor propriamente dito, e também comporta os mecanismos de codificação e o próprio aparelho emissor. Diz-se que o emissor é um codificador, i.e., que seleciona no interior do código um número de sinais que permitem a transmissão da mensagem; 4º. O receptor-descodificador. É ao mesmo tempo o aparelho que recebe a mensagem (ouvido ou rádio-receptor) e o destinatário propriamente dito da mensagem (cérebro humano, no caso da língua falada; ouvinte, no caso do rádio, etc.). O processo de descodificação faz-se no nível do receptor-destinatário pela 'busca da memória' dos elementos selecionados pelo emissor e que constituem a mensagem; 5º. A recodificação, operação pela qual a mensagem codificada, depois descodificada, recebe uma nova forma. Por exemplo, dita-se um telegrama (forma acústica), que é transcrito numa folha de papel (forma gráfica) depois datilografado em morse (forma mecânica) e, finalmente, transmitido sob formas de impressões elétricas" (Jean Dubois *et al.*, *Dicionário de Lingüística*, 10ª ed., s.v. "Comunicação", cit.).

37. Ibidem.

38. *Lingüística e Comunicação*, 26ª ed., cit., p. 21.

39. Paulo de Barros Carvalho, texto inédito.

Porém, ademais disso, o processo comunicacional exige intercâmbio das informações, ou seja, troca, resposta, o canal deve permitir que as mensagens sigam nas duas direções (ida e volta) e com interatividade, que não precisa ser simultânea, mas ao receptor deve haver a possibilidade de responder ao emissor. Só assim as posições entre emissor e receptor podem se alternar. Falamos, portanto, em emissor primário para qualificar aquele que teve a iniciativa da comunicação, mas, em virtude do intercâmbio, a ele também chamaremos de receptor, ou receptor secundário, e assim sucessivamente, caso se queira numerar as posteriores trocas de informação.

Faz-se mister que os papéis de emissor e receptor sejam passíveis de confusão, ou seja, que possam alternar-se. Isso é interação, permutação.

A mensagem, tal como já definimos, é a informação. Compreendê-la exigirá códigos comuns, ou ao menos parcialmente comuns, entre a fonte e o destinatário, além de contextualização e de outros elementos que podem atrapalhar o entendimento da mensagem, como ruídos, distorções, etc., e também, a conexão psicológica que deve existir entre os emissores e receptores. Todavia, a *compreensão* é um aspecto importante para qualificar o fenômeno comunicacional, pois onde houver comunicação certamente haverá informação, porém não quer dizer que quando ocorrer informação haverá comunicação, tudo isso em virtude dos problemas que podem surgir nesse processo e também pela inexistência da troca, pressuposto da comunicação.

Mas o conceito de canal, bem como a identificação de emissores, receptores e possibilidade de interação entre eles são fundamentais para delimitarmos nosso conceito de comunicação passível de ICMS.

O canal, que pode ter muitos formatos, como faixas de freqüência de rádio, luzes sistemas mecânicos ou eletrônicos e, por ser composto não apenas de um elemento, não é dado simples do processo comunicacional, ele tem de ser compreendido não apenas como mero meio, mas composto também pelo codificador e decodificador (tecnicamente denominados *modens*) especialmente porque o canal compõe, ainda que parcialmente – já que ele não basta para se cobre a exação – a materialidade do imposto. Com efeito, *modems* são codificadores, mas com uma característica própria que é repetir, de modo diferenciado (em virtude da tecnologia), os códigos eleitos pelo destinador das mensagens.

Os emissores e os receptores, por sua vez, trabalham com códigos, mas, para que a comunicação aconteça e tendo em vista que ela é a finalidade de toda a criação tecnológica em torno dos canais, apenas os homens poderão ocupar esses lugares, e os códigos envolvidos sempre serão os idiomas. O fato de o emissor enviar mensagem numa língua desconhecida pelo receptor e trazer problemas para a comunicação não afeta seu conceito como estamos expondo. Do canal, exige-se que possibilite a interação entre as duas partes, não que ela se efetive, o que pode não ocorrer por questões alheias ao canal, como ruídos nos locais de emissão e recepção, nenhum conhecimento do idioma, etc.

Vimos o quanto o conteúdo semântico do vocábulo "comunicação" é amplo, e, como queremos fornecer um conceito de comunicação tributável pelo ICMS, a escolha de nossa acepção voltou-se para a análise daquele elemento que pudesse, de algum modo, revelar riqueza e, portanto, ser tributado, que foi o canal. Isso, contudo, não exclui a importância de cada ingrediente desse processo.

Cumpre-nos, por fim, repetir mais um dado: não é suficiente que o canal exista, ele tem que estar apto a cumprir sua finalidade que é a da comunicação, concebida bilateralmente e entre os homens. A presença humana é uma exigência do contexto, um contexto cultural e absorvido pelo direito, que, conseqüentemente também é objeto da cultura.

Desse conjunto de idéias, chegamos à nossa concepção do fenômeno comunicacional que pode assim ser figurada:

3. Comunicação susceptível ao ICMS e desnecessidade de efetiva comunicação

Se é verdade que muitas são as divergências interpretativas a respeito do conceito do vocábulo "comunicação" susceptível de incidência pelo ICMS, ao menos um aspecto é comum entre aqueles que se debruçaram sobre o assunto: que o imposto não recai *sobre a comunicação, mas sim sobre as prestações que englobem os serviços de comunicação.*

Cada doutrinador a seu modo, confirma essa asserção. Roque Antonio Carrazza[40] reitera que "(...) *este ICMS* não alcança a *comunicação propriamente dita* (...)", mas "*a prestação* (onerosa) *de serviços de comunicação*". De modo que, "a comunicação só ganha relevância jurídica, para fins de ICMS, quando decorre de um contrato oneroso de prestação de serviços (...)" (grifos no original).

Agora, o envolvimento de um negócio jurídico requer, para que se forme a relação jurídica abrangendo serviços: um *tomador*, um *prestador* e um *preço* ajustado em torno do objeto da prestação. E, como não há discussão sobre a necessidade desses elementos para a incidência tributária, também não há quanto ao fato de que o serviço de comunicação só poderá ser prestado quando oferecido um *meio, veículo, canal*, enfim, um instrumento que sob condições negociais realizará a comunicação, embora, neste momento, ainda não estejamos levando em conta outras circunstâncias como a da necessidade ou não de interação, a presença indispensável de um terceiro, etc. De uma visão bem ampla, como afirma Helenilson Cunha Pontes, "é irrelevante a forma, o meio pelo qual a comunicação se realiza. O legislador não optou por uma definição estrutural, mas teleológica",[41] qual seja, de tornar viável a comunicação, independentemente da forma.[42] Essa concepção é importante, mas encontrará limitações.

O professor Paulo de Barros Carvalho[43] fala em *meios e modos necessários à transmissão e recepção de mensagens*: "Prestar serviço de comunicação (...) consiste na atividade de colocar à disposição do usuário os meios e modos necessários à transmissão e recepção de mensagens, distinguindo-se, nessa medida, da singela realização do fato comunicacional". "Comunicação" e "prestação de serviços de comunicação" são realidades distintas.

40. *ICMS*, 11ª ed., São Paulo, Malheiros Editores, 2006, p. 165. E continua: "Enfim, a simples existência de *comunicação* é insuficiente para que o ICMS nasça. Tanto que um advogado, contratado para prestar seus serviços típicos (*v.g.*, para fazer uma sustentação oral perante um Tribunal Superior), por sem dúvida *comunica-se*, mas não será tributado por meio do ICMS. Recolherá, sim, o ISS (...), embora não se negue que, para levá-lo a cabo, precisa necessariamente comunicar-se. É que o objeto do contrato que firmou com seu cliente (o tomador) não foi a prestação de um serviço de comunicação, mas a defesa, em juízo ou fora dele, de seus interesses. E isto nada obstante o serviço advocatício exigir, para ser prestado, o fato físico *comunicação*. Observe-se que o próprio étimo da palavra 'advogado' (de *advocatu*, 'chamado para junto') revela que este profissional fala em nome de terceiro – o que, por óbvio, implica comunicação. No entanto, a comunicação assim realizada é o simples *meio* de alcançar-se o *fim* do contrato celebrado com o cliente – qual seja, a prestação de serviços advocatícios –, circunstância que nos reconduz à idéia de que o tributo devido, no caso, é mesmo o ISS" (grifos no original), p. 165.

41. "Tributação na Internet", in Ives Gandra da Silva Martins (coord.), *Tributação na Internet*, São Paulo, Ed. RT/Centro de Extensão Universitária, 2001, p. 350.

42. Cf. Celso Ribeiro Bastos "(...) são os serviços que proporcionam o meio para que a comunicação ocorra. É dizer, trata-se do oferecimento do aparato físico capaz de transmitir mensagens, informações, ou melhor, de viabilizar a comunicação. Esse serviço, portanto, configura-se com um dos fatos geradores do ICMS" (ibidem, p. 73).

43. Texto inédito.

Se, no fim, todos querem dizer que o ICMS-Comunicação só pode incidir quando o *canal* é fornecido de forma onerosa, a maioria não faz um estudo aprofundado para conhecer esse termo.

As diferenças se põem, inicialmente, *quanto à necessidade ou não de um terceiro, que não participe da relação comunicativa, oferecendo meios a título oneroso para que se dê o fato tributável pelo ICMS*. Helenilson Cunha da Pontes,[44] que adota uma posição amplíssima para compreender os meios, diz que para a incidência do ICMS-Comunicação basta que uma mensagem seja enviada ou recebida por alguém e em tal operação exista um sujeito, e adverte que pode o próprio emissor da mensagem tornar disponível onerosamente os meios para que comunicação aconteça.

A maioria da doutrina não adota essa posição, tampouco nós. *A necessidade de um terceiro, que não participa da relação comunicativa é elementar para exigência do imposto em comento*. Ocorre que a confusão entre o emissor da mensagem e o canal, por exemplo, das empresas de TV a cabo, retira do canal a possibilidade de ser um fato tributável, já que o objeto contratual não será mais o veículo que leva as mensagens, e sim o conteúdo que será fornecido, e este não é passível do ICMS-Comunicação.

A comunicação como veículo (meio, canal, ou aparato tecnológico) que transporta, transmite o conteúdo da comunicação, ou seja, que torna possível a relação comunicativa é que será tributada.

Mas o que vem a ser *relação comunicativa*? Ela está diretamente associada ao fenômeno comunicacional e requer a presença, no mínimo, de um emissor que envia uma mensagem, fazendo uso de um código, por meio de um canal, a um receptor que, por sua vez, tem que ter um repertório comum para a compreensão da mensagem, e há mais um dado, um tanto polêmico, que precisamos acrescentar: *interação* ou, no mínimo, essa possibilidade, pois, como tudo depende do ato de vontade do homem, o receptor pode não estar disposto a responder, mesmo que tenha compreendido a mensagem.

Relação comunicativa, para nós, exige interação, pois a comunicação, composta com os elementos indicados acima, verifica-se "sempre que houver dois ou mais sujeitos em contingência de interação".[45]

E mais, a presença humana é indispensável, precisamos frisar, apesar de ser redundante, pois apenas o homem tem capacidade de compreender; portanto, comunicação não se dá entre homens e máquinas ou entre elas, apenas entre homens e homens.

Outro dado relevante a ser considerado é quanto à *efetividade da comunicação para que o imposto possa ser exigido*. Quando analisamos a locução "prestação de serviços" fizemos a ressalva que para o ICMS-Comunicação esse dado não seria necessário. Observe-se que, na citação acima do professor Paulo de Barros Carvalho, ele fala em colocação de meios que tornem possível a comunicação para a incidência do imposto e não em efetiva comunicação.

Mas não é assim que pensa grande parte da doutrina.

Roque Antonio Carrazza assenta, em várias passagens de seu livro ICMS[46] que não basta o fornecimento dos meios necessários à comunicação para que o ICMS seja exigido, faz-se necessário que a comunicação se efetive. Desse modo, a incidência não será sobre a comunicação, mas sim sobre a relação comunicativa, isto é, a execução do contrato oneroso de prestação de serviços, que se dá quando os tomado-

44. "Tributação dos provedores de acesso à Internet", in Luís Eduardo Schoueri (org.), *Internet: o Direito na Era Virtual*, Rio de Janeiro, Forense, 2001, p. 350.

45. Paulo de Barros Carvalho, texto inédito.

46. *ICMS*, 11ª ed., cit., pp. 168-169.

res efetivamente se comunicam entre si. E que, também, não basta toda infra-estrutura à disposição; "é mister, ainda, que a comunicação se complete, porque, afinal, o que se tributa, no caso, não é a simples contratação do serviço".[47]

Marcelo Viana Salomão[48] entende que, apenas quando os tomadores dos serviços de comunicação "(...) *efetivamente* utilizarem de tais serviços, logrando concretizar o envio e o recebimento de uma mensagem, é que se poderá cogitar da possibilidade de exigência do ICMS do prestador (e não de quem se comunica). (...) Importa que se registre, por relevante, que *efetivamente transmitida* é a mensagem que, uma vez enviada, tenha cumprido regularmente o propósito de que foi imbuída, ou seja, tenha *comprovadamente* chegado ao conhecimento de seu destinatário" (grifos nossos).

Gostaríamos de acreditar que pretendem dizer os Autores com afirmações desse porte que os *meros atos preparatórios*, que consubstanciam muitas despesas e etapas cumpridas, já que montar toda uma infra-estrutura de comunicação e deixá-la pronto para a comunicação requer diversos equipamentos e mão-de-obra, não podem ser hipótese de incidência do ICMS-Comunicação.[49] Todavia, não entendemos que tenha que haver *comprovação* de que a mensagem chegou ao receptor para que o imposto seja devido, porque embora tecnicamente isso até aconteça, não é uma regra em comum para todos os tipos de prestação de serviços de comunicação.

E o Autor finaliza:

"Para que se possa exigir o ICMS sobre a prestação de serviços de comunicação, *deverá ocorrer, imprescindivelmente, a transmissão de uma mensagem do emissor ao receptor, através do sistema de comunicação proporcionado pelo prestador do serviço*[50] (...).

"Não é a comunicação em si que se tributa, nem o fornecimento ou a instalação de equipamentos que podem propiciá-la, *mas sim a concreta utilização desses equipamentos por terceiros*, estabelecendo uma comunicação entre eles"[51] (grifamos).

Não podemos concordar, para elaborar a definição de um conceito para a comunicação do ICMS, com o fato que se tributa a *concreta utilização* desses equipamentos pelo tomador ou, ainda, que o critério material do imposto seja a comunicação efetivada onerosamente por um terceiro. Uma coisa é a relação de prestação de serviços de comunicação, outra é a relação comunicativa; por isso, explica Guilherme Von Muller Lessa Vergueiro que a circunstância de o ICMS-Comunicação "colher o oferecimento de um canal e não a relação comunicativa na sua integridade implica a desnecessidade de a mesma estabelecer-se".[52]

A relação jurídica que se forma entre o tomador e prestador de serviços está no fornecimento do canal *apto a prestar serviços de comunicação* e para aqueles que dizem que não se pode tributar fato potencial, afirmamos que não se trata disso. Ocorre que o objeto contratual a ser cum-

47. Ibidem, p. 169.

48. "O ICMS sobre a prestação de serviços", in Eurico Marcos Diniz de Santi (org.), *Curso de Especialização em Direito Tributário: Estudos Analíticos em Homenagem a Paulo de Barros Carvalho*, cit., p. 752.

49. Marcelo Viana Salomão: "É dizer, por conseguinte, que a celebração de um contrato de prestação de serviços de comunicação, bem como a mera instalação de equipamentos que viabilizem a relação comunicativa (atos preparatórios) não autorizam a cobrança deste imposto" (ibidem, mesma página).

50. "O ICMS sobre a prestação de serviços", in Eurico Marcos Diniz de Santi (org.), *Curso de Especialização em Direito Tributário: Estudos Analíticos em Homenagem a Paulo de Barros Carvalho*, cit., p. 752.

51. Ibidem, p. 753.

52. "A regra-matriz de incidência do imposto sobre serviço de comunicação: delineamento constitucional", in Luiz Alberto Pereira Filho (org.), *ICMS: Questões Polêmicas*, Curitiba, Juruá, 2004, p. 184.

prido pelo prestador é de tornar disponível um meio que permita a comunicação, porém, enquanto agente alheio à relação comunicativa, o prestador nunca saberá se houve ou não a efetiva comunicação, pois ela exige interação e compreensão. Esses dados estão fora do alcance do prestador de serviços e dizem respeito unicamente a quem participa desse processo. O prestador é apenas um elemento dos diversos que compõem o processo comunicacional.

A prestação de serviços de comunicação concretiza-se, portanto, não apenas quando é oferecido o canal ao tomador do serviço a título negocial, mas quando o prestador faz com que esse canal esteja preparado para realizar a comunicação bilateral, afastando-se, portanto, a potencialidade. Agora, a comunicação em si é um fato em potencial, porque, repetimos, não é possível saber se ela efetivamente ocorrerá.

Para falar-se em efetiva prestação de serviços de comunicação, a efetividade deve ser entendida como a "capacidade de produzir o seu efeito habitual, de funcionar normalmente".[53] Ou seja, o canal tem que estar apto a prestar o serviço e só.

Por outro lado, concordamos que, tecnicamente, é possível saber se a mensagem saiu da fonte e chegou até o receptor, mas, ainda assim, isso não é elemento imprescindível para que o ICMS-Comunicação seja cobrado.

Explicaremos.

Enquanto decorre de uma relação jurídica, esse canal pode ser negociado de diferentes formas e sem descaracterizar a hipótese de incidência do imposto. E, desse ponto de vista, os serviços de comunicação podem ser divididos em *serviços medidos e serviços não-medidos* e tal previsão é realizada pela própria Lei Complementar n. 87/1996, que prevê essas duas formas de prestação de serviços, quando determina o local da prestação do serviço:

> Art. 11. O local da operação ou da prestação, para os efeitos da cobrança do imposto e definição do estabelecimento responsável, é:
>
> (...);
>
> III – tratando-se de prestação onerosa de serviço de comunicação:
>
> (...);
>
> § 6º. Na hipótese do inciso III do *caput* deste artigo, tratando-se de serviços *não medidos*, que envolvam localidades situadas em diferentes unidades da Federação e cujo preço seja cobrado por períodos definidos, o imposto devido será recolhido em partes iguais para as unidades da Federação onde tiverem localizados o prestador e o tomador (destacamos).

Vejamos, de modo sucinto, o que significam as expressões desse dispositivo legal:

(*a*) *serviços não-medidos*: aqueles em que o preço é determinado por períodos de tempo definidos e não pelo tráfego de informações (pulsos, bilhetagem);

(*b*) *localidades situadas em diferentes unidades da Federação*: operações interestaduais em que os pontos de emissão e recepção da comunicação encontram-se em Estados distintos;

(*c*) *preço cobrado por períodos definidos*: preço fixo mensal, anual ou outro determinado período de tempo;

(*d*) *imposto devido será recolhido em partes iguais*: não importa o volume dos dados, circuitos, tráfego de saída ou de entrada proporcional a cada Estado, o ICMS será recolhido sempre em partes iguais;

(*e*) *para as unidades da Federação onde estiverem localizados o prestador e o tomador*: ou seja, recolhimento de 50% do imposto para cada uma delas.

Para os serviços medidos, podemos dizer que os prestadores medem a comunicação para depois cobrá-la do usuário, mas ainda não se trata de efetiva comunicação, porque, como já asseveramos, não é per-

53. Antônio Houaiss e Mauro de Salles Villar, *Dicionário Houaiss de Língua Portuguesa*, s.v. "Efetividade", Rio de Janeiro, Objetiva, 2001.

mitido acesso do terceiro (o fornecedor do canal) ao conteúdo da relação comunicativa, até mesmo pelo motivo de sigilo de informações que é uma garantia constitucional que só pode ser excepcionada nos casos em que o Texto Maior prevê. Se, por acaso, eu apertar a tecla do aparelho celular em determinado número e a pessoa do outro lado, também o fizer mantendo os aparelhos conectados, isso, para a operadora de telefonia móvel configura-se como prestação de serviços, embora, nenhuma comunicação efetivamente tenha se realizado.

No caso dos serviços não-medidos, como fica sua tributação para aqueles que dizem que não basta, para a cobrança do imposto estadual, a mera colocação à disposição dos meios necessários ao estabelecimento da relação comunicativa?

Com efeito, estamos de acordo que não se tributa a comunicação, mas quanto à tributação dos meios postos à disposição temos que discordar, porque demonstramos que negocialmente isso pode se dar quando o tomador contrata serviços não-medidos. Mas uma é coisa é cobrar por meios aptos a prestar serviços de comunicação, outra é cobrar pela realização dos atos que precedem a essa capacidade técnica de estar pronto para a comunicação.

Por exemplo, os serviços de habilitação, instalação, assinatura, que são atividades ainda necessárias para que finalmente o canal esteja preparado para prestar serviços de comunicação não são hipóteses de incidência do ICMS-Comunicação.

Mas nada impede que o tomador de serviços, em vez de pagar pelo uso do canal, opte por contratá-lo em pagamentos mensais, independentemente do seu uso, ou seja, a prestação de serviços de comunicação está concretizada independentemente da efetiva comunicação, pois, para o ICMS-Comunicação ser devido cumpre ao prestador fornecer um canal apto a realizá-la, a diferença que existe é que no caso dos serviços medidos, o tomador, além disso, faz outra opção de pagamento, que é pelo efetivo uso deste canal (e não efetiva relação de comunicação).

E ressalvamos com Paulo de Barros Carvalho que "(...) quando assevero instalar-se o laço comunicacional mediante o fornecimento, pelo contratado (prestador serviço) dos meios e modos necessários à transmissão e à recepção de mensagens entre o emissor (contratante) e uma terceira pessoa (receptor), não quero afirmar que o mero fornecimento de um aparelho ou serviço que facilite a comunicação seja o suficiente para caracterizar a prestação de serviço comunicacional. A entender-se desse modo, estaria obrigado a concluir que quando um indivíduo 'A' aluga aparelho e linha telefônica de 'B', este estaria obrigado a recolher o ICMS relativamente ao valor recebido em decorrência da citada locação, já que somente por meio do aparelho e da linha telefônica de propriedade de 'B' é possível efetivarem-se laços comunicacionais entre 'A' e outros indivíduos. Isso seria absurdo!".[54]

Tais ponderações estão de acordo com o entendimento do Superior Tribunal de Justiça:

> *Tributário – ICMS – "Serviço de comunicação" – Conceito – Incidência – Ampliação da base de cálculo – Cláusula primeira do Convênio 69/1898.*
>
> 1. Há "serviço de comunicação" quando um terceiro, mediante prestação negocial-onerosa, *mantém interlocutores (emissor/receptor) em contato* "por qualquer meio, inclusive a geração, a emissão, a recepção, a transmissão, a retransmissão, a repetição e a ampliação de comunicação de qualquer natureza". *Os meios necessários à consecução deste fim não estão ao alcance da incidência do ICMS-Comunicação.*
>
> 2. A hipótese de incidência do ICMS-Comunicação (LC 87/1996, art. 2º, III) não permite a exigência do tributo com relação *a atividades meramente*

54. "Não-incidência do ICMS na atividade dos provedores de acesso à Internet", *Revista Dialética de Direito Tributário* 73/103.

preparatórias ao "serviço de comunicação" propriamente dito, como são aquelas constantes na Cláusula primeira do Convênio ICMS 69/1998.

3. No Direito Tributário, em homenagem ao Princípio da Tipicidade Fechada, a interpretação sempre deve ser estrita, tanto para a concessão de benefícios fiscais, quanto para exigência de tributos. À míngua de Lei não é lícita a dilatação da base de cálculo do ICMS-Comunicação implementada pelo Convênio ICMS 69/1998 (art. 97, § 1º, do CTN).

4. Recurso provido[55] (grifamos).

Neste caso, discutiu-se a obrigação de recolher o ICMS, como exigido pelo Convênio ICMS n. 69/1998, sobre "os valores cobrados a título de acesso, adesão, ativação, habilitação, disponibilidade, assinatura e utilização dos serviços, bem assim aqueles relativos a serviços suplementares e facilidades adicionais que otimizem ou apliquem o processo de comunicação, independentemente da denominação que lhes seja dada".

Nota-se que o acórdão destaca a necessidade de relação negocial, afastando a tributação sobre os meios necessários, mas não assevera que a comunicação tenha que se efetivar para o tributo ser devido.

No mesmo sentido decidiu, por unanimidade, a 2ª Turma do Superior Tribunal de Justiça:

Tributário – Serviços de telecomunicações – ICMS – Base de cálculo – Convênio 69/1998 – Inclusão dos serviços ali relacionados – Caracterização de atividades-meio – Não-inclusão, sob pena de violação do princípio da legalidade.

1. Não resta evidenciada a alegada violação do art. 535 do CPC, pois a prestação jurisdicional foi dada na medida da pretensão deduzida, conforme se depreende da análise do acórdão recorrido.

2. Não se pode incluir na base de cálculo do ICMS incidente sobre telecomunicações os serviços elencados na cláusula primeira do Convênio 69/1998, *pois aqueles não se caracterizam como atividade-fim de telecomunicações, mas, tão-somente, como atividade-meio.*

3. A hipótese de incidência do ICMS, conforme previsão constitucional, é de serviços de telecomunicações. Alargar este conceito para incluir as suas atividades-meio, ou seja as referidas na cláusula primeira do Convênio 69/1998, fere o princípio da legalidade. Precedente (REsp 680.831-AL, Rel. Ministro João Otávio de Noronha, *DJ* 17.10.2005).

Recurso especial parcialmente provido[56] (destacamos).

Conclusões

Quando da análise semântica do vocábulo "comunicação", foi dito que um dos possíveis conteúdos semânticos a ele atribuído seria aquele que envolve uma *estrutura comunicacional*, onde, por um canal, ocorre a transmissão de uma mensagem entre emissor e receptor, que possuem em comum o código ou repertório para a compreensão da mensagem.

Essa concepção foi elaborada pelos lingüistas a partir da teoria matemática da comunicação, e é justamente nesses domínios que o conceito de comunicação do art. 155, II, da CR/1988, deve ser construído, o que nos fez concluir que, para fins tributários, a ênfase tem que ser dada ao canal, porque toda a evolução tecnológica está nele, sendo elemento revelador de capacidade contributiva, desde que seja objeto negocial.

O canal deve ser concebido em sentido amplo, não como um elemento único ou mero meio, mas contemplando o codificador e decodificador (tecnicamente denominados *modens*), isto é, com toda a complexidade decorrente das novas tecnologias – já que pode ter muitos formatos,

55. REsp n. 402.047-MG (2001/0198674-0), 1ª T., decisão unânime, Rel. Ministro Humberto Gomes de Barros, *DJ* 9.12.2003.

56. REsp n. 678.462-PB (2004/0120082-6), Rel. Ministro Humberto Martins, *DJ* 27.2.2007.

como faixas de freqüência de rádio, luzes sistemas mecânicos ou eletrônicos.

Ademais, como o processo comunicacional exige intercâmbio das informações, embora não tenha que ser simultâneo, o canal deve estar apto a proporcionar que o receptor responda ao emissor, bem como seja possível a identificação de emissores, receptores. Esses dados são fundamentais para delimitarmos nosso conceito de comunicação passível de ICMS, pois, caso contrário, estar-se-ia diante de mero processo de informação.

E ainda, para que a comunicação aconteça, tendo em vista que ela é a finalidade de toda a criação tecnológica em torno dos canais, apenas o homem poderá ocupar esses lugares, pois apenas ele tem capacidade de compreensão, que é aspecto importante para qualificar o fenômeno comunicacional. Sabemos que onde houver comunicação certamente haverá informação, porém, não quer dizer que quando ocorrer informação haverá comunicação, tudo isso em virtude dos problemas que podem surgir nesse processo e também pela inexistência da troca, pressuposto da comunicação.

Em suma, nosso conceito de comunicação é adotado em sentido estrito, como diz a doutrina; exige-se que o canal permita interação, bilateralidade das informações, de modo que a difusão para nós não é comunicação, pois o fluxo da mensagem é unilateral. Repetimos: a comunicação, enquanto relação comunicativa, requer bilateralidade. Além disso, a presença humana nos dois pólos do processo comunicacional (emissor e receptor) é imprescindível.

Agora, a comunicação não pode ser considerada isoladamente para sofrer a incidência do ICMS, deve ser associada à expressão "prestação de serviços", que em resumo abarca um negócio jurídico entre *tomador* e *prestador*, determinando a vontade das partes, que acarretará na existência de pessoas distintas a comporem a relação jurídica; bem como na existência de um *preço ajustado pelo serviço prestado*, serviço este que é o objeto negocial e, nesse caso, o serviço é o de comunicação, que, como verificado, só pode se dar quando um *terceiro* (*prestador*) põe à disposição do tomador, de forma onerosa, um canal para que ele possa realizar a comunicação.

É por isso, que o ICMS não tributa a comunicação propriamente dita, e sim o meio, veículo ou canal, expressões mais usadas para indicar o canal nos termos que definimos acima, quando colocados à disposição por um terceiro, que não participe da relação comunicativa, por algum preço.

Tais ilações nos levam a afirmar que o ICMS-Comunicação, para ser devido, *não necessita da ocorrência efetiva da comunicação*, como a maioria da doutrina assevera. Ocorre que a relação jurídica que se forma entre o tomador e prestador de serviços está no fornecimento do canal *apto a prestar serviços de comunicação* de modo que o objeto contratual a ser cumprido pelo prestador é de tornar disponível um meio que permita a comunicação, porém, como já exposto e pedimos vênia para repetir: enquanto agente alheio à relação comunicativa, o prestador nunca saberá se houve ou não a efetiva comunicação, já que, como diversas vezes salientado, ela exige interação e compreensão. Esses dados estão fora do alcance do prestador de serviços e dizem respeito unicamente a quem participa desse processo. O prestador é apenas um elemento do processo comunicacional.

Portanto, a prestação de serviços de comunicação será efetiva quando o canal esteja preparado para realizar a comunicação bilateral. Agora a comunicação em si é um fato em potencial, porque não é possível saber se ela efetivamente acontecerá.

Com isso, afastamos do conceito de comunicação os meros atos preparatórios que antecedem à preparação do canal, são providências necessárias a tornar o canal pronto a prestar serviços de comunicação, não se confundindo com o canal apto, que é conseqüência daqueles atos.

Por conseguinte, as notas que devem conformar a "prestação de serviços de comunicação" para fins de incidência do ICMS são: (*a*) fornecimento de um *canal* que contemple meios, codificadores e decodificares *apto* a realizar a comunicação; (*b*) sob um *preço ajustado* por um terceiro – o *prestador* – que não participa da comunicação, apenar propicia seu acontecimento – não tem acesso ao seu conteúdo; (*c*) a um *tomador* para que este possa efetivamente (ou não) realizar a comunicação; (*d*) comunicação compreendida em sentido estrito, aquela que é capaz de realizar interação, resposta, diálogo, além da compreensão, capacidade de que somente o homem é dotado, fazendo com que apenas ele possa ocupar o papel de emissor e receptor; e, (*f*) identificação dos emissores e receptores por meio de endereços técnicos, corroborando a possibilidade de intercâmbio.

Em outras palavras, a *prestação de serviços de comunicação* do art. 155, II, da CR/1988, é aquela que se dá mediante um contrato oneroso onde o *prestador* oferece um *canal apto* a realizar a relação comunicativa entre o emissor e o receptor. Relação esta que pressupõe *possibilidade* de interação e compreensão, o que só se dá com a presença do homem nas duas pontas (emissor e receptor) e que, do ponto de vista negocial, serão sempre os *tomadores* do serviço. É indispensável também uma identificação técnica, isto é, endereços eletrônicos dos tomadores, para que um possa se comunicar com o outro e, em vista disso, que suas posições de emissor e receptor alternam-se, na medida em que a interação acontece.

ESTUDOS & COMENTÁRIOS

AS VICISSITUDES DO CRÉDITO PREVIDENCIÁRIO EM FACE DAS OBRIGAÇÕES ACESSÓRIAS

CARLOS VALDER DO NASCIMENTO

Professor Adjunto de Direito Constitucional e Tributário da Universidade Estadual de Santa Cruz e da Escola Superior de Advocacia da OAB/BA. Ex-Professor da Escola de Magistratura do Trabalho. Pós-Graduado pela Universidade de Brasília. Especialista em Direito Público. Ex-Procurador da Procuradoria Seccional da Advocacia-Geral da União. Procurador-Chefe da Procuradoria da Universidade Federal do Recôncavo da Bahia. Advogado no Estado da Bahia

1. Obrigações acessórias. 2. Crédito previdenciário sob o domínio da legislação tributária: 2.1 Noções gerais; 2.2 Aspectos processuais. 3. Causas extintivas do crédito previdenciário: a questão prescricional e a decadência. 4. Prejudicialidade tributária. 5. Fontes primárias do auto de infração previdenciário: 5.1 Lei de Custeio n. 8.112/1991; 5.2 Decreto Presidencial n. 3.048/1999. 6. Débito em sede jurisdicional. 7. Conclusões. 8. Referências bibliográficas.

1. Obrigações acessórias

As obrigações acessórias, constituídas por infrações formais secundárias, por essência, desprovidas de qualquer expressão econômica estão a merecer um reestudo, em face do seu caráter improdutivo e dispendioso para a Fazenda Pública. Dir-se-ia estar-se diante de recursos tributários irrelevantes sem que eles possam acrescer em vulto o orçamento da seguridade social.

A diversidade de multas, concebidas com o objetivo estritamente intimidatório, fomentadas pela exacerbação do processo legislativo, não atende ao interesse da sociedade. Ademais, por se tratar de meros resíduos tributários, com custos operacionais sem forte contrapartida em termos de arrecadação, não oferece qualquer rentabilidade para os cofres públicos.

Individualizar pontos infracionais, enumerando-os como desdobramento de diversos incisos ou alíneas de artigos, travestidos de ilícitos fiscais é demonstração de prática improdutiva. Essa sistemática amplia de modo considerável o raio de ação do auditor fiscal da Receita Federal do Brasil, dando-lhe autonomia para lavrar autos de infração em matéria previdenciária e outros procedimentos da mesma natureza.

A exigência imposta ao contribuinte de exibir ou de prestar inumeráveis informações de interesse da Fazenda Pública impropriamente cunhada de obrigação acessória vem infernizando a vida do empresário. Além da postura abusiva de que se reveste impregnada nos mais diversos dispositivos legais e regulamentares configura também uma maneira de penalizar quem produz a riqueza deste país.

O vendaval de siglas inventadas pela mente fértil do legislador, com ajuda do Executivo, não cessa de serem forjadas na forma que molda a armadilha legislativa. O que menos conta é o modo e o tempo desperdiçado pela empresa para cumprir o ritual estabelecido no caderno de encargos fiscais que se amplia a cada dia e cuja criatividade não conhece limites.

A elas pode se acrescer rol exaustivo de situações suscetíveis de gerar uma multiplicidade de deveres acessórios, combustível que aumenta a voracidade da máquina estatal de arrecadação, impondo injusto embaraço a regular atividade econômica. Pouco familiarizado com um amontoado de siglas e obrigações para os mais variados gostos, o empresário é obrigado a recorrer a terceiro para atender a burocracia oficial que não oferece resposta eficiente para a crescente demanda da sociedade.

Não servem senão ao desencadeamento permanente, constante a repetitivo, de ações visando a formalização de autos de infração. São determinantes da origem de toda sorte de multas e de penalidades impingidas aos que não podem a tempo e à hora cumprir tais exigências, fazendo surgir a figura do crime de sonegação fiscal.

Com supedâneo nos elementos propiciados pelo nexo normativo em vigência são lavrados tantos autos ou notificações de lançamento quanto forem os impostos, as contribuições ou as penalidades vinculadas ao sujeito passivo. Constitui, assim, o universo da possibilidade de fatos suscetíveis, por sua natureza probatória, de determinar o ato infracional.

Sendo certo que as obrigações acessórias (infrações formais) são meramente instrumentais, não menos verdade é que seu descumprimento, se não comprovado o caráter doloso ou culposo da conduta examinada, inserem-se apenas no contexto da responsabilidade obrigacional prevista no CTN. Não se afigura razoável que possa encontrar ressonância no Código Penal, cabendo ao Judiciário examinar com precaução a motivação substancial da ação penal intentada pelo MP em razão delas.

2. *Crédito previdenciário sob o domínio da legislação tributária*

2.1 Noções gerais

O crédito da contribuição social previdenciária sobre ostentar a condição de tributo não lhe são indiferentes, portanto, as regras do CTN pelas quais se devem balizar.[1] Detendo a mesma substância da obrigação é constituído também, pelo lançamento ou, ainda, por auto de infração, confissão de dívida, conforme dispõe o Regulamento de Custeio de Previdência Social.

A regra relativa à constituição de crédito previdenciário é regra sob o domínio da legislação tributária, posto revestir a mesma natureza do tributo. Outras, vinculadas pela lei orgânica da seguridade social, se violar essa diretriz, são flagrantemente inconstitucionais. Não são qualificadas para alterar o caráter substantivo das normas gerais veiculadas pelo Código Tributário Nacional, predominantes sobre as previdenciárias.

Dessa forma, os institutos, quando envolvendo matéria de cunho tributário, se submetem as disciplinas próprias do campo jurídico em que se acham embutidos. Nessa hipótese, integram as normas gerais que já povoam o ordenamento jurídico em que se acham embutidos. Essa observância de critério por especialização do assunto legislado atende a necessidade de harmonização do sistema tributário.

Como se vê ao crédito tributário previdenciário aplica-se o prazo qüinqüenal no tocante a sua constituição mediante auto de infração, lançamento ou outros procedimentos administrativos. Se contemplado no curso de dez anos, inflado com penduricalhos de toda ordem, deve ser impug-

1. CTN, arts. 124 e 139.

nado ou embargado em processo judicial, podendo o sujeito passivo deduzir defesa sob alegação de excesso de execução.

2.2 Aspectos processuais

Regra interna é no sentido de que o tributo ou contribuição passível de execução demanda fixação do período de apuração, bem assim a compatibilidade dos valores declarados e os apurados na documentação contábil e fiscal do contribuinte. Apenas daqueles cujos fatos geradores tenham ocorrido nos cinco anos que antecedem e emissão do MPF e no período de execução do procedimento fiscal, conforme Portaria REFB n. 4.066, de 2 de maio de 2007, da Receita Federal do Brasil.

De posse desse instrumental normativo, põe o contribuinte em segundo plano, está o Fisco apto a aparelhar a ação executiva fiscal com o mesmo figurando no pólo negativo da relação obrigacional previdenciária. É assim porque a constrição do patrimônio privado se faz em função dos dados colhidos pelo representante do INSS.

Constituir o crédito tributário previdenciário significa percorrer longo caminho até a ponto final que culmina com a execução. Claro que em contraposição a tal iniciativa o executado dispõe de mecanismos processuais, que nem sempre são eficazes, para controverter com a pesada máquina fiscal.

Na seara administrativa, desponta a possibilidade do manejo por parte do sujeito passivo de peça com feição impugnativa, arma posta à sua disposição a fim de que se possa contrapor a pretensão da Fazenda Pública. Pela exigüidade de tempo, entretanto, pode-se revelar inócua qualquer tentativa nesse sentido, principalmente, pela impossibilidade de levantar em tempo hábil os documentos requeridos pela auditoria fiscal previdenciária.

Circunscreve a matéria ao âmbito exclusivo de infrações meramente formais. Como não guardam correlação com os impostos, pelo cunho autônomo de que se revestem, não permitem sua hostilização de forma eficiente em face da ausência de condições instrumentais capazes de estancar a investida estatal nem sempre legitimadas do ponto de vista da legalidade.

Decreto de concessão do prazo de trinta dias para a interposição de recurso impugnativo evidencia sua faceta insuficiente ao objetivo colimado. Com efeito, uma vez consumado a atuação, seu reflexo já se faz sentir pela repercussão negativa que afeta o patrimônio do contribuinte, gerando, em conseqüência, redução indevida de seu patrimônio.

Complicação de ordem processual, secundada pela Lei de Execução Fiscal, inibe o acionamento da ação executiva se em curso o auto de infração em sede administrativa. Nem se lhe socorre os embargos, tampouco lhe toca o benefício da denúncia espontânea, diante do caráter restritivo decorrente de regra estabelecida no Código Tributário Nacional.

Eis a dificuldade com que se move o suposto devedor alcançado pela fiscalização previdenciária. Mesmo que em razão assista ao contribuinte, somente lhe resta liquidar o débito ou requerer o parcelamento do mesmo. Fora dessas situações hipotéticas verá entre impotente e incrédulo o crédito tributário previdenciário ser inscrito em dívida ativa da Receita Federal do Brasil para posterior liquidação.

Nesse quadro desenhado pela pena fiscalista no domínio do processo administrativo fiscal, pode-se vislumbrar a força na alavanca que abre espaço para que seja constituído o crédito tributário. Nele também pode se ver refletido o efeito de sua formalização, a quantificação do prejuízo fiscal e aplicação de penalidade isolada.

3. Causas extintivas do crédito previdenciário: a questão prescricional e a decadência

A regra que estipula a decadência e a prescrição tributária acerca de matéria previdenciária em dez anos é regra fora do sistema jurídico, porque em desconformidade com a Constituição Federal. De fato, ao ser veiculado por lei ordinária vulnera preceito nela contido, cujo comando indica que o assunto há de ficar aos cuidados de lei complementar, em homenagem ao princípio de hierarquia das leis.

Impõe salientar que o Superior Tribunal de Justiça por sua Corte Especial entendeu que a regra expressa no art. 45 da Lei n. 8.112/1991 ofende a do art. 146, III, *b*, da Constituição, já que com ela não guarda relação de compatibilidade. Reconheceu, portanto, a inconstitucionalidade no plano formal do referido preceito. Surge, pois, a ineficácia do artigo questionado instituidor da regra em questão por incompatível com a ordem jurídica.[2]

Mas não é somente por essa única razão porquanto assentado nos três planos: legislativo, doutrinário e jurisprudencial, que a decadência se pauta tanto quanto a prescrição pelo *prazo qüinqüenal* que é o que incide sobre a espécie. Assim, por trás disso, pode-se vislumbrar o casuísmo que encerra o preceito constante da norma antes referida, por absoluta incompatibilidade com a ordem jurídico-constitucional.

Com efeito, é matéria que se circunscreve a esfera de competência da chamada reserva legal. Com efeito, os prazos prescricionais e decadenciais cingem-se ao âmbito de normas gerais. Sendo a contribuição previdenciária um *tributo sujeito a lançamento por homologação*, aplica-se a regra do art. 173, I, do Código Tributário Nacional. Nesse sentido vem decidindo o Superior Tribunal de Justiça, sob a ressalva de que tal se configura se não houver qualquer antecipação do pagamento.[3] Neste caso, indubitável é o decaimento do direito.

Não se pode imputar à pessoa, sob pena de incorrer em leviandade, a titularidade de comportamento delituoso, sem se louvar em elementos probatórios. Já revela excesso de zelo e, sobretudo, intenção deliberada de prejudicar quando o levantamento operado cobre espaço, inclusive, tragado pela prescrição extintiva do crédito tributário, sem qualquer iniciativa de promover-se o respectivo lançamento do pretenso débito questionado pelo agente fiscal.

Disso resulta claro que, se dívida houver, esta somente pode ser legitimada se ainda dentro do qüinqüênio legal. Entretanto, isso não alcança os dirigentes da empresa, a quem não é dado o milagre da ressuscitação de empreendimento que já não mais responde pela sua capacidade econômica, esvaziada em razão da falta de recursos para a solvência de qualquer compromisso financeiro.

A contribuição de que se trata, conquanto destinada ao financiamento da seguridade social, tem sua tessitura urdida fora do seu contexto estruturante. Perscrutar a decandencialidade ou a prescritibilidade é tarefa que implica adequar tais institutos ao seu campo de abrangência. Nesse caso, se situam fora do direito previdenciário, visto encontrar ressonância e afinidade no âmbito das normas gerais da natureza complementar.

A exegese da relação jurídica exige antes de tudo auscultar a especificidade de que se reveste seu conteúdo intrínseco, para melhor discernir sobre sua estrutura substantiva. Por certo, diante de duas hipóteses, como é o caso vertente, cumpre estabelecer os contornos de cada uma, a fim de captar seu caráter de funcionalidade dentro do sistema jurídico.

Sobre o assunto, dois aspectos da maior importância e que devem ser sopesados em busca do equacionamento necessário: de um lado há matéria que deve ser deduzida como de seguridade social exclusivamente e, de outro, a relativa à contri-

2. STJ, AI no REsp n. 616.348-MG, Rel. Ministro Teori Albino Zavascky.

3. STJ, ArgInconst no REsp 616.348-MG, Rel. Ministro Teori Albino Zavascki, Corte Especial.

buição previdenciária propriamente dita. Vê-se logo que a decadência diz respeito a esta última, por se afigurar matéria tributária, que não há de ser confundida com aquela.

Em se tratando a contribuição previdenciária de matéria de natureza tributária, os procedimentos fiscais a ela pertinentes são executados pelos Auditores Fiscais da Receita Federal do Brasil e instaurados por meio de mandado de procedimento fiscal. Circunscreve ao âmbito da fiscalização cujo objetivo é verificação do cumprimento das obrigações tributárias acessórias, visando, se for o caso, a constituição do crédito tributário que, inclusive, poderá culminar com a lavratura de auto de infração.

Valendo-se de outro critério, como se dita contribuição social não fosse tributária, a referida instrução normativa amplia o prazo de levantamento das informações, fazendo a seguinte ressalva: "No caso de auditoria em matéria previdenciária, o prazo a que se refere o § 1º será de dez anos". É evidente que há tratamento desigual para determinar o prazo decadencial, devendo prevalecer, como é óbvio, o fixado pela Constituição Federal que é de cinco anos para os tributos.

Como se verifica, o procedimento fiscal resulta do tratamento unilateral que lhe dispensa o intérprete. Com efeito, auditor fiscal e o procurador agem motivados pelo interesse estatal e, portanto, com parcialidade, pouco dando importância aos argumentos do sujeito passivo, já que sua missão primordial é o arrecadar por arrecadar, pouco importando ao destino que seja dado aos recursos vultuosos retirados dos patrimônio privado.

Então, das regras que dispõe sobre infrações formais se pode dizer que geram conseqüências jurídicas irrelevantes. Nessa linha, os autos de infração delas decorrentes são constitutivos do somatório de obrigações acessórias inadimplidas ao longo de determinado espaço de tempo, enquanto não tragado pela prescrição ou decadência. Tal postura não foge à regra estatuída pela legislação vigente que legitima a atuação do Auditor Fiscal da Receita Federal do Brasil no plano jurídico-institucional.

4. Prejudicialidade tributária

Razão relevante que deve ser ponderada nessa seara diz respeito à dúvida quanto à procedência ou não do crédito tributário. Essa incerteza é que redunda no que se convencionou chamar de questão prejudicial. Nesse sentido torna-se importante reproduzir a lição de Eduardo Reale Ferraz, citado por Nelson Bernardes de Souza: "pragmaticamente, parece-nos que a solução a ser conferida para tormentosa discussão já presente na nossa atual legislação penal e processual penal, bastando reconhecer-se a dúvida tributária como verdadeira questão prejudicial heterogênea do procedimento criminal-fiscal (...) a controvérsia, portanto, quanto à existência ou não do tributo, conduz à instauração de uma prejudicial ao mérito da ação penal, cabendo ao julgador, suspender o processo criminal, enquanto não decidida a questão tributária, nos termos do art. 93 do Código de Processo Penal. Concomitante à suspensão do processo criminal, razoável será a suspensão da prescrição procedimental, nos termos do art. 116 do Código Penal, não fazendo sentido possibilitar-se o andamento da prescrição penal quando presente uma prejudicial. A suspensão da prescrição, nesse aspecto, configura-se como ponto de equilíbrio e justiça à instauração da prejudicial".[4]

Veja-se ainda a posição de Nelson Bernardes de Souza: "O ordenamento jurídico, analisado com um todo orgânico e harmônico não pode abrigar tais contradições e, segundo penso, ao Juiz não é lícito dar curso a tais disparidades, devendo antes estar atento ao que dispõe o art. 5º da LICC no sentido de que, na aplicação da lei, atenderá às exigências do bem comum

4. Disponível em *http://jus2uol.com.br/doutrina*, acessado em 23.10.2007.

e aos fins sociais a que se destina. Por tais considerações é de se reconhecer a existência de questão prejudicial ao exercício da ação penal por crimes contra a ordem tributária e por crimes previdenciários, qual seja, o término do procedimento administrativo fiscal, que apontará a comprovação do resultado, demonstrará a existência de crédito tributário e condutas tendentes à redução ou supressão do tributo e que esse resultado se tenha verificado no plano fático".[5]

Não se reveste de plausibilidade jurídica, tendo presente a manifesta ausência de vontade da pessoa jurídica ou física de praticar ilícito capaz de possibilitar o desencadeamento de ação penal. Trata-se de situação que, em linha de princípio exige a concreção do ato delituoso; comporta argüir em seu prol a prejudicialidade tributária. É indissociável, portanto, a relação entre o ilícito penal e a perfeita apreensão do conteúdo normativo tributário capaz de dar conformação ao tipo delitivo.

Incide, pois na espécie a teoria da prejudicialidade tributária engendrada pela doutrina italiana. De sorte que, sem esse esforço inicial, fica sobrestado qualquer iniciativa no sentido de instauração de ação penal, sob o crime infracional em matéria tributária. Há necessidade de constatação do ilícito tributário para dar ensejo o ilícito penal para a formação do tipo penal, sem o quê o tipo não se completa.

É missão do juízo criminal mergulhar fundo no campo do direito tributário para melhor fixar a noção conceitual dos elementos categoriais que pretende manejar. Patente é o caráter provisório do auto de infração, incapaz, por sua natureza, de estabelecer com segurança os contornos do ilícito penal tributário pela doutrina brasileira.

Como se vê, a questão prejudicial ou preliminar de mérito é que deve dar o tom na pesquisa acerca da infração. Decerto, a inexigibilidade de conduta antijurídica tem em mira não permitir que contribuinte instaure a relação jurídica penal.

5. Fontes primárias do auto de infração previdenciário

As denominadas infrações formais conformadas por uma extensa lista de situações são as que podem ser consideradas como fontes primárias do auto de infração previdenciário. Tanto são encontradiços em diversos dispositivos da Lei de Custeio Previdenciário, quanto no seu respectivo regulamento. Eis como se acham redigidas:

5.1 Lei de Custeio n. 8.112/1991

A matéria questionada tem desdobramento em vários dispositivos da Lei de Custeio Previdenciário, que abaixo se transcreve visando a melhor compreensão dessa temática:

> Art. 32. A empresa é também obrigada a:
>
> I – preparar folhas-de-pagamento das remunerações pagas ou creditadas a todos os segurados a seu serviço, de acordo com os padrões e normas estabelecidos pelo órgão competente da Seguridade Social;
>
> II – lançar mensalmente em títulos próprios de sua contabilidade, de forma discriminada, os fatos geradores de todas as contribuições, o montante das quantias descontadas, as contribuições da empresa e os totais recolhidos;
>
> III – prestar ao Instituto Nacional do Seguro Social – INSS e ao Departamento da Receita Federal – DRF todas as informações cadastrais, financeiras e contábeis de interesse dos mesmos, na forma por eles estabelecida, bem como os esclarecimentos necessários à fiscalização;
>
> IV – informar mensalmente ao Instituto Nacional do Seguro Social – INSS, por intermédio de documento a ser definido em regulamento, dados relaciona-

5. Idem.

dos aos fatos geradores de contribuição previdenciária e outras informações de interesse do INSS.

(...).

§ 4º. A não apresentação do documento previsto no *inciso IV*, independentemente do recolhimento da contribuição, sujeitará o infrator à pena administrativa correspondente a multa variável equivalente a um multiplicador sobre o valor mínimo previsto no *art. 92*, em função do número de segurados, conforme quadro abaixo:

0 a 5 segurados	½ valor mínimo
6 a 15 segurados	1 x o valor mínimo
16 a 50 segurados	2 x o valor mínimo
51 a 100 segurados	5 x o valor mínimo
101 a 500 segurados	10 x o valor mínimo
501 a 1.000 segurados	20 x o valor mínimo
1.001 a 5.000 segurados	35 x o valor mínimo
acima de 5.000 segurados	50 x o valor mínimo

§ 5º. A apresentação do documento com dados não correspondentes aos fatos geradores sujeitará o infrator à pena administrativa correspondente à multa de cem por cento do valor devido relativo à contribuição não declarada, limitada aos valores previstos no parágrafo anterior.

§ 6º. A apresentação do documento com erro de preenchimento nos dados não relacionados aos fatos geradores sujeitará o infrator à pena administrativa de cinco por cento do valor mínimo previsto no *art. 92*, por campo com informações inexatas, incompletas ou omissas, limitadas aos valores previstos no *§ 4º*.

(...).

Art. 48. A prática de ato com inobservância do disposto no artigo anterior, ou o seu registro, acarretará a responsabilidade solidária dos contratantes e do oficial que lavrar ou registrar o instrumento, sendo o ato nulo para todos os efeitos.

(...).

§ 3º. O servidor, o serventuário da Justiça, o titular de serventia extrajudicial e a autoridade ou órgão que infringirem o disposto no artigo anterior incorrerão em multa aplicada na forma estabelecida no art. 92, sem prejuízo da responsabilidade administrativa e penal cabível.

Art. 49. A matrícula da empresa será feita:

(...).

§ 3º. O não cumprimento do disposto no inciso II e na alínea "b" do § 1º deste artigo, sujeita o responsável a multa na forma estabelecida no art. 92 desta Lei.

(...).

Art. 52. À empresa em débito para com a Seguridade Social é proibido:

(...).

Parágrafo único. A infração do disposto neste artigo sujeita o responsável à multa de 50% (cinqüenta por cento) das quantias que tiverem sido pagas ou creditadas a partir da data do evento, atualizadas na forma prevista no art. 34.

5.2 Decreto Presidencial n. 3.048/1999

Seu diploma regulamentar também cuida de fixar os deveres instrumentais das empresas, enumerando ao longo de diversos artigos como as mesmas devem se comportar com relação às exigências fiscais:

Art. 225. A empresa é também obrigada a:

(...).

V – encaminhar ao sindicato representativo da categoria profissional mais numerosa entre seus empregados, até o dia dez de cada mês, cópia da Guia da Previdência Social relativamente à competência anterior; e

VI – afixar cópia da Guia da Previdência Social, relativamente à competência anterior, durante o período de um mês, no quadro de horário de que trata o art. 74 da Consolidação das Leis do Trabalho.

§ 5º. A empresa deverá manter à disposição da fiscalização, durante dez anos, os documentos comprobatórios do cumprimento das obrigações referidas neste artigo, observados o disposto no § 22 e as normas estabelecidas pelos órgãos competentes.[6]

(...).

Art. 256. A matrícula da empresa será feita:

(...).

§ 3º. O não cumprimento do disposto no inciso II do *caput* e no inciso II do § 1º sujeita o responsável à multa prevista no art. 283.

(...).

Art. 263. A prática de ato com inobservância do disposto no art. 257 ou o seu registro acarretará a responsabilidade solidária dos contratantes e do oficial que lavrar ou registrar o instrumento, sendo nulo o ato para todos os efeitos.

Parágrafo único. O servidor, o serventuário da Justiça, o titular de serventia extrajudicial e a autoridade ou órgão que infringirem o disposto no art. 257 incorrerão em multa aplicada na forma do Título II do Livro IV, sem prejuízo das responsabilidades administrativa e penal cabíveis.

(...).

Art. 286. A infração ao disposto no art. 336 sujeita o responsável à multa variável entre os limites mínimo e máximo do salário-de-contribuição, por acidente que tenha deixado de comunicar nesse prazo.

Qualquer uma das situações, aqui enumeradas, pode ser objeto de auto de infração e, portanto, permitir a efetivação de auto de procedimento administrativo visando a constituir o respectivo crédito tributário previdenciário. Essa possibilidade real tem propiciado o aparelhamento de um número expressivo de ações executivas sem fim emperrando a máquina judiciária.

Munido do respectivo mandado, que se caracteriza pela sua especificidade, o agente da ação fiscal está credenciado a dar início ao procedimento de fiscalização. Nesse aspecto a legislação lhe propicia cobertura.

A fiscalização começa de maneira conseqüente a partir da emissão do termo de início da ação fiscal,[7] com respaldo nas regras cuja transcrição realça essa afirmação:

Art. 573. O Mandado de Procedimento Fiscal – MPF, instituído pelo Decreto n. 3.969, de 2001, alterado pelo Decreto n. 4.058, de 2001, é a ordem específica dirigida ao AFPS, para que, no uso de suas atribuições privativas, instaure os procedimentos fiscais descritos nos incisos I e II do art. 569.

Art. 574. O MPF será emitido na forma de modelos adotados pela SRP e dele será dada ciência ao representante legal, ao mandatário ou ao preposto do sujeito passivo, nos termos do art. 588, por ocasião do início do procedimento fiscal.[8]

(...).

Art. 587. O MPF terá validade de até:

I – cento e vinte dias, nos casos de MPF-F e de MPF-E;

II – sessenta dias, nos casos de MPF-D e de MPF-Ex.

§ 1º. Os prazos previstos nos incisos I e II do *caput* poderão ser prorrogados pela autoridade outorgante, tantas vezes quantas forem necessárias, observado o disposto nos §§ 4º e 5º deste artigo,[9] por meio de:

6. Redação dada pelo Decreto n. 4.729, de 2003.

7. Cf. Instrução Normativa MPS/SRP n. 3, de 14.7.2005, *DOU* 15.7.2005.

8. Redação dada pela IN MPS/SRP n. 23, de 30.4.2007.

9. Redação dada pela IN MPS/SRP n. 20, de 11.1.2007.

I – registro eletrônico,[10] cuja informação estará disponível ao sujeito passivo na Internet mediante o código de acesso do MPF originário; ou

II – emissão de MPF-C, na impossibilidade de se efetuar a prorrogação do MPF na forma do inciso I.[11]

§ 2º. Os prazos referidos neste artigo são contínuos, excluindo-se, na contagem do prazo, o dia do início e incluindo-se o do vencimento.

§ 3º. A contagem do prazo do MPF-E far-se-á a partir da data do início do procedimento fiscal, conforme previsto no § 3º do art. 583.

§ 4º. Deverá ser observado a cada ato de prorrogação, o prazo máximo de sessenta dias, para procedimentos de fiscalização, e de trinta dias, para procedimentos de diligência.[12]

§ 5º. Somente poderá ser prorrogado o MPF que não tenha sido extinto na forma do inciso II do art. 589.[13]

§ 6º. Na hipótese do § 1º deste artigo, o auditor responsável pelo procedimento fiscal fornecerá ao sujeito passivo, quando do primeiro ato de ofício praticado após cada prorrogação, o Demonstrativo de Emissão e Prorrogação, contendo o MPF emitido e as prorrogações efetuadas, reproduzido a partir das informações apresentadas na Internet, observado o disposto no § 7º deste artigo.[14]

§ 7º. Para fins do disposto no § 6º deste artigo, entende-se por ato de ofício, a emissão de qualquer documento em que seja obrigatória a ciência do sujeito passivo de acordo com a legislação previdenciária.[15]

Nessa profusão de procedimento eis que surge o desconhecido TIAD, agora de cunho intimatório no elástico espaço normativo ocupado pela previdência social:

Art. 591. O TIAF emitido privativamente pelo AFPS, no pleno exercício de suas funções, tem por finalidades cientificar o sujeito passivo de que ele se encontra sob ação fiscal e intimá-lo a apresentar, em dia e em local nele determinados, os documentos necessários à verificação do regular cumprimento das obrigações previdenciárias principais e acessórias, os quais deverão ser deixados à disposição da fiscalização até o término do procedimento fiscal.[16]

§ 1º. Será dada ciência do TIAF ao sujeito passivo na forma prevista no art. 588.[17]

§ 2º. A ciência do TIAF dá início ao procedimento fiscal, implicando a perda da espontaneidade do sujeito passivo referido no § 3º do art. 645.[18]

§ 3º. O sujeito passivo deverá apresentar a documentação e as informações no prazo fixado pelo AFPS, que será de, no máximo, dez dias úteis, contados da data da ciência do respectivo TIAF.[19]

§ 4º. A não apresentação dos documentos no prazo fixado no TIAF ensejará a lavratura do competente Auto-de-Infração, sem prejuízo da aplicação de outras penalidades previstas em lei.[20]

Aqui encerra a salada de siglas: MPF, MPF-F, MPF-D, MPF-EX, TIAF, TIAD concebido pela burocracia fiscal a emoldurar o quadro do samba do crioulo doido criado pelo saudoso humorista Stanislaw Ponte Preta.

Art. 592. O Termo de Intimação para Apresentação de Documentos (TIAD) tem por finalidade intimar o sujeito passivo a apresentar documentos e informações no decorrer do procedimento fiscal, observado o disposto no art. 591.[21]

10. Acrescentado pela IN MPS/SRP n. 20, de 11.1.2007.
11. Idem.
12. Idem.
13. Idem.
14. Idem.
15. Idem.

16. Redação dada pela IN MPS/SRP n. 23, de 30.4.2007.
17. Acrescentado pela IN MPS/SRP n. 23, de 30.4.2007.
18. Idem.
19. Idem.
20. Idem.
21. Redação dada pela IN MPS/SRP n. 23, de 30.4.2007.

6. Débito em sede jurisdicional

Recheada de penduricalhos, tais como: juros de mora, correção, multa, custos e honorários advocatícios, a dívida inflada bate às portas do Judiciário. Importa salientar que seu ajuizamento somente se concretizará se de valor superior a 5 mil Reais, em face de minimizar os custos do processo de execução.

Por outro lado, esse patamar abaixo do parâmetro estabelecido, como antes enunciado, opera-se por sistemática própria. Sua inserção no plano da dívida ativa implica imposição de parcelamento ao sujeito passivo a ser processado no âmbito extrajudicial.

Se adimplido o valor correspondente à primeira parcela, tem-se como certo que o sujeito passivo acolheu a iniciativa do Estado. Será, caso negativa a resposta do contribuinte, efetivado novo lançamento de ofício visando a constituição do crédito tributário previdenciário em nome do titular do débito.

Nada impede, entretanto, caso a junção de dois créditos atinja o limite fixado pela norma, ou seja, acima de 5 mil Reais, que se instaure o processo de execução. Nessa perspectiva tem-se como satisfeita a expectativa do comando legal que disciplina a matéria.

Ocorrendo, por outra banda, a hipótese concomitante de não pagamento ou de não parcelamento, ficará o devedor privado do manejo dos embargos a execução, em face de ausência desta última. Em decorrência disso sofrerá restrições de ordem creditícia no âmbito dos negócios privados, a ponto de ter seu nome inscrito nos órgãos de proteção ao crédito, bem assim impossibilitado de contrair financiamentos e ser contemplado com benefícios concedidos na esfera fiscal.

Já com referência ao crédito previdenciário que atinja o patamar convencionado na órbita normativa poderá ser objeto de inscrição e ajuizamento. Nessa ponta são suscetíveis de embargo judicial pelo contribuinte. Contrasta esse modo de proceder com o tratamento dado a obrigação contraída abaixo do limite permitido legalmente.

Instala-se um conflito de valores, mesmo de ordem prática, determinado por tratamento desigual dispensado a contribuintes na mesma situação de inadimplência, o que não se compraz com postulado de eqüidade. Vê-se, portanto, no exemplo posto, a nítida configuração de dois pesos e duas medidas. Não é essa absolutamente a postura que deve ser adotada com relação ao contribuinte, sob pena de inversão da justeza do procedimento fiscal.

Claro que esse tipo de conduta distante da realidade fática contribuirá de forma decisiva para o desvirtuamento do processo. Enquanto os grandes devedores são contemplados com a postergação do pagamento, os pequenos, diversamente, são sufocados no contexto extrajudicial, em razão da impossibilidade processual de se opor às exigências do Fisco, mesmo consideradas ilegítimas.

Se, como doutrina Ricardo Cunha Chimenti, ao comentar que a regra do art. 136 do CTN, configura responsabilidade objetiva, então é licito concluir que as infrações formais não se confundem com crime de sonegação fiscal como assentado no art. 337-A do Código Penal. E os pretensos crimes contra a ordem tributária, também escorados nessa mesma premissa, não passam de mera ficção instituída pelo legislador.

Dizer, por outro lado, que as obrigações acessórias, porque prescritas legalmente, não podem ser afastados pelo magistrado, como supedâneo em critérios subjetivos, incorre em grave erro de percepção. Deveras, não há teoria, por maior que seja a formalização engendrada por seus mentores capaz de arrostar a ambigüidade impregnada no conteúdo da lei. Esta em maior ou menor escala expressa de forma candente a vagareza em que se funda o sistema jurídico positivo.

Por conseguinte, revela-se, ainda, impotente para desconsiderar o caráter subjetivo que conforma o modo de interpretação de qualquer que seja o ator jurídico. Tudo perpassa sob a ótica de dinamização do social em correção com as estruturas político-econômicas. O crime, portanto, transcende o penalista, quando se projeta em "raízes ou categorias históricas de efetiva construção do direito: força, poder, vontade, liberdade".

As empresas gastam tempo considerável para se desincumbir do cumprimento com suas obrigações principais e acessórias na esfera administrativa. Tantas são as exigências que faz consumir 108 dias por ano para a consecução desse desiderato. A burocracia se alia à complexidade do sistema tributário para dificultar a vida empresarial, como se vê: "Não bastasse a elevada carga tributária, que taxa pesadamente tanto as pessoas físicas como as empresas, o Brasil tem também o Sistema Fiscal Tributário mais complexo do mundo. Isso faz do País o líder de um *ranking* negativo – aquele em que as empresas mais gastam tempo para cumprir suas obrigações tributárias".[22]

7. Conclusões

O objetivo precípuo deste estudo foi o de demonstrar as vicissitudes da inscrição e contribuição do crédito relativo à contribuição social previdenciária tomando-se como base a sua natureza tributária. Assim, restou demonstrado que, deslinde da controvérsia, passa pela intercomunicação entre as esferas penal e tributária, quando se trata de ilícito penal.

Há um excessivo número, até abusivo, de situações suscetíveis de configurar infrações fiscais e, portanto, capazes, se descumpridas, de penalizar o contribuinte. Além de improdutivas em termos de arrecadação tributária, prejudicam os empresários pela necessidade de recorrer a especialistas para atender os desvarios da Fazenda Pública. Ademais, o código previdenciário inflado com juros de mora, correção, multa, custo, honorário advocatício e outros penduricalhos constituem um desestímulo à atividade produtiva. É preciso mudar essa cultura estritamente arrecadatória que move a administração fiscal no Brasil.

Como se denota, as contribuições previdenciária e multas delas decorrentes devem ser lançadas em sintonia com a regra estatuída no Código Tributário Nacional (art. 142). É importante assinalar, entretanto, que o número exagerado de autos de infrações não convém ao interesse público. Isto porque poderá suscitar um conflito desnecessário entre a administração fiscal e o contribuinte pela simples inobservância por parte do contribuinte de deveres instrumentais pouco relevantes para o orçamento da Seguridade Social.

O simples fato que encerra as expressões deixa de prestar ou exibir papéis das mais variadas espécies não tem o condão de caracterizar conduta capaz de permitir a lavratura de autos de infração em série. Cumpre notar, ademais, que o papelório em questão serve apenas para abarrotar os armários do serviço público, documentos sem qualquer utilidade prática. De modo que é preciso rever a sistemática relacionada com o mandado de procedimento fiscal ou aviso de fiscalização, a bem da Fazenda Pública e do sujeito passivo da relação obrigacional.

Da questão exposta, é lícito concluir, ainda, que:

a) São inquestionáveis as vicissitudes do crédito previdenciário em face da sistemática adotado para sua inscrição e cobrança. Inexiste um programa sistematizado de recuperação fiscal no âmbito do INSS em vista a satisfação dos seus créditos.

b) Diversidade de multas instituídas pela legislação de regência tem determinado certa dificuldade na sua formulação em face do descumprimento de deveres instrumentais. É que o agente fiscal previdenciário, responsável pelo auto de infração,

22. Marcos Cezari, "Brasil lidera *ranking* da burocracia fiscal", São Paulo, jornal *Folha de S. Paulo*, 24.11.2007, p. B-13.

tem que adequar o fato concreto à lista de infrações capituladas ao longo da Lei de Custeio da Seguridade Social.[23]

c) As multas impostas ao sujeito passivo de relação obrigacional são desprovidas de expressão econômica, daí funcionarem como mero instrumento e intimidação. De igual modo tem trazido transtornos à atividade empresarial, que desvia energia para atender exigências burocráticas que oneram seus custos operacionais, na medida em que essas multas são infladas com acréscimos que se incorporam ao encargo tributário cuja carga já é escorchante.

d) Extingue-se o crédito previdenciário tal qual o crédito tributário porquanto são da mesma natureza jurídica. Aplica-se a regra qüinqüenal ao prazo decadencial e não do art. 45 da Lei n. 8.212/1991 que desatende aos desígnios da Constituição da República. Vulnera seu art. 146, III, *b*, e, portanto, é inconstitucional.

e) O sujeito passivo somente deve responder a ação penal por crime de sonegação da contribuição social previdenciária, se o crédito dela decorrente estiver definitivamente constituído. Isto porque há a inafastável intercomunicação entre o penal e o tributário incidindo, na hipótese, o chamado postulado da prejudicialidade.

f) O tratamento dispensando a obrigação de pouca monta, isto é, abaixo de 5 mil Reais fere o princípio da razoabilidade. A inadimplência do montante global ou do parcelamento, que não pode ser ajuizado, impede o manejo de embargos pela ausência da ação de execução. Decorrente disso poderá o contribuinte sofrer restrições de crédito. Já acima daquele valor, comporta impugnação já que pode ser inscrito e ajuizado e, assim, embargado. Trata-se de tratamento discriminatório, instalando um conflito de ordem prática diante da desigualdade de contribuintes na mesma situação de devedor.

23. Lei n. 8.212, de 24.7.1991, arts. 32 e 33.

8. Referências bibliográficas

ANDRADE FILHO, Edmar Oliveira. *Direito Penal Tributário: Crimes Contra a Ordem Tributária e Contra a Previdência Social*. 5ª ed., São Paulo, Atlas, 2007.

BALERA, Wagner. *A Seguridade Social na Constituição de 1988*. São Paulo, Ed. RT, 1989.

BARROS JÚNIOR, Cássio Mesquita. *Previdência Social Urbana e Rural*. São Paulo, Saraiva, 1981.

BORGES, José Cassiano, e REIS, Maria Lúcia Américo. *Crimes Contra a Ordem Tributária: Pareceres*. Rio de Janeiro, Forense, 1998.

CARVALHO, Luis Gustavo Grandinetti Castanho de *et al*. *Justa Causa Penal Constitucional*. Rio de Janeiro, Lumen Juris, 2004.

COSTA, Leonardo Luiz de Figueiredo. *Limites Constitucionais do Direito Penal*. Rio de Janeiro, Lumen Juris, 2007.

COSTA JÚNIOR, Paulo José da, e DENARI, Zelma. *Infrações Tributárias e Delitos Fiscais*. São Paulo, Saraiva, 1995.

DERZI, Misabel de Abreu Machado. *Direito Tributário, Direito Penal e Tipo*. 2ª ed., São Paulo, Ed. RT, 2007.

FELIPE, Jorge Franklin Alves. *Previdência Social na Prática Forense*. 10ª ed., Rio de Janeiro, Forense, 2001.

FREITAS, Valdimir Passos de (org.). *Direito Previdenciário: Aspectos Materiais, Processuais e Penais*. Porto Alegre, Livraria do Advogado, 1999.

GUIMARÃES, Vasco Branco. *A Responsabilidade Civil da Administração Fiscal: Emergente da Obrigação de Imposto*. Belo Horizonte, Fórum, 2007.

JULIÃO, Pedro Augusto Musa. *Curso Básico de Direito Previdenciário*. Rio de Janeiro, Forense, 1999.

MARTINEZ, Wladimir Novaes. *Comentários à Lei Básica da Previdência Social*. t. I, São Paulo, LTr, 1996.

MARTINS, Ives Gandra da Silva. *Comentários à Constituição do Brasil*. 6º v., t. I, São Paulo, Saraiva, 1990.

MARTINS, Sérgio Pinto. *Direito da Seguridade Social.* 17ª ed., São Paulo, Atlas, 2002.

MONTEIRO, Antônio Lopes. *Crimes Contra a Previdência Social: Lei n. 9.983, de 14 de julho de 2000: Texto, Comentários e Aspectos Políticos.* São Paulo, Saraiva, 2000.

PASTOR, José Manuel Almausa. *Derecho de la Seguridad Social.* t. 1, 4ª ed., Madri, 1987.

PAULINO, José Alves. *Crimes Contra a Ordem Tributária.* Brasília, Brasília Jurídica, 1999.

PRADO, Luiz Regis. *Bem Jurídico-Penal e Constituição.* 3ª ed., São Paulo, Ed. RT, 2003.

RIOS, Rodrigo Sánchez. *Tutela Penal da Seguridade Social: Evolução Legislativa e Novo Diploma Legal Lei n. 9.983, de 14 de julho de 2000.* São Paulo, Dialética, 2001.

SALOMÃO, Heloisa Estellita. *A Tutela Penal e as Obrigações Tributárias na Constituição Federal.* São Paulo, Ed. RT, 2001.

TAVARES, Marcelo Leonardo. *Direito Previdenciário: Regime Geral de Previdência Social e Regimes Próprios de Previdência Social.* 9ª ed., Rio de Janeiro, Lumen Juris, 2007.

VARGAS, José Cirilo. *Do Tipo Penal.* 3ª ed. Rio de Janeiro, Lumen Juris, 2008.

VILLEGAS, Hector. *Direito Penal Tributário.* São Paulo, Resenha Tributária/EDUC, 1974.

APLICAÇÃO DO ART. 27 DA LEI N. 9.868/1999 NO CONTROLE DIFUSO DE CONSTITUCIONALIDADE

Vanessa Vilela Berbel
Graduada pela Universidade Estadual de Londrina – UEL.
Pós-Graduanda pelo Instituto Brasileiro de Estudos Tributários – IBET. Advogada

1. Delimitação do tema. 2. Análise semiótica da norma jurídica. 3. Do controle de constitucionalidade concentrado. 4. Do controle de constitucionalidade difuso. 5. Dos efeitos temporais da decisão de inconstitucionalidade: 5.1 Da natureza da declaração de (in)constitucionalidade; 5.2 Da aplicação dos efeitos prospectivos ao controle difuso de constitucionalidade: um caso de segurança jurídica; 5.3 Requisitos à aplicação dos efeitos prospectivos. 6. Conclusão. 7. Bibliografia.

1. Delimitação do tema

O sistema jurídico pátrio prevê a convivência entre dois modelos de controle de constitucionalidade: (*i*) o "americano" e (*ii*) o "europeu". O modelo "americano" ou controle difuso, autoriza a apreciação da constitucionalidade da norma pela judicatura ordinária; já o modelo "europeu", ou controle de constitucionalidade concentrado, atribui competência para a averiguação de constitucionalidade a um único órgão jurisdicional especializado.

A convivência entre estes dois modelos depende da harmonia entre os juízos proferidos por todos os legitimados, de molde a não comprometer o valor mais caro deste sistema, qual seja, a segurança jurídica.

Ocorre que a Constituição Federal, como carta política que é, encontra-se permeada de termos vagos e ambíguos; esta amplitude semântica é necessária à sua atualização, permitindo a permeabilidade das mudanças sociais. Assim, cumpre aos aplicadores do direito o compromisso de fixar o conteúdo semântico de seus termos e aplicá-los à legislação infraconstitucional.

Além da amplitude semântica, os signos empregados no texto constitucional estão carreados de conteúdos ideológicos, impedindo a formação de um consenso. Daí a importância da técnica consagrada no art. 27 da Lei n. 9.869/1999, mormente ao controle difuso.

O tema em comento possui ampla aceitação doutrinária e vem sendo recepcionado pelo Supremo Tribunal Federal, que por reiteradas vezes se manifestou a favor da modulação de efeitos nas declarações de inconstitucionalidade no controle de constitucionalidade pela via incidental.[1]

1. Neste sentido, são os julgados: RE 364.304 AGR, *DJU* 6.11.2006, RE 446.911-AGR, *DJU* 13.10.2006, RE 395.902, *DJU* 25.8.2006.

2. Análise semiótica da norma jurídica

Norma jurídica, como tantos outros termos jurídicos, é usualmente utilizada de forma diversa pelos doutrinadores; ora como texto de lei, ora como o juízo construído a partir deste suporte físico. Não há consenso doutrinário, como sói ocorrer com a maioria dos conceitos pertencentes à Teoria Geral do Direito.

Neste passo, a semiótica empresta ao Direito critérios objetivos capazes de fixar um conceito próprio de norma jurídica, dando solidez à construção do trabalho científico, ao se estabelecer qual o nível lingüístico a ser empregado pelo ente cognoscente.

Enquanto teoria dos signos componentes da linguagem, a semiótica possibilita a redução drástica da ambigüidade e vagueza nos conceitos próprios do direito. Isso, pois, tratamos aqui de direito positivo enquanto linguagem, ou seja, sistema composto de proposições lingüísticas prescritivas, dirigidas ao regramento de condutas humanas, cujas unidades são as normas jurídicas.

A Semiótica distingue-se em três partes fundamentais: (*i*) sintaxe, (*ii*) semântica e (*iii*) pragmática, conforme formulação proposta por Charles Morris, embasada nas distinções de signo, objeto e interpretante de Charles Peirce.

A perspectiva semiótica permite a realização de cortes metodológicos, de forma a depurar o direito positivo em três planos de análise: (*i*) a do *texto de lei*, consistente em literalidade desprovida de sentido, ou seja, suporte físico (sintaxe),[2] (*ii*) a relação do suporte físico com o objeto do mundo a que se refere (semântica) e (*iii*) a relação do suporte físico com os utentes da linguagem (pragmática).

Percorrendo-se as três fases supramencionadas de investigação é que se chegará à norma jurídica, enquanto unidade mínima e irredutível da mensagem deôntica, portadora de um sentido completo.

Sintaticamente, o direito positivo se apresenta como texto jurídico desprovido de significação, também chamado de plano de expressão ou plano dos significantes, cuja construção depende da observação das normas gramaticais e morfológicas da língua na qual se apresenta.

No plano semântico, busca-se a correspondência do suporte físico (signo) com o objeto do mundo a que se refere (significado). Esse conteúdo semântico não é conferido pelo próprio texto, o qual é totalmente desprovido de sentido, mas sim construído pelo intérprete a partir de um processo hermenêutico.

Outrossim, a investigação semântica não é possível sem a necessária investigação pragmática. O direito, enquanto fato comunicacional destinado a influir na conduta humana e dirigi-la de certa maneira, pertence ao mundo da *praxis*, devendo ser analisada a relação entre emissores e destinatários dos comandos prescritivos.[3]

Sem ignorar a possibilidade de uso de definições sintáticas da norma jurídica, por opção metodológica, damos ênfase à preocupação semântico-pragmática da construção de sentido, mormente das normas constitucionais, que tendem a maior vagui-

2. No mesmo sentido, v. Tathiane dos Santos Piscitelli: "O suporte fático por meio do qual as normas jurídicas se manifestam é o texto escrito, cujo sentido será construído pela interpretação. O sentido do direito deve ser construído porque a realidade do texto jurídico e, portanto, seu significado, não são dados originalmente. O texto jurídico não veicula significa *per se*. A construção de sua realidade somente se dá mediante a interpretação. Assim, a norma jurídica não é o texto em si, mas a *significação construída pelo intérprete, a partir do suporte fáctico*" (Tathiane dos Santos Piscitelli, *Os Limites da Interpretação das Normas Jurídicas: a Interpretação Judicial das Normas Constitucionais que Traçam a Competência Tributária e daquelas que Prescrevem Princípios Tributários*, p. 12).

3. Em igual entendimento, Marcelo Neves: "Por tudo isso, configura-se que a linguagem do Direito positivo, na qualidade de linguagem ordinária pertence ao mundo da *praxis*, malgrado sintaticamente organizada, é semanticamente imprecisa e pragmaticamente conflituosa".

dade e ambigüidade. Nesse sentir, preocupamo-nos, inicialmente, em questionar a possibilidade de um mesmo suporte físico ser capaz de embasar juízos diversos sobre a constitucionalidade de uma determinada norma jurídica e quais as implicações que estas mudanças de interpretação são capazes de gerar aos receptores das *mensagens* do discurso jurídico.

Nesse sentir, estamos seguros de que a generalidade, vagueza e ambigüidade dos textos constitucionais, associados a um dissenso ideológico, tendem a um desacordo de valores e de fatos, capazes de afetar a segurança jurídica dos destinatários dos comandos normativos.

É pela diversidade ideológica que uma norma jurídica, construída a partir de um mesmo suporte físico, pode ser considerada constitucional ou inconstitucional. Nessa linha de raciocínio, leciona Warat que "a partir da análise pragmática pode ser levantada a tese no sentido de que em um discurso normativo, para que exista o efeito de uma univocidade significativa, deve haver uma prévia coincidência ideológica".[4]

3. Do controle de constitucionalidade concentrado

Restou estabelecido que as normas jurídicas são significações, construídas pelo intérprete por meio da interpretação dos textos jurídicos. Segundo Paulo de Barros Carvalho, "a norma jurídica é exatamente o juízo (ou pensamento) que a leitura do texto provoca em nosso espírito".[5]

Apesar da possibilidade de construção da norma jurídica por todos os receptores das mensagens prescritivas do discurso jurídico, o sistema credencia órgão de aplicação do direito – Poder Judiciário – capaz de impor uma determinada significação.

Referida significação, em se tratando de controle de constitucionalidade, poderá ser imposta sob dois modelos: (*i*) controle de constitucionalidade concentrado e (*ii*) controle de constitucionalidade difuso.

Diz-se modelo concentrado de constitucionalidade, em razão da exclusividade do Supremo Tribunal Federal em exercê-lo; por sua vez, o termo abstrato é emprego em função do âmbito de aplicação da decisão proferida, incidindo em tantas quantas forem as relações jurídicas concretas que venham a se formar ao longo do tempo.

O modelo concentrado ou abstrato aprecia as questões de inconstitucionalidade como objeto principal da tutela jurisdicional, mediante ação prevista pela Lei Maior. A Constituição Federal de 1988 contempla as seguintes vias de controle (ações): (*i*) ação direta de inconstitucionalidade, prevista no art. 102, I, "a"; (*ii*) ação direta de inconstitucionalidade por omissão, prevista no art. 103, § 2º; (*iii*) ação declaratória de constitucionalidade, prevista no art. 102, I, "a", *in fine*, e (*iv*) argüição de descumprimento de preceito fundamental, prevista no art. 102, § 1º da Constituição Federal.

O controle abstrato apenas pode ser provocado pelos constitucionalmente legitimados, previstos no art. 103 da Constituição Federal. Outrossim, a decisão proferida em sede de controle abstrato pelo Supremo Tribunal Federal produzirá efeitos dúplices, *erga omnes* e vinculante.

O efeito dúplice encontra-se previsto no art. 24 da Lei n. 9.868/1999, o qual dispõe que uma vez "proclamada a constitucionalidade, julgar-se-á improcedente a ação direta ou procedente eventual ação declaratória; e, proclamada a inconstitucionalidade, julgar-se-á procedente a ação direta ou improcedente eventual declaratória". Isso significa que sempre a Corte Maior irá se pronunciar a respeito da constitucionalidade ventilada nas ações de controle direto.

No controle de constitucionalidade abstrato, a norma jurídica geral e concre-

4. Warat, *O Direito e sua Linguagem*, p. 47.

5. Paulo de Barros Carvalho, *Curso de Direito Tributário*, p. 8.

ta a ser proferida pelo Supremo Tribunal Federal terá em seu antecedente os vícios da lei e, em seu conseqüente, a declaração de constitucionalidade ou inconstitucionalidade.

Não é só, além da norma jurídica de cunho declaratório, o órgão julgador impõe outras normas, que regularam os efeitos daquela. Estas normas determinam os chamados efeitos: vinculante, *erga omnes* e temporais. De todos os efeitos próprios do controle abstrato de constitucionalidade, nos importa a análise dos efeitos temporais da decisão. Todavia, por questões didáticas, reservaremos tópico próprio para a análise.

O art. 28 da Lei n. 9.868/1999 dispõe sobre os efeitos *erga omnes* e vinculante, delimitando, respectivamente, os sujeitos afetados pela decisão e o seu grau de eficácia. Os destinatários da decisão serão todos os sujeitos submetidos à jurisdição nacional, vale dizer, a decisão proferida em sede de controle abstrato possui eficácia "contra todos". Por sua vez, o efeito vinculante impede que os demais órgãos do Poder Judiciário, assim como o Poder Executivo, venham a proferir juízos diversos sobre a (in)constitucionalidade da norma.

No entanto, os efeitos *erga omnes* e vinculante não impedem que o próprio Supremo Tribunal Federal venha a reapreciar o juízo anteriormente proferido a respeito da inconstitucionalidade, passando a apresentar entendimento diverso, causando os distúrbios de comunicação no discurso do jurídico.

4. Do controle de constitucionalidade difuso

O controle difuso de constitucionalidade possui sua origem histórica no clássico caso Marbury *vs*. Madison, ocorrido em 1803, nos Estados Unidos da América, no qual restou consignado pela Suprema Corte norte-americana a possibilidade de qualquer órgão da judicatura deixar de aplicar, num caso concreto, lei e demais atos legislativos, considerados incompatíveis com a Constituição.

Destarte, importado o modelo norte-americano para o direito pátrio, ocorre o controle difuso quando é dado a qualquer juiz ou Tribunal apreciar, num caso concreto, a constitucionalidade da norma. A questão da constitucionalidade é, portanto, analisada em relação a um caso específico, integrando a causa de pedir do autor e estará contida na fundamentação da decisão. Neste sentido leciona Gustavo Sampaio Valverde: "Ela constituirá, portanto, a proposição antecedente do juízo implicacional normativo, que terá como proposição conseqüente uma relação jurídica decorrente do reconhecimento dessa constitucionalidade ou inconstitucionalidade, com efeitos jurídicos pendentes do pedido concreto formulado na ação".[6]

Assim, a norma, no controle difuso, é atacada *in concreto*, e a declaração de inconstitucionalidade produzirá efeitos *inter parte*. Todavia, esses efeitos poderão ser estendidos, caso o Supremo Tribunal Federal se pronuncie sobre a inconstitucionalidade, via Recurso Extraordinário, conforme reza o art. 52, X, da CF/1988. Neste caso, o STF informará o Senado Federal sobre sua decisão, o qual "poderá" editar Resolução, suspendendo no todo ou em parte, a norma atacada.

No entanto, não nos parece correto afirmar que as decisões proferidas pelo Supremo Tribunal Federal, mormente as decorrentes de sua composição plenária, ainda que não sujeitas à Resolução do Senado Federal, não teriam o condão de produzir efeitos além dos limites do processo julgado.[7]

6. Gustavo Sampaio Valverde, "Segurança jurídica e processo: recurso, coisa julgada, ação rescisória e ações de (in)constitucionalidade", in *Curso de Especialização em Direito Tributário: Estudos Analíticos em Homenagem a Paulo de Barros Carvalho*, p. 218.

7. Encontra-se o julgado nos arquivos digitais do STF com a seguinte ementa (*www.stf.gov.br*): "*Ementa*: I. Controle incidente de constitucio-

Conforme relembra Pedro Guilherme Accorsi Lunardelli, a questão em comento já fora objeto de pronunciamento pela Suprema Corte, em julgado de lavra do Excelentíssimo Ministro Sepúlveda Pertence, em Agravo Regimental em Agravo de Instrumento n. 160.174-5-RS (*DJU* 17.2.1995), no qual determinado contribuinte afirmara que os julgamentos proferidos, pelo Plenário do Tribunal, nos Recursos Extraordinários n. 146.733 e 138.284, os quais se referiam ao exame da validade da contribuição social sobre lucro, não teriam o condão de atingi-lo, por se tratarem de decisões com efeitos exclusivamente *inter parte*.

Naquela oportunidade, o referido Ministro chegou a afirmar, textualmente, que os posicionamentos anteriores do STF deveriam ser aplicados ao caso, não sendo cabível a análise do mérito se já existente posicionamento consolidado da Corte.[8]

Diante das considerações supra, Pedro Guilherme Accorsi Lunardelli, na mesma linha de raciocínio por nós albergada, se manifesta no seguinte sentido: "Ora, parece-nos bastante claro que o pano de fundo desta decisão remete-nos, novamente, àquela pré-falada necessidade de estabilização das relações jurídico-sociais e ao inegável fato de que *as manifestações assentes do Supremo Tribunal Federal, ainda que relativas a casos concretos, possuem uma interferência no ambiente social e, obviamente, no jurídico, muito mais ampla do que aquela ocorrida nos estritos limites dos processos individuais*" (g.n.)".[9]

Portanto, não se pode afirmar que as mudanças de orientação da Corte Suprema, quando ocorridas em controle difuso de constitucionalidade, não transbordam seus efeitos para além do contexto processual em que foram proferidas. Daí a preocupação em delimitarmos os efeitos temporais das novas significações, fazendo valer o princípio da segurança jurídica.

5. *Dos efeitos temporais da decisão de inconstitucionalidade*

5.1 Da natureza da declaração de (in)constitucionalidade

A Lei n. 9.868/1999, em seu art. 27, autoriza o Supremo Tribunal Federal a declarar a (in)constitucionalidade com efeitos limitados, quando se tratar de controle abstrato (concentrado) de constitucionalidade. No mesmo sentido prescreve o art. 11, da Lei n. 9.822/1999, cujo diploma normativo regula a Argüição de Descumprimento de Preceito Fundamental (ADPF).

A possibilidade de modulação de efeitos é por muitos repudiada, por entenderem ser incompatível com a teoria da nulidade da norma jurídica declarada inconstitucional. Assim, a norma jurídica inconstitucional seria nula, por lhe faltar suporte de validade, o que geraria, automaticamente, a perda de sua eficácia *ex tunc*.[10]

A teoria da nulidade das normas jurídicas declaradas inconstitucionais parte da idéia de que a "lei inconstitucional" é nula *ipso jure*. O Supremo Tribunal Federal parece se amparar na teoria da nulidade da norma jurídica inconstitucional, apesar das tentativas de, com base na teoria kelseniana, se adotar a chamada teoria da anulabilidade.

nalidade: *vínculo das Turmas do STF a precedente declaração plenária da constitucionalidade ou inconstitucionalidade de lei ou ato normativo, salvo proposta de revisão de qualquer dos Ministros* (RISTF, arts. 101 e 103). II. Contribuição social sobre o lucro: L. 7.689/1988: constitucionalidade, com exceção do art. 8º, declarada pelo Plenário (RREE 146.733, M. Alves, e 138.284, Velloso), que é de aplicar-se ao caso, a falta de novos argumentos de relevo" (g.n.).

8. Pedro Guilherme Accorsi Lunardelli, *As Decisões do Supremo Tribunal Federal e os Reflexos na Conduta dos Contribuintes – Desqualificação do Ilícito Tributário. Segurança Jurídica na Tributação e Estado de Direito*, p. 547.

9. *Apud*, p. 547.

10. Nesse sentido, v. ADI 21.600, Rel. Ministro Paulo Brossard, origem: Distrito Federal, reqte.: Fed. Nac. dos Estabelecimentos de Ensino – FENEN e reqdo.: Presidente da República.

Kelsen investiga a validade da norma jurídica sob dois tipos de sistema de normas: (*i*) estático e (*ii*) dinâmico. No âmbito estático, a norma jurídica é considerada devida em razão de seu conteúdo. Já no dinâmico, analisa-se a norma em relação à autoridade que a colocou, e não pelo conteúdo da mesma; no sistema dinâmico a relação entre normas é meramente formal.

A validade da norma jurídica, para Kelsen, deve ser analisada em razão de um sistema dinâmico, por se tratar de uma relação de pertinência, e não de conteúdo. Nesse sentir, "norma válida é a que pertence a determinado sistema. Norma válida é norma existente. Logo, a validade é característica essencial da norma".[11] Afirma Hans Kelsen sobre o fundamento de validade de uma ordem jurídica: "O sistema de normas que se apresenta como uma ordem jurídica tem essencialmente um caráter dinâmico. Uma norma jurídica não vale porque tem um determinado conteúdo, quer dizer, porque o seu conteúdo pode ser deduzido pela vida de um raciocínio lógico do de uma norma fundamental pressuposta, mas porque é criada por uma forma determinada – em última análise, por uma forma fixada por uma norma fundamental pressuposta".[12]

Outrossim, o Mestre de Viena leciona que a norma fundamental é desprovida de qualquer conteúdo, uma vez que "limita-se a delegar uma autoridade legisladora, quer dizer, a fixar uma regra de conformidade com a qual devem ser criadas as normas deste sistema".[13] Vê-se, portanto, que o modelo kelseniano abandona a inconstitucionalidade material da norma, ao desprezar seu conteúdo, fato incompatível com o modelo adotado pelo sistema pátrio.

Ademais, conforme já ressaltado, o modelo kelseniano não admite a existência de norma nula, mas, unicamente, anulável. Portanto, não seria correto afirmar que a decisão sobre a inconstitucionalidade da norma seria "declaratória de inconstitucionalidade", pois apenas haveria a anulação da norma anteriormente válida. Em seus dizeres, Kelsen afirma: "Não é, portanto, correto o que se afirma quando a decisão anulatória da lei é designada como 'declaração de nulidade' quando o órgão que anula a lei declara na sua decisão essa lei como 'nula desde o início' (*ex tunc*). A decisão não tem caráter simplesmente declarativo, mas constitutivo. O sentido pelo qual uma norma é destruída, quer dizer, pelo qual a sua validade é anulada, é, tal como o sentido de um ato pelo qual uma norma é criada, uma norma".[14]

Kelsen admite, ainda, que a anulação da norma ocorra no modelo difuso e concentrado de constitucionalidade, delimitando unicamente os efeitos da decisão ao caso concreto ou a todas as relações jurídicas a que a lei se refira: "Esta função pode ser cometida a um tribunal especial, ou ao tribunal supremo, ou a todos os tribunais. Como já verificamos, ela é cometida a todos os órgãos competentes para aplicar o Direito, e especialmente aos tribunais, quando essa faculdade de controle não seja expressamente excluída da sua competência. Se todo o tribunal é competente para controlar a constitucionalidade da lei a aplicar por ele a um caso concreto, em regra ele apenas tem a faculdade de, quando considere a lei como 'inconstitucional', rejeitar a sua aplicação a um caso concreto. A lei, porém, permanece em vigor para todo os outros casos a que se refira e deve ser aplicada a esses casos pelo tribunais, na medida em que estes não afastem também a sua aplicação num caso concreto. Se o controle de constitucionalidade das leis é reservado a um único tribunal, este pode deter competência para anular a validade

11. Paulo Roberto Lyrio Pimenta, "Validade, vigência, aplicação e interpretação da norma jurídico-tributária", *Curso de Especialização em Direito Tributário: Estudos Analíticos em Homenagem a Paulo de Barros Carvalho*, p. 175.

12. Hans Kelsen, *Teoria Pura do Direito*, 6ª ed., p. 221.

13. Ibidem, p. 219.

14. Idem.

da lei reconhecida como 'inconstitucional' não só em relação a um caso concreto mas em relação a todos os casos a que a lei se refira – quer dizer, para anular a lei como tal. Até esse momento, porém, a lei é válida e deve ser aplicada a por todos os órgãos aplicadores do Direito".[15]

Em síntese, no entender kelseniano, a constituição da anulação da norma jurídica possuiria, via de regra, efeitos futuros, sendo a possibilidade de retroatividade da norma jurídica constitutiva uma exceção. Nesse sentir, a modulação de efeitos seria inversa, devendo o tribunal se pronunciar sobre a anulação "ex tunc", sob pena de não atingir os fatos já consolidados com espeque na norma contestada. Assim se pronunciou o Mestre de Viana: "Uma norma jurídica, em regra, somente é anulada com efeitos para futuro, por forma que os efeitos já produzidos que deixa para trás permanecem intocados. Mas também pode ser anulada com efeitos retroativos, por forma tal que os efeitos jurídicos que ela deixou atrás de si sejam destruídos: tal, por exemplo, a anulação da lei penal, acompanhada da anulação de todas as decisões judiciais proferidas com base nela; ou de uma lei civil, acompanhada da anulação de todos os negócios jurídicos celebrados e decisões judiciais proferidas com fundamento nessa lei. Porém, a lei foi válida até a sua anulação. Ela não era nula desde o início".[16]

O entendimento de Hans Kelsen a respeito da anulabilidade das normas jurídicas parece se compatibilizar com a possibilidade de modulação de efeitos das decisões a respeito da (in)constitucionalidade.

Contudo, conforme já ressaltado, não é esse o entendimento albergado pelos tribunais pátrios, dominando a compreensão de nulidade da norma jurídica declarada inconstitucional. Em sede de direito nacional, abriga-se a teoria da nulidade da lei viciada de raiz, sob um enfoque próprio da teoria de Pontes de Miranda.

Para Pontes de Miranda, o mundo jurídico é composto de três planos: (*i*) existência, (*ii*) validade e (*iii*) eficácia. A existência e a validade não se confundem. A existência antecede à validade, não sendo possível se falar em algo válido que não seja, previamente, existente. Portanto, a partir desta distinção, Pontes de Miranda diferencia os atos inexistentes dos atos nulos.

Nesse sentir, assevera que a nulidade de uma norma não implica em afirmar a sua inexistência, mas, sim, a sua invalidade. Isso implica em dizer que norma inválida não é sinônimo de norma inexistente, ou seja, validade não é uma relação de pertinencialidade, como exposto pela doutrina kelseniana.[17]

Vê-se, porém, que a previsão da modulação de efeitos das decisões proferidas em controle direto de constitucionalidade consiste na flexibilização da teoria da nulidade, permitindo a permanência de relações jurídicas constituídas com base na lei declarada inconstitucional. Com base na teoria de valores, prioriza-se a segurança jurídica ao invés do apego aos postulados da lógica formal.

O efeito prospectivo previsto pelo art. 27, da Lei n. 9.868/1999, apesar de ter sua constitucionalidade contestada por meio de duas ações diretas,[18] ainda pendentes de apreciação, outorgou competência ao Pretório Excelso para controlar os efeitos das decisões de declaração de (in)constitucionalidade, quando presentes requisitos formais e materiais. E essa flexibilização é indubitavelmente passível de aplicação ao controle difuso de constitucionalidade.

5.2 Da aplicação dos efeitos prospectivos ao controle difuso de constitucionalidade: um caso de segurança jurídica

A estabilidade do sistema normativo é unicamente um ideal, não sendo passí-

15. Ibidem, p. 307.
16. Ibidem, p. 307.

17. V. Paulo Roberto Lyrio Pimenta, ob. cit., p. 179.
18. V. ADI 2.288 e 2.154.

vel de concretização, por se tratar de um sistema dinâmico. Assim, para se conferir estabilidade em sistemas como o jurídico, necessário se faz conferir um mínimo de confiabilidade nas mensagens do discurso, chamado, por Pedro Guilherme Accorsi Lunardelli, de "previsibilidade decisória", de modo a balizar as relações jurídicas a serem concretizadas pelos receptores dos comandos proferidos pelos aplicadores do Direito. Nesse sentido calha a transcrição do entendimento do citado doutrinador: "Portanto, a seleção desta ou daquela conduta induz a referida redução das complexidades sociais, motivada que está pela expectativa concreta e atual de que a inserção daquela relação jurídica está perfeitamente de acordo com o sistema daquele tempo, posto que é assim, naquele mesmo tempo, que o Supremo Tribunal Federal re-age quando julga relações jurídicas semelhantes".[19]

Os sentidos divergentes proferidos no controle difuso de (in)constitucionalidade, mormente quando levados à apreciação do Supremo Tribunal Federal pelo recurso excepcional (Recurso Extraordinário), são capazes de afetar a referida previsibilidade, causando a tão abominada insegurança jurídica.

Atento à necessidade de modulação de efeitos de suas decisões quando a mudança de entendimento pudesse gerar insegurança jurídica aos cidadãos, o Supremo Tribunal Federal, antes mesmo do advento da Lei n. 9.868/1999, aplicou a modulação de efeitos em diversos precedentes.

Paulo Roberto Lyrio Pimenta, ao defender a aplicação dos efeitos prospectivos ao controle difuso de constitucionalidade, faz importante relato histórico das decisões da Suprema Corte que autorizaram a modulação de efeitos.[20] Vejamos:

Segundo o relato, o primeiro caso de aplicação dos efeitos prospectivos seria no julgamento do Ministro Bilac Pinto, ao analisar a nulidade da penhora realizada por servidor público, autorizado a atuar como oficial de justiça por lei do Estado de São Paulo posteriormente declarada inconstitucional no julgamento da Representação de Inconstitucionalidade n. 832, de 21 de março de 1973.

Naquela oportunidade, decidiu-se pela aplicação da teoria do funcionário de fato e a regra do art. 278 do Código de Processo Civil, de molde a considerar válidos os atos jurídicos realizados sob a égide da lei anteriormente declarada inconstitucional, flexibilizando a teoria da nulidade absoluta da norma declarada invalida.[21]

Na mesma esteira, decidiu a 2ª Turma do Supremo Tribunal Federal ao julgar o caso do magistrado mineiro que havia averbado tempo de serviço prestado em sociedade de economia mista, com fundamento no art. 104 da Constituição Estadual, assegurando-lhe a percepção de gratificação adicional. Ocorre que o dispositivo que assegurava a percepção da gratificação foi declarado inconstitucional, fato o qual vedaria a percepção do benefício pelo magistrado. Todavia, aquela Turma decidiu pela aplicação do princípio da irredutibilidade de vencimentos, flexibilizando os efeitos da declaração de inconstitucionalidade anterior, de modo a não afetar a relação jurídica preexistente.

Após o advento da Lei n. 9.868, em 1999, o Supremo Tribunal Federal relutou em aplicar os efeitos prospectivos até mesmo nos casos de controle abstrato de (in) constitucionalidade.

No entanto, em 2004, em precedente inédito, o Supremo Tribunal Federal se pronunciou favoravelmente à modulação de efeitos, ao julgar a constitucionalida-

19. Pedro Guilherme Accorsi Lunardelli, ob. cit., p. 551.

20. Paulo Lyrio Pimenta, "A atribuição dos efeitos prospectivos à decisão de inconstitucionalidade em matéria tributária em face da recente jurisprudência do Supremo Tribunal Federal", *Revista Dialética* 135/40-41.

21. STF, RE n. 78.594, 2ª T., Rel. Ministro Bilac Pinto, *DJ* 30.10.1974.

de da lei municipal que fixava o número de vereadores de Mira Estrela, no RE 197.917, afirmando que, apesar do número de vereadores daquele Município ser incompatível com a Constituição, não se poderia aprovar a tese de que todos os diplomas legais editados fossem, igualmente, nulos. Assim, acolhendo o posicionamento do Ministro Gilmar Mendes, adotou-se a eficácia prospectiva da declaração de inconstitucionalidade em controle difuso, em razão da "grave ameaça a todo o sistema vigente". A ementa do acórdão trouxe em seu tópico oitavo:

> Recurso Extraordinário n. 197.917-São Paulo
>
> Rel.: Ministro Maurício Corrêa
>
> Recte.: Ministério Público Estadual
>
> Recdos.: Câmara Municipal de Mira Estrela
>
> (*omissis*)
>
> 8. Efeitos. Princípio da segurança jurídica. Situação em que a declaração de nulidade, com seus normais efeitos *ex tunc*, resultaria grave ameaça a todo o sistema vigente. Prevalência do interesse público para assegurar, em caráter de exceção, efeitos pro futuro à declaração incidental de inconstitucionalidade.

A partir da inauguração supramencionada da aplicação dos efeitos prospectivos ao controle difuso, passou-se a uma tendência jurisprudencial de considerar a modulação de efeitos, constando-se diversos julgados a favor da tese ora defendida.

5.3 Requisitos à aplicação dos efeitos prospectivos

A técnica de modulação dos efeitos, prevista pelo art. 27 da Lei n. 9.868/1999, prevê a observância de dois requisitos: um de ordem formal, outro, de ordem material. Consistem, respectivamente, (*i*) no pronunciamento da inconstitucionalidade por maioria de dois terços dos membros do Supremo Tribunal Federal e (*ii*) na existência de razões de segurança jurídica ou de excepcional interesse social, conforme interpretação literal do dispositivo legal:

> Art. 27. Ao declarar a inconstitucionalidade de lei ou ato normativo, e tendo em vista razões de segurança jurídica ou de excepcional interesse social, poderá o Supremo Tribunal Federal, por maioria de dois terços de seus membros, restringir os efeitos daquela declaração ou decidir que ela só tenha eficácia a partir do trânsito em julgado ou de outro momento que venha a ser fixado.[22]

O dispositivo, apesar da aparente incompatibilidade com o texto constitucional, permite a solução de questões de ordem prática, na medida em que os Tribunais, por muitas vezes, deixavam de se posicionar sobre a (in)constitucionalidade da norma para evitar que interesses sociais fossem maculados.

A aplicação dos efeitos prospectivos ao controle difuso, apesar de dispensar o requisito de ordem formal, materialmente possui os mesmos limites do controle abstrato, qual seja: possibilidade de ferir a segurança jurídica ou o interesse público. A defesa aos efeitos prospectivos é defendida com vigor por Ives Gandra da Silva Martins, ao afirmar: "Tais considerações são necessárias para esclarecer minha posição de que não só o controle concentrado, como o controle difuso, é possível a determinação de 'eficácia *ex nunc*' ou 'prospectiva' em situações especiais, tendo em conta não só a irreversibilidade das relações ou situações decorrentes de orientação anterior ou ainda de gravíssima lesão a direitos patrimoniais e;ou fundamentais, como também o princípios da 'não surpresa' ou da 'responsabilidade e confiabilidade na orientação oficial', princípios essenciais para a estabilidade das instituições".[23]

22. Brasil, Lei n. 9.868, de 10.11.1999, dispõe sobre o processo e julgamento da ADI e da ADC perante o STF (*Diário Oficial da União*, Brasília, Distrito Federal, p. 1, 11.11.1999).

23. Ives Gandra da Silva Martins, "Efeitos prospectivos de decisões definitivas da Suprema

A segurança jurídica, por se tratar de um princípio, apresenta forte conotação axiológica.[24] Por assim ser, traz elevado grau de indeterminação, próprio dos valores.

Apesar da dificuldade de se fixar o conteúdo semântico da expressão "segurança jurídica", temos, de forma indubitável, estar a mesma ligada à idéia de previsibilidade, ou seja, "certeza jurídica". Nesse sentir, apenas é possível se falar em segurança jurídica quando os destinatários dos comandos jurídicos podem prever as mensagens normativas.

Na lição de Paulo de Barros Carvalho, o princípio da segurança jurídica dirige-se "à implantação de um valor específico, qual seja o de coordenar o fluxo das interações inter-humanas, no sentido de propagar no seio da comunidade social o sentimento de previsibilidade quanto aos efeitos jurídicos da regulamentação de conduta".[25]

Portanto, a segurança jurídica apenas pode ser observada com um mínimo de previsibilidade das decisões a serem proferidas pelos aplicadores do direito, em sua função judicante, ou seja, com a "certeza" das interpretações conferidas pelo Poder Judiciário. Nessa esteira, segurança e certeza estão intimamente ligadas, sendo a segurança "ofertada pelas disposições dos textos legislativos e a 'certeza' pela interpretação que os Tribunais lhes ofertam".[26]

O Supremo Tribunal Federal, como órgão responsável pela guarda da Constituição Federal, ao se pronunciar sobre a (in)constitucionalidade da lei, seja pelo controle difuso ou concentrado de constitucionalidade, orienta a todos os jurisdicionados, impondo uma significação que influenciará a decisão dos cidadãos na realização de suas condutas, servindo como "um guia seguro, de guia certo como proceder perante o texto legislativo interpretado, de forma definitiva".[27]

Assim, a mudança no posicionamento a respeito da constitucionalidade de norma, ainda que proferida em sede de controle difuso de constitucionalidade, mormente quando submetidas ao Supremo Tribunal Federal, possuem o condão de abalar a "segurança jurídica", retirando a aclamada certeza dos jurisdicionados.

Este é o motivo pelo qual os efeitos da mudança de entendimento não podem prejudicar aqueles que confiaram no posicionamento anteriormente consolidado.[28]

6. Conclusão

Em síntese, defendeu-se no presente estudo a possibilidade de modulação dos efeitos das decisões proferidas em sede de controle difuso de constitucionalidade. Mostrou-se que as normas jurídicas, por serem significações, são dependentes da ideologia do intérprete, o que faz com que uma mesma norma jurídica seja considerada ora constitucional, ora inconstitucional.

Provou-se que o disenso das mensagens constituídas pela declaração de (in) constitucionalidade no controle difuso possuem o condão de abalar a segurança jurídica dos jurisdicionados, sendo necessária, assim, a flexibilização da teoria das nulidades.

Nesse sentir, a aplicação analógica do art. 27, da Lei n. 9.868/1999, possibilita a

Corte em matéria tributária", *Revista Magister de Direito Civil e Processo Civil* 12/19.

24. Cabe a lição de Paulo de Barros Carvalho ao definir o termo "princípio" como sendo "o nome que se dá a regras de direito positivo que introduzem valores relevantes para o sistema, influindo vigorosamente sobre a orientação de setores da ordem jurídica" (Paulo de Barros Carvalho, "O princípio da segurança jurídica", *Revista de Direito Tributário* 61/78).

25. Paulo de Barros Carvalho, *Curso de Direito Tributário*, 16ª ed., p. 149.

26. Ives Gandra da Silva Martins, ob. cit., p. 20.

27. Ibidem, p. 21.

28. Por esses motivos, Ives Gandra da Silva Martins prevê, inclusive, aplicação da responsabilidade objetiva, prevista no art. 37, § 6º, da CF, nos casos em que a mudança de entendimento do Pretório Excelso possa trazer lesão ao cidadão (ibidem, p. 21).

previsibilidade das decisões judiciais, sendo instrumento capaz de preservar a confiabilidade dos cidadãos nas significações postas pelos aplicadores do Direito.

7. Bibliografia

BARBOZA, Estefânia Maria de Queiroz. "Relativização da coisa julgada tributária inconstitucional *x* princípio da segurança jurídica", *Revista Dialética de Direto Tributário* 129.

CARVALHO, Paulo de Barros. *Curso de Direito Tributário*. São Paulo, Saraiva, 2002.

______. "O princípio da segurança jurídica", *Revista de Direito Tributário* 61.

KELSEN, Hans. *Teoria Pura do Direito*. Trad. João Baptista Machado. 6ª ed., São Paulo, Martins Fontes, 1998.

LUNARDELLI, Pedro Guilherme Accorsi. *As Decisões do Supremo Tribunal Federal e os Reflexos na Conduta dos Contribuintes – Desqualificação do Ilícito Tributário. Segurança Jurídica na Tributação e Estado de Direito*. IBET – Instituto Brasileiro de Estudos Tributários.

MARTINS, Ives Gandra da Silva. "Efeitos prospectivos de decisões definitivas da Suprema Corte em matéria tributária", *Revista Magister de Direito Civil e Processo Civil* 12, mai.-jun./2006.

______. "Alíquota zero e crédito escritural de tributos incidentes em operações anteriores – Efeito prospectivo de decisões da Suprema Corte sobre matéria constitucional – Sua admissibilidade tanto em controle concentrado quanto em controle difuso", *Revista Dialética de Direito Tributário* 124, jan./2006.

PIMENTA, Paulo Roberto Lyrio. "Validade, vigência, aplicação e interpretação da norma jurídico-tributária", in *Curso de Especialização em Direito Tributário: Estudos Analíticos em Homenagem a Paulo de Barros Carvalho*. Rio de Janeiro, Forense, 2006.

______. "A atribuição dos efeitos prospectivos à decisão de inconstitucionalidade em matéria tributária em face da recente jurisprudência do Supremo Tribunal Federal", *Revista Dialética* 135, dez./2006.

PISCITELLI, Tathiane dos Santos. *Os Limites da Interpretação das Normas Jurídicas: a Interpretação Judicial das Normas Constitucionais que Traçam a Competência Tributária e daquelas que Prescrevem Princípios Tributários*. Dissertação de Mestrado, Faculdade de Direito da USP, 2005.

VALE, Vanice Lírio do. "Efeitos prospectivos da declaração de inconstitucionalidade como técnica garantidora do livre exercício da atualização constitucional", *Revista Trimestral de Direito Público* 38.

VALVERDE, Gustavo Sampaio. "Segurança jurídica e processo: recurso, coisa julgada, ação rescisória e ações de (in)constitucionalidade", in *Curso de Especialização em Direito Tributário: Estudos Analíticos em Homenagem a Paulo de Barros Carvalho*. Rio de Janeiro, Forense, 2006.

WARAT, Luis Alberto. *O Direito e sua Linguagem*. 2ª ed., Porto Alegre, Fabris, 1995.

ESTUDOS & COMENTÁRIOS

APONTAMENTOS SOBRE PRINCÍPIOS INTERNACIONAIS TRIBUTÁRIOS

FLÁVIA CAVALCANTI
Advogada e especialista em Direito Tributário pelo IBET/RJ

1. Introdução. 2. Discussões acerca da dicotomia de ordens jurídicas: 2.1 Dualismo; 2.2 Monismo; 2.3 Posição adotada. 3. Enquadramento dos princípios no ordenamento jurídico. 4. Princípios internacionais em matéria tributária: 4.1 Limites à extensão das normas tributárias; 4.2 Limites à execução das normas tributárias. 5. Conclusão.

1. Introdução

A inter-relação entre o Direito Interno e o Direito Internacional suscita, de longa data, caloroso embate doutrinário, especialmente no atinente à organização hierárquica das normas que os conformam e à definição do ordenamento ao qual elas pertencem.

Os estudiosos da questão intentam, primeiramente, aclarar se as matérias em tela seriam ramificações de um mesmo manancial normativo ou se manteriam vínculos de pertinencialidade com ordens jurídicas distintas. Não suficiente, o impasse referente a tal problemática coloca-se como premissa de outro questionamento, consistente em saber qual norma há de prevalecer na hipótese de eventual conflito – se a interna ou a internacional.

Roberto Luiz Silva,[1] discriminando o conteúdo das questões ora postas, expõe: "A questão das relações entre o Direito Internacional e o Direito Interno envolve, primeiramente, a questão relativa à existência ou não de conexão entre ambos, podendo ainda gerar muitos problemas de ordem prática, especialmente se, havendo um conflito entre eles, decidir qual dos dois prevalecerá".

Interessa ao presente estudo a problemática suscitada pela doutrina acerca da existência ou não de uma dicotomia das ordens jurídicas interna e internacional, que, dessa forma, será apartada da questão relativa à prevalência das normas dentro de cada conjectura.

2. Discussões acerca da dicotomia de ordens jurídicas

Vigoram na doutrina duas correntes antagônicas sobre a questão em epígrafe: (*i*) a corrente dualista, que pressupõe a coexistência de dois planos jurídicos, um nacional e outro internacional, e (*ii*) a corrente monista, cujo apanágio precípuo

1. Roberto Luiz Silva, *Direito Internacional Público*, Belo Horizonte, Del Rey, 2002, p. 126.

concentra-se na existência de uma unicidade sistêmica. Portanto, perquirir-se-á, a seguir, os elementos fundantes de cada uma dessas correntes para, adiante, apontar o posicionamento adotado.

2.1 Dualismo

O primeiro estudo sistemático da matéria foi feito por Heinrich Triepel na obra *Völkerrecht und Landesrecht*.[2] Parte este jurista da concepção de que inexiste identidade entre o Direito Internacional e o Direito Interno, justificando que cada qual estaria vinculado a ordens jurídicas distintas, que, de acordo com o saudoso Celso D. de Albuquerque Mello,[3] "podem ser tangentes, mas não secantes, isto é, são independentes, não possuindo qualquer área em comum".

Frisando ainda esse aspecto, assevera Bruno Simma[4] em categórico estudo sobre o tema: "Defendem [os dualistas] a radical separação do Direito Internacional e do Direito Nacional não apenas no sentido de considerar que cada um deles possui diferentes fontes e dirige-se a matérias distintas, mas também no sentido de que normas internas contrárias ao Direito Internacional podem continuar a ter plena força vinculante dentro dos limites do sistema jurídico doméstico do respectivo Estado. A essência da teoria dualista pode ser ilustrada da seguinte maneira: o Direito Internacional e o Direito Interno se inter-relacionam como dois círculos 'cujo no máximo se tocam, mas nunca se sobrepõem um ao outro' (H. Triepel, *Völkerrecht und Landesrecht* – 1899)".

Segundo o escólio de Alejandro J. Rodrigues Carrión,[5] o arcabouço da teoria dualista estaria assentado sob três pontos específicos.

Primeiramente, as fontes[6] do Direito Internacional e do Direito Interno seriam completamente distintas, sendo este resultado da vontade de um Estado, ao passo que aquele oriundo da convergência de vontades de vários Estados (*Vereinbarung*[7]), que

2. Heinrich Triepel, *Völkerrecht und Landesrecht*, Leipzig, Hirshfeld, 1899.

3. Celso D. Albuquerque Mello, *Curso de Direito Internacional Público*, v. 1, 12ª ed., Rio de Janeiro, Renovar, 2000, p. 109.

4. Bruno Simma, "The contribution of Alfred Verdross to the Theory of International Law", in *European Journal of International Law* n. 6, Oxford, Oxford University Press, 1995, p. 35.

5. "En Triepel, Derecho Internacional y derecho Interno, son dos ordenamientos jurídicos distintos autónomos y de funcionamiento diferenciado; y ello por tres tipos de razones diferentes: En primer lugar las fuentes de ambos derechos son distintas, sin puntos en común; en segundo lugar, ambos ordenamientos pretenden regular relaciones muy diversas, como diversos son los destinatarios de sus normas; en tercero lugar, también es diferenciado el procedimiento de elaboración de las normas mientras en el ordenamiento internacional las normas son producto de la voluntad común de los Estados y en el interno la voluntad legal es la del Estado" (Alejandro J. Rodríguez Carrión, *Lecciones de Derecho Internacional Público*, 5ª ed., Madri, Tecnos, 2002).

6. A significação da expressão "fonte" comporta múltiplas acepções, ora designando o fundamento de validade de uma ordem jurídica, ora a norma jurídica de competência que regula a produção de outras normas jurídicas, ora as contingências extra-jurídicas que condicionam psicologicamente a convicção e vontade do sujeito que pratica o ato de criação, ora o ato de produção, ora o produto desse ato, etc. No caso em tela, o termo "fonte" está sendo empregado em expressa referência à expressão "fuentes", vernácula do citado autor, que a utiliza para designar a fundamentação que embasa cada uma das ordens – a internacional e a interna – e não para significar, como achamos mais apropriado, em linha com as lições de Tárek Moysés Moussallem (*Fontes do Direito Tributário*, São Paulo, Max Limonad, 2005), a enunciação, isto é, o ato de produção de enunciados.

7. *Vereinbarung* é uma noção cunhada por Karl Binding, em sua emblemática obra *Die Gründung des Norddeutschen Bundes*, cuja definição corresponde, nas palavras do autor, à "fusão de vontades diferentes com um mesmo conteúdo" (Celso D. de Albuquerque Mello, ob. cit., p. 110). Trata-se de conceito que não se baseia na contraposição de pleitos, mas sim, na comunhão de esforços em torno de um interesse comum. Essa noção foi desenvolvida por Triepel, até chegar à expressão "ato conjunto" (*Gesamtakt*), sobre a qual se assentaria o fundamento de criação das normas internacionais.

se manifesta expressamente nos tratados e tacitamente no costume internacional.

Nas lições de Dionísio Anzilotti,[8] que preconizou a concepção dualista na Itália: "As normas de direito internacional derivam da vontade de vários Estados: 'ex omnium aut multorum gentium voluntate'. Apenas as vontades de vários Estados, ao se tornarem uma única vontade coletiva ou comum, adquirem o caráter de vontade superior àquela dos Estados individualmente considerados, e capaz de impor sob suas condutas normas positivas, às quais não falta qualquer elemento essencial conformador".

Em segundo lugar, cada um dos ordenamentos teria por escopo regular relações inteiramente diversas. Enquanto a ordem internacional cuidaria de uma estrutura de coordenação, referente à interação entre os Estados soberanos, o ordenamento interno abrangeria as relações de subordinação estabelecidas entre o Estado e seus súditos, conforme assinala Amílcar de Castro:[9] "Tratado não é lei, é ato internacional que obriga o povo considerado em bloco, que obriga o governo na ordem externa, e não o povo na ordem interna. (...) O tratado explana as relações entre governantes (horizontais, sendo as pessoas coordenadas), enquanto que a lei e o decreto explicam relações do governo com seus súditos (verticais, entre subordinantes e subordinados)".

Por fim, haveria um terceiro aspecto relativo aos diferentes processos de elaboração normativa no âmbito de cada um dos ordenamentos. As normas veiculadas pelo direito interno respeitariam os procedimentos previstos pela Constituição, que indica os órgãos de produção, define as competências e o devido processo legislativo. Por outro lado, na esfera internacional, a conformação normativa atenderia a outros critérios típicos, consuetudinários ou definidos em estatutos supra-estatais.

A concepção dualista foi adotada por diversos autores[10] que, não obstante terem estabelecido algumas modificações, mantiveram, de forma geral, a matriz ora exposta.

2.2 Monismo

Contra a doutrina dualista, defendendo a existência de um único ordenamento jurídico com efeitos tanto no âmbito doméstico dos Estados, quanto no contexto internacional, foi erigida uma série de teorias que, em função da unidade pretendida, passaram a ser denominadas de monistas.

Não obstante a coincidência das conclusões propostas pelas referidas teses – vez que todas assentam a estrutura normativa sob o primado da unicidade sistêmica –, partem elas de premissas e fundamentos jurídicos diversos.

Historicamente, o monismo remonta às construções filosóficas da Idade Média e à Renascença, que buscavam justificar, com o auxílio da doutrina da universalidade do direito natural, a unidade de uma Europa dividida entre a hegemonia papal e a imperial.[11]

Apesar disso, as doutrinas monistas encontraram proponentes tanto entre aqueles autores identificados como jusnatu-

8. Dionísio Anzilotti, *Scritti di Diritto Internazionale Pubblico*, 1956, *apud* Giorgio Gaja, "Positivism and dualism in Dionísio Anzilotti", in *European Journal of International Law* n. 1, Oxford, Oxford University Press, 1992, p. 123.

9. Amílcar de Castro, *Direito Internacional Privado*, 5ª ed., Rio de Janeiro, Forense, 2001, p. 126.

10. Cite-se, à guisa de exemplo, L. Oppenheim (*International Law*, Londres, Longam, 1992) e Karl Strupp (*Éléments du Droit International Public Universel, Européen et Américain*, Paris, 1934).

11. Malcolm Nathan Shaw, *International Law*, Cambridge, Cambridge University Press, p. 18. Importa notar que, nesse contexto, a problemática não girava tanto em torno do Direito Interno e do Direito Internacional, sob a acepção hodiernamente empregada. Tratava-se, antes, da contraposição do direito comum (*jus commune*) ou das gentes (*jus gentium*) ao *jus civile* ou *jus proprium* (sobre o assunto cf. Noberto Bobbio, *O Positivismo Jurídico*, São Paulo, Ícone, 1999, pp. 19 *et seq.*).

ralistas, quanto no campo do positivismo legalista, como é o caso de Kelsen e os demais integrantes da Escola de Viena – Alfred von Verdross, Josef L. Kunz, dentre outros.

Para jusnaturalistas, como Hersch Lauterpacht, a unicidade do ordenamento jurídico é o único meio apto a assegurar a defesa dos direitos humanos. Nesse sentido, o Estado é encarado como mero veículo necessário à persecução do bem-estar dos indivíduos, colocados no centro da problemática jurídica de forma a se repudiar a idéia de soberania estatal absoluta.[12] "Ao conduzir seu estudo através de uma análise pragmática, Lauterpacht pôde atacar o positivismo voluntarista em seu próprio terreno da factualidade científica, sem a necessidade de socorrer-se da retórica moralizante do naturalismo ou do formalismo da teoria pura do direito. O mesmo terreno o permitiu estabelecer um programa político 'progressivo' que coloca o indivíduo no centro e que considera o Estado como simples instrumentalidade. Por detrás do nacionalismo e da diplomacia o mundo permanece uma comunidade de indivíduos e a norma jurídica é nada mais do que o estado de paz entre eles: 'A Paz é preeminentemente um postulado jurídico. Juridicamente, é uma metáfora para o postulado da unicidade do sistema legal' (*The Function of Law in the International Community* – 1933)".[13]

Por sua vez, abordando o tema sob um prisma lógico-formal, na sua condenação à concepção dualista, começa Kelsen[14] por afirmar que "se as normas de direito internacional e aquelas dos direitos nacionais devem ser consideradas como simultaneamente válidas e como sendo umas e outras normas jurídicas, (...) impõe-se a necessidade lógica de conceber todo o direito a partir de um só e mesmo ponto de vista, de o encarar sob a forma de um sistema único", indicando que a unicidade do sistema repousa na ausência de contradições internas ou, mais exatamente, na existência de meios para a sua superação.

Nessa base, conclui Kelsen que o único sistema cientificamente sustentável seria o monismo – com prevalência do Direito Internacional ou Interno, critérios ambos válidos do ponto de vista da Teoria do Direito[15] – uma vez que tal concepção seria apta a garantir a eliminação das antinomias.

Dessa forma, a concepção monista resultaria de um imperativo lógico, destinado a evitar conflitos entre sistemas normativos contraditórios.

Nessa esteira, a relação interno-internacional seria de ordem intra-sistêmica, ou seja, "(...) as relações entre Estado e comunidade internacional, ou ainda entre direito interno e direito internacional, são relações sistêmicas, quer dizer, são dois elementos de um único sistema jurídico".[16]

2.3 Posição adotada

Conforme já assinalado, "independente da querela entre monistas e dualis-

12. Malcolm Nathan Shaw, ob. cit., p. 126.

13. Martti Koskenniemi, "Lauterpacht: the Victorian Tradition in International Law", in *European Journal of International Law* n. 2, Oxford, Oxford University Press, 1997, p. 7.

14. Hans Kelsen, "Théorie du Droit International Public", in *Recueil des Cours de l'Académie de Droit Internacional*, t. LXXXIV, 1953, p. 185, *apud* Igor Mauler Santiago, *Direito Tributário Internacional: Métodos de Solução dos Conflitos*, São Paulo, Quartier Latin, 2006, p. 27.

15. "Para os fundadores da 'teoria pura do direito' (H. Kelsen), o problema não tem solução imperativa: pela lógica é possível tomar como ponto de partida tanto o postulado do primado do direito interno como o do primado do direito internacional" (Alain Pellet, Patrick Dallier e Nguyen Quoc Dinh, *Direito Internacional Público*, Lisboa, Fundação Calouste Gulbenkian, 2003, p. 98).

16. Hans Kelsen, "Les rapports entre le Droit Interne et le Droit Internacional", in *Recueil de Cours de l'Academy de Droit Internacional*, t. XIV, 1926, p. 232, *apud* Estêvão Ferreira Couto, *A Relação entre o Interno e o Internacional: Concepções Cambiantes de Soberania, Doutrina e Jurisprudência dos Tribunais Superiores no Brasil*, Rio de Janeiro, Renovar, 2003.

tas é o problema da relação hierárquica entre o Direito Internacional e o Direito Interno".[17]

Nesse contexto, entendemos que a primeira problemática suscitada concerne à Teoria do Direito, porquanto tem a ver com o exame das estruturas formais e conceitos fundamentais, indispensáveis ao raciocínio jurídico: "A Teoria do Ordenamento se liga diretamente à Teoria da Norma Jurídica. Uma e outra formam, em conjunto, uma completa Teoria do Direito, principalmente sob o aspecto formal".[18]

O segundo questionamento, por sua vez, encontra-se no âmbito da dogmática jurídica, eis que se refere à descrição, interpretação e sistematização de normas de um determinado sistema jurídico vigente.[19]

Com tal assertiva queremos significar que enquanto a controvérsia relativa à determinação da existência de uma ou mais ordens jurídicas é uma questão da própria conformação do conceito de direito,[20] aquela atinente à relação entre as normas de Direito Internacional e de Direito Interno deve ser analisada à luz do direito positivo vigente em determinado tempo e lugar.

Assentados em tais premissas é que passaremos ao equacionamento da problemática relativa à existência de uma ou mais ordens jurídicas.

17. Igor Mauler Santiago, "Relações entre o direito interno e o direito internacional em matéria tributária", in *Revista Internacional de Direito Tributário* n. 3, Belo Horizonte, Del Rey, 2005, p. 175.

18. Noberto Bobbio, *Teoria do Ordenamento Jurídico*, Brasília, Ed. UnB, 1999, p. 19.

19. Paulo Dourado de Gusmão, *Introdução ao Estudo do Direito*, 29ª ed., Rio de Janeiro, Forense, 2001, p. 48.

20. Acerca do assunto, importa colacionar as valiosas lições de Bobbio: "O que comumente chamamos de Direito é mais uma característica de certos ordenamentos normativos que de certas normas. Assim, o problema da definição do Direito se torna um problema de definição de um ordenamento normativo e, conseqüentemente, diferenciação entre este tipo de ordenamento normativo e um outro, e não o de diferenciação de um tipo de norma" (Noberto Bobbio, *Teoria do Ordenamento Jurídico*, cit., p. 28).

2.3.1 Do pluralismo jurídico

Embora a construção na qual se respalda o monismo possa parecer sedutora, é importante notar que ela repousa sobre um paralogismo por petição de princípio, isto é, em uma falácia consistente em admitir na premissa do raciocínio a conclusão que se pretende demonstrar.

Com efeito, da premissa kelsiana, segundo a qual as normas internas e as internacionais aspiram umas e outras à validade e à juridicidade, não decorre necessariamente a conclusão de que devam ser conciliadas num sistema único e livre de contradições. Tais atributos ficam assegurados ao se admitirem "duas ordens jurídicas indiferentes uma à outra, as quais não têm outros pontos de contacto senão a responsabilidade internacional".[21]

Arrimado neste entendimento, assevera com propriedade Heleno Taveira Tôrres:[22] "Como a teoria da validade pressupõe uma teoria das fontes formais, aquela referência vai depender do sistema de origem (interno ou internacional). É que, quanto à validade, a dualidade entre direito interno e internacional só é aceitável se se faz referência à existência de procedimentos e autoridades competentes diversos para o ato de produção de normas".

Continua o autor apontando que o ordenamento interno, presidido pela Constituição, perfaz-se pela composição de dois grupos normativos: (*i*) o grupo de normas legisladas, produzidas de acordo com as prescrições do processo legislativo estabelecido pela Carta Constitucional (válidas internamente), e (*ii*) o grupo de normas (também internas), integradas por enunciados de origem externa, cuja validade advém de procedimentos específicos da comunidade internacional e cuja aplicabilidade depende dos mecanismos adota-

21. Alain Pellet, Patrick Dallier e Nguyen Quoc Dinh, ob. cit., p. 96.

22. Heleno Taveira Tôrres, *Pluritributação Internacional sobre as Rendas de Empresas*, São Paulo, Ed. RT, 2001, p. 55.

dos na Constituição de cada Estado para sua admissão sistêmica (incorporação ou recepção).[23]

Por outro lado, a ordem internacional se desenvolve num ambiente próprio, segundo a relação de elementos específicos, tais como: personalidade jurídica internacional do Estado, instituições coletivas internacionais, fontes próprias (costumes, convenções, sentenças arbitrais internacionais), etc.[24]

Não é outro o entendimento da *Permanent Court of International Justice*, conforme se extrai do seguinte trecho do *Case of the S.S. "Lotus"*:[25] "O Direito Internacional rege as relações entre Estados independentes. As normas jurídicas que obrigam os Estados, conseqüentemente, emanam das suas próprias vontades, conforme expressas em convenções ou através dos costumes geralmente aceitos de forma a expressar princípios de direito, e são estabelecidas para regular as relações entre comunidades independentes coexistentes ou com vistas a atingir finalidades comuns".

Desta feita, parece-nos inconteste a diversidade de ordenamentos sob os quais se erigem as relações intra-estatais e inte-restatais.

Tal afirmação debruça-se sobre a concepção institucionalista do direito, segundo a qual uma sociedade organizada – uma instituição – é constituída por um grupo de indivíduos, os quais disciplinam suas respectivas atividades com o objetivo de perseguir um fim comum. A instituição nasce, assim, onde surge e toma forma determinada disciplina de condutas individuais, destinada a conduzi-las a um interesse comum. Essa disciplina é o produto de uma regulamentação, um complexo de normas de conduta.

Particularmente, para que se possa desenvolver o processo de institucionalização, que transforma um grupo inorgânico em um grupo organizado, vale dizer, em um ordenamento jurídico, é necessário que concorram, conforme destaca Noberto Bobbio,[26] três condições, a saber:

"*1.* que sejam fixados os fins que a instituição deverá perseguir;

"*2.* que sejam estabelecidos os 'meios', ou pelo menos, os meios principais que se consideram apropriados para alcançar aqueles fins; e

"*3.* que sejam atribuídas as funções específicas dos indivíduos componentes do grupo, para que cada um colabore, através dos meios previstos, na obtenção dos fins."

Ora, quer a determinação dos fins, quer a estipulação dos meios e das funções, são estabelecidas através de normas, sejam elas escritas ou não, proclamadas solenemente em um estatuto ou aprovadas tacitamente pelos membros do grupo, o que equivale a dizer que o processo de institucionalização e a produção de regras de conduta não podem andar separados e que, portanto, "(...) onde quer que haja grupo organizado, estaremos seguros de também encontrar um complexo de regras

23. Tal questão, relativa à composição normativa de um dado ordenamento jurídico, é pormenorizadamente deslindada por Bobbio que assevera que "(...) a complexidade de um ordenamento jurídico deriva do fato de que a necessidade de regras de conduta numa sociedade é tão grande que não existe nenhum poder (ou órgão) em condições de satisfazê-lo sozinho. Para vir ao encontro dessa exigência o poder supremo recorre geralmente a dois expedientes: (1) A recepção de normas já feitas, produzidas por ordenamentos diversos ou precedentes; (2) A delegação do poder de produzir normas jurídicas a poderes ou órgãos inferiores. Por essas razões, em cada ordenamento, ao lado da fonte direta temos fontes indiretas que podem ser distinguidas nestas duas classes: fontes reconhecidas e fontes delegadas" (Noberto Bobbio, *Teoria do Ordenamento Jurídico*, cit., p. 38).

24. Ricardo Monaco, *Diritto Internazionale Pubblico*, Turim, UTET, 1971, *apud* Heleno Taveira Tôrres, ob. cit., p. 53.

25. PCIJ, *The Case of the S.S. "Lotus"*, Ser. A., n. 10, 1927, disponível em *http://www.worldcourts.com/pcij/eng/decisions/1927.09.07_lotus/*.

26. Noberto Bobbio, *Teoria da Norma Jurídica*, São Paulo, EDIPRO, 2005, p. 36.

de conduta que deram vida àquela organização ou, em outras palavras, se instituição equivale a ordenamento jurídico, ordenamento jurídico equivale a complexo de normas".[27]

Diante do exposto, entendemos que "(...) existe uma pluralidade de ordens jurídicas, tanto quanto de instituições (Santi Romano). Se existe uma ordem jurídica internacional, existem por outro lado tantas ordens jurídicas nacionais quanto Estados. (...) cada vez mais podemos considerar que cada organização internacional decreta seu próprio direito. (...) O pluralismo das ordens jurídicas parece uma realidade dificilmente contestada desde que não tenhamos da ordem jurídica uma concepção rígida e estreita".[28]

Concluímos, assim, que é plenamente possível uma norma ser ao mesmo tempo válida e inválida, desde que consideremos que tais vínculos de pertinencialidade estão sendo analisados sob a égide de ordenamentos jurídicos distintos.

Uma vez fixado entendimento no sentido de considerar a existência de uma pluralidade sistêmica,[29] passemos a analisar a existência de princípios inerentes à ordem internacional em matéria tributária.

3. Enquadramento dos princípios no ordenamento jurídico

A temática dos princípios no atual quadrante normativo vem sendo objeto de preciosos estudos, que a tratam com cada vez maior percuciência e rigor teórico. Sendo assim, e atendo-nos aos estreitos lindes disponíveis, traçaremos breve panorama acerca da questão, para que o tópico atinente aos princípios internacionais em matéria tributária seja compreendido em consonância com os propósitos do presente trabalho.

Inicialmente, os princípios, haja vista a notória carga axiológica que os permeia e a baixa densidade lingüística com a qual são veiculados, não eram considerados normas jurídicas. Não produziriam, assim, qualquer tipo de vinculação; cingir-se-iam a delinear programas, subjugados ao talante do intérprete, sobretudo do legislador. Desta feita, norma jurídica era tida como sinônimo de regra, vez que imediatamente definidora de condutas, às quais a vontade do aplicador restava submetida.

Contudo, a multiplicidade de relações jurídicas que irrompem no tecido social demonstrou a insuficiência da categorização aludida. Com efeito, a morosidade legiferante provoca a defasagem na disciplina das mais diversas situações, refletindo a necessidade de reformulação conceptual, de molde a atribuir aos princípios natureza de norma jurídica.

Nessa esteira, o escólio de Paulo de Barros Carvalho, pioneiro na doutrina brasileira, fixou as seguintes significações possíveis, considerado o contexto no qual emerge o vocábulo "princípio": "(a) como norma jurídica de posição privilegiada e portadora de valor expressivo; (b) como norma jurídica de posição privilegiada que estipula limites objetivos; (c) como valores insertos em regras jurídicas de posição privilegiada, mas considerados independen-

27. Ibid., p. 37.

28. Alain Pellet, Patrick Dallier e Nguyen Quoc Dinh, ob. cit., p. 97.

29. A título de referência, importa consignar o posicionamento das Cortes brasileiras sobre o tema. Após o advento da CF/1988, o STF já teve oportunidade de analisar a questão em duas ocasiões, sempre sob a relatoria do Ministro Celso de Mello. Na ADI-MC n. 1.480-DF (*DJ* 18.5.2001), ficou registrado – em *obiter dictum* contraditado apenas pelo Ministro Carlos Velloso – que a Constituição brasileira adota um dualismo moderado, que não chega a condicionar a executoriedade do tratado à edição de lei que o incorpore (dualismo extremado), mas que não dispensa para esse fim o decreto presidencial, antes do qual a convenção não obriga e nem pode ser invocada.

No AgRg na Carta Rogatória n. 8.279-Argentina (*DJ* 10.8.2000), o ponto central da discussão era justamente esse: a executoriedade do Protocolo de Medidas Cautelares do Mercosul, assinado na VII Reunião do Conselho do Mercado Comum (Ouro Preto, dez./1994), já referendado e ratificado, mas ainda não promulgado. A Corte decidiu pela negativa, reafirmando as teses desenvolvidas na ADI-MC n. 1.480-DF.

temente das estruturas normativas; e (d) como limite objetivo estipulado em regra de forte hierarquia, tomado, porém, sem levar em conta a estrutura da norma".[30]

Portanto, é possível reduzir o panorama em liça, como o faz o próprio autor, à dicotomia princípio-valor e princípio-limite objetivo. No primeiro caso, ingressa-se na seara da axiologia jurídica, ao passo que neste último a aplicabilidade toma forma mais palpável, vez que inserida na própria regra de competência tributária.

Nota-se, assim, que a distinção entre princípios e regras permanece ancorada no grau de abstração: os princípios dirigir-se-iam a um número indeterminado de situações fáticas, formando "o núcleo estável do sistema jurídico, e, por essa função, dirigem-se imediatamente ao próprio sistema jurídico, ou mais precisamente, à estrutura auto-geradora interna: os órgãos produtores de atos normativos".[31] As regras, ao revés, estruturar-se-iam para alcançar fatos imponíveis perfeitamente destacados e sujeitos integralmente definidos, ainda que reiteradamente num espaço-tempo.

Assim, os princípios representariam as balizas sobre as quais se assenta todo o manancial normativo, com eficácia interpretativa diante dos demais preceitos; valores juridicizados, sob cujos óculos devem ser enxergadas as regras. Em síntese lapidar, arremata Paulo de Barros Carvalho:[32] "Seja como for, os princípios aparecem como linhas diretivas que iluminam a compreensão dos setores normativos, imprimindo-lhes caráter de unidade relativa e servindo de fator de agregação num dado feixe de normas".

Diante do exposto, esclarece-se que o termo "princípio" será empregado neste trabalho na acepção encampada pelo douto Professor.

4. Princípios internacionais em matéria tributária

Quanto aos princípios gerais internacionais em matéria tributária, Luc Hinnekens[33] e Jean Michel[34] têm posições diametralmente opostas, entendendo o primeiro pela negação peremptória da sua existência, ao passo que o segundo parece admiti-los sob o argumento de que "uma solução repetida em cem tratados é mais do que uma regra cem vezes repetida: é um princípio geral".

A doutrina é uníssona, no entanto, na opinião pela inexistência de um princípio geral proibitivo da dupla tributação internacional, conforme assevera com assaz propriedade Klaus Vogel:[35] "O Direito Internacional não proíbe a dupla tributação. A dupla tributação resultante da interação das legislações domésticas de dois (ou mais) Estados será consistente com o Direito Internacional conquanto cada legislação individual assim o seja. Se as previsões tributárias de todos os Estados envolvidos forem reputadas inaplicáveis apenas quando e porque dão origem à dupla tributação, um sistema de lacunas poderia ser criado, o que não é mais aceitável do que a múltipla tributação. Conseqüentemente, o Direito Internacional pode diminuir a ocorrência da dupla tributação apenas através da introdução de normas estabelecendo qual dos Estados envolvidos deverá abrir mão da sua pretensão tributária".

30. Paulo de Barros Carvalho, *Curso de Direito Tributário*, 17ª ed., São Paulo, Saraiva, 2005, p. 145.

31. Cristiano Carvalho, "Sistema, competência e princípios", in Eurico Marcos Diniz de Santi (coord.), *Curso de Especialização em Direito Tributário*, Rio de Janeiro, Forense, 2005, p. 870.

32. Paulo de Barros Carvalho, ob. cit., p. 148.

33. Luc Hinnekens, "Legal sources and interpretation of European Tax Arbitration Convention and its recognition of the Taxpayer", in *Resolution Treaty Conflicts by Arbitration*, Deventer, Kluwer, 1994, pp. 22-23.

34. Jean Michel, "Rapport Général", in *Cahiers de Droit Fiscal International*, v. XVIII, Zurique, Impromerie Berichthaus, 1951, p. 15.

35. Klaus Vogel, *Double Taxation Conventions: a Commentary to the OECD, UN and US Model Conventions for the Avoidance of Double Taxation on Income and Capital*, Deventer, Kluwer, 1996, Intr., par. 8.

Com efeito, inclinamo-nos pelo entendimento no sentido de reconhecer a existência de dois princípios gerais em tema de tributação internacional, notadamente aqueles que dizem respeito aos limites impostos pelo Direito Internacional à extensão (*Geltungsraum*, *jurisdiction to prescribe*) e à execução (*Wirkungsraum*, *jurisdiction to enforce*[36]) das normas tributárias.[37]

Nas lições de Alberto Xavier,[38] a questão relativa à limitação da "extensão da lei"[39] cuida de determinar até que ponto a norma tributária pode pretender atingir fatos externos: "A questão relativa ao âmbito de incidência,[40] para utilizar a terminologia de Guggenheim, reporta-se a saber se (e em que termos) a norma tributária pode abranger na sua previsão pessoas, coisas e fatos localizados no exterior".

A seu turno, a questão relativa à limitação da executibilidade da norma tributária diz respeito à possibilidade da aplicação coativa da lei tributária impositiva no exterior: "A jurisdição para executar é a capacidade de um Estado, de acordo com o Direito Internacional, executar uma norma, seja essa capacidade exercida judicial ou administrativamente".[41]

Em virtude da inquestionável relevância desses princípios gerais, sobretudo daquele atinente à primeira questão listada, dado que concerne ao próprio delineamento da norma jurídica, passemos a uma análise mais detida de cada um deles.

4.1 Limites à extensão das normas tributárias

A primeira problemática que se suscita a respeito da extensão da norma tributária consiste em saber se existem limites estabelecidos pelo Direito Internacional à atividade legiferante dos Estados no que concerne a fatos abrangidos pelas previsões das suas leis fiscais.

Parte da doutrina propende a afirmar a inexistência de limites à jurisdição dos Estados para legislar em matéria tributária, com base no conceito de soberania fiscal, que se coloca como simples aspecto da soberania geral do Estado.[42] Nesta linha de orientação, a ilimitação da *jurisdiction to precribe* se assenta como corolário lógico do caráter ilimitado da própria soberania.

36. Importa notar que esse tema tende a ganhar novos contornos e grande projeção, à medida que os Estados comecem a incluir o novel art. 27 da Convenção Modelo da Organização para Cooperação e Desenvolvimento Econômico (CM OCDE) em seus acordos bilaterais.

37. De forma a elucidar tal temática, suscitamos as lições de Cláudio Saccheto: "Preliminar à correta formulação do problema é a distinção entre âmbito de validade (*domain de validité*) e âmbito de eficácia da norma de um estado (*sphère d'efficacité*), entre o exercício do poder normativo tributário e do poder de execução do crédito tributário. A tese é conseguinte à aceitação da teoria da universalidade do ordenamento jurídico estatal e à concepção dualista ou pluralista da relação entre o ordenamento internacional e os ordenamentos internos estatais, que vêm considerados autônomos e separados e, em seus respectivos focos, independentes e soberanos" (Cláudio Saccheto, *Diritto Internazionale Tributario*, Milão, Giuffrè, 2006, p. 139).

38. Alberto Xavier, *Direito Tributário Internacional do Brasil*, Rio de Janeiro, Forense, 2005, p. 4.

39. Terminologia empregada por Antônio Berliri, *Corso Istituzionale di Diritto Tributário*, Milão, 1980, p. 103, *apud* Alberto Xavier, ob. e loc. cits.

40. O autor dá preferência a tal terminologia, pois entende que "o problema em causa trata-se de saber qual o universo de situações sobre as quais pode recair (incidir) a previsão de uma norma", respeitando assim "ao âmbito do poder legislativo do Estado, à atividade tributária em abstrato". Se assim o é, não podemos concordar com tal designação, vez que reservamos o termo "incidência" a fenômeno outro, correspondente à subsunção do fato à norma. Nesse sentido é que optamos no presente estudo pelo uso da expressão "limites à extensão das normas tributárias".

41. Harold G. Maier, "Extraterritorial jurisdiction at a crossroad", in *American Journal of International Law* n. 76, 1982, p. 282.

42. "A soberania é o conjunto de direitos e competências que conformam o Estado. A jurisdição é o direito e a competência do Estado para afetar os direitos das pessoas através do exercício dos poderes judiciais, legislativos e administrativos, dentre os quais se inclui o poder de elaborar e executar as leis, incluindo as de matéria tributária" (Niv Tadmore, "Source taxation of cross-border intellectual supplies", in *Bulletin for International Taxation*, IBFD, jan./2007, p. 3).

Contudo, aponta Alberto Xavier,[43] com todo o rigor, o equívoco sobre o qual se funda tal afirmação, qual seja, "o caráter ilimitado da soberania fiscal, pois ela coloca na sombra os próprios limites da soberania do Estado, face ao Direto Internacional Público".

Ora, uma das funções precípuas do Direito Internacional refere-se à demarcação das esferas de cada ordem nacional de maneira a determinar "a quem, como e quando as leis nacionais dos Estados soberanos se podem aplicar".[44]

Nesse sentido, manifesta-se Ernst Zittelmann:[45] "O Direito das gentes é a ordem na qual são delimitadas as esferas de poder dos diferentes Estados uns em relação aos outros".

Destarte, uma vez determinado o âmbito da soberania de cada Estado, porquanto essa se coloca como pré-condição da *jurisdiction*, a última só existirá até onde a primeira existir e, inversamente, perde seu título onde aquela cessar.

Não é outra a conclusão do ínclito professor australiano Niv Tadmore:[46] "Na medida em que a jurisdição deriva da soberania, a jurisdição só pode se estender até onde a soberania existe. E, uma vez que o poder de legislar é um subsistema da jurisdição, a jurisdição tributária também tem limites".

Ainda nessa ordem, cumpre transcrever as acertadas lições de Rutsel Silvestre J. Martha:[47] "Se a jurisdição é um atributo da soberania, então é necessário que os limites da jurisdição fiscal sejam similares àqueles da soberania nacional. Conseqüentemente, identificar os limites da soberania é equivalente a identificar os limites de cada tipo de jurisdição, incluindo a tributária".

Da mesma forma que o Estado tem como elementos a população e o território,[48] assim também a soberania se distingue em um aspecto pessoal (*Personalhoheit*) e em um territorial (*Gebietshoheit*), correspondendo o primeiro ao poder do Estado sobre os seus nacionais, não importando onde se encontrem, e esse último ao poder do Estado sobre as pessoas e coisas localizadas no seu território, sem distinção quanto à origem. "A soberania nacional permite ao Estado aplicar sua jurisdição, incluindo a imposição de tributos, aos seus cidadãos e residentes onde quer que se encontrem. Por sua vez, a soberania territorial é definida em referência às fronteiras geográficas de um Estado, dentro das quais o Estado está autorizado a fazer asserções fiscais sobre não-residentes".[49]

Sendo estas as duas facetas da soberania, o Direito Internacional reconhece aos Estados a *jurisdiction to prescribe* até aonde se estendam qualquer uma delas, sendo inválida, em face desse princípio limitativo, a pretensão do Estado de tributar estrangeiros por fatos destituídos de contato com o seu território. "Sendo um atributo da soberania, a *jurisdiction to prescribe* deve basear-se nos mesmos princípios que aqueles em que se funda a soberania. Há dois princípios básicos para o exercício da soberania, notadamente a territorialidade e a nacionalidade. (...) Dessa forma, deve ser sustentado que o exercício desarrazoado da jurisdição pode ser reputado como violação do Direito Internacional".[50]

43. Alberto Xavier, ob. cit., p. 12.

44. Loc. cit.

45. "Das Völkerrecht ist die Ordnung, welche die Machtkreise der verschiedenen Staaten gegeneidernander abrenzt" (Ernst Zittelmann, *Geltungsbereich und Anwendungsbereich der Gesetze*, Bonn, 1929, 225).

46. Niv Tadmore, ob. cit., p. 13.

47. Rutsel Silvestre J. Martha, *The Jurisdiction to Tax in International Law: Theory and Practice of Legislative Fiscal Jurisdiction*, Deventer, Kluwer, 1989, p. 32.

48. "O Estado sujeito de Direito Internacional é aquele que reúne três elementos indispensáveis para sua formação: população (composta de nacionais e estrangeiros), território e governo (deve ser efetivo e estável)" (Celso D. de Albuquerque Mello, ob. cit., p. 339).

49. Niv Tadmore, ob. cit., p. 14.

50. Alfred Nizamiev, *The Main Characteristics of State's Jurisdiction to Tax in International*

No escólio de Alberto Xavier,[51] essa falta de contato pode ocorrer de modo direto e frontal (*e.g.*, exigência de tributo fundado na nacionalidade contra pessoa que a perdeu[52]) ou pode vir mascarada pela "escolha arbitrária ou artificiosa de um elemento de conexão".

Outrossim, Heleno Taveira Tôrres[53] aponta a necessidade de um critério de conexão relevante para fins de delimitação da *jurisdiction to prescribe*, senão vejamos: "No ordenamento internacional, já se constroem princípios gerais de Direito Internacional, os quais tomando como pressuposto a coexistência dos ordenamentos jurídicos, procuram estipular delimitações formais aos respectivos poderes de tributar dos Estados. Nesta ordem ressoaram com maior importância as seguintes proposições (...) é lícita a atividade legislativa do Estado, desde que mediante a utilização de critérios de conexão que exprimam um contato efetivo entre o fato-evento com elementos de estraneidade e o Estado que tem a pretensão de discipliná-lo fiscalmente (*genuine link*)".

Expõe, ainda, Frederick Alexander Mann em sua emblemática obra "The Doctrine of Jurisdiction in International Law":[54] "O problema, propriamente definido, envolve a busca do Estado ou dos Estados cujo contato com os fatos é tal que justifica a alocação da competência legislativa como justa e razoável. Desta forma, não é o caráter e o objetivo inerente à legislação nacional ou atribuída a esta pelos seus autores, mas o relevante contato legal entre tal legislação e determinado conjunto de fatos internacionais que decidem quanto à existência da jurisdição (...). Como a doutrina da jurisdição internacional não está atualmente relacionada à jurisdição exclusiva, o relevante ponto de contato legal terá de definir, indicando o Estado que tem uma conexão próxima, ao invés da mais próxima conexão com os fatos, um *genuine link*, um interesse suficientemente forte".

Nesse sentido, no excerto, ao nosso sentir, inconteste de Michael Lang:[55] "os Estados podem impor tributos sempre que houver a conexão genuína requerida pelo Direito Internacional".

Ressalte-se, contudo, que os Estados não estão obrigados a utilizar o mesmo *genuine link*, tampouco um determinado ordenamento está vinculado à escolha de um único critério de conexão para todo o seu sistema impositivo. Neste soar, "a conformação dos critérios conectivos é uma escolha de política fiscal, no atendimento aos requisitos da política econômica internacional do Estado".[56]

4.2 Limites à execução das normas tributárias

A problemática relativa à *jurisdiction to enforce*, por sua vez, submete-se a limites muito mais estritos.

Com efeito, se não impede que um Estado legisle para o exterior (observados critérios de conexão efetivos), o Direito Internacional, no entanto, o proíbe que pratique atos de aplicação da lei fora do seu território – tais como fiscalizações, intimações, execução de seus créditos tributários –, ressalvados, por óbvio, aqueles casos em que haja expressa autorização por parte do Estado mediante normas instrumentais.[57]

Dimension, Georgia, University of Georgia, 2003, p. 11.

51. Alberto Xavier, ob. cit., p. 15.

52. Cf. caso *United States of America vs. Lucienne D'Hotelle de Benitez Rexach*, disponível em *http://www.uniset.ca/naty/maternity/558F2d37.htm*.

53. Heleno Taveira Tôrres, ob. cit., p. 69.

54. Frederick Alexander Mann, "The Doctrine of Jurisdiction in International Law", in *Studies in Recueil des Cours*, v. 111, Haia, Haugue Academy, 1964, p. 34.

55. Michael Lang, *The Mark & Spencer Case: the Open Issues Following the ECJ's Final Word in European Taxation*, IBFD, fev./2006, p. 57.

56. Heleno Taveira Tôrres, ob. cit., p. 92.

57. Como é o caso do art. 27 da CM OCDE, referido na nota n. 36.

Nesse contexto, cumpre anotar a precisa exposição de Alfred Nizamiev[58] sobre o tema: "Na esfera internacional, o princípio norteador é um princípio de limitação territorial à execução, o que significa que um Estado não pode tomar medidas no território de outro Estado através da execução de suas leis nacionais sem o consentimento desse último Estado. Além da limitação territorial, a execução de leis nacionais no exterior está sujeita a limitações adicionais, porque em circunstâncias particulares ela pode envolver os interesses de outro Estado. Primeiramente, um Estado pode executar suas leis – por meio de Cortes ou de outra forma – apenas se possuir *jurisdiction to prescribe* relativamente àquela lei a ser executada. Em segundo lugar, as medidas de execução decorrem do exercício da jurisdição, e de acordo com o direito internacional, estão sujeita à razoabilidade".

5. *Conclusão*

Diante do exposto, é possível sintetizar brevemente algumas conclusões.

Deve-se tomar por base, inicialmente, que a adequada resolução da centenária contenda entre monismo e dualismo pressupõe a adoção da premissa de que as normas internas e internacionais pertencem a ordenamentos jurídicos distintos, e, portanto, possuem âmbitos de validade igualmente diferentes. Desta feita, não há empeço para a simultânea convivência das normas internas e internacionais, sendo necessário, contudo, para que se dê a comunicação entre as mesmas, um processo de recepção. Esse processo, por sua vez, é determinado com base no direito positivo de cada sistema.

Noutro giro, situando-se a temática dos princípios na Teoria Geral do Direito, assim considerados na dualidade conceptual de valores ou limites objetivos, teceu-se considerações acerca de dois deles correlacionados à seara do Direito Internacional Tributário: o *jurisdiction to prescribe* e o *jurisdiction to enforce*.

Enquanto o primeiro é apreendido no presente trabalho como um limite objetivo que esquadrinha a competência estatal no que tange à jurisdição para prescrever normas, o segundo, embora igualmente tomado como limite objetivo na conformação da competência dos Estados, relaciona-se com a executibilidade das normas por eles produzidas.

58. Alfred Nizamiev, ob. cit., p. 14.

ESTUDOS & COMENTÁRIOS

NÃO-CUMULATIVIDADE DO ICMS: DIMENSÃO NORMATIVA E EFICÁCIA

ANDERSON TRAUTMANN CARDOSO
Especialista em Direito Tributário pelo Instituto Brasileiro de Estudos Tributários – IBET. Especialista em Direito Tributário, Financeiro e Econômico pela Universidade Federal do Rio Grande do Sul – UFRGS. Vice-Presidente da Federação das Associações Comerciais e de Serviços do Rio Grande do Sul – FEDERASUL. Advogado em Porto Alegre/RS

1. Introdução. 2. A dimensão normativa da não-cumulatividade do ICMS. 3. A distinção entre princípio e regra. 4. A eficácia da não-cumulatividade do ICMS. 5. Conclusão. 6. Bibliografia.

1. Introdução

Originária da França,[1] a não-cumulatividade surgiu no ordenamento jurídico brasileiro com a edição da Lei n. 3.520, de 30 de dezembro de 1958, passando o imposto sobre consumo (atual IPI) a permitir o abatimento do valor incidente nas aquisições de matérias-primas e demais insumos empregados na fabricação e no acondicionamento de produtos submetidos a sua incidência.

Em 1º de dezembro de 1965, por meio da Reforma à Constituição Federal de 1946, levada a efeito pela Emenda Constitucional n. 18, o Brasil, seguindo a tendência mundial, concede aos Estados a competência para a instituição do ICM não-cumulativo. A Emenda Constitucional n. 1, de 17 de outubro de 1969, manteve as mesmas determinações, mas, em 1º de dezembro de 1983, a Emenda Constitucional n. 23 inseriu uma relevante modificação, estabelecendo que a isenção ou a não-incidência, salvo determinação em contrário, não implicariam direito a crédito do imposto, mantida no atual sistema.

Atualmente, a não-cumulatividade é um dos principais institutos no campo do Direito Constitucional Tributário, caracterizando o Imposto sobre Circulação de Mercadorias e Serviços de Transporte Intermunicipal e Interestadual e Comunicação (ICMS), na forma como previsto na Constituição Federal de 1988.

Atributo peculiar aos modernos impostos incidentes sobre a circulação de mercadorias, a não-cumulatividade tem como objetivo que o tributo incida tão-

1. "A França foi o primeiro país industrializado a reconhecer as desvantagens de um imposto cumulativo, incidente sobre todas as fases de produção industrial e de circulação. Se já em 1936 se fazem as primeiras tentativas de mudança, apenas no ano de 1954 se criou a Taxe sur la valeur ajouteé, tributo retocado, posteriormente, mas ainda vigente naquele país" (Sacha Calmon Navarro Coelho e Misabel Abreu Machado Derzi, "ICMS – Não-cumulatividade e temas afins", in Ives Gandra da Silva Martins (coord.), *O Princípio da Não-Cumulatividade*, p. 106).

somente sobre o valor acrescido em cada operação integrante da cadeia produtiva, eliminando os prejuízos da denominada incidência "em cascata".[2]

Instituto da mais alta relevância teórica e prática para a atividade jurisdicional, a não-cumulatividade do ICMS é objeto de intenso debate na doutrina tributária e na jurisprudência brasileira, relacionando-se com concepções fundamentais do sistema jurídico pátrio, o que lhe confere conseqüências jurídicas igualmente relevantes.

Diante disso, o presente estudo propõe-se a analisar, de uma maneira dogmática, a não-cumulatividade do ICMS, visando a precisar sua dimensão normativa e eficácia, a fim de que se possa identificar seu real conteúdo e alcance no sistema jurídico brasileiro erigido sob a égide da Constituição Federal de 1988, garantindo sua adequada aplicação e efetividade.

A proposição é enfrentar questões como: qual a dimensão normativa da não-cumulatividade do ICMS extraída pela doutrina tributária e pela jurisprudência do Supremo Tribunal Federal a partir da Constituição Federal de 1988? É apropriado classificá-la como princípio? Qual a sua real eficácia?

Para tanto, principiar-se-á com a análise da não-cumulatividade do ICMS no ordenamento jurídico pátrio, desde a sua origem até o sistema erigido sob a égide da Constituição Federal de 1988.

Na segunda parte do trabalho, procurar-se-á estudar a distinção entre as espécies normativas "princípio" e "regra", partindo-se das lições dos principais doutrinadores que analisaram o assunto, com especial destaque às teorias de Dworkin e Alexy.

Por fim, buscar-se-á qualificar a não-cumulatividade do ICMS como "princípio" ou "regra", com o propósito de, a partir de uma interpretação sistemática e hierarquizadora do direito, demonstrar seu real conteúdo e alcance no sistema tributário brasileiro, garantindo sua aplicação adequada e efetividade.

O trabalho justifica-se diante da ausência de um exame mais crítico e coerente por parte da doutrina brasileira em relação à não-cumulatividade do ICMS, que se ampare nos modernos estudos apresentados pela Teoria Geral do Direito acerca da distinção entre as espécies normativas "princípio" e "regra".

E a inexistência dessa espécie de estudo acaba por ocasionar pesados prejuízos ao próprio entendimento do ordenamento jurídico pátrio de uma forma sistemática, na medida em que afeta a aplicação adequada da não-cumulatividade do ICMS e, conseqüentemente, a sua efetividade.

De fato, como se demonstrará no decorrer do trabalho, partindo-se da distinção entre "princípios" e "regras" propalada atualmente pela Teoria Geral do Direito, diferentes serão os efeitos decorrentes de sua aplicação, de acordo com a sua qualificação, o que permitirá, concebida a devida classificação, uma visão mais coerente do próprio sistema constitucional tributário.

Diante do exposto, patente a relevância prática do estudo proposto, na medida em que tem por objetivo, justamente, definir a dimensão normativa do instituto da não-cumulatividade do ICMS, com vistas a possibilitar a sua adequada aplicação e efetividade.

2. *A dimensão normativa da não-cumulatividade do ICMS*

Na Constituição Federal de 1988, hipóteses de incidência previstas distintamente no Texto Constitucional de 1967 – algumas na competência da União Federal[3] e outras na competência dos Estados e

2. *Reforma Tributária Nacional*, Comissão de Reforma do Ministério da Fazenda, publ. n. 17, p. 49, item 3/40.

3. "Art. 22. Compete à União decretar impostos sobre: (...) VII – serviços de transporte e comunicações, salvo os de natureza estritamente municipal; VIII – produção, importação, circulação, distribui-

do Distrito Federal[4] – passaram a integrar um único imposto, o vigente ICMS.

De fato, a hipótese de incidência do ICMS, no ordenamento jurídico erigido a partir da Constituição Federal de 1988, encontra-se prevista no inciso II do art. 155 do texto constitucional, *in verbis*:

Art. 155. Compete aos Estados e ao Distrito Federal instituir impostos sobre:

(...);

II – operações relativas à circulação de mercadorias e sobre prestações de serviços de transporte interestadual e intermunicipal e de comunicação, ainda que as operações e as prestações se iniciem no exterior;[5]

A não-cumulatividade do imposto, por sua vez, está prevista no mesmo art. 155 da Constituição Federal, com a seguinte redação:

Art. 155. (...).

§ 2º. O imposto previsto no inciso II atenderá ao seguinte:

I – será não-cumulativo, compensando-se o que for devido em cada operação relativa à circulação de mercadorias ou prestação de serviços com o montante cobrado nas anteriores pelo mesmo ou outro Estado ou pelo Distrito Federal;

II – a isenção ou não-incidência, salvo determinação em contrário da legislação:

a) não implicará crédito para compensação com o montante devido nas operações ou prestações seguintes;

b) acarretará a anulação do crédito relativo às operações anteriores;

(...);

XII – cabe à lei complementar:

(...);

c) disciplinar o regime de compensação do imposto;[6]

Pois bem, diante da previsão contida no § 8º do art. 34 do Ato das Disposições Constitucionais Transitórias (ADCT) e em razão da ausência da "lei complementar necessária à instituição do imposto", o Convênio ICM n. 66/1988, ao regular provisoriamente o tributo, foi o primeiro texto a disciplinar a não-cumulatividade do ICMS sob a égide da atual Constituição Federal.

E a não-cumulatividade do ICMS estava expressa no art. 28 do Convênio ICM n. 66/1988 nos seguintes termos:

Art. 28. O imposto será não-cumulativo, compensando-se o que for devido em cada operação relativa à circulação de mercadorias ou prestação de serviços de transporte interestadual e intermunicipal e de comunicação com o montante cobrado nas anteriores pelo mesmo ou por outro Estado.[7]

Posteriormente, editou-se a Lei Complementar n. 87, de 13 de setembro de 1996, ora vigente, cujo comando contido em seu art. 19 é idêntico àquele do Convênio ICM n. 66/1988:

Art. 19. O imposto é não-cumulativo, compensando-se o que for devido em cada operação relativa à circulação de mercadorias ou prestação de serviços de transporte interestadual e intermunicipal e de comunicação com o montante cobrado nas anteriores pelo mesmo ou por outro Estado.[8]

ção ou consumo de lubrificantes e combustíveis líquidos e gasosos; IX – produção, importação, distribuição ou consumo de energia elétrica;"

4. "Art. 24. Compete aos Estados e ao Distrito Federal decretar impostos sobre: (...) II – operações relativas à circulação de mercadorias, inclusive lubrificantes e combustíveis líquidos, na forma do art. 22, § 6º, realizadas por produtores, industriais e comerciantes;"

5. Brasil, CF/1988, *DOU* 5.10.1988, disponível em *https://www.planalto.gov.br/ccivil_03/Constituicao/ Constituiçao.htm*, acesso em 28.7.2006.

6. Brasil, CF/1988, *DOU* 5.10.1988, disponível em *https://www.planalto.gov.br/ccivil_03/Constituicao/ Constituiçao.htm*, acesso em 28.7.2006.

7. Brasil, Secretaria da Fazenda, Convênio n. 88, de 14.12.1988, *DOU* 16.12.1988, disponível em *http://www.fazenda.gov.br/confaz/confaz/CONVENIOS/ICMS/1988/CV066_88.htm*, acesso em 28.7. 2006.

8. Brasil, Lei Complementar n. 87, de 13.9.1996, dispõe sobre o imposto dos Estados e do

Já o art. 20 da Lei Complementar n. 87/1996, utilizando-se da atribuição concedida pela alínea "c" do inciso XII do § 2º do art. 155 da Constituição Federal, disciplinou o regime de compensação do ICMS assegurando ao "ao sujeito passivo o direito de creditar-se do imposto anteriormente cobrado em operações de que tenha resultado a entrada de mercadoria, real ou simbólica, no estabelecimento, inclusive a destinada ao seu uso ou consumo ou ao ativo permanente, ou o recebimento de serviços de transporte interestadual e intermunicipal ou de comunicação".[9] Porém, especialmente com as alterações promovidas pela Lei Complementar n. 102/2000, estabeleceu limitações a este aproveitamento, complementadas em seu art. 33.

No que tange ao Estado do Rio Grande do Sul, a não-cumulatividade do ICMS está prevista na atual Lei n. 8.820/1989 com a redação que segue:

> Art. 14. O imposto é não-cumulativo, compensando-se o que for devido em cada operação relativa à circulação de mercadorias ou prestação de serviços de transporte interestadual e intermunicipal e de comunicação, com o montante cobrado nas anteriores por esta ou outra unidade da Federação.[10]

Esse, também, o comando contido atualmente no art. 30 do Decreto Estadual n. 37.699/1997 (Regulamento do ICMS):

> Art. 30. O imposto é não-cumulativo, compensando-se o que for devido em cada operação relativa à circulação de mercadorias ou prestação de serviços de transporte interestadual e intermunicipal e de comunicação, com o montante cobrado nas anteriores por esta ou outra unidade da Federação.[11]

E a sistemática de apuração do ICMS devido, contemplando a não-cumulatividade do ICMS, prevista na Constituição Federal, é estabelecida pela Lei n. 8.820/1989, nos seguintes moldes:

> Art. 21. O montante devido resultará da diferença a maior (saldo devedor), em cada período de apuração fixado em regulamento, entre as operações relativas à circulação de mercadorias ou às prestações de serviços, escrituradas a débito fiscal e a crédito fiscal.
>
> § 1º. Constituirão débito fiscal e como tal serão escriturados:
>
> a) o valor resultante da aplicação da alíquota sobre a base de cálculo, relativamente às operações e prestações realizadas;
>
> (...);
>
> § 2º. Constituirão *crédito fiscal* e como tal serão escriturados:
>
> a) o valor correspondente ao imposto cobrado, relativamente às mercadorias entradas no estabelecimento e aos serviços a ele prestados;
>
> b) *outros créditos fiscais do imposto admitidos pela legislação tributária.*
>
> § 3º. O saldo do imposto verificado a favor do contribuinte (saldo credor),

Distrito Federal sobre operações relativas à circulação de mercadorias e sobre prestações de serviços de transporte interestadual e intermunicipal e de comunicação, e dá outras providências (Lei Kandir), *DOU* 16.9.1996, Brasília, DF, disponível em *https://www.planalto.gov.br/ccivil_03/Leis/LCP/Lcp87.htm*, acesso em 28.7.2006.

9. Brasil, Lei Complementar n. 87, de 13.9.1996, dispõe sobre o imposto dos Estados e do Distrito Federal sobre operações relativas à circulação de mercadorias e sobre prestações de serviços de transporte interestadual e intermunicipal e de comunicação, e dá outras providências (Lei Kandir), *DOU* 16.9.1996, Brasília, DF, disponível em *https://www.planalto.gov.br/ccivil_03/Leis/LCP/Lcp87.htm*, acesso em 28.7.2006.

10. Rio Grande do Sul, Lei n. 8.820, de 27.1.1989, institui o Imposto sobre Operações Relativas à Circulação de Mercadorias e sobre Prestações de Serviços de Transporte Interestadual e Intermunicipal e de Comunicação e dá outras providências, disponível em *http://www.fiscosoft.com.br/main_online.php?home= estadual&optcase=RS*, acesso em 28.7.2006.

11. Rio Grande do Sul, Decreto n. 37.699, de 26.8.1997, Regulamento do Imposto sobre Operações Relativas à Circulação de Mercadorias e sobre Prestações de Serviços de Transporte Interestadual e Intermunicipal e de Comunicação-RICMS/RS, disponível em *http://www.fiscosoft.com.br/main_online.php?home=estadual&optcase=RS*, acesso em 28.7.2006.

apurado com base nos critérios estabelecidos neste artigo, transfere-se para o período ou períodos seguintes, monetariamente atualizado, nos termos da legislação tributária estadual, utilizando-se as regras que estiverem sendo aplicadas para a atualização monetária dos créditos tributários no período correspondente[12] (grifou-se).

Nesse sentido, também, o comando contido no Regulamento do ICMS para se apurar o imposto devido:

Art. 37. O montante devido resultará da diferença a maior (saldo devedor), em cada período de apuração fixado no artigo seguinte, entre as operações relativas à circulação de mercadorias ou às prestações de serviços, escrituradas a débito fiscal e a crédito fiscal.

§ 1º. Constituirá débito fiscal e como tal será escriturado o valor:

a) resultante da aplicação da alíquota sobre a base de cálculo, relativamente às operações e prestações realizadas;

(...);

§ 2º. Constituirá *crédito fiscal* e como tal será escriturado o valor:

a) do imposto cobrado, relativamente às mercadorias entradas no estabelecimento e aos serviços a ele prestados, vinculados diretamente com operação ou prestação posteriores tributadas;

(...);

d) *do crédito fiscal*:

1. *presumido, nos termos previstos no art. 32*[13] (grifou-se).

Como se verifica a partir da leitura dos dispositivos citados, a Lei n. 8.820/1989, utilizando-se da previsão contida no § 6º do art. 150 da Constituição Federal,[14] incluiu na sistemática de apuração do ICMS, além do crédito assegurado constitucionalmente pela não-cumulatividade do imposto – relativo ao montante do tributo cobrado nas operações anteriores – "outros créditos fiscais do imposto admitidos pela legislação tributária".

Desse modo, os Estados asseguram aos contribuintes do ICMS, por meio de suas respectivas legislações, que o imposto devido, a ser recolhido à Fazenda Pública Estadual, resulte da diferença a maior (saldo devedor) entre as operações escrituradas a débito e a crédito, constituindo crédito fiscal não apenas o "imposto cobrado nas operações anteriores", assegurado na Constituição Federal, mas também "outros créditos fiscais do imposto admitidos pela legislação tributária", entre os quais, o "crédito fiscal presumido".[15]

Essa, portanto, a forma como concebida a não-cumulatividade do ICMS no ordenamento jurídico pátrio, erigido sob a égide da Constituição Federal de 1988.

3. *A distinção entre princípio e regra*

Verificada a dimensão normativa da não-cumulatividade do ICMS, cumpre, nesta segunda parte do trabalho, demonstrar a definição conceitual das espécies

12. Rio Grande do Sul, Lei n. 8.820, de 27.1.1989, institui o Imposto sobre Operações Relativas à Circulação de Mercadorias e sobre Prestações de Serviços de Transporte Interestadual e Intermunicipal e de Comunicação e dá outras providências, disponível em *http://www.fiscosoft.com.br/main_online.php?home= estadual&optcase=RS*, acesso em 28.7.2006.

13. Rio Grande do Sul, Decreto n. 37.699, de 26.8.1997, Regulamento do Imposto sobre Operações Relativas à Circulação de Mercadorias e sobre Prestações de Serviços de Transporte Interestadual e Intermunicipal e de Comunicação-RICMS/RS, disponível em *http://www.fiscosoft.com.br/main_online.php?home=estadual&optcase=RS*, acesso em 28.7.2006.

14. "§ 6º. Qualquer subsídio ou isenção, redução de base de cálculo, concessão de crédito presumido, anistia ou remissão, relativos a impostos, taxas ou contribuições, só poderá ser concedido mediante lei específica, federal, estadual ou municipal, que regule exclusivamente as matérias acima enumeradas ou o correspondente tributo ou contribuição, sem prejuízo do disposto no art. 155, § 2º, XII, *g*" (*Redação dada pela Emenda Constitucional n. 3, de 1993*).

15. A distinção entre o crédito fiscal decorrente do "*imposto cobrado nas operações anteriores*", assegurado pela Constituição Federal, e o "crédito fiscal presumido", instituído pela legislação estadual, será abordada no próximo ponto.

normativas princípio e regra, formulada a partir das lições dos principais doutrinadores modernos que dissertaram sobre o assunto, com o objetivo de, promovendo a adequada qualificação do instituto, revelar seu alcance e sua eficácia.

Para tanto, neste ponto, demonstrar-se-á a importância da distinção entre princípio e regra, analisando, a seguir, os critérios em que se basearam os principais estudos desenvolvidos sobre o tema para, e identificando, ao final, aqueles que se revelem úteis para a qualificação da não-cumulatividade do ICMS. É o que se passa a proceder.

Os modernos estudos apresentados pela Teoria Geral do Direito acerca da distinção entre as espécies normativas princípio e regra, permitem, a partir de uma interpretação sistemática e hierarquizadora do direito, demonstrar a real eficácia da norma jurídica dentro do sistema em que estiver inserida, garantindo sua adequada aplicação e eficácia, o que denota a sua relevância.

A distinção faz-se necessária diante da admissão do caráter normativo dos princípios, já que, desse modo, assim como regras, eles passam a constituir espécie do gênero norma jurídica,[16] com as características peculiares a estas.

De fato, embora as regras evidenciem mais a sua hipótese e conseqüência jurídica, os princípios também possuem um pressuposto de fato para a sua aplicação, ainda que enunciando uma série indeterminada de fatos e correspondentes conseqüências jurídicas.

Pois bem, para distingui-los, vários são os critérios apresentados, podendo-se afirmar a existência de duas grandes correntes doutrinárias.

O critério da abstração e da generalidade é apresentado por Esser.[17] Segundo ele, os princípios, diferentemente das regras, são normas com grau de abstração relativamente elevado. Essa corrente, que se pode denominar de antiga, entende que os dois tipos de regramentos seriam normas gerais e abstratas, que se distinguiriam pelo "grau". Os princípios teriam grau de generalidade e abstração maior, enquanto as regras teriam grau de abstração nulo ou muito pequeno.

Já o critério do grau de determinabilidade da aplicação no caso concreto é trazido, além de Esser, entre outros, por Canaris.[18] Para essa corrente, que se pode denominar mais recente, a distinção se daria pelo modo de aplicação e pela forma que o intérprete pondera entre regras e princípios, já que ambos mantêm a capacidade interpretativa dos operadores do direito. Segundo ela, os princípios dependem de mediações concretizadoras para serem aplicados no caso concreto, uma vez que vagos e indeterminados, ao passo que as regras podem ser aplicadas diretamente.

Outros, ainda, como Larenz[19] apresentam, como critério para distinguir princípios e regras, a ligação com o Direito, ou seja, os princípios estão radicados na próprio conceito de Direito, ao passo que as regras possuem conteúdo meramente funcional. Esser e Canaris[20] defendem, também, que a distinção entre princípios e regras é fundada na função normogenética, considerando que os princípios constituem fundamento para as regras.

A indicação de que não há apenas uma diferença de grau entre princípios e

16. As normas jurídicas estabelecem conseqüências jurídicas específicas para a concretização da hipótese que prevêem: "se se dá o fato F, então o sujeito S deve fazer, deixar de fazer ou deve omitir, ou pode fazer ou pode omitir a conduta C, ante outro sujeito S" (Eros Grau, *A Ordem Econômica na Constituição Federal de 1988*, p. 110).

17. Josef Esser, *Principio y Norma en la Elaboración Jurisprudencial del Derecho Privado*, p. 195.

18. Claus-Wilhelm Canaris, *Pensamento Sistemático e Conceito de Sistema na Ciência do Direito*, 2ª ed., p. 96.

19. Karl Larenz, *Metodologia da Ciência do Direito*, 3ª ed., pp. 236 e 674.

20. Claus-Wilhelm Canaris, *Pensamento Sistemático e Conceito de Sistema na Ciência do Direito*, 2ª ed., p. 77.

regras – considerando o caráter da generalidade apresentado por ambos –, mas uma diferença de natureza, uma vez que a generalidade dos princípios distingue-se da caracterizadora das regras, foi apresentada inicialmente por Boulanger.[21] Para ele, as regras são gerais porque estabelecidas para um número indeterminado de casos. Já os princípios, embora igualmente gerais, disciplinam uma série indefinida de situações. Verifica-se, a partir dessa distinção, que as regras não admitem exceções que, mesmo em teoria, não possam ser exaustivamente enunciadas, diferentemente dos princípios, que não admitem sequer que se declare a própria hipótese de aplicação.

Expostas as teorias acima, cumpre referir a distinção entre princípios e regras na lição de Dworkin,[22] que a qualifica como uma distinção lógica – e não apenas de grau –, cujos critérios são a forma de aplicação e a circunstância de possuírem ou não uma dimensão de peso. Ao seu ver, as regras são aplicáveis na forma "tudo-ou-nada" (*all-or-nothing*), de maneira que, uma vez ocorridos os fatos previstos na norma, a regra é válida e suas conseqüências devem ser, necessariamente, implementadas.[23] Elas possuem dimensão de peso, de acordo com seu papel maior na disciplina de condutas, devendo prevalecer, em um conflito, aquela com maior peso. Dessa forma, diante de um conflito de regras, sem que nenhuma estabeleça exceção para outra, verificar-se-á, necessariamente, a invalidade de uma delas.[24] Revela-se uma insuperável incompatibilidade, que conduz necessariamente à eliminação da norma inválida do sistema.[25]

Para Dworkin, o próprio sistema jurídico deve regular, por meio de outras regras, o conflito de regras, decidindo qual será válida, segundo um critério específico (temporal, de autoridade, de especificidade, etc.).[26] Desse modo, como as exceções apresentadas pelas regras integram o seu próprio conteúdo, uma enunciação precisa sua deverá incluir a listagem, exaustiva, de suas exceções. Do contrário, a regra será inexata e incompleta.

Já os princípios, no entendimento de Dworkin, não estabelecem quais as conseqüências jurídicas que devem se seguir, no caso da concretização das condições neles previstas,[27] nem sequer pretendem estabelecer condições que façam necessária a sua aplicação, pois visam, precipuamente, a apontar uma direção, revelando o sentido de uma decisão, mais sem indicar uma em específico.[28]

Existem situações em princípios indicam outras soluções ao problema enfrentado, não prevalecendo o primeiro, o que não acarreta o seu afastamento do sistema. De fato, em outro caso, revelando-se ele o de maior peso, poderá ser utilizado para a decisão, de maneira que se deverá avaliar, em cada situação, quais os princípios adequados, o que permite concluir que diversas as soluções que podem ser alcançadas, caso se privilegie ora a utilização de um princípio, ora de outro.[29] Verifica-se, assim, que os princípios possuem dimensão de peso ou de importância evidentemente distinta das regras.[30]

Em uma interação entre princípios, cada princípio apresentará uma razão em favor de uma solução específica, mesmo que não defina como conseqüência necessária de sua aplicação, demonstrando que, em uma colisão, haverá que se ponderar o peso de cada um dos envolvidos, prevalecendo o princípio mais elevado. Desse modo, como não há precisão decorrente

21. Eros Grau, *A Ordem Econômica na Constituição Federal de 1988*, p. 95.
22. Ronald Dworkin, *Taking Rights Seriously*, 6ª ed., p. 24.
23. Idem, ibidem.
24. Idem, p. 27.
25. Eros Grau, *A Ordem Econômica na Constituição Federal de 1988*, p. 99.
26. Eros Grau, *A Ordem Econômica na Constituição Federal de 1988*, p. 95.
27. Ronald Dworkin, *Taking Rights Seriously*, 6ª ed., p. 25.
28. Idem, p. 26.
29. Idem, ibidem.
30. Idem, ibidem.

dessa ponderação, o processo revela-se, muitas vezes, mais importante do que o próprio julgamento controvertido.[31]

Diferentemente das regras, os princípios possuem contra-instâncias, e não exceções, que não podem, por mais completa que seja a enunciação do princípio, nem mesmo teoricamente, abranger a todas elas.[32]

De outra parte, na lição de Alexy – que se fundamenta nos estudos de Dworkin –, a diferença entre princípios e regras não reside apenas no grau, mas se trata de uma distinção de qualidade.[33]

Ao seu ver, o que diferencia sua distinção daquela formulada por Dworkin é a qualificação dos princípios como mandados de otimização. Ele os caracteriza como normas que ordenam a realização de algo na maior medida possível, dentro das possibilidades fáticas e jurídicas existentes, que determinarão a medida de seu cumprimento. Desse modo, os princípios são mandados de otimização e caracterizam-se por poderem ser cumpridos em diferentes graus.[34] De outro lado, as regras, para ele, são normas que exigem cumprimento integral, tratando-se, assim, de "mandados definitivos", que podem ou não ser realizados. Dessa maneira, sendo válida, a regra deve ser cumprida, caso contrário, deve ser afastada do ordenamento jurídico. Trata-se, portanto, de determinação no âmbito do fática e juridicamente possível.[35] Caso se exija que a norma seja cumprida na maior medida possível, dentro das circunstâncias jurídicas e fáticas, tratar-se-á de um princípio. Já no caso de se exigir uma determinada medida de cumprimento, estar-se-á diante de uma regra.

Evidencia-se a distinção diante de colisões entre princípios e de conflitos entre regras, uma vez que, em ambos, a aplicação de duas normas, separadas, conduzem a resultados distintos e incompatíveis, posto que se estará diante de juízos de dever ser jurídicos contraditórios.[36]

Da mesma forma no que se refere à solução do conflito, que será diferente em se tratando de regras ou princípios.[37]

No primeiro caso, a solução decorre da introdução de uma cláusula de exceção em uma delas, eliminando o conflito por meio da possibilidade de que ambas não sejam simultaneamente aplicáveis, ou declarando sua invalidade. Como se vê, a decisão refere-se à validade. No entender de Alexy, o conceito de validade jurídica não é graduável, ou vale ou não a regra. Valendo, aplicável e dela decorrem suas conseqüências jurídicas.[38]

Diferentemente ocorre em relação à colisão entre princípios, onde o que se verifica é que cada um limita a possibilidade jurídica do cumprimento do outro, pois as possibilidades jurídicas da medida de aplicação de cada princípio são determinadas justamente por regras e princípios que se opõem a sua aplicação,[39] o que leva à necessidade de que os princípios sejam ponderados. Nesses casos, um dos princípios deve ceder em favor do outro. Porém, diante disso não significa que o princípio que não prevaleceu seja inválido e deva ser eliminado do ordenamento jurídico. Da mesma forma, não significa que nele se haja incluído uma cláusula de exceção para que em todos os casos futuros esse princípio haja que ser considerado como uma regra satisfeita ou não.[40]

Na verdade, ocorre nessas circunstâncias uma precedência de um princípio em relação ao outro, o que não assegura a mesma preferência em outra situação, que poderá, naturalmente, ser solucionada de forma diversa. De acordo com as particu-

31. Idem, ibidem.
32. Idem, ibidem.
33. Robert Alexy, *Teoría de los Derechos Fundamentales*, p. 87.
34. Idem, p. 86.
35. Idem, p. 87.
36. Idem, ibidem.
37. Idem, ibidem.
38. Idem, p. 88.
39. Idem, p. 86.
40. Idem, p. 89.

laridades de cada caso, estabelece-se uma relação de precedência condicionada entre um princípio e os demais que se encontram na colisão. A determinação da relação de precedência condicionada consiste em demonstrar as condições nas quais um princípio precede outro.[41] Essa a razão pela qual se diz que, diante das situações concretas, os princípios podem dispor de pesos diferentes, prevalecendo aquele que possuir maior peso relativo naquele caso.[42]

Como se verifica, diferentemente do conflito entre regras, resolvido na dimensão da validade, a colisão entre princípios é solucionada também na dimensão de peso.[43] Também, porque a dimensão de validade não pode ser olvidada, uma vez que apenas princípios válidos podem colidir, mas também na dimensão de peso. Nesse contexto, torna-se extremamente relevante estabelecer sob que condições um princípio haverá que prevalecer em relação a outro.[44]

Verifica-se, também, que essas condições constituem o pressuposto de fato de uma regra, expressando a conseqüência jurídica do princípio que prevaleceu, ou seja, toda a ponderação de princípio conduz à elaboração de uma regra a que pode subsumido o caso, que é denominada "lei de colisão" ou "lei de ponderação".[45]

Cumpre observar, ainda, que a conclusão sobre determinada colisão de princípios pode estabelecer relações de prioridade importantes para a decisão de novos casos, o que reflete o caráter dos princípios como mandados de otimização, demonstrando que entre os princípios não existem relações absolutas de precedência e que não há como quantificar as ações e situações a que eles se referem.

A distinção entre princípios e regras em relação ao caráter *prima facie* também é exposta por Alexy. Como mandados de otimização, os princípios determinam que algo seja realizado na maior medida possível, diante das possibilidades jurídicas e fáticas do caso concreto, faltando-lhe, portanto, determinação de seu conteúdo em relação aos princípios e regras contrapostos e às possibilidades jurídicas. Isso ocorre porque os princípios apresentam razões que conduzem a uma determinada solução, mas essas razões podem ser afastadas por outras, impostas por outro princípio que, no caso concreto, possua maior peso. Assim, mesmo que seja aplicável em um caso, isso não significa que o que o princípio exige para o caso seja o resultado definitivo. Por isso, dispõe de mandados *prima facie*, jamais mandados definitivos. De outro lado, as regras determinam que se faça exatamente o que elas ordenam, contendo, assim, um mandamento na esfera das possibilidades jurídicas e fáticas. Desse modo, a determinação contida nas regras pode fracassar, em função de impossibilidades jurídicas ou fáticas, redundando em sua invalidez. Porém, se se está diante do caso previsto, vale definitivamente o que a regra ordena. Destarte, as regras contêm mandados definitivos, que é perdido quando uma cláusula de exceção é nelas inserida.

Alexy adota entendimento, diferentemente de Dworkin, no sentido de que as cláusulas de exceção introduzíveis nas regras, inclusive com base em princípios, não são passíveis de enumeração, visto que, em um novo caso, sob o influxo de outros princípios, seja necessário se introduzir nova cláusula de exceção. Dessa forma, as regras adquirem também um caráter *prima facie*, mas ainda distinto e mais forte do que o caráter *prima facie* dos princípios. Por esse motivo, Alexy entende que os princípios são sempre razões *prima facie*, enquanto as regras são razões definitivas, a menos que nelas se introduza uma cláusula de exceção.

Diante disso, Alexy posiciona-se no sentido de que a distinção entre prin-

41. Idem, ibidem.
42. Idem, ibidem.
43. Idem, ibidem.
44. Idem, p. 93.
45. Idem, p. 94.

cípios e regras não pode ser fundada sobre o modo de aplicação, da forma como proposto Dworkin, mas sim na diferença quanto à forma de solucionar o conflito ou colisão, e na diferença quanto à obrigação que instituem, ou seja, absolutas, no caso das regras, e *prima facie*, em se tratando dos princípios.[46]

Além dos autores já citados, outros também contribuíram para a doutrina relativa à distinção entre princípios e regras. Entre eles, cumpre citar a doutrina de Ávila, que propõe a distinção entre princípios e regras com base no "*modo como prescrevem o comportamento*".[47] Ao seu ver, normas finalísticas estabelecem a realização de fins devidos. O seu conteúdo mediato consiste nas condutas a serem tomadas para a realização dos fins devidos, ou seja, as normas finalísticas definem condutas dirigidas ao alcance do fim almejado.[48]

A conduta humana, para Ávila, integra as regras e os princípios, como conteúdo direto, no primeiro caso, e indireto, no segundo. Para ele, a distinção reside no grau de determinação quanto à conduta considerada devida, já que nas regras a conduta é diretamente prevista, sem ligação direta com os fins, ao passo que a conduta deverá ser adequada para a realização do fim buscado, no caso dos princípios.[49]

Dessa forma, no entendimento de Ávila, a distinção entre princípios e regras é verificada na ligação com os fins, que pode ser direta e indireta, e no grau de determinação da conduta devida, que pode ser classificada como mais ou menos abstrata. Assim, os princípios caracterizariam-se como "normas imediatamente finalísticas, já que estabelecem um estado de coisas para cuja realização é necessária a adição de determinados comportamentos", e as regras como "normas mediatamente finalísticas, ou seja, normas que estabelecem indiretamente fins, para cuja concretização estabelecem com maior exatidão qual o comportamento devido".[50] Partindo-se dessa diferenciação, verifica-se a importância dos princípios no ordenamento jurídico, uma vez que, possuindo menor grau de determinação no comando e maior generalidade em relação a seus destinatários, os princípios relacionam-se com maior número de normas, que se deixam abranger por seu ao conteúdo normativo.

Diante de todas as doutrinas expostas, verificados os diversos critérios propostos para que se realize a distinção entre princípios e regras, partir-se-á das lições dos autores referidos, com especial destaque a Dworkin e Alexy, para o exame do último ponto do presente estudo, qual seja, a qualificação da norma jurídica da não-cumulatividade do ICMS como "princípio" ou "regra", com o propósito de identificar sua real eficácia.

4. A eficácia da não-cumulatividade do ICMS

Neste último ponto, partindo das premissas demonstradas até aqui, analisar-se-á em qual das definições conceituais examinadas anteriormente – princípio ou regra –, sob a ótica dos modernos estudos apresentados pela Teoria Geral do Direito acerca da distinção, a não-cumulatividade do ICMS, tal como prevista atualmente no sistema tributário brasileiro, enquadra-se, com o intuito de, a partir de sua correta interpretação, garantir a adequada aplicação da norma constitucional e a sua efetividade. É o que se passa a proceder.

O sistema jurídico deve ser harmônico, de modo que o repúdio a entendimentos que contrariem as normas constitucionais decorre da necessidade de preservar sua unidade e harmonia do sistema, erigida a partir da supremacia da Constituição Federal.

46. Humberto Ávila, *Teoria dos Princípios: da Definição à Aplicação dos Princípios Jurídicos*, p. 30.

47. Idem, p. 63.

48. Idem, ibidem.

49. Idem, ibidem.

50. Idem, pp. 63-64.

Nesse sentido, a lição de Lummertz: "O ordenamento jurídico deve ser coerente, racional, lógico, deve poder ser descrito com proposições jurídicas harmônicas, que não se contradigam, não pode admitir contradições internas ou antinomias. Os diversos elementos que compõem o ordenamento jurídico devem guardar coerência entre si. Qualquer incompatibilidade contrastaria com o princípio da coerência e harmonia das normas do ordenamento jurídico. Além disso, o ordenamento jurídico deve também se apresentar como uma unidade, que constitui uma exigência da coerência narrativa do sistema jurídico".[51]

Desse modo, no que se refere à não-cumulatividade do ICMS, matéria constitucional da mais alta relevância teórica e prática para a atividade jurisdicional, em que se trata da própria supremacia da Constituição Federal, não se pode decidir com base em critérios meramente subjetivos, desprovidos de uma análise sistemática.

De fato, imprescindível que sejam apresentados os mais sólidos fundamentos jurídicos para se decidir, o que passa, necessariamente, pelo efetivo dimensionamento do conteúdo da norma constitucional.

Para se realizar o estudo proposto, então, relativo à eficácia da não-cumulatividade do ICMS, inevitável que se parta do exame de sua estrutura, levado a efeito na primeira parte do presente trabalho.

E, analisando o conteúdo extraído pela doutrina tributária nacional, a partir do estudo do ordenamento jurídico brasileiro, verificou-se que a não-cumulatividade do ICMS constitui um instrumento que cria direitos públicos subjetivos para o contribuinte, concretizados por meio de um mecanismo de compensações, visando a um sistema de tributação neutro e isonômico.

Diante disso, a doutrina tributária nacional é quase unânime em qualificá-la como um "princípio constitucional", como exemplifica o dizer de Barreto:

"Concordando com esse posicionamento, o professor José Eduardo Soares de Melo afirma, categoricamente:

"'Por isso que 'o que permite a assunção dos citados 'créditos' (em estrito rigor constitucional) é só a circunstância do contribuinte haver participado de operações anteriores envolvendo quaisquer produtos ou mercadorias' (nessas operações adquirindo-lhe a titularidade).'

"Essa compreensão corresponde à rigorosa interpretação jurídica da norma constitucional e ao significado econômico-financeiro da não-cumulatividade. Se houver conflito entre esses significados, haverá que prevalecer sua intelecção em termos jurídicos.

"Daí o não poder restar dúvida quanto ao conteúdo, sentido e alcance do preceito enunciador do princípio da não-cumulatividade (art. 155, § 2º, I) e, sobretudo, do *seu caráter de princípio básico, geral e irrestrito*"[52] (grifou-se).

Merece referência, também, a fim de comprovar esse entendimento, o escólio da doutrina de Greco:

"Este princípio leva em conta o ciclo econômico de produção e circulação como um todo, e visa distribuir equanimemente a carga tributária de modo que cada contribuinte suporte apenas a fração que lhe cabe no conjunto. Esta fração é identificada pelo mecanismo de dedução, cabendo sublinhar que a existência de acumulação deve ser vista não apenas numa etapa, mas sim à luz das etapas anteriores e subseqüentes que estiveram ou estarão sujeitas ao imposto. A cumulação que a Constituição proíbe, muitas vezes não detectada numa única operação, mas só resulta clara mediante um exame de todo o ciclo de operações.

"(...).

51. Henry Gonçalves Lummertz, *Processo de Controle de Constitucionalidade: Revisitando a Inconstitucionalidade da Norma*, pp. 191-192.

52. Aires Fernandino Barreto, "O princípio da não-cumulatividade na esfera estadual", in Ives Gandra da Silva Martins (coord.), *O Princípio da Não-Cumulatividade*, p. 188.

"Para o controle do atendimento à não-cumulatividade, isto é, para saber se houve violação ao princípio o modo mais simples é aplicar a regra segundo a qual o imposto total (somados os recolhimentos efetuados em todas as etapas do ciclo) não pode ser maior do que a multiplicação da alíquota aplicável pelo valor da última operação do ciclo econômico (ao consumidor final). Se o resultado apurado ultrapassar aquele valor, em alguma etapa do ciclo houve cumulação do imposto, vale dizer, foi recolhido imposto maior do que o devido."[53]

No mesmo sentido, ainda, o posicionamento de Brito, ao asseverar que "(...) se pode avançar afirmando que a idéia de 'não-cumulatividade' é, entre nós, um 'princípio' tributário uma vez que garante a observância da capacidade econômica do contribuinte".[54] Mais, acredita, Brito, que esse "princípio", na forma como "adotado pela Constituição Federal de 1988 é direito fundamental, tal como ela própria define-o no § 2º do seu art. 5º".[55]

Distinta não é a qualificação concedida pela jurisprudência do Supremo Tribunal Federal à não-cumulatividade do ICMS. O entendimento consagrado na jurisprudência do Pretório Excelso, ao analisar o conteúdo da norma constitucional, é no sentido de que se trata de um "princípio constitucional" que visa a "impedir que, na composição do preço da mercadoria, nas diversas fases do ciclo econômico, mormente na última, de venda ao consumidor final, a parcela representativa do tributo venha representar percentual excedente do que corresponde à alíquota máxima permitida em lei".[56]

Contudo, considerando o exame realizado no ponto anterior, relativo aos modernos estudos apresentados pela Teoria Geral do Direito acerca da distinção entre as espécies normativa "princípio" e "regra", não se pode considerar coerente a classificação concedida pela doutrina tributária nacional e pela jurisprudência do Supremo Tribunal Federal ao instituto da não-cumulatividade do ICMS.

Isso porque, mesmo qualificando-na como princípio, atribuem-lhe efeitos concernentes às regras. É o que demonstra, entre outros, o julgamento relativo à Medida Cautelar requerida pela CNI na Ação Direta de Inconstitucionalidade n. 2.325, em que o Colendo Sodalício, embora referindo "princípio constitucional", adotou a orientação no sentido de que: (*i*) a Constituição Federal de 1988 não estabeleceu o regime de compensação necessário à implementação da não-cumulatividade do ICMS; e (*ii*) dessa forma, havendo previsto que a regulamentação do "regime de compensação do imposto" cabe à lei complementar, "nada impede que lei complementar fixe um novo critério".

Desse modo, seguindo-se a distinção proposta entre princípio e regra, a não-cumulatividade do ICMS não se enquadraria na definição conceitual de princípio, como apresentada por Ávila: "Os princípios são normas imediatamente finalísticas, primariamente prospectivas e com pretensão de complementaridade e de parcialidade, para cuja aplicação se demanda uma avaliação da correlação entre o estado de coisas a ser promovido e os efeitos decorrentes da conduta havida como necessária à sua promoção".[57]

53. Marco Aurélio Greco e Ana Paola Zonari, "ICMS: materialidade e princípios constitucionais", in Ives Gandra da Silva Martins (coord.), *Curso de Direito Tributário*, v. 2, 2ª ed.

54. Edvaldo Brito, "ICMS: mercadorias isentas. Crédito fiscal presumido: utilização. Ajustes: hipóteses de estorno do débito e de utilização extemporânea de crédito fiscal", *Revista Dialética de Direito Tributário* 17/ 82.

55. Idem, p. 83.

56. RE n. 212.019-7-SP, STF, 1ª T., Rel. Ministro Ilmar Galvão, *DJ* 21.5.1999.

57. Humberto Ávila, *Teoria dos Princípios: da Definição à Aplicação dos Princípios Jurídicos*, p. 70.

No dizer de Ávila, esse "fim" "(...) consiste num ambicionado resultado concreto (extrajurídico); um resultado que possa ser concebido mesmo na ausência de normas jurídicas e de conceitos jurídicos, tal como obter, aumentar ou extinguir bens, alcançar determinados estados ou preencher determinadas condições, dar causa a ou impedir a realização de ações".[58]

Como se demonstrou na primeira parte do trabalho, no caso da não-cumulatividade do ICMS não há, ao ver da doutrina tributária nacional e da jurisprudência do Supremo Tribunal Federal, a adequação da conduta para a realização do fim almejado.[59]

De outra parte, o tratamento que lhe é concedido é no sentido de que a conduta é diretamente prevista, razão pela qual a não-cumulatividade do ICMS enquadra-se, precisamente, na definição de regra apresentada pelo autor, já que se inclui dentre as normas "(...) imediatamente descritivas, primariamente retrospectivas e com pretensão de decidibilidade e abrangência, para cuja aplicação se exige a avaliação e correspondência, sempre centrada na finalidade que lhes dá suporte e nos princípios que lhe são axiologicamente sobrejacentes, entre a construção conceitual da descrição normativa e a construção conceitual dos fatos".[60]

De fato, partindo das premissas demonstradas na primeira parte do trabalho, verifica-se que não se exige que a norma da não-cumulatividade do ICMS seja cumprida na maior medida possível, dentro das circunstâncias jurídicas e fáticas, exigindo-se, sim, uma determinada medida de cumprimento, o que denota estar-se diante de uma regra.

E a regra constitucional da não-cumulatividade do ICMS tem como "*princípios que lhe são axiologicamente sobrejacentes*" os princípios da isonomia e da neutralidade fiscal. Senão veja-se.

A Justiça é decorrência lógica da igualdade. As pessoas são, por natureza, distintas umas das outras, de modo que, para se alcançar determinado fim colimado pela Constituição Federal, há necessidade de se estabelecer critérios que proporcionem minimizar essas distinções. A igualdade, portanto, corresponde à utilização de um critério visando a reduzir as diferenças existentes entre dois sujeitos, com o objetivo de alcançar um fim constitucionalmente previsto.

A Constituição Federal de 1988 consagra o princípio da igualdade, em relação ao Sistema Tributário Nacional, no § 1º de seu art. 145 e no inciso II de seu art. 150, *in verbis*:

> Art. 145. A União, os Estados, o Distrito Federal e os Municípios poderão instituir os seguintes tributos:
>
> (...)
>
> § 1º. Sempre que possível, os impostos terão caráter pessoal e serão graduados segundo a capacidade econômica do contribuinte, facultado à administração tributária, especialmente para conferir efetividade a esses objetivos, identificar, respeitados os direitos individuais e nos termos da lei, o patrimônio, os rendimentos e as atividades econômicas do contribuinte.
>
> (...)
>
> Art. 150. Sem prejuízo de outras garantias asseguradas ao contribuinte, é vedado à União, aos Estados, ao Distrito Federal e aos Municípios:
>
> (...)
>
> II – instituir tratamento desigual entre contribuintes que se encontrem em situação equivalente, proibida qualquer distinção em razão de ocupação profissional ou função por eles exercida, independentemente da denominação jurídica dos rendimentos, títulos ou direitos;[61]

58. Humberto Ávila, *Teoria dos Princípios: da Definição à Aplicação dos Princípios Jurídicos*.
59. Idem, pp. 63-64.
60. Idem, p. 70.

61. Brasil, CF/1988, *DOU* 5.10.1988, disponível em *https://www.planalto.gov.br/ccivil_03/Constituicao/ Constituiçao.htm*, acesso em 28.7.2006.

Quanto à dimensão normativa da igualdade, merece referência, por esclarecedora, a doutrina de Ávila: "Na perspectiva da espécie normativa que a exterioriza, a igualdade é tridimensional. Sua dimensão normativa preponderante é de princípio, na medida em que estabelece o dever de buscar um ideal de igualdade, equidade, generalidade, impessoalidade, objetividade, legitimidade, pluralidade e representatividade no exercício das competências atribuídas aos entes federados. É necessário salientar, todavia, que a igualdade possui sentido normativo indireto tanto de regra, na medida em que descreve um comportamento a ser adotado pelo Poder Legislativo e pelo Poder Executivo, determinando a igualdade de tratamento para situações equivalentes, quanto de postulado, porquanto exige do aplicador a consideração e avaliação dos sujeitos envolvidos, dos critérios de diferenciação e das finalidades justificadoras da diferenciação (...)".[62]

Considerando, então, que: (*i*) a finalidade almejada pela igualdade é a de que os sujeitos que se encontrem em situação idêntica sejam igualmente tributados,[63] e (*ii*) o assegurado com a não-cumulatividade do ICMS, como demonstrado na primeira parte do trabalho, é justamente que os sujeitos que adquiram uma mesma mercadoria suportem a mesma carga tributária – sobre o valor agregado –, independentemente de o ciclo produtivo de uma delas ser maior; inevitável reconhecer-se que a não-cumulatividade do ICMS decorre da concretização da igualdade.

Esse entendimento, no sentido de que a não-cumulatividade do ICMS deriva do princípio da igualdade, faz-se presente também nos ensinamentos de Melo e Lippo – embora qualifiquem o instituto, equivocadamente, como "princípio" –, abaixo transcritos:

"Há, pois, alguma congruência entre os princípios da igualdade e da capacidade contributiva com o princípio da não-cumulatividade do ICMS? Evidentemente que há. (...).

"No âmbito estreito de tributos como ICMS, IPI e também Cofins, onde o gravame tributário é normalmente incorporado no preço de cada etapa, até atingir o consumidor final dos bens e serviços, é induvidoso que sem o respeito à não-cumulatividade o primado da igualdade e da capacidade contributiva serão violados. Sendo ela uma sistemática que tem por finalidade preservar o preço real dos bens e serviços postos à disposição dos consumidores, nenhuma empresa poderá deixar de observá-lo.

"Os princípios da igualdade e da capacidade contributiva, por seu turno, como já se viu, são comandos constitucionais endereçados ao legislador ordinário. A ele incumbe a tarefa de instituir impostos que sejam uniformes e que respeitem a capacidade econômica de todos aqueles que estejam na mesma situação jurídica. Assim, deverá o legislador impor aos agentes do ciclo de produção/comercialização/prestação de serviços, uma única regra de conduta, para que a carga tributária incorporada ao preço das mercadorias seja uniforme. Sendo referidos tributos submetidos ao princípio da não-cumulatividade, não será possível que algumas pessoas sejam mais beneficiadas do que outras no transcorrer do ciclo produtivo/comercial. Da mesma forma, a lei não poderá estabelecer que em certa etapa do ciclo a incumulatividade seja abolida. A igualdade e a capacidade contributiva de cada um dos agentes do ciclo de produção, comercialização ou prestação dos serviços de transporte e de comunicações, estão intimamente ligadas à capacidade econômica dos mesmos. A sua preservação pelo legislador ordinário faz com que se mantenha o poder do consumidor de adquirir esses produtos e serviços.

"Jose Juan Ferreiro Lapatza esclarece que uma sociedade politicamente organi-

62. Humberto Ávila, *Sistema Constitucional Tributário*, pp. 334-335.
63. Idem, p. 337.

zada, que aceita como princípios gerais da tributação a igualdade de todos perante a lei, da capacidade econômica como forma de aplicar uma igualdade efetiva na distribuição dos tributos e a generalidade na contribuição da sustentação e financiamento do gasto público, deve formular leis que respeitem e efetivamente apliquem nas relações sociais concretas, aqueles princípios. E mais adiante explica-nos que '(...) la adecuación de la Ley al principio constitucional da capacidad económica exige, que el texto de la Ley haga ver de modo explicito la intención Del legislador de gravar en términos económicos y en definitiva, no al fabricante sino al consumidor final'. E finalmente ressalta: 'Y para que esta aplicación efectiva tenga lugar, insisto, es preciso que el ordenamiento jurídico reconozca y brinde la protección adecuada a todas las relaciones sociales que conduzcan a que el sujeto que el legislador quiere gravar con impuesto sea efectivamente el sujeto gravado por este impuesto'.

"Estas palavras são precisas. O legislador ordinário, determinando que o princípio da não-cumulatividade se estenda sobre cada um dos agentes do ciclo, estará impondo a preservação do valor real dos bens e serviços, de forma que todos eles, inclusive o consumidor final, tenha a capacidade econômica garantida e preservada."[64]

O posicionamento de Melo é renovado no seguinte trecho de sua doutrina:

"A expressão 'não-cumulatividade' tem naturais implicações de cunho financeiro, demandado considerações de índole econômica e até mesmo política. Entretanto, para que possa ser compreendida a abrangência de seu significado, é imprescindível considere os diversos princípios jurídicos, para que possa ser alcançado o seu verdadeiro desígnio constitucional.

"Concerne à evolução cultural, social, econômica e jurídica do povo. Sendo essencial, sua supressão do texto constitucional causaria sério abalo na estrutura sobre a qual foi organizado o sistema tributário do Estado. Consistindo-se num sistema operacional destinado a minimizar o impacto do tributo sobre o preço dos bens e serviços, sua eliminação os tornaria artificialmente mais onerosos, gerando custo artificial, desvinculados da realidade, da produção e da comercialização.

"Os princípios da igualdade e da capacidade contributiva mantêm congruência com o postulado da não-cumulatividade. O consumidor final é o objetivo último da produção e circulação de mercadorias e prestação de serviços. É para a satisfação de suas necessidades que está direcionada a atividade dos produtores, industriais, comerciantes e prestadores de serviços. Submetem-se ao comando do art. 170 e ss. da CF, que lhes impõe o dever de observância à valorização do trabalho, da existência digna, da justiça social e defesa do consumidor.

"A isonomia e a capacidade contributiva são comandos constitucionais endereçados ao legislador ordinário, a quem incumbe a tarefa de instituir impostos que sejam uniformes e que respeitem a capacidade econômica de todos aqueles que estejam na mesma situação jurídica. Assim, deverá impor aos agentes do ciclo produção/comercialização/prestação de serviços uma única regra de comportamento, para que seja uniforme a carga tributária incorporada ao preço dos produtos. Não será possível que algumas pessoas sejam mais beneficiadas do que outras no transcorrer do ciclo operacional."[65]

Como se verifica, os autores vão mais longe, buscando relacionar a regra da não-cumulatividade do ICMS também com a

64. José Eduardo Soares de Melo e Luiz Francisco Lippo, *A Não-Cumulatividade Tributária*, p. 101.

65. José Eduardo Soares de Melo, "Limites constitucionais face à legislação ordinária", in Ives Gandra da Silva Martins (coord.), *O Princípio da Não-Cumulatividade*, pp. 199-200.

capacidade contributiva. Entendimento que encontra amparo na doutrina de Costa:

"Ambos os impostos, como se vê, apresentam como características a não-cumulatividade e a seletividade das alíquotas, que são, ao nosso ver, verdadeiras aplicações do princípio da capacidade contributiva. Ressalve-se, contudo, que a seletividade, enquanto obrigatória no IPI, é apenas facultativa no ICMS, segundo a dicção constitucional. Sendo seletivo, certamente melhor atenderá ao princípio em causa.

"Roque Carrazza ensina o que se deve entender por não-cumulatividade:

"'Pela regra da não-cumulatividade (que a doutrina, de um modo geral, chama de princípio da não-cumulatividade), o montante de ICMS recolhido em cada operação mercantil ou prestação de serviço de transporte interestadual e intermunicipal e de comunicação, transforma-se num crédito fiscal, que será deduzido do quantum de imposto a pagar, quando da prática de novas operações mercantis ou prestações de serviços, por novos comerciantes ou industriais. (...). Em suma, na apuração total de ICMS a recolher, compensa-se 'o que for devido em cada operação relativa à circulação de mercadorias ou prestação de serviços com o montante cobrado nas anteriores pelo mesmo ou por outro Estado ou pelo Distrito Federal' (CF, art. 155, § 2º, I).

"(...).

"Ao analisarem o ICM, Geraldo Ataliba e Cleber Giardino apontam os objetivos da não-cumulatividade:

"'O crédito do ICM tem como finalidade assegurar que esse tributo seja eficaz instrumento de concomitante promoção de dois desígnios constitucionais – que transcendem de muito seu cunho de simples meio de realização de receitas públicas – manifestos nas dobras do sistema: a) garantir que uma mesma mercadoria não seja multiplamente onerada pelo imposto; b) garantir que o mesmo contribuinte não o deva pagar se não uma só vez e em medida idealmente fixada no própria Texto Constitucional.'

"A não-cumulatividade visa, assim, impedir que o imposto torne-se um gravame cada vez mais oneroso nas várias operações de circulação do produto ou mercadoria, de prestação dos aludidos serviços e de industrialização de produtos, deixando-os proibitivos.

"Em verdade, tal diretriz homenageia, antes de mais nada, o próprio princípio da igualdade, entendida em seu sentido material."[66]

Da mesma forma, dúvidas não restam de que outro princípio axiologicamente sobrejacente à não-cumulatividade do ICMS é o da neutralidade, na medida em que o sistema cumulativo incentivava a verticalização das empresas, pois quanto maior o ciclo de produção e comercialização das mercadorias, maior a tributação incidente. É o que bem reconhece Torres:

"O princípio da neutralidade econômica do ICMS é importantíssimo. Significa, do ponto de vista da organização empresarial, que não favorece a integração vertical, com criar mecanismos que tornem desaconselhável a união de empresas dedicadas a fases diferentes do processo de circulação e produção. Significa, também, sob a perspectiva do processo de circulação de riqueza, que não destorce a formação de preços, pois, independentemente do número de operações, o imposto final será igual à multiplicação da alíquota pelo preço da última saída.

"Sucede que o princípio da neutralidade é mais de natureza econômica do que propriamente um princípio constitucional tributário. E, assim mesmo, existe grande desconfiança entre os economistas no definir o neutralismo da incidência fiscal, porque é inevitável a influência do imposto sobre a composição dos preços. Rubens Gomes de Souza recomenda que 'temos que nos guardar da falácia de que existem

66. Alcides Jorge Costa, *ICM: na Constituição e na Lei Complementar*.

impostos neutros, ou seja, impostos que geram receita sem produzir efeitos econômicos paralelos'. Na Alemanha o Tribunal Constitucional já admitiu reclamações contra a ofensa ao princípio da neutralidade, sem, entretanto, conseguir defini-lo; também a doutrina não oferece a definição, já se tendo dito que o 'imposto neutro é o que deve ser pago pelos outros' (*Wettbewerbsneutral ist jeder Steuer, die die anderen bezahlen*)."[67]

Assim, qualificando-se a não-cumulatividade do ICMS como uma espécie normativa "regra", cujo suporte de validade é encontrado diretamente na Constituição Federal, inclui-se entre as normas que possuem "(...) uma eficácia preliminarmente decisiva, na medida em que pretendem oferecer uma solução provisória para determinado conflito de interesses já detectado pelo Poder Legislativo. Por isso, elas preexcluem a livre ponderação principiológica e exigem demonstração de que o ente estatal se manteve, no exercício de sua competência, no seu âmbito material".[68]

Insere-se, desse modo, entre as normas que "instituem deveres definitivos (deveres que não podem ser superados por razões contrárias) e são aplicadas por meio da subsunção (exame da correspondência entre o conceito normativo e o conceito material fático)",[69] encerrando todas as demais características pertinentes à espécie normativa regra, expostas no ponto anterior.

Por fim, cumpre tratar do problema relativo à norma jurídica que deverá prevalecer em caso de eventual conflito, pois, de acordo com as premissas expostas no ponto anterior, essas situações devem ser solucionadas por meio da hierarquização, ou seja, o princípio constitucional prevalece sobre a regra infraconstitucional, ao passo que a regra constitucional prevalece sobre o princípio infraconstitucional.

Ocorre que, no presente caso, em um eventual conflito entre a regra da não-cumulatividade do ICMS com um princípio constitucional estar-se-á diante de uma hipótese em que tanto o princípio quanto a regra possuem a mesma hierarquia.

Nessas situações, a postura tradicional tem sido a prevalência do princípio constitucional. Porém, diante do até aqui exposto, não parece que se trate da solução mais adequada, visto vez que a eficácia das regras é definida precisamente para a solução de conflitos, de modo que, se aplicável ao caso, deve preponderar para o bom êxito na solução do problema.

Nesse sentido, elucidativo o ensinamento de Ávila: "A esse respeito, convém registrar a importância de rever a concepção largamente difundida na doutrina juspublicista no sentido de que a violação de um princípio seria muito mais grave do que a transgressão a uma regra, pois implicaria violar vários comandos e subverter valores fundamentais do sistema jurídico. Essa concepção parte de dois pressupostos: primeiro, de que um princípio vale mais do que uma regra, quando, na verdade, eles possuem diferentes funções e finalidades; segundo, de que a regra não incorpora valores, quando, em verdade, ela os cristaliza. Além disso, a idéia subjacente de reprovabilidade deve ser repensada. Como as regras possuem caráter descritivo imediato, o conteúdo do seu comando é muito mais inteligível do que o comando dos princípios, cujo caráter imediato é apenas a realização de determinado estado de coisas. Sendo assim, mais reprovável é descumprir aquilo que 'se sabia' dever cumprir. Quanto maior for o grau de conhecimento prévio do dever, tanto maior a reprovabilidade da transgressão. De outro turno, é mais reprovável violar a concretização definitória do valor na regra do que o valor pendente

67. Ricardo Lobo Torres, "O IVA no direito comparado", in Ives Gandra da Silva Martins (coord.), *O Princípio da Não-Cumulatividade*.

68. Humberto Ávila, *Teoria dos Princípios: da Definição à Aplicação dos Princípios Jurídicos*, p. 82.

69. Humberto Ávila, "A teoria dos princípios e o direito tributário", *Revista Dialética de Direito Tributário* 125/ 37.

de definição e complementação de outros, como ocorre no caso dos princípios. Como se vê, a reprovabilidade deve – é o que se defende neste trabalho – estar associada, em primeiro lugar, ao grau de conhecimento do comando e, em segundo lugar, ao grau de pretensão de decidibilidade. Ora, no caso das regras, o grau de conhecimento do dever a ser cumprido é muito maior do que aquele presente no caso dos princípios, devido ao caráter imediatamente descritivo e comportamental das regras. Veja-se que conhecer o conteúdo da norma que se deve cumprir é algo valorizado pelo próprio ordenamento jurídico por meio dos princípios da legalidade e da publicidade, por exemplo. Descumprir o que se sabe dever cumprir é mais grave do que descumprir uma norma cujo conteúdo ainda carecia de maior complementação. Ou dito diretamente: *descumprir uma regra é mais grave do que descumprir princípio* (...)"[70] (grifou-se).

Em relação ao conflito de normas de mesma hierarquia, cabe atentar para a observação de Lummertz, fundamentando-se em Dworkin e Alexy, no sentido de que:

"Caso se identifique um conflito entre um princípio constitucional e uma regra constitucional, o primeiro passo é verificar se efetivamente trata-se de um conflito entre princípio e regra, ou de um conflito entre o princípio e os princípios que são refletidos pela regra e que militam pela sua manutenção. Caso se constate que o conflito é entre o princípio constitucional e os princípios que amparam a regra, então tem-se, na verdade, um caso de colisão de princípios e a solução é a acima preconizada.

"Pode ocorrer, contudo que a regra efetivamente limite o princípio e que a solução não possa ser estabelecida por meio da ponderação entre o princípio constitucional e o outro princípio constitucional que ampare a regra constitucional. Nesse caso, a primeira hipótese é a que exista uma regra de validade que determine que a regra precede o princípio, sem que seja relevante quão importante seja o cumprimento do princípio e quão pouco importante seja o cumprimento da regra. A segunda hipótese é a de que exista um princípio de validade que, sob determinadas circunstâncias, permita que o princípio desloque ou restrinja a regra; nesse caso, verificadas as condições previstas no princípio de validade, o princípio prevalecerá sobre a regra; não satisfeitas as condições, o princípio de validez impõe que prevaleça a regra."[71]

Diante de todo o exposto, partindo das definições conceituais examinadas anteriormente – princípio ou regra –, formuladas a partir das lições dos principais estudos apresentados pela Teoria Geral do Direito acerca de sua distinção, especialmente os preconizados por Dworkin e Alexy, na perspectiva da espécie normativa que exterioriza e de sua forma, a não-cumulatividade do ICMS caracteriza-se como uma regra constitucional, na medida em que estabelece um comportamento a ser adotado pelo Poder Legislativo e pelo Poder Executivo, qual seja, respeitar a determinação de que se compense o ICMS devido em cada operação com o montante cobrado nas anteriores, devendo ser interpretada em consonância com os princípios da igualdade e da neutralidade.

Isso denota a imprecisão da qualificação que lhe é concedida pela doutrina tributária nacional e pela jurisprudência do Supremo Tribunal Federal, na medida em que, mesmo qualificando-na como princípio, atribuem-lhe efeitos concernentes às regras. Essa classificação equivocada possivelmente decorra do apego à concepção "de que os princípios são os alicerces, as vigas mestras ou os valores do ordenamento jurídico, sobre o qual irradiam os seus

70. Humberto Ávila, *Teoria dos Princípios: da Definição à Aplicação dos Princípios Jurídicos*, pp. 83-84.

71. Henry Gonçalves Lummertz, *Processo de Controle de Constitucionalidade:...*, cit., pp. 191-192.

efeitos",[72] que se revela, no dizer de Ávila, "*uma distinção fraca*"[73] dos princípios em relação às regras.

5. Conclusão

Analisado o conteúdo e o alcance atribuídos à não-cumulatividade do ICMS pelo sistema jurídico brasileiro, erigido sob a égide da Constituição Federal de 1988, sob a ótica da doutrina tributária nacional e da jurisprudência do Supremo Tribunal Federal, resultam inevitáveis as seguintes conclusões:

1. Incoerente a qualificação de princípio constitucional que é atribuída à não-cumulatividade do ICMS pela doutrina tributária nacional e pela jurisprudência do Supremo Tribunal Federal, contradizendo os próprios efeitos que lhe são, por eles mesmos, atribuídos, pois, mesmo qualificando-na como princípio, atribuem-lhe efeitos concernentes às regras. É o que demonstra, entre outros, o julgamento relativo à Medida Cautelar requerida pela CNI na Ação Direta de Inconstitucionalidade n. 2.325, em que o Colendo Sodalício, embora referindo "princípio constitucional", adotou a orientação no sentido de que: (*i*) a Constituição Federal de 1988 não estabeleceu o regime de compensação necessário à implementação da não-cumulatividade do ICMS; e (*ii*) dessa forma, havendo previsto que a regulamentação do "regime de compensação do imposto" cabe à lei complementar, "nada impede que lei complementar fixe um novo critério".

2. A dimensão normativa da não-cumulatividade do ICMS, partindo-se da definição conceitual das espécies normativas princípio e regra, formulada a partir das lições dos principais modernos estudos apresentados pela Teoria Geral do Direito acerca de sua distinção, especialmente os preconizados por Dworkin e Alexy, na perspectiva da espécie normativa que exterioriza e de sua forma, é de regra constitucional, na medida em que estabelece um comportamento a ser adotado pelo Poder Legislativo e pelo Poder Executivo, qual seja, respeitar a determinação de que se compense o ICMS devido em cada operação com o montante cobrado nas anteriores, devendo ser interpretada em consonância com os princípios da igualdade e da neutralidade.

3. A adequada classificação da não-cumulatividade do ICMS, se considerada pela doutrina tributária nacional e pelo Supremo Tribunal Federal, contribuirá ao próprio entendimento do ordenamento jurídico pátrio de uma forma sistemática, na medida em que permitirá a aplicação adequada do instituto e, conseqüentemente, a sua efetividade.

6. Bibliografia

ALEXY, Robert. *Teoría de los Derechos Fundamentales*. Madri, Centro de Estudios Constitucionales, 1993.

ÁVILA, Humberto. "A teoria dos princípios e o direito tributário", *Revista Dialética de Direito Tributário* 125/33-49, fev./2006.

______. *Sistema Constitucional Tributário*. São Paulo, Saraiva, 2004.

______. *Teoria dos Princípios: da Definição à Aplicação dos Princípios Jurídicos*. São Paulo, Malheiros Editores, 2003.

BARRETO, Aires Fernandino. "O princípio da não-cumulatividade na esfera estadual", in MARTINS, Ives Gandra da Silva (coord.). *O Princípio da Não-Cumulatividade*. São Paulo, Ed. RT/Centro de Extensão Universitária, 2004.

BRITO, Edvaldo. "ICMS: mercadorias isentas. Crédito fiscal presumido: utilização. Ajustes: hipóteses de estorno do débito e de utilização extemporânea de crédito fiscal", *Revista Dialética de Direito Tributário* 17/69-90, fev./1997.

72. Humberto Ávila, "A teoria dos princípios e o direito tributário", *Revista Dialética de Direito Tributário* 125/34.

73. Humberto Ávila, "A teoria dos princípios e o direito tributário", *Revista Dialética de Direito Tributário* 125/33-49.

CANARIS, Claus-Wilhelm. *Pensamento Sistemático e Conceito de Sistema na Ciência do Direito*. 2ª ed., Lisboa, Calouste Gulbenkian, 1996.

COELHO, Sacha Calmon Navarro, e DERZI, Misabel Abreu Machado. "ICMS – Não-cumulatividade e temas afins", in MARTINS, Ives Gandra da Silva (coord.). *O Princípio da Não-Cumulatividade*. São Paulo, Ed. RT/Centro de Extensão Universitária, 2004.

COSTA, Alcides Jorge. *ICM: na Constituição e na Lei Complementar*. São Paulo, Resenha Tributária, 1979.

DWORKIN, Ronald. *Taking Rights Seriously*. 6ª ed., Londres, Duckworth, 1991.

ESSER, Josef. *Principio y Norma en la Elaboración Jurisprudencial del Derecho Privado*. Barcelona, Bosch, 1961.

GRAU, Eros. *A Ordem Econômica na Constituição Federal de 1988*. São Paulo, Ed. RT, 1990.[74]

GRECO, Marco Aurélio, e ZONARI, Ana Paola. "ICMS: materialidade e princípios constitucionais", in MARTINS, Ives Gandra da Silva (coord.). *Curso de Direito Tributário*. 2 vs., 2ª ed., Belém, CEJUP, 1995.

LARENZ, Karl. *Metodologia da Ciência do Direito*. 3ª ed., Lisboa, Calouste Gulbenkian, 1997.

LUMMERTZ, Henry Gonçalves. *Processo de Controle de Constitucionalidade: Revisitando a Inconstitucionalidade da Norma*. Dissertação de Mestrado em Direito da Faculdade de Direito da UFRGS, Porto Alegre, 2006.

MELO, José Eduardo Soares de. "Limites constitucionais face à legislação ordinária", in MARTINS, Ives Gandra da Silva (coord.). *O Princípio da Não-Cumulatividade*. São Paulo, Ed. RT/Centro de Extensão Universitária, 2004.

______, e LIPPO, Luiz Francisco. *A Não-Cumulatividade Tributária*. São Paulo, Dialética, 1998.

Reforma Tributária Nacional. Rio de Janeiro, FVG (Comissão de Reforma do Ministério da Fazenda, publ. n. 17) 1966.

TORRES, Ricardo Lobo. "O IVA no direito comparado", in MARTINS, Ives Gandra da Silva (coord.). *O Princípio da Não-Cumulatividade*. São Paulo, Ed. RT/Centro de Extensão Universitária, 2004.

74. **Nota da Ed.**: a última edição desta obra é a 13ª ed., Malheiros Editores, 2008.

ESTUDOS & COMENTÁRIOS

BASE DE CÁLCULO DA COFINS NO REGIME CUMULATIVO, EM FACE DA DECLARAÇÃO DE INCONSTITUCIONALIDADE DA LEI N. 9.718/1998 PELO STF E DA LEI N. 10.833/2003

MANUELA BALAROTTI ALHO DA SILVA
Bacharel em Direito pela Universidade Estadual de Londrina.
Especialista em Direito Tributário pelo IBET. Advogada

1. Problema em foco. 2. Questões práticas objeto de análise. 3. Quadro legislativo e a perspectiva jurisprudencial do conceito de faturamento e receita bruta: em que contexto se insere a controvérsia?: 3.1 Da Cofins; 3.2 Distinção entre os fatos enunciativos da Lei n. 9.718/1998 e da Lei n. 10.833/2003. 4. Validade e vigência: efeitos da decisão do STF sobre a Lei n. 9.718/1998. 5. Regras matrizes da Cofins. 6. Resposta às perguntas objeto da controvérsia

1. Problema em foco

Após mais de 3 anos de debates em sede de Recursos Extraordinários acerca da (in)constitucionalidade do § 1º do art. 3º da Lei n. 7.918/1998, que ampliou indevidamente a base de cálculo da Contribuição para Financiamento da Seguridade Social (Cofins), eis que se tem nova questão envolvendo a Cofins.

A discussão, como se pode inferir do título deste trabalho, envolve a base de cálculo da Cofins no regime cumulativo, exceção ao regime da não-cumulatividade implantado pela Lei n. 10.833/2003, que em seu art. 10, remete sua regulamentação às "normas da legislação da Cofins vigentes anteriormente", vale dizer, à Lei n. 9.718/1998, cujo § 1º do art. 3º foi declarado inconstitucional pelo Supremo Tribunal Federal em Recursos Extraordinários.

2. Questões práticas objeto de análise

O deslinde da controvérsia envolve três temas principais: (*a*) os efeitos da declaração de inconstitucionalidade pelo Supremo Tribunal Federal em controle difuso; (*b*) os fundamentos de validade das normas insertas nas Leis ns. 9.718/1998 e 10.833/2003; e (*c*) as regras matrizes da Cofins. Assim, far-se-á quatro questionamentos que serão objeto de análise:

1. Qual o efeito da declaração de inconstitucionalidade do § 1º do art. 3º da Lei n. 9.718/1998 pelo Supremo Tribunal Federal em controle difuso de constitucionalidade?

2. Quais as diferenças entre as regras matrizes da Cofins no regime cumulativo construídas a partir das Leis n. 9.718/1998 e 10.833/2003?

3. As normas insertas no art. 3º da Lei n. 9.718/1998 e no art. 10 da Lei n. 10.833/2003 tem o mesmo fundamento de validade?

4. O vício de inconstitucionalidade do § 1º do art. 3º da Lei n. 9.718/1998 declarado pelo Supremo Tribunal Federal em Recursos Extraordinários atinge o art. 10 da Lei n. 10.833/2003 e qual a base de cálculo da Cofins, no regime cumulativo, após a edição da Lei n. 10.833/2003?

3. Quadro legislativo e a perspectiva jurisprudencial do conceito de faturamento e receita bruta: em que contexto se insere a controvérsia?

A discussão acerca do conceito de faturamento, receita bruta e receita não-operacional não proveio da instituição da Cofins pela Lei Complementar n. 70/1991. A diferenciação destes conceitos já assumia papel relevante na discussão travada em torno da contribuição para o Finsocial instituída pelo Decreto-lei n. 1.940/1982. O posicionamento jurisprudencial frente à esta primeira discussão foi de todo relevante para o deslinde da posterior discussão sobre a (in)constitucionalidade do § 1º do art. 3º da Lei n. 9.718/1998, que modificou a base de cálculo da Cofins, discussão esta que, por sua vez, é essencial à solução que se propõe neste artigo sobre a controvérsia em torno da constitucionalidade art. 10 da Lei n. 10.833/2003.

3.1 Da Cofins

A Cofins (Contribuição para Financiamento da Seguridade Social) substituiu a contribuição para Finsocial e fixou nos arts. 1º e 2º os critérios quantitativo e pessoal constantes do conseqüente de sua regra-matriz da seguinte forma:

> Art. 1º. Sem prejuízo da cobrança das contribuições para o Programa de Integração Social – PIS e para o Programa de Formação do Patrimônio do Servidor Público – PASEP, fica instituída contribuição social para financiamento da Seguridade Social, nos termos do inciso I do art. 195 da Constituição Federal, *devida pelas pessoas jurídicas, inclusive as a ela equiparadas pela legislação do Imposto sobre a Renda*, destinadas exclusivamente às despesas com atividades-fins das áreas de saúde, previdência e assistência social.
>
> Art. 2º. A contribuição de que trata o artigo anterior será de 2% (dois por cento) e *incidirá sobre o faturamento mensal, assim considerado a receita bruta das vendas e mercadorias, de mercadorias e serviços e de serviço de qualquer natureza.*
>
> Parágrafo único. Não integra a receita de que trata este artigo, para efeito de determinação da base de cálculo da contribuição, o valor:
>
> a) do imposto sobre produtos industrializados, quando destacado em separado no documento fiscal;
>
> b) das vendas canceladas, das devolvidas e dos descontos a qualquer título concedidos incondicionalmente (grifo nosso).

Repare-se, portanto, que o legislador adotou para a determinação da base de cálculo da Cofins a mesma perspectiva adotada pelo Supremo Tribunal Federal no RE n. 150.755-1-PE do conceito de faturamento. Vale dizer, pelo art. 2º da Lei Complementar n. 70/1991, considera-se faturamento a receita bruta das vendas de mercadorias, de mercadorias e serviços e de serviço de qualquer natureza.

Eis que em 1998 a Lei n. 9.718/1998 alterou a base de cálculo da Cofins, por meio de nova definição do conceito de receita bruta. Em seu art. 2º reforçou o faturamento como base de cálculo da Cofins, assim como no art. 3º, *caput*, repetiu a fórmula já consagrada na jurisprudência e na Lei Complementar n. 70/1991 de que a receita bruta da pessoa jurídica corresponde ao faturamento, base de cálculo desta contribuição.

O diferencial foi inserido no § 1º do art. 3º da Lei n. 9.718/1998, que rege:

> § 1º. Entende-se por receita bruta a *totalidade das receitas auferidas pela pessoa jurídica, sendo irrelevantes o tipo de atividade por ela exercida e a classificação contábil adotada para as receitas* (grifo nosso).

Por meio da inserção deste parágrafo dissociou-se o conceito de receita bruta daquele já consagrado pela jurisprudência e pela própria legislação anterior da Cofins e que se jungia ao conceito de faturamento. A totalidade de receitas auferidas pela pessoa jurídica, sendo irrelevantes o tipo de atividade por ele exercida e a classificação contábil adotada para as receitas extrapolava a definição anteriormente posta de faturamento, tomado o termo como receita bruta das vendas de mercadorias, de mercadorias e serviços e de serviço de qualquer natureza.

Por esta razão, o art. 3º, § 1º da Lei n. 9.718/1998 foi objeto de discussão em processos movidos pelos contribuintes que buscavam sua declaração de inconstitucionalidade a fim de que pudessem continuar a recolher a Cofins com base na receita bruta das vendas de mercadorias, mercadorias e serviços e de serviço de qualquer natureza (art. 2º da Lei Complementar n. 70/1991). Estava o argumento de inconstitucionalidade pautado no fato de que até o advento da Emenda Constitucional n. 20/1998, promulgada 18 (dezoito) dias após a edição da Lei n. 9.718/1998, dispunha o art. 195, I, da Constituição Federal que:

> Art. 195. A seguridade social será financiada por toda a sociedade, de forma direta e indireta, nos termos da lei, mediante recursos provenientes dos orçamentos da União, dos Estados, do Distrito Federal e dos Municípios, e das seguintes contribuições sociais:
>
> I – dos empregadores, incidente sobre a folha de salários, o *faturamento* e o lucro;
>
> (...).

Logo, a fixação da base de cálculo da Cofins pela Lei n. 9.718/1998 afastar-se-ia da previsão constitucional da instituição de contribuição para a seguridade social sobre o faturamento, criando, portanto, nova fonte de custeio, pelo que deveria adequar-se ao disposto no § 4º do art. 195 da Constituição Federal. A referida discussão chegou a Supremo Tribunal Federal em sede de Recursos Extraordinários e nesta Corte perdurou mais de 3 (três) anos, até que aos 12 (doze) dias do mês de dezembro de 2002 decidiu o Supremo Tribunal Federal, por maioria de votos, pela inconstitucionalidade do § 1º do art. 3º da Lei n. 9.718/1998.

Transcrever-se-á trechos do voto do eminente Ministro Cezar Peluso, que com muita clareza expôs e decidiu a questão, visto que qualquer intenção de apenas sintetizá-lo sem a sua transcrição seria despir o leitor da magnitude de suas exposições:

> A resposta à questão entrelaça-se com os contornos e os limites do papel do legislador infraconstitucional no exercício da competência tributária, que não pode alargada pela lei subalterna, porque o de que se trata é de saber se a Lei n. 9.718/1998 os ultrapassou, ou não, ao definir a compreensão e a extensão lógico-jurídicas da palavra “faturamento”, para efeitos de incidência da Cofins.
>
> (...).
>
> 6. Como já exposto, não há, na Constituição Federal, prescrição de significado do termo “faturamento”. Se se escusou a Constituição de o definir, tem o intérprete de verificar, primeiro, se, no próprio ordenamento, havia então algum valor semântico a que pudesse filiar-se o uso constitucional do vocábulo, sem explicitação de sentido particular, nem necessidade de futura regulamentação por lei inferior. É que, se há correspondente semântico na ordem jurídica, a presunção é de que a ele se refere o uso constitucional. Quando uma mesma palavra, usada pela Constituição sem definição expressa nem contextual, guarde dois ou mais sentidos, um dos quais já incorporado ao ordenamento jurídico, será esse, não outro, seu conteúdo semântico, porque seria despropositado supor que o

texto normativo esteja aludindo a objeto extrajurídico.

Ora, o fato de o art. 195, § 4º, da Constituição da República, ao dar competência suplementar à União para instituir contribuições sociais inespecíficas, dependentes de "outras fontes destinadas à manutenção ou expansão da seguridade", já prova que, ao aludir a "faturamento", além de "folha de salários" e "lucro", empregou essa palavra em sentido predeterminado, pois de outro modo a previsão daquela competência residual perderia todo o senso, ao admitir-se fossem vagos e imprecisos os conceitos de faturamento, de folha de salários e de lucro!

(...).

Está claro, portanto, que, na larga discussão acerca da noção constitucional do termo faturamento, ficaram expressamente reconhecidas e decididas duas coisas irrefutáveis: a) o sentido normativo da expressão "receita bruta de venda de mercadorias e da prestação de serviços" correspondia ao conceito constitucional de "faturamento"; b) mas, por mais amplo e extenso como denotação própria do gênero, o significado da locução legal "receita bruta" ultrapassava os limites semânticos desse mesmo conceito. É o que, em primoroso memorial, sublinhou e sintetizou Humberto Ávila:

"A leitura deste longo precedente pode levar à interpretação de que o Supremo Tribunal Federal igualou o conceito de faturamento ao conceito de receita bruta. Não o fez, porém. O que ocorreu foi algo diverso: para manter a constitucionalidade da norma, o Tribunal resolveu empreender uma interpretação conforme a Constituição para o efeito de entender que a expressão legal receita bruta só seria constitucional se se enquadrasse no conceito de faturamento e, para isso, deveria ser entendida como receita da venda de mercadorias e da prestação de serviços, pois esse seria, precisamente, o conceito de faturamento incorporado da legislação infraconstitucional pela Constituição."

(...).

Na espécie, o excesso operado pela Lei n. 9.718/1998, equiparando "faturamento" a qualquer "receita", não obstante transponha a esfera de competência fixada pelo conceito de "faturamento" e atribuída pelo art. 195, I, da CF/1988, não implica usurpação de competência, porque podia a União, como ainda pode, instituir novas fontes de custeio da seguridade social com base noutros eventos econômicos, salvo aqueles expressos na discriminação de competências em matéria de impostos, com fundamento no art. 195, § 4º, da CF/1988, e, dentre essas novas fontes, as demais espécies de receita. Não se caracteriza, pois vício material de incompetência.

Do ângulo formal, no entanto, para o fazer de modo lícito, seria mister houvesse obedecido ao disposto no art. 154, I, da Constituição da República, ou seja: (*i*) fosse a contribuição criada por intermédio de lei complementar; (*ii*) fosse não cumulativa; e (*iii*) não tivesse o mesmo fato gerador, nem base de cálculo dos impostos. Ou seja, a instituição de contribuição social sobre as demais modalidades de receita só extrairia fundamento de validade à norma de competência descrita no art. 195, § 4º, da Constituição da República, cuja observância haveria, pois, de ser rigorosa.

Ora, ainda quando, só por argumentar, se estimasse que a previsão, pela Lei n. 9.718/1998, da Cofins sobre as demais espécies de receita, figuraria instituição de nova fonte de custeio, o expediente normativo permaneceria inconstitucional por não ter observado a forma prescrita no art. 195, § 4º, Constituição da República.

Tenho, portanto, por incompatível com a ordem constitucional o disposto no § 1º do art. 3º da Lei n. 9.718/1998, seja por distender o conceito de "faturamento" assumido na redação original do art. 195, I, da Constituição, seja por não instituir nova fonte de custeio nos termos exigidos pelo art. 195, § 4º.[1]

1. RE n. 346.084-6-PR, STF, Pleno, Rel. Ministro Ilmar Galvão, j. 9.11.2005, *DJU* 1.9.2006.

Pois bem, eis que se atinge agora a legislação que contém a controvérsia que propõe solucionar este artigo. Em 29 (vinte e nove) de dezembro de 2003 editou-se a Lei n. 10.833/2003 que instituiu a cobrança da Cofins em regime não-cumulativo, fixando assim os novos critérios da exação. Entretanto, no art. 10 desta lei encontram-se as exceções ao regime não-cumulativo, cujo *caput* dispõe: "Art. 10. *Permanecem sujeitas às normas da legislação da Cofins, vigentes anteriormente a esta Lei*, não se aplicando as disposições dos arts. 1º a 8º: (...)". Logo, determina o art. 10 da Lei n. 10.833/2003 que as pessoas jurídicas especificadas em seus incisos permanecerão sujeitas às normas da legislação da Cofins vigentes anteriormente a esta, ou seja, a Lei n. 9.718/1998, que teve o seu art. 3º, § 1º, considerado inconstitucional pelo Supremo Tribunal Federal, já que à época de sua edição não havia fundamento de validade (norma de competência constitucional) para a fixação da receita bruta resultante da totalidade de receitas auferidas pela pessoa jurídica como base de cálculo da Cofins.

3.2 Distinção entre os fatos enunciativos da Lei n. 9.718/1998 e da Lei n. 10.833/2003

De início importa ressaltar que se tomará o vocábulo fontes do direito no sentido empregado por Paulo de Barros Carvalho em seu *Curso de Direito Tributário*: "(...) as *fontes do direito* são os acontecimentos do mundo social, juridicizados por regras do sistema e credenciados para produzir normas jurídicas que *introduzam* no ordenamento outras normas, gerais e abstratas, gerais e concretas, individuais e abstratas ou individuais e concretas. Agora, tais ocorrências serão colhidas enquanto atos de enunciação, já que os enunciados consubstanciam as próprias normas. Trata-se de um conceito sobremaneira relevante porque a validade de uma prescrição jurídica está intimamente ligada à legitimidade do órgão que a expediu, bem como ao procedimento empregado na sua produção."[2]

Portanto, tem-se que *fontes do direito são os atos de enunciação* que terão por resultado os enunciados. "A toda produção de um enunciado (seja descritivo, seja prescritivo) subjaz a atividade de enunciação. (...) Então, a enunciação seria o ato produtor de enunciados, enquanto o enunciado, o produto de tal ato".[3]

É certo que ao receptor do enunciado torna-se impossível atingir a enunciação, visto que apenas ao final dela é que se tem o enunciado. Logo aquele que recebe o enunciado apenas com ele tem contato, pois a enunciação esvaiu-se no tempo. Acresça-se a isso o apontamento de Eurico Marcos Diniz de Santi acerca da validade das normas: "Validade, por conseqüência, é a qualidade outorgada à norma em decorrência do fato, é qualidade concedida ao produto (norma) em decorrência do processo (fato jurídico)".[4]

Ora, mas como então aferir a validade dos enunciados se não também pelo próprio processo de enunciação?[5] Segundo Gabriel Ivo: "Tudo o que acontece antes do produto surgir, é a enunciação. Dentro do desenvolver dessa atividade temos elementos que se consomem no tempo e no espaço (= não imanentes), e outros que, embora parte deles tenha se esvaído, uma parcela deve permanecer registrada para

2. Paulo de Barros Carvalho, *Curso de Direito Tributário*, 16ª ed., São Paulo, Saraiva, 2004, pp. 46-47.

3. Tárek Moysés Moussallem, *Fontes do Direito Tributário*, São Paulo, Max Limonad, 2001, p. 78.

4. Eurico Marcos Diniz de Santi, *Decadência e Prescrição no Direito Tributário*, 2ª ed., 2ª tir., São Paulo, Max Limonad, 2001, p. 66.

5. P.ex., para se aferir a validade dos enunciados legislativos é necessário o conhecimento do seu processo de enunciação, vale dizer, quando ocorreu? Onde ocorreu? Quem eram os sujeitos que participaram deste processo? Se a lei foi aprovada com o quórum necessário?

que seja possível o controle do seu desenvolvimento, do processo de produção".[6]

Pelas marcas deixadas pelo processo de enunciação no corpo do enunciado. A tais marcas dá-se o nome de *fatos enunciativos*.[7]

Os fatos enunciativos poderão referir-se aos vários aspectos da enunciação: o tempo, o local, os agentes e o modo da enunciação. Arrisca-se aqui a fazer uma classificação destes fatos apenas para que se torne mais fácil a posterior comparação das normas construídas a partir das Leis ns. 7.918/1998 e 10.833/2003.

Chamar-se-á de *fatos enunciativos temporais* aqueles que se referirem ao momento em que se deu a enunciação. Portanto, na análise de um enunciado legislativo, como, p.ex., a Lei n. 9.718/1998, encontra-se o fato enunciativo temporal ao seu final, donde se lê: "Brasília, *27 de novembro de 1998*; 177º da Independência e 110º da República".

Por *fatos enunciativos espaciais* chamar-se-á aqueles que se referirem ao local em que se deu a enunciação. Assim, no exemplo acima citado, encontra-se o fato enunciativo espacial também ao final do enunciado: "*Brasília*, 27 de novembro de 1998; 177º da Independência e 110º da República".

Já os *fatos enunciativos pessoais* dizem respeito aos agentes da enunciação, àqueles que participaram de produção do enunciado. Ainda tomando como exemplo a Lei n. 9.718/1998, encontra-se o fato enunciativo pessoal logo em seu início: "O *Presidente da República*. Faço saber que o *Congresso Nacional* decreta e eu sanciono a seguinte lei: (...)".

Por fim, denominar-se-á *fatos enunciativos procedimentais* aqueles que se referirem ao modo que se deu a enunciação. Os fatos enunciativos procedimentais são os de maior dificuldade quanto à sua identificação, pois, principalmente em se tratando de enunciados legislativos, pressupõe conhecimentos outros que não apenas os decorrentes da leitura do enunciado. Estaria, portanto, o fato enunciativo procedimental da Lei n. 9.718/1998 na seguinte frase: "Faço saber que o Congresso Nacional decreta e eu sanciono a seguinte *Lei*: (...)". É a palavra *Lei* que consubstancia o fato enunciativo procedimental, vale dizer, é por meio dela que se conhece o procedimento adotado na enunciação. Entretanto, tal cognição dependerá de conhecimentos outros, como, por exemplo, o *quorum* necessário à aprovação de uma *Lei* ordinária.

Verifica-se então que todos os fatos enunciativos são encontrados no enunciado, o que revela a dualidade de funções dos termos do enunciado. Uma parcela transmite efetivamente a mensagem que se buscava transmitir no momento da enunciação, enquanto a outra apenas refere-se à enunciação, dando condições ao receptor de reconstruí-la. À primeira parcela chama-se de enunciado-enunciado, à segunda chama-se de enunciação-enunciada. A enunciação-enunciada é o conjunto de fatos enunciativos constantes do enunciado.

Sobre o tema esclarece Tárek Moysés Moussallem:

"*A enunciação é em si mesma o arquétipo do ingnoscível*. Trata-se de um acontecimento – agir humano – que se exaure no tempo e no espaço. Mas, por sua vez, projeta no enunciado os chamados fatos enunciativos (actantes, espaço e tempo da enunciação), que nos permitem constituir o evento da enunciação.

"É nessa mesma linha que José Luiz Fiorin, citando a Manar Hamad, vislumbra duas diferentes espécies de enunciados (a enunciação e o próprio enunciado) dentro de um mesmo conjunto de enunciados: 'Manar Hamad propõe considerar o conjunto enunciativo que engloba todas as

6. Gabriel Ivo, "A produção abstrata de enunciados prescritivos", in Eurico Marcos Diniz de Santi (coord.), *Curso de Especialização em Direito Tributário: Estudos Analíticos em Homenagem a Paulo de Barros Carvalho*, Rio de Janeiro, Forense, 2005, p. 129.

7. Tárek Moysés Moussallem, ob. cit., p. 78.

marcas de enunciação disseminadas no texto objeto como uma totalidade estrutural. Esse processo enunciativo colocado no interior do enunciado não é a enunciação propriamente dita, cujo modo de existência é ser o pressuposto lógico do enunciado, mas a 'enunciação enunciada'. Teríamos, assim, dois conjuntos do texto objeto: a 'enunciação enunciada' que é o conjunto de marcas, identificáveis no texto, que remetem à instância de enunciação; e o 'enunciado enunciado' que é a seqüência enunciada desprovida de marcas de enunciação'.

"A 'totalidade estrutural' a que se refere Hamad é o texto-objeto de estudos do cientista dogmático, identificado aqui como 'documento normativo'. Nesse conjunto enunciativo (documento normativo), distinguiremos duas espécies de enunciados: os 'enunciados-enunciados', compostos dos dispositivos legais, tais como artigos, parágrafos, incisos e alíneas, e a 'enunciação-enunciada', composta pelos fatos enunciativos que nos remetem à instância da enunciação normativa (produção normativa)."[8]

Pois bem, uma vez produzidos os enunciados, cumpre ao receptor interpretá-los, a fim de que se possa construir seu sentido, "(...) *interpretar* é atribuir valores aos símbolos, isto é, adjudicar-lhes significações e, por meio dessas, referências a objetos".[9]

Paulo de Barros Carvalho secciona o percurso gerador de sentido que percorre o intérprete em quatro planos: plano da literalidade textual, da expressão, suporte físico das significações jurídicas (S1); plano dos conteúdos de significação dos enunciados prescritivos (S2); plano do conjunto articulado das significações normativas, o sistema das normas jurídicas *stricto sensu* (S3); e o plano da organização das normas construídas no nível S3, os vínculos de coordenação e de subordinação que se estabelecem as regras jurídicas (S4). Ensina o renomado jurista: "O procedimento de quem se põe diante do direito com pretensões cognoscentes há de ser orientado pela busca incessante da compreensão desses textos prescritivos. Ora, como todo texto tem um plano de expressão, de natureza material, e um plano de conteúdo, por onde ingressa a subjetividade do agente para compor as significações da mensagem, é pelo primeiro, vale dizer, a partir do contacto com a *literalidade textual*, com o *plano dos significantes* ou com o chamado *plano da expressão*, como algo *objetivado*, isto é, posto intersubjetivamente, ali onde estão as estruturas morfológicas e gramaticais, que o intérprete inicia o processo de interpretação, propriamente dito, passando a construir os conteúdos significativos dos vários enunciados[10] ou frases prescritivas para, enfim, ordená-los na forma estrutural de normas jurídicas, articulando essas entidades para constituir um domínio. Se retivermos a observação de que o direito se manifesta sempre nesses quatro planos: o das formulações literais, o de suas significações enquanto enunciados prescritivos, o das normas jurídicas, como unidades de sentido obtidas mediante o grupamento de significações que obedecem a determinado esquema formal (implicação), e o da forma superior do sistema, que estabelece os vínculos de coordenação e subordinação entre as normas jurídicas criadas no plano anterior; e se pensarmos que todo nosso empenho se dirige para estruturar essas normas contidas num estrato de linguagem; não

8. Tárek Moysés Moussallem, ob. cit., p. 79.

9. Paulo de Barros Carvalho, *Direito Tributário: Fundamentos Jurídicos da Incidência*, 4ª ed. rev. e atual., São Paulo, Saraiva, 2006, p. 62.

10. Cumpre ressaltar que Paulo de Barros Carvalho toma a expressão *enunciado* em duas acepções: "É oportuno recordar que a palavra 'enunciado' quer aludir tanto à forma expressional, matéria empírica gravada nos documentos dos fatos comunicacionais, como ao sentido a ele atribuído. Assim, os enunciados pertencem à plataforma da literalidade textual, suporte físico das significações, ao mesmo tempo em que participam do plano do conteúdo, com o sentido que necessariamente suscitam" (Paulo de Barros Carvalho, *Direito Tributário: Fundamentos Jurídicos da Incidência*, 4ª ed., cit., p. 69).

será difícil verificar a gama imensa de obstáculos que se levantam no percurso gerativo de sentido ou, em termos mais simples, *na trajetória da interpretação*".[11]

Portanto, o intérprete ao se deparar com um texto legal objeto de cognição adentra primeiramente no plano da literalidade textual (S1), no qual analisará prioritariamente "a boa organização sintática do texto, de tal sorte que, sem atinência às diretrizes fundamentais de organização de frases, sejam elas oracionais ou não, enunciativas (ou declarativas), interrogativas, expressivas ou imperativas, não haverá enunciados e, portanto inexistirá sentido".[12]

Em um segundo passo, ingressa o intérprete no plano dos conteúdos de significação dos enunciados prescritivos (S2), no plano semântico e passa a atribuir significações isoladas aos enunciados objeto de interpretação, emitindo assim proposições enquanto conteúdo de significação constituído a partir da fórmula gráfica do enunciado. Neste plano, os enunciados enquanto proposições "(...) se apresentam como frases, digamos assim soltas, como estruturas atômicas, plenas de sentido, uma vez que a expressão sem sentido não pode aspirar à dignidade de enunciado. Entretanto, sem encerrar uma unidade *completa* de significação deôntica, na medida que permanecem na expectativa de juntar-se a outras unidades da mesma índole. Com efeito, terão de conjugar-se a outros enunciados, consoante específica estrutura lógico-molecular, para formar *normas jurídicas*, estas sim, expressões completas de significação deôntico-jurídica".[13]

Esta junção de proposições com o fito de formar normas jurídicas ocorrerá no plano do domínio articulado de significações normativas (S3), o terceiro passo no percurso gerador de sentido percorrido pelo intérprete. "No terceiro plano, o intérprete constrói as normas jurídicas em função da experiência com esses suportes comunicacionais, juízos prescritivos que apresentam forma implicacional, em que a hipótese, ou antecedente, descreve situação futura (de possível ocorrência) ou passada e a tese, ou conseqüente, prescreve uma relação modalizada pelo functor relacional deôntico num de seus três modos relacionais específicos (...)".[14]

Assim, nesta fase o intérprete terá à sua disposição proposições normativas cheias de significação, mas despidas da completude de sentido necessária às mensagens deônticas. Ou seja, para que possa alcançar o mínimo irredutível de manifestação do deôntico, será necessário que o intérprete trabalhe com as proposições normativas que tem a sua disposição contextualizando-as e formando unidades normativas. A este trabalho de contextualização torna-se imprescindível a incursão aos dois planos anteriormente expostos (S1 e S2), "na atividade ingente de procurar significações de outras sentenças prescritivas que, por imposição da hierarquia constitucional, não podem estar ausentes do conteúdo semântico da norma produzida",[15] bem como pelo fato de que, por vezes, as proposições necessárias à construção normativa estarão em diferentes diplomas normativos, pelo que em cada um deles deverá o intérprete percorrer novamente o percurso explicitado.

O quarto e último passo diz respeito à organização sistêmica das normas construídas no plano do domínio articulado de significações normativas (S3) de acordo com

11. Idem, pp. 63-64.

12. Paulo de Barros Carvalho, *Curso de Direito Tributário*, 16ª ed., cit., p. 114.

13. Paulo de Barros Carvalho, *Direito Tributário: Fundamentos Jurídicos da Incidência*, 4ª ed., cit., p. 63.

14. Eurico Marcos Diniz de Santi, "Introdução: norma, evento, fato, relação jurídica, fontes e validade do direito", in Eurico Marcos Diniz de Santi (coord.), *Curso de Especialização em Direito Tributário: Estudos Analíticos em Homenagem a Paulo de Barros Carvalho*, cit., p. 19.

15. Paulo de Barros Carvalho, *Curso de Direito Tributário*, 16ª ed., cit., p. 128.

os vínculos de coordenação e de subordinação que se estabelecem entre as normas jurídicas (S4).

Pois bem, após o processo de enunciação e interpretação do enunciado chega-se à norma, resultado necessário do processo de interpretação dos enunciados legislativos. Assim, a norma, enquanto produto da interpretação dos enunciados legislativos, a estes está intimamente atrelada, de modo que se pode afirmar que traz consigo as marcas do processo de enunciação dos enunciados de que proveio. Vale dizer, os fatos enunciativos dos enunciados agregam-se à norma conferindo-lhe as mesmas marcas temporais, espaciais, pessoais e procedimentais.

Poder-se-ia falar então em fatos enunciativos indiretos da norma jurídica como herança dos enunciados, dos quais é indissociável. Indiretos porque não se referem efetivamente ao processo de enunciação da norma jurídica, mas sim dos enunciados que lhe dão suporte. Seria até mesmo questionável falar-se em fatos enunciativos diretos da norma, já que, uma vez enunciada, passa a ser enunciado, também passível necessariamente de interpretação do receptor, que somente após percorrer todo o percurso gerador de sentido terá efetivamente a norma jurídica enquanto soma de proposições e não enquanto enunciado.

Afirma-se, portanto, que a análise da norma jurídica deverá sempre considerar seus fatos enunciativos indiretos (temporais, espaciais, pessoais e procedimentais). Apenas a análise da norma como um todo, em todos seus aspectos (material e formal) possibilita a afirmação de sua validade e esta análise somente será possível se o agente cognoscente tiver acesso a todos seus fatos enunciativos indiretos.

Ora, dada uma norma jurídica, para que se possa confrontá-la com seu fundamento de validade é preciso que se saiba quando e onde buscá-lo, o que será possível devido aos fatos enunciativos temporais e espaciais da norma. Uma vez encontrado seu fundamento de validade e as determinações nele contidas, deverão estas ser confrontadas com os agentes produtores e o procedimento de produção dos enunciados que lhe dão suporte (por meio dos fatos enunciativos pessoais e procedimentais), a fim de verificar-se eventual invalidade formal, bem como com o conteúdo da norma, a fim de verificar-se eventual invalidade material.

Vê-se, portanto, que é de todo importante as marcas deixadas pela enunciação nas normas jurídicas. Tais marcas serão imprescindíveis à solução que se propõe neste artigo.

4. Validade e vigência: efeitos da decisão do STF sobre a Lei n. 9.718/1998

Eurico Marcos Diniz de Santi bem expõe a divergência entre as concepções de validade de Pontes de Miranda e Hans Kelsen:

"Pontes de Miranda, ante o problema das normas que entram no mundo jurídico, mas que por apresentarem defeito no suporte fáctico do ato de produção (fato jurídico) sujeitam-se à invalidação, prefere o conceito de existência, reservando o de validade para as normas existentes e regularmente produzidas.

"Kelsen designando por validade a existência específica das normas, ensina: 'Dizer que uma norma é valida é dizer que pressupomos sua existência ou – o que redunda no mesmo – pressupormos que ela possui 'força de obrigatoriedade' para aqueles cuja conduta regula. Portanto, o conceito kelseniano de validade denota o mesmo objeto que aquele de 'existência', empregado por Pontes de Miranda."[16]

Adotar-se-á neste trabalho a concepção de validade apregoada por Pontes de Miranda. Assim, aceita-se três planos de

16. Eurico Marcos Diniz de Santi, *Decadência e Prescrição no Direito Tributário*, 2ª ed., 2ª tir., cit., p. 65.

análise das normas jurídicas: existência, validade e eficácia. Importa, neste momento, o plano da validade.

Logo, serão válidas as normas todas as vezes em que forem produzidas (aspecto formal) e tiverem seu conteúdo (aspecto material) de acordo com o que dispõe seu fundamento de validade. Conforme ensina Tércio Sampaio Ferraz Júnior "Identificar a validade de uma norma significa, pois, verificar sua relação de subordinação em face de outra norma. Por exemplo, a validade de uma norma legal verifica-se por sua conformidade de subordinação em face da norma constitucional, das normas procedimentais para sua edição etc.".[17]

Ainda, Paulo Roberto Lyrio Pimenta esclarece a concepção ponteana de validade: "Transposta a doutrina ponteana para o exame da validade da norma jurídica, pode-se inferir que existe diferença entre norma existente e norma inválida. Isso significa que norma válida não é sinônimo de norma existente. Vale dizer, validade não é uma relação de pertinencialidade, como sustenta a doutrina kelseniana. Norma existente é a norma posta no sistema, enquanto norma válida é aquela que está em conformidade com a norma que representa o seu fundamento, tanto a que giza a regra de competência e o procedimento, quanto a que determina o conteúdo".[18]

Há de se ressaltar que a validade é atributo da norma e não dos enunciados de que proveio. Isto porque, para se aferir a validade de algo em relação ao seu fundamento de validade há de se analisar seus aspectos formal (*v.g.*, agente competente, procedimento adequado) e material (conteúdo). Sob o aspecto formal, poder-se-ia até mesmo analisar a validade dos enunciados por meio da análise da enunciação-enunciada neles estampada. Entretanto, para que se possa afirmar sua validade material, é necessário adentrar no plano semântico, do conteúdo, ou melhor, é necessário que se conheça a norma, com todos seus critérios. Na hipótese da legislação tributária, por exemplo, não se pode afirmar que determinada exação é valida sem que se conheça a integralidade da regra-matriz de incidência tributária que dela se constrói, já que, se qualquer um dos seus critérios estiver em desconformidade com seu fundamento, a exação é inválida.

No que tange à vigência, Paulo de Barros Carvalho afirma:

"Viger é ter força para disciplinar, para reger, para regular as condutas inter-humanas sobre as quais a norma incide, cumprindo, desse modo seus objetivos finais. É, agora sim, uma propriedade de certas regras jurídicas que estão prontas para propagar efeitos, tão logo aconteçam, no mundo social, os fatos descritos e seus antecedentes.

"(...).

"De ver está que, nesse sentido, *vigência* significa o atributo da norma que está preparada para incidir no mundo social, regulando deonticamente as condutas intersubjetivas."[19]

Assim, pode-se afirmar que é pressuposto lógico à vigência da norma a sua existência, sendo indiferente a sua validade. Toda norma vigente existe, mas nem toda norma vigente é válida, assim como toda norma válida existe, mas nem toda norma válida é vigente.[20] Conclui-se, portanto, que vigência e validade são duas qualidades independentes, ligadas apenas pelo pressuposto lógico em comum da

17. Tércio Sampaio Ferraz Júnior, *Introdução ao Estudo do Direito: Técnica, Decisão, Dominação*, 3ª ed., São Paulo, Atlas, 2001, p. 178.

18. Paulo Roberto Lyrio Pimenta, "Validade, vigência, aplicação e interpretação da norma jurídico-tributária", in Eurico Marcos Diniz de Santi (coord.), *Curso de Especialização em Direito Tributário: Estudos Analíticos em Homenagem a Paulo de Barros Carvalho*, cit., p. 179.

19. Paulo de Barros Carvalho, *Direito Tributário: Fundamentos Jurídicos da Incidência*, 4ª ed., cit., p. 58.

20. Ao menos em determinados períodos, como na *vacatio legis*.

existência, visto que não há norma vigente e tampouco válida que não exista.

5. Regras-matrizes da Cofins

Conforme se expôs alhures, para que se possa conhecer o conteúdo dos enunciados legislativos, é imprescindível o ato de interpretação, que necessariamente resultará em uma norma jurídica (S3), assim como nem sempre os enunciados dos quais provem a proposições (S2) que serão contextualizas no plano do domínio articulado de significações normativas fazem parte de um mesmo documento legislativo. Assim, há de se construir, utilizando-se dos planos do percurso gerador de sentido expostos, as normas consubstanciadas nas Leis ns. 9.718/1998 e 10.833/2003, a que se chamará, respectivamente, de RMIT 1 e RMIT 2.

Como resultado da interpretação da Lei n. 9.718/1998 constrói-se a regra-matriz de incidência tributária RMIT 1 e desde já se explicitará que tem por sujeito passivo as *pessoas jurídicas de direito privado* (art. 2º) e como base de cálculo *o faturamento enquanto receita bruta decorrente da totalidade das receitas auferidas pela pessoa jurídica, sendo irrelevantes o tipo de atividade por ela exercida e a classificação contábil adotada para as receitas* (art. 3º, § 1º).

Pois bem, ao instituir o regime da não-cumulatividade para a Cofins, por meio da Lei n. 10.833/2003, explicitou o legislador algumas pessoas jurídicas que não estariam sujeitas ao regime da não-cumulatividade e, portanto, *permaneceriam sujeitas às normas da legislação da Cofins, vigentes anteriormente a esta lei*. Um primeiro e desatento olhar poderia levar à errônea conclusão de que às pessoas jurídicas excepcionadas aplicar-se-ia a "RMIT 1" construída a partir da Lei n. 9.718/1998 e não aquele que se constrói da interpretação da Lei n. 10.833/2003. Entretanto, tal conclusão é falaciosa. Logo, a tais pessoas jurídicas, excepcionadas, aplicar-se-á a RMIT 2, construída a partir da interpretação da Lei n. 10.833/2003. O art. 10 deste diploma, ao contrário do que pode parecer, traz em si uma *nova exação*. Ao fazer remissão à legislação da Cofins até então vigente, ou seja, à Lei n. 9.718/1998, apenas indica ao intérprete que este deverá buscar também nesta legislação as proposições dos enunciados dela constantes, que não contrastem com as proposições dos próprios enunciados do art. 10 da Lei n. 10.833/2003. Deste conjunto de proposições normativas é que o intérprete construirá a norma que regerá as relações intersubjetivas a partir da edição desta lei (RMIT 2).

Portanto, da interpretação dos dispositivos em questão conclui-se que da Lei n. 9.718/1998 tem-se as proposições relativas aos critérios material, espacial, temporal, quantitativo e pessoal no que tange ao Sujeito Ativo (Sa) e da Lei n. 10.833/2003 tem-se a proposição relativa ao critério pessoal no que tange ao Sujeito Passivo (Sp).

Logo, a RMIT 2 teria os mesmos critérios da RMIT 1 exceto pelo Sujeito Passivo. Na RMIT 1 seriam sujeitos passivos as pessoas jurídicas de direito privado em sua totalidade. Já na RMIT 2 seriam sujeitos passivos apenas as pessoas jurídicas referidas nos incisos I a VI e aquelas cuja receita esteja dentre as elencadas do inciso VII ao XII do art. 10 da Lei n. 10.833/2003.

Além da diversidade semântica há também diferença quanto aos fatos enunciativos indiretos a ela atrelados. Na RMIT 1 tem-se: (*a*) fato enunciativo temporal a data de 27 de novembro de 1998; (*b*) fato enunciativo espacial a cidade de Brasília; (*c*) fato enunciativo pessoal o Presidente da República e o Congresso Nacional; e (*d*) fato enunciativo procedimental o termo Lei. Já na RMIT 2 tem-se: (*a*) fato enunciativo temporal a data de 29 de dezembro de 2003; (*b*) fato enunciativo espacial a cidade de Brasília; (*c*) fato enunciativo pessoal o Presidente da República e o Congresso Nacional; e (*d*) fato enunciativo procedimental o termo Lei.

6. *Resposta às perguntas objeto da controvérsia*

Fixadas as bases empírica e teórica que se necessita à tomada de posição frente à controvérsia que se propõe, passa-se a efetivamente responder às indagações objeto de análise.

6.1 Qual o efeito da declaração de inconstitucionalidade do § 1º da Lei n. 9.718/1998 pelo Supremo Tribunal Federal em controle difuso de constitucionalidade?

Resposta: Por meio de Recurso Extraordinário o Supremo Tribunal Federal declarou no ano de 2005 a inconstitucionalidade do § 1º do art. 3º da Lei n. 9.718/1998 por não observar, materialmente, seu fundamento de validade. Devido ao fato de a declaração ter-se dado em sede de Recursos Extraordinários, a norma construída a partir da Lei n. 9.718/1998 permaneceu existente e vigente (exceto para os contribuintes que a contestaram em juízo e obtiveram decisão favorável, já que o Recurso Extraordinário produz efeitos apenas entre as partes), porém inválida. Isto porque, consoante leciona Regina Maria Macedo Nery Ferrari ao tratar da argüição de inconstitucionalidade pela via de defesa ou exceção "(...) Quer provenha a decisão dos órgãos judiciários comuns, quer provenha a decisão de órgãos especiais, é essencial a este tipo de argüição o fato de que só incidentalmente a constitucionalidade é apreciada e que, uma vez constatado o vício, tal decisão incide *inter partes*".[21]

Complementam os apontamentos de Gustavo Sampaio Valverde: "Cogita-se aqui, como visto acima, do que a doutrina convencionou chamar dos limites subjetivos da coisa julgada. A respeito desse tema, o Supremo Tribunal Federal assentou, ao julgar o RE 94.268-PR que 'são conotações essenciais e, portanto, indissociáveis, da coisa julgada, os seus limites objetivos e subjetivos, e quanto a estes, é induvidoso que o comando da sentença se dirige aos que são partes na lide, não podendo beneficiar, nem prejudicar terceiros (...)'".[22]

6.2 Quais as diferenças entre as regras matrizes da Cofins no regime cumulativo construídas a partir das Leis ns. 9.718/1998 e 10.833/2003?

Resposta: Diferem-se a RMIT 1 e a RMIT 2 em dois aspectos. O primeiro deles revela-se no critério pessoal, especificamente quanto ao sujeito passivo da obrigação tributária. Isto porque, seriam sujeitos passivos da obrigação tributária prescrita na RMIT 1 todas as pessoas jurídicas de direito privado, enquanto seriam sujeitos passivos da obrigação tributária prescrita na RMIT 2 apenas as pessoas jurídicas referidas nos incisos I a VI e aquelas cuja receita esteja dentre as elencadas do inciso VII ao XII do art. 10 da Lei n. 10.833/2003. O segundo aspecto no qual se diferenciam refere-se aos fatos enunciativos temporais de ambas as regras matrizes. Na RMIT 1 tem-se por fato enunciativo temporal a data de 27 de novembro de 1998. Por sua vez, tem-se por fato enunciativo temporal da RMIT 2 a data de 29 de dezembro de 2003.

Ora, além de serem semanticamente diferentes, diferem também quanto aos fatos enunciativos temporais. Tal informação é de essencial importância para que se possa aferir a validade de ambas as RMITs, já que é à época da data explicitada nos respectivos fatos enunciativos temporais que se deve buscar o fundamento de validade que pautou suas edições. Eis aqui o principal ponto ao deslinde da controvérsia.

21. Regina Maria Macedo Nery Ferrari, *Efeitos da Declaração de Inconstitucionalidade*, 4ª ed. rev., atual. e ampl., São Paulo, Ed. RT, 1999, p. 138.

22. Gustavo Sampaio Valverde, *Coisa Julgada em Matéria Tributária*, São Paulo, Quartier Latin, pp. 135-136.

6.3 As normas insertas no art. 3º da Lei n. 9.718 e no art. 10 da Lei n. 10.833/2003 tem o mesmo fundamento de validade?

Resposta: Materialmente, não. À época da data constante do fato enunciativo temporal da *RMIT 1*, vale dizer, em 27 de novembro de 1998, o art. 195, I, da Constituição Federal (fundamento de validade de ambas as RMITs) dispunha que a seguridade social seria financiada por toda a sociedade, de forma direta e indireta, nos termos da lei, mediante recursos provenientes dos orçamentos da União, dos Estados, do Distrito Federal e dos Municípios, e das seguintes contribuições sociais dos empregadores, incidente sobre a folha de salários, o *faturamento* e o lucro. O critério quantitativo (base de cálculo) constante da RMIT 1 (art. 3º, § 1º, da Lei n. 9.718/1998) extrapolava os limites previstos em seu fundamento de validade, que previa apenas o *faturamento* como base de cálculo da Cofins e não a *receita bruta* decorrente da totalidade das receitas auferidas pelas pessoas jurídicas de direito privado. Por esta razão sua declaração de inconstitucionalidade pelo Supremo Tribunal Federal.

Por outro lado, à época da data constante do fato enunciativo da *RMIT 2*, vale dizer, em 29 de dezembro de 2003, o art. 195, I, da Constituição Federal, com a redação que lhe deu a Emenda Constitucional n. 20/1998 dispunha o seguinte:

> Art. 195. A seguridade social será financiada por toda a sociedade, de forma direta e indireta, nos termos da lei, mediante recursos provenientes dos orçamentos da União, dos Estados, do Distrito Federal e dos Municípios, e das seguintes contribuições sociais:
>
> I – do empregador, da empresa e da entidade a ela equiparada na forma da lei, incidentes sobre:
>
> a) a folha de salários e demais rendimentos do trabalho pago ou creditados, a qualquer título, à pessoa física que lhe preste serviço, mesmo sem vínculo empregatício;
>
> b) a *receita* ou o *faturamento*;
>
> c) o lucro;
>
> (...).

Como se percebe, apesar das RMITs 1 e 2 terem o mesmo critério quantitativo (base de cálculo), a RMIT 2 não extrapolou os limites postos em seu fundamento de validade, que, em decorrência da Emenda Constitucional n. 20/1998, já previa a receita, além do faturamento, como base de cálculo para a incidência das contribuições sociais.

6.4 O vício de inconstitucionalidade do § 1º do art. 3º da Lei n. 9.718/1998 declarado pelo Supremo Tribunal Federal em Recursos Extraordinários atinge o art. 10 da Lei n. 10.833/2003 e qual a base de cálculo da Cofins, no regime cumulativo, após a edição da Lei n. 10.833/2003?

Por todo o exposto, ilai-se que o vício da inconstitucionalidade do § 1º do art. 3º da Lei n. 9.718/1998, declarado pelo Supremo Tribunal Federal em Recursos Extraordinários, não atinge a RMIT construída a partir do art. 10 da Lei n. 10.833/2003, de modo que desde a edição desta lei as pessoas jurídicas elencadas nos incisos de seu art. 10 (sujeitos passivos) passaram a sofrer a incidência da RMIT 2 (que é, portanto, plenamente válida), pela que deverão recolher a Cofins, em decorrência da Lei n. 10.833/2003 e não mais da Lei n. 9.718/1998, sobre a receita bruta, assim entendida como a totalidade das receitas auferidas pelas pessoas jurídicas de direito privado, sendo irrelevante o tipo de atividade por elas exercida e a classificação contábil adotada para as receitas.

ESTUDOS & COMENTÁRIOS

O ISS – IMPOSTO SOBRE SERVIÇOS E A CESSÃO DE LICENÇA DE USO DE *SOFTWARE*[1]

ROSANA OLEINIK PASINATO

Mestranda em Direito Tributário pela PUC/SP. Especialista em Direito Tributário pela PUC/SP – COGEAE. Advogada em São Paulo

1. Introdução: 1.1 O direito como linguagem: 1.1.1 O processo de construção de sentido e a norma jurídica; 1.1.2 O contexto histórico; 1.2 O direito como objeto cultural e a realização de valores; 1.2.1 A historicidade e a interpretação do direito. 2. A Lei Complementar n. 116 e a licença de uso de programas de computador: 2.1 Conceito de prestação de serviços sujeitos ao ISS; 2.2 Licença de uso de programa de computador não é serviço; 2.3 O art. 110 do Código Tributário Nacional. 3. Conclusão. 4. Bibliografia.

1. Introdução

Esse artigo visa debater se é admissível, em nosso sistema de direito positivo, interpretar a atividade econômica de cessão de licença de uso de *software* como obrigação de fazer caracterizadora de serviço e, portanto, passível de tributação pelo ISS – Imposto Sobre Serviço, conforme fez o legislador que positivou esse entendimento na Lei Complementar n. 116/2003.[2]

Sob outra óptica, aplicável à investigação de qualquer questão prática no campo do direito positivo, o que queremos investigar é se, é possível ao legislador, ou ainda, ao intérprete autêntico do direito na nomenclatura estabelecida por Kelsen,[3] conferir significação diversa aos vocábulos que adota na construção da norma jurídica, daquela utilizada usualmente pela comunidade jurídica em dado contexto histórico, a ponto de atribuir outro sentido aos vocábulos empregados na construção da norma.

1. Palavra de origem inglesa que mundialmente significa programa de computador. No presente artigo, utilizamos a expressão em inglês e a expressão em português "programa de computador", com o mesmo significado.

2. Diz o trecho da Lei Complementar n. 116/2003: "Art. 1º. O Imposto Sobre Serviços de Qualquer Natureza, de competência dos Municípios e do Distrito Federal, tem como fato gerador a prestação de serviços constantes da lista anexa, ainda que esses não se constituam como atividade preponderante do prestador. (...) Lista Anexa à Lei Complementar 116 de 31 de julho de 2003. 1. Serviços de Informática e Congêneres. (...) 1.05 – Licenciamento ou cessão de direito de uso de programas de computação". *Ressalte-se que a Lei Complementar n. 56/1987 e o Decreto-lei n. 406/1968, que regulavam anteriormente a matéria não consideravam a atividade de licença de uso "software" como serviço.*

3. Segundo Kelsen, "A interpretação feita pelo órgão aplicador do Direito é sempre autêntica" (*Teoria Pura do Direito*, p. 394).

Portanto, seria correto à luz da Constituição da República de 1988, do art. 110 do Código Tributário Nacional e do Direito Civil Brasileiro, o entendimento de que a expressão "licença de uso" significa uma obrigação de fazer e, por conseguinte, um serviço?

Para enfrentar esse problema, adotamos duas premissas. A primeira consistente no conceito de que direito é um fenômeno comunicacional,[4] é linguagem prescritiva de condutas. Por tratar-se de ato comunicacional cujo objetivo é regular condutas, o direito é intersubjetivo e necessita de que alguém legalmente legitimado[5] emita uma mensagem que será levada por um canal, suporte físico, a um receptor. Esse receptor, por sua vez, construirá o sentido daquela mensagem.[6]

Portanto, ao construir o sentido de uma mensagem reguladora de condutas, o intérprete está formulando um juízo de valor prescritivo, uma norma jurídica.

Logo, o direito para atingir seu fim último, qual seja regular condutas, necessita ser interpretado, ou seja, impõe-se a construção de normas jurídicas, porque o significado da comunicação será construído a partir do texto.

Porém, esse intérprete não está solto no tempo e no espaço, podendo atribuir qualquer significação às mensagens, a ponto de considerar, como no caso da Lei Complementar n. 116/2003, de que a cessão de um direito, consistente em obrigação de dar, para fins de tributação, seria o mesmo que obrigação de fazer. Obviamente tal liberdade, se possível, instauraria uma espécie de esquizofrenia jurídica e o direito jamais conseguiria realizar os valores dos quais está incumbido, a exemplo da segurança jurídica.[7]

Para evitar essa contradição é que estabelecemos a segunda premissa deste trabalho, consistente em inserir o intérprete na sua historicidade, que submete o ser humano a determinados pré-juízos e pré-valores que lhe servirão de limites objetivos.[8]

Conforme essa premissa, o direito é objeto cultural, posto que produzido pelo homem e tem por meta prescrever condutas que servem para a realização de valores determinados historicamente.

Esse contexto histórico, porém, para que sirva de limite à interpretação, deve ser estabelecido de forma geral para dada comunidade, como se fosse um recorte no tempo, para que se evite ao máximo a subjetividade dos subcontextos que se formam inexoravelmente dentro do contexto geral, tendo em vista a dinamicidade da história e os conflitos de interesse existentes na sociedade.

Estabelecemos então, de forma clara que, para esse trabalho, o contexto histórico ao qual o intérprete está inserido e que por conseqüência o limita é a Constituição da República de 1988.

Assim o elegemos, primeiramente porque os valores históricos a serem realizados pelas normas jurídicas são aqueles que foram introduzidos ou referendados em nosso ordenamento pela Constituição da República de 1988, conforme se afere

4. Para Paulo de Barros Carvalho "Falar-se em incidência normativa ou subsunção do fato a uma norma, portanto, é descrever o processo comunicacional do direito, indicando os elementos participantes na construção da mensagem legislada". Trecho de texto inédito denominado *Sobre o Método da Ciência do Direito*, de propriedade intelectual do IBET – Instituto Brasileiro de Estudos Tributários.

5. Legislador ou ainda o intérprete autêntico, aplicador do direito.

6. Ressalto que somente o legislador e o intérprete autêntico do direito constroem sentido prescritivo e vinculante às mensagens emitidas pelo emissor.

7. Para Tathiane dos Santos Piscitelli, "As interpretações possíveis serão somente aquelas que observam os valores implícitos às normas constitucionais" (*Os Limites à Interpretação das Normas Tributárias*, p. 118).

8. "Ora, uma vez que a pertença ao mundo é histórica, a compreensão somente pode se dar na historicidade, que é a condição primeira do ser-no-mundo" (Tathiane Piscitelli dos Santos, ob. cit., p. 34).

na norma introdutora constante no seu Preâmbulo, dentre os quais, a segurança jurídica é um deles.[9]

Por outro lado, a Constituição da República vigente, de acordo com nosso sistema de direito positivo, é o fundamento de validade de toda norma produzida, dessa forma, condicionando as interpretações possíveis aos seus limites, entendendo esses limites não como sendo o próprio texto da Constituição, mas as significações que levou em conta o constituinte para a elaboração do texto.

Nesse sentido, não poderia o legislador da Lei Complementar n. 116/2003, ao construir norma relativa ao art. 156, III, da Constituição da República, que determina a competência dos Municípios e Distrito Federal para instituir tributo sobre serviços de qualquer natureza, utilizar-se de materialidade diversa daquela entendida por serviço no momento histórico da promulgação da Constituição da República. "Permitir ao intérprete ou ao legislador ordinário interessado (que legisla em causa própria) que alterasse o sentido e alcance desses institutos e conceitos constitucionalmente empregados, seria permitir que firmasse, sem licença da Constituição, novo pacto federativo, nova discriminação de competência (...)".[10]

Deixo claro, que essas premissas adotadas foram inspiradas nos ensinamentos de Paulo de Barros Carvalho, que por sua obra, dispensa apresentações e Tathiane dos Santos Piscitelli, que fundamentada nas teorias de Ludwig Wittgenstein e Hans-Georg Gadamer, escreveu brilhante Tese de Mestrado, defendida na Faculdade e Direito da USP, que posteriormente veio a ser publicada com o nome de *Os Limites à Interpretação das Normas Tributárias*.

Passamos então, a aprofundar e esclarecer as premissas adotadas, conforme acima citado, o que se impõe como necessidade, na tentativa de que fiquem claras e bem fundamentadas as conclusões a que chegaremos ao final deste artigo.

1.1 O direito como linguagem

Afirmamos acima, ser o direito linguagem prescritiva de condutas. Esse conceito encontra seu fundamento na filosofia contemporânea que passou a considerar a verdade, a realidade, como construção lingüística e não como a correspondência entre a proposição lingüística e o objeto. É o pensamento da corrente filosófica denominada "virada lingüística" ou *linguistic turn*, que representou a ponte de passagem da filosofia moderna para a filosofia contemporânea.

Ao comentar essa mudança de paradigma, que elevou a linguagem como fundamento filosófico e não apenas como instrumento de conhecimento, Manfredo Araújo de Oliveira[11] afirma que "isso implica radicalização da crítica do conhecimento, como ela foi articulada nos últimos séculos, pois a pergunta pela verdade dos juízos válidos é precedida pela pergunta pelo sentido, lingüisticamente articulado, o que significa dizer que é impossível tratar qualquer questão filosófica sem esclarecer previamente a questão da linguagem".

Para filósofos dessa corrente de pensamento, a linguagem constrói a realidade e não apenas a designa. Não seria a linguagem uma forma de aproximação da realidade, mas a própria realidade na medida em que a constitui.[12] Conforme Manfredo

9. "O Preâmbulo da Constituição da República enuncia os valores sob os quais o Estado Democrático Brasileiro foi instituído e mediante os quais deverá esse Estado ser regido. São eles: liberdade, segurança (jurídica), bem-estar, desenvolvimento, igualdade e justiça" (Tathiane dos Santos Piscitelli, ob. cit., p. 116).

10. Misabel Abreu Machado Derzi, citada por Tathiane dos Santos Piscitelli (ob. cit., p. 93).

11. *Reviravolta Lingüístico-Pragmática na Filosofia Contemporânea*, p. 13.

12. Vide exemplo da tribo amazônica dos Pirahãs que possuem sistema numérico composto de três palavras: "hói" (muitos), hoí (dois) e baggi (muitos) e que ao participarem de experiências feitas

Araújo de Oliveira:[13] "Numa palavra, não existe mundo totalmente independente da linguagem, ou seja, não existe mundo que não seja exprimível na linguagem. A linguagem é o espaço de expressividade do mundo, a instância de articulação de sua inteligibilidade".

Por via de conseqüência, sendo a linguagem que constitui a realidade e sendo o direito parte de nossa realidade, produto cultural, criação humana, não poderia ser o direito outra coisa senão linguagem. Porém, uma linguagem que prescreve, que quer realizar valores, moldar condutas para manter a coesão que uma idéia de vida em sociedade pressupõe.

Ora, toda e qualquer linguagem somente pode ser considerada como tal, se for possível realizar uma comunicação, ou seja, se for possível o seu entendimento. Para tanto, é necessário o ato de interpretar, de construir sentido. Assim também o é no campo do Direito.

Porém, essa interpretação não pode ser feita de forma aleatória, de modo a separar texto de contexto, causando enorme sensação de insegurança e descrença no Estado Democrático de Direito instituído pela Constituição da República de 1988.

1.1.1 O processo de construção de sentido e a norma jurídica

Como já dissemos, adotamos a premissa que Direito é linguagem prescritiva de condutas. "Sistema de signos utilizados para a comunicação, a linguagem jurídica assume, desde logo, a função de conteúdos prescritivos voltados para o setor específico das condutas intersubjetivas".[14]

Portanto, para aplicar o Direito, é necessária a interpretação dessa linguagem[15] que se encontra positivada no sistema de Direito Positivo, o que significa construir normas jurídicas que irão regular as condutas intersubjetivas.

Seguindo esse raciocínio, temos de antemão condições de afirmar que o sentido do texto jurídico de Direito Positivo, não está em seu suporte físico (marcas de tinta sobre o papel ou texto bruto), mas é construído pelo exegeta no processo de interpretação que se inicia a partir da leitura do texto escrito.

Nesse momento, no qual temos apenas o texto escrito, ainda não podemos falar de norma jurídica, mas tão-somente de enunciado lingüístico, que por si só não possui sentido, apenas coerência sintática e nada regula. Para que ocorra a regulação intersubjetiva de condutas que se almeja pela aplicação do Direito é necessário, antes de mais nada, a interpretação do texto, a construção de sentido que se completará com a formação da norma jurídica.

Para Paulo de Barros Carvalho a norma jurídica que tem por fim último a regulação de condutas é "a significação que colhemos da leitura dos textos de Direito Positivo".[16] No entanto, o intérprete percorre um trajeto pelos vários planos de linguagem, até que atinja o objetivo final de construir um sentido completo capaz de regular a conduta em questão. Nesse momento nasce a norma jurídica.

O primeiro plano de linguagem pelo qual percorre o intérprete é justamente o texto bruto, ou plano de expressão. Momento seguinte, o intérprete passará a buscar as significações de base para os enunciados presentes no texto, inclusive fora do

pelo cientista Peter Gordon da Universidade de Columbia (USA) tiveram dificuldades em diferenciar quatro de cinco peixes ou quaisquer quantidades maiores a três, conforme está noticiado na *folhaonline* de 28.4.2004, que traz reportagem de autoria de Cristina Amorim cujo título é "Tribo do Amazonas só Sabe Contar até Três".

13. Ob. cit., p. 13.

14. Paulo de Barros Carvalho em texto inédito denominado *Sobre o Método da Ciência do Direito*, de propriedade intelectual do IBET – Instituto Brasileiro de Estudos Tributários.

15. Nessa passagem usamos o vocábulo "linguagem" com referência ao texto bruto cujo sentido ainda não foi construído pelo intérprete.

16. *Curso de Direito Tributário*, p. 7.

campo do direito em questão,[17] para que no plano normativo, possua as significações necessárias para a construção de uma unidade de regulação de conduta com sentido completo, vale dizer, antecedente implicando em conseqüente. A partir de então, o exegeta compatibiliza sua construção com o sistema jurídico, verificando a relação de subordinação e coordenação da norma construída.[18]

Note-se que, esse itinerário de construção do sentido da norma jurídica é desenvolvido dentro de limites. Assim sendo, o intérprete, ao buscar as significações de base para os enunciados presentes no texto está limitado pelo uso comum dos vocábulos por dada comunidade jurídica em determinado momento histórico, que de acordo com a premissa adotada, seria o da Constituição da República de 1988. O exegeta ao verificar se sua construção normativa está numa relação de subordinação e coordenação com o sistema jurídico, de fato, está posicionando historicamente a norma jurídica que acabou de construir, posto que dada norma, estará subordinada e coordenada a outras normas de um ordenamento[19] existente em dado espaço de tempo.

Isso sinaliza, portanto, que o intérprete autêntico da norma, não poderá construir seu sentido em dissonância com o ordenamento jurídico, ou dito de outra forma, em dissonância com o contexto histórico que limita sua interpretação.

Também não poderá fazê-lo de forma a desconsiderar o uso comum da linguagem, ou, melhor dizendo, das significações de base comumente aceitas e a partir da quais as normas jurídicas são edificadas. Para Tathiane dos Santos Piscitelli "os juízes, ao aplicarem o direito positivo aos casos concretos, possuem certo grau de discricionariedade e não absoluta liberdade para atribuírem qualquer significado que queiram às normas jurídicas. Essa discricionariedade, afirmou-se, está limitada pelas significações aceitas pela comunidade jurídica, pelo uso habitual das expressões em referida comunidade (...)".[20]

Aplicando-se as premissas adotadas ao que se quer tratar nesse artigo, podemos afirmar que o intérprete do Direito, não poderá construir de forma correta, uma norma jurídica que obrigue ao recolhimento de ISS – Imposto Sobre Serviços,[21] se no antecedente dessa norma, contiver critério material[22] indicador de obrigação de dar (licença de uso), pois a significação de base que adotou impedirá que a relação implicacional entre antecedente e conseqüente se instaure de forma correta.

Sob o ponto de vista do percurso gerador da norma, adotando o intérprete significações de base incorretas, comprometerá o plano normativo, pois os critérios que se utilizou para compor a norma jurídica não serão apropriados, o que resultará na geração de norma que não estará numa relação adequada de coordenação ou subordinação ao sistema jurídico a que pertence.

Melhor explicando, uma norma jurídica é uma relação implicacional entre hipótese e conseqüente, articuladas pelo modal deôntico "dever ser". Segundo Lourival Vilanova "No interior de cada proposição, temos antecedentes (hipóteses) e conseqüentes (teses), que Kelsen chama

17. Paulo de Barros Carvalho na obra denominada *Fundamentos Jurídicos de Incidência*, p. 150, afirma que "O exemplo da hipótese de incidência do imposto predial e territorial urbano exibe a procedência dessa afirmação. Quem se propuser estudá-la, vai ter de percorrer longos caminhos em distintos subdomínios do direito positivo, nenhum por coincidência, incluído naquele campo que chamamos de 'tributário'".

18. *Interpretação das Normas Jurídicas* (texto inédito). Em sua obra o autor adota a terminologia S1 para o plano de expressão, S2 para o plano dos enunciados, S3 para o plano normativo e S4 para o plano de coordenação e de subordinação.

19. Esclareço que adoto os termos "ordenamento jurídico" e "sistema jurídico" como sinônimos.

20. Ob. cit., p. 97.

21. Entendo que serviço é obrigação de fazer, conforme será explicado no momento oportuno.

22. Os critérios que compõem as normas jurídicas serão explicados na seqüência do texto.

pressupostos e conseqüências. Damos por assente que a relação implicacional que articula o interior de cada proposição vem deonticamente modalizada. Sem modal deôntico ('dever ser', 'é juridicamente válido'), prefixo à proposição implicacional, q não seria implicado por p, nem r seria implicado por 'não q'".[23]

Seguindo a linha de pensamento de Paulo de Barros Carvalho,[24] o antecedente ou hipótese da norma jurídica geral e abstrata "funcionará como descritora de um evento de possível ocorrência no campo da experiência social, sem que isso importe submetê-la ao critério de verificação empírica, assumindo os valores 'verdadeiro' ou 'falso', pois não se trata, absolutamente de uma proposição cognoscente do real, apenas de proposição tipificadora de eventos".[25]

Portanto, no antecedente da norma jurídica geral e abstrata, como a que prevê a incidência de ISS sobre a atividade de licença de uso de programas de computador, verificamos os critérios (*i*) material, no qual está inserto uma atividade humana eleita pelo legislador como passível de ser tributada, (*ii*) critério espacial e (*iii*) critério temporal, que delimitarão onde e quando a atividade descrita no critério material deve ocorrer para que seja possível a subsunção do fato à norma.

No conseqüente ou tese da norma jurídica geral e abstrata teremos a relação jurídica, porém posta em termos abstratos, na qual o sujeito credor tem o direito de exigir do sujeito passivo o cumprimento de determinada obrigação. Dessa forma, o conseqüente da norma é composto pelo (*i*) critério pessoal, consistente nos sujeitos ativo e passivo e o (*ii*) critério quantitativo que reúne a base de cálculo e a alíquota.

Antecedente e conseqüente estão implicados por um modal deôntico, justamente o responsável por essa implicação. Assim sendo, no campo do direito tributário, dada a ocorrência do fato previsto no antecedente, no tempo e espaço nele também delimitado, deve ser (modal deôntico) que o sujeito passivo cumpra determinada obrigação, consistente em levar determinada quantia, estabelecida pelo produto da aplicação da alíquota à base de cálculo, aos cofres públicos.

Ressalvo que com esse raciocínio, não pretendo afirmar que ocorrendo tal fato previsto na norma incidirá o tributo de forma automática e infalível. Isso seria incoerente com a premissa que adotamos consistente na afirmação de que direito é linguagem. Portanto, para que haja a incidência do tributo, o fato previsto na norma geral e abstrata, quando ocorrido, deverá ser relatado em linguagem competente, servindo de fato jurídico ou antecedente da norma individual e concreta, que determinará em seu conseqüente, de forma específica os sujeitos da relação e o *quantum* devido.

Aplicando o raciocínio de que a norma jurídica é um juízo hipotético, uma construção da mente humana, onde antecedente e conseqüente estão implicados por um modal deôntico, e considerando ainda, o percurso do intérprete para a construção da norma jurídica, não posso considerar como correta a significação de base atribuída pelo legislador ao critério material da norma jurídica que impôs a incidência de ISS – Imposto Sobre Serviços, à atividade de cessão de licença de uso de programas de computador.

Fica claro que o legislador atribui outro sentido, outra interpretação a uma atividade consistente em obrigação de dar, caracterizando-a como obrigação de fazer, desconsiderando o uso comum atribuído ao vocábulo pelo Direito Civil Brasileiro.

Para tal afirmação é reservado capítulo próprio nesse trabalho, bastando aqui que sirva apenas como exemplo de não observância do uso comum dos vocábulos pelo intérprete da norma, o que resultará

23. *Estruturas Lógicas e o Sistema de Direito Positivo*, p. 106.

24. *Fundamentos Jurídicos de Incidência Tributária*, p. 86.

25. Idem, p. 26.

na construção de norma jurídica que adota critérios errôneos, tendo em vista que não se percorreu adequadamente o plano das significações dos enunciados prescritivos.

1.1.2 O contexto histórico

A segunda premissa que elegemos para o desenvolvimento deste trabalho consiste em destacar que o intérprete dos textos jurídicos está inserido na sua historicidade, que submete o ser humano a determinados pré-juízos e pré-valores que lhe servirão de limites objetivos.

Conforme essa premissa, o Direito é objeto cultural, posto que produzido pelo homem, e tem por meta prescrever condutas que servem para a realização de valores determinados historicamente.

1.2 O direito como objeto cultural e a realização de valores

O Direito pertence à categoria dos objetos culturais. Todo o objeto cultural é produzido pelo homem na tentativa de realizar valores, o que se faz pela transformação da natureza circundante, do meio em que se vive, composto não só pela natureza enquanto elemento físico, mas também pela sociedade.

O homem realiza o valor belo ao utilizar-se de elementos da natureza para construir uma obra de arte, ou ainda, realiza o valor segurança (jurídica) ao construir norma que leve em conta o uso comum dos vocábulos por dada comunidade jurídica em dado momento histórico, evitando assim a incerteza no tocante à regulação de determinado comportamento.

Portanto, nessa tentativa de transformação, o homem utiliza-se do Direito para determinar condutas intersubjetivas, criar regras de convívio e o faz de modo que, essa prescrição que dita comportamentos se dê no intuito de realizar determinados valores considerados como fundamentais por determinada sociedade.

Os valores expressam a ideologia dominante em dada época histórica. E, em função da historicidade na qual os valores são edificados, expressam o que determinado Estado quer realizar, bem como as expectativas dos seres humanos integrantes de determinada sociedade. Nesse sentido, são fundamentais para a existência de determinada sociedade porque permitem a aproximação do ser humano a um estado de realização, de satisfação de suas expectativas. Os valores são bens preciosos ao ser humano porque lhe permitem idealizar a felicidade.[26]

Como ser feliz sem a realização dos valores Justiça, Segurança ou Igualdade, por exemplo? Isso não é possível para o homem contemporâneo que busca realizações materiais. Portanto, Justiça, Segurança e Igualdade são valores que os sistemas jurídicos atuais pretendem realizar na maior medida possível,[27] para que em contrapartida, os desvalores Insegurança, Injustiça e Desigualdade não se manifestem no ambiente humano, ou melhor dizendo, se manifestem no menor grau possível.

Podemos, portanto, conceituar valores como "preferências por certos conteúdos de expectativa".[28] Porém, acrescentamos que essas expectativas de conteúdo são determinadas historicamente.

26. O valor para Paulo de Barros Carvalho é "não-indiferença (...). Valor é uma relação entre o agente do conhecimento e o objeto, tal que, o sujeito, movido por uma necessidade, não se comporta com indiferença, atribuindo-lhe qualidades positivas ou negativas" (*Teoria dos Valores*, texto inédito de propriedade intelectual do IBET – Instituto Brasileiro de Estudos Tributários).

27. Os valores nunca são realizados em sua plenitude porque são inexauríveis e incomensuráveis. Os valores possuem as seguintes características: bipolaridade (onde houver um valor haverá o desvalor), implicação, referibilidade, preferibilidade, incomensurabilidade, tendência à graduação hierárquica, objetividade, historicidade, inexauribilidade, atributividade, conforme preleciona Paulo de Barros Carvalho no texto inédito supracitado.

28. Paulo de Barros Carvalho, *Teoria dos Valores*, texto inédito supracitado.

No exemplo dado, o homem contemporâneo prefere a Justiça à Injustiça, Segurança à Insegurança, Igualdade à Desigualdade. Mas, qual o conteúdo dos valores Segurança, Igualdade e Justiça para o homem contemporâneo? Certamente não seria o mesmo do homem que viveu na Idade Média, por exemplo, onde a Justiça era a divina, que por sua vez era ditada pelas regras impostas pela Igreja Católica.

O conteúdo dos valores, e seu grau de importância, são determinados pela historicidade e ao Direito cabe a realização desses valores. Portanto, na premissa adotada, o conteúdo dos valores que se almeja realizar pode ser construído a partir da interpretação da Constituição da República de 1988, e, portanto, possuem um sentido implícito histórico prévio que se encontra em seu Preâmbulo e também nas significações dos vocábulos utilizados pela comunidade jurídica à época de sua promulgação.

Tathiane dos Santos Piscitelli classifica os valores em *valor-raiz* e *valores implícitos*.[29]

Acima dissemos que o antecedente (hipótese) e o conseqüente (tese) da norma jurídica estão implicados por um modal deôntico, de sorte que ocorrido os fatos previstos na hipótese da norma e, desde que, vertidos em linguagem competente deverá ser (modal deôntico) a conseqüência prevista na tese (conseqüente) da norma jurídica. O modal deôntico que une antecedente e conseqüente também recebe o nome de proposição interproposicional, porque une proposição-hipótese e proposição-tese numa relação de implicação e é neutro, não permitindo (P), obrigando (O) ou proibindo (V), qualquer conduta, mas apenas implicando hipótese em tese.

Porém, no conseqüente da norma jurídica, onde está localizada a relação jurídica, haverá um dos modais acima citados, ou seja, a alguém (sujeito passivo), será permitida (P), proibida (V) ou obrigatória (O), a prática de determinada conduta. E, justamente nesse modal, também chamado de preposição intraproposicional, que se encontra o valor-raiz da norma. Dessa forma, o Direito ao permitir, proibir ou obrigar comportamentos, realiza valores. Em conexão com a definição, de valores, anteriormente citada, como "preferências por certos conteúdos de expectativa", podemos afirmar que o legislador, representante do povo, traz para o sistema jurídico determinado valor, o qual tem a expectativa de ver realizado ao permitir, obrigar ou proibir dada conduta.

Há ainda o valor implícito à norma jurídica, que "é aquele que se infere não mediante análise simples e superficial do texto de direito positivo, mas sim através da interpretação da finalidade e objetivo da norma"[30] e que encontram-se retratados no Preâmbulo da Constituição da República de 1988.

No tema do artigo, ou seja, os limites à interpretação da tributação da atividade de licença de uso de programa de computador pelo ISS, houve a criação de norma geral que possibilita a realização de um valor-raiz, pela Lei Complementar n. 116/2003, ou seja, na circunstância de ser editada lei do Município ou do Distrito Federal que institui o ISS no âmbito do respectivo território será obrigatório (O) o recolhimento de determinado valor aos cofres públicos, em virtude da cessão de direito de uso de programas de computador.

Porém, não houve a realização do valor implícito *segurança jurídica*, que consta no Preâmbulo da Constituição da República, posto que houve a instituição de Imposto Sobre Serviço sobre atividade que não é serviço, ocorrendo ainda, um abuso, um alargamento da competência tributária. E, o valor segurança jurídica não foi realizado pelo fato de que o legislador utilizou-se de significação diversa para o vocábulo

29. Ob. cit., pp. 112 a 123.

30. Tathiane dos Santos Piscitelli, ob. cit., p. 115.

"serviço", daquela utilizada anteriormente pelo legislador constituinte ao determinar as competências tributárias.

Mencionamos acima, que ao instituir ISS – Imposto Sobre Serviços sobre atividade que não é serviço, como é o caso da licença de uso de programas de computador, o legislador alargou a competência tributária dos Municípios. Temos aqui a violação a um princípio, mais precisamente ao princípio do pacto federativo, posto que essa atividade poderia ser tributada pela União, que possui a competência residual para instituir tributos (art. 154 da Constituição Federal). Nesse sentido, a norma jurídica em comento padece de inconstitucionalidade.

E, por sua vez, os princípios são regra de forte hierarquia. São postos no sistema para a realização de valores e dada sua importância, são limites objetivos à interpretação do Direito posto. Conforme Paulo de Barros Carvalho: "Os princípios de direito tributário, por seu turno, geralmente se expressam como 'limites objetivos', postos como sobre-regras que exteriorizam os valores estipulados no ordenamento jurídico".[31] Portanto, em nenhuma hipótese poderá ser admitida a significação dada pelo legislador à expressão "licença de uso" como correspondente a um serviço, posto que, além de estar em dissonância com o uso da expressão pela comunidade jurídica à época da promulgação da Constituição da República de 1988 e mesmo durante sua vigência, extrapola limites objetivos que são os princípios.

1.2.1 A historicidade e a interpretação do direito

Tanto o Direito como a consciência do intérprete do Direito, são construídos pela historicidade.

Determinado ordenamento jurídico assim o é como tal, em virtude da história na qual está inserido. Assim sendo, em virtude de determinantes históricas existentes no período posterior à Segunda Guerra Mundial, vários países admitiram legislação que tornasse possível o Estado de Bem-Estar Social.

Sob a ótica do intérprete, seus pré-conceitos e pré-valores, ou em outras palavras, sua expectativa de conteúdos de significação, também são determinados pela sua consciência histórica, de modo que ao interpretar o texto bruto do direito, o exegeta o faz com um prévio sentido que deseja realizar. Portanto, o juiz ao interpretar o Direito para a sua aplicação, o faz baseado em pré-valores que se encontram em sua consciência e são determinados historicamente. "O aplicador do direito ao decidir aplicar a norma 'n' ao caso concreto 'x', reflete toda a história em que se encontra inserido e a qual não pode negar".[32]

Porém, essa historicidade que determina as expectativas de conteúdo, deve ser a do contexto, que parte de uma noção de valores sedimentados e não de subcontextos. Caso assim não fosse, qualquer interpretação casuística seria admissível.

Explicando melhor, quando me refiro à noção de valores sedimentados, o que quero dizer é que em dado momento histórico, determinada sociedade elege, reconhece valores que almeja ver realizados, conferindo-lhe grau de importância superior. Esses valores são trazidos para o ordenamento jurídico, para que no ato da exegese, o intérprete os realize ao aplicar o Direito.

Assim sendo, o exegeta para construir corretamente o sentido da norma, deverá realizar os valores e juízos que edificaram a Constituição da República de 1988. Necessitará avaliar se a norma construída está numa relação de subordinação e coordenação com as demais normas do sistema jurídico. Em suma, necessitará contextualizar a norma criada.

31. Paulo de Barros Carvalho em texto inédito denominado *Teoria dos Valores*, cit.

32. Tathiane dos Santos Piscitelli, ob. cit., p. 101.

Explicadas as premissas adotadas para esse trabalho, estamos prontos para abordar a tributação das licenças de uso de programas de computador e responder ao problema apontado acima, qual seja, seria correto, à luz da Constituição da República de 1988, do art. 110 do Código Tributário Nacional e do Direito Civil Brasileiro, o entendimento de que licença de uso pode ser considerada uma obrigação de fazer e, por conseguinte, um serviço?

Dizendo de outra forma, seria possível adotar significação ao critério material da norma geral e abstrata que institui a tributação de serviços, de forma diversa do uso comum utilizado pela comunidade jurídica, sem ferir os valores retratados na Constituição Federal de 1988?

2. A Lei Complementar n. 116 e a licença de uso de programas de computador

A Constituição da República de 1988, determina a competência tributária de cada ente da Federação, havendo sido delegado aos Municípios a competência a instituir tributos sobre serviços de qualquer natureza, definidos em Lei Complementar.[33]

As leis complementares, previstas no art. 146 da Constituição Federal, por possuírem caráter nacional, introduzem normas gerais no ordenamento que se aplicam a todas as pessoas políticas da Federação.

À lei complementar de natureza tributária, compete, portanto, delimitar o critério material dos tributos, ou seja, definir sobre quais atividades determinado tributo poderá incidir, respeitando por óbvio as competências tributárias previamente definidas na Constituição Federal. Porém, a Lei Complementar n. 116/2003, introduziu em nosso sistema, critério material a ser adotado pelos Municípios nas legislações relativas ao ISS – Imposto Sobre Serviços, não compatível com a atividade de prestação de serviços.

2.1 Conceito de prestação de serviços sujeitos ao ISS

Dissemos tratar a norma jurídica geral e abstrata de uma construção do intérprete, na qual um antecedente implica deonticamente em um conseqüente. Também afirmamos que a norma jurídica possui critérios que constituem seu antecedente, bem como seu conseqüente.

Dentre esses critérios, no antecedente das normas gerais e abstratas de natureza tributária, temos o critério material, que prevê comportamentos, condutas humanas, consideradas pelo legislador como economicamente relevantes. Ocorridos esses comportamentos em determinado espaço (critério espacial), em certo tempo (critério temporal) e vertidos em linguagem competente, implicam que determinada obrigação se instaure entre os sujeitos (critério pessoal), no conseqüente da referida norma, de acordo com os valores estipulados pelo produto da aplicação da alíquota na base de cálculo (critério quantitativo).

Pois bem. O critério material adotado pela norma geral e abstrata que determina a incidência de ISS – Imposto Sobre Serviços deve corresponder, pela lógica sintática, a uma prestação de serviço.

A Constituição da República de 1988 determinou previamente, qual deverá ser o critério material da norma geral e abstrata que institui o ISS – Imposto Sobre Serviços, no art. 155, III, ao estabelecer aos Municípios a competência para instituir tributos, sobre *serviços de qualquer natureza, definidos em Lei Complementar*, não compreendidos no art. 155, II, que, por sua vez, é critério material para incidência de outro imposto, ou seja, o ICMS.

Ao investigarmos as significações possíveis para a expressão *serviços de qualquer natureza*, adotada pelo legislador constituinte, verificamos que nela não se

33. Diz o texto constitucional: "Art. 156. Compete aos Municípios instituir impostos sobre (...); III – Serviços de qualquer natureza, não compreendidos no art. 155, II, definidos em lei complementar".

incluem: (*i*) serviços prestados mediante vínculo empregatício, posto que possuem tais serviços regulação específica em nosso ordenamento jurídico pelo direito do trabalho; (*ii*) trabalho despido de conteúdo econômico, realizado para si próprio ou para terceiros; (*iii*) serviço público, sendo este abrangido pela imunidade (art. 150, IV, *a*, da Constituição Federal).

Para averiguarmos as significações possíveis para a expressão *serviços de qualquer natureza* utilizada pelo legislador constituinte, temos que iniciar a trajetória pelo direito privado, conforme o disposto no art. 110 do Código Tributário Nacional.[34]

O Direito Civil Brasileiro distingue obrigação de fazer e obrigações de dar. A obrigação de fazer implica em prestar-se um serviço inexistente em benefício do credor, distinguindo-se da obrigação de dar, que implica na entrega de um bem já existente. Washington de Barros Monteiro, assim distingue as obrigações de dar das obrigações de fazer: "Assim, se o devedor tem de dar ou entregar alguma coisa, não tendo, porém, de fazê-la previamente, a obrigação é de dar; todavia, se, primeiramente, tem ele de confeccionar a coisa para depois entregá-la, se tem ele de realizar algum ato, do qual será mero corolário o de dar, tecnicamente a obrigação é de fazer".[35]

Nesse sentido, também distingue Clóvis Bevilaqua, as obrigações de dar das obrigações de fazer, considerando que a primeira "consiste na entrega de uma coisa móvel ou imóvel, para a constituição de um direito real (venda, doação, etc.), *a concessão de uso* (empréstimo, locação), ou a restituição ao dono. Já as 'de fazer', conquanto se definam em geral de modo negativo, são todas as prestações que não se compreendem entre as de dar, tendo, na verdade, por objeto um ou mais atos, ou fatos do devedor, como trabalhos materiais ou intelectuais".[36]

Além disso, na obrigação de fazer, a pessoa do prestador (devedor do serviço na relação jurídica) toma relevo não existente nas obrigações de dar, "a personalidade do obrigado assume quase sempre especial significação".[37]

Desta forma, podemos concluir que "a prestação de serviços sujeita ao ISS é aquela que é fruto de um negócio jurídico oneroso, realizado sob o regime de Direito Privado e sem vínculo trabalhista, caracterizada como uma obrigação de fazer".[38]

2.2 Licença de uso de programa de computador não é serviço

O legislador ao elaborar a Lista de Serviços da Lei Complementar n. 116/2003, inclui na categoria de serviços tributáveis a licença de uso de *softwares*. Assim sendo, construiu norma jurídica geral e abstrata que instituiu a incidência de ISS sobre a atividade de licença de uso, que não é expressão que possui significação de serviço em nosso ordenamento jurídico.

O ordenamento jurídico brasileiro define os programas de computador como obra intelectual, como uma linguagem res-

34. Diz o texto legal: "A lei tributária não pode alterar a definição, o conteúdo e o alcance dos institutos, conceitos e formas de direito privado, utilizados expressa ou implicitamente, pela Constituição Federal, pelas Constituições dos Estados, ou pelas Leis Orgânicas do Distrito Federal ou dos Municípios, para definir ou limitar competências tributárias".

35. Washington de Barros Monteiro, *Curso de Direito Civil*, 4º v., p. 87.

36. *Código Civil Comentado*, Rio de Janeiro, Francisco Alves, 1943, v. IV, art. 863, conforme citado por Fabiana Del Padre Tomé em Parecer sobre o tema formulado para a empresa *Industrial and Financial Systems do Brasil*. Os grifos são da autora do Parecer.

37. Washington de Barros Monteiro, *Curso de Direito Civil*, 4º v., p. 87.

38. Suzy Gomes Hoffmann, "O Imposto Sobre Serviços de Qualquer Natureza", in *Curso de Especialização em Direito Tributário. Estudos Analíticos em Homenagem a Paulo de Barros Carvalho*, p. 511.

ponsável para que os equipamentos funcionem de acordo com as expectativas. Dessa forma o art. 1º da Lei n. 9.609/1998, considera que: "Programa de computador é a expressão de um conjunto organizado de instruções em linguagem natural ou codificada, contida em suporte físico de qualquer natureza, de emprego necessário em máquinas automáticas de tratamento da informação, dispositivos, instrumentos ou equipamentos periféricos, baseados em técnica digital ou análoga, para fazê-los funcionar de modo e para fins determinados".

Como idéia, obra intelectual, o *software* está protegido pelo regime de proteção aos direitos autorais conferidos às obras literárias,[39] sendo que esta proteção está expressamente consignada no art. 7º da Lei n. 9.610/1998 (Lei de Direitos Autorais), que dispõe que "São obras intelectuais protegidas as criações do espírito, expressas por qualquer meio ou fixadas em qualquer suporte, tangível ou intangível, conhecido ou que se invente no futuro, tais como: (...); XII – os programas de computador".

Portanto, fixamos o entendimento presente em nosso ordenamento jurídico, de que programa de computador é uma obra intelectual, protegida pelos direitos autorais, tratando-se de linguagem utilizadas por máquinas no tratamento da informação. "Pode ser compreendido como um conjunto de instruções e operações segundo as quais um computador transforma dados em informação".[40]

Para o bom entendimento do tema, pontuamos que a obra intelectual consistente do programa de computador é (*i*) infungível, tratando-se de obra intelectual específica que não pode ser substituída por outro da mesma espécie, quantidade e qualidade. Poderão existir *softwares* para a mesma aplicação, mas tratando-se de programas diferentes; (*ii*) inconsumível, ou seja, seu uso não implica em sua destruição; (*iii*) indivisível, tratando-se de obra intelectual, seria impossível a sua divisibilidade sem que se comprometa seu conteúdo e sua funcionalidade; (*iv*) singular, pois ainda que reunidos se consideram individualmente; (*v*) principal, existindo por si só, independente da máquina que o execute; (*vi*) abstrato, compreende idéias e instruções, que independentemente de armazenadas em suporte físico não tem existência física em si; e (*vii*) bem móvel, podendo ser transportado de um lugar para outro sem deterioração.[41]

Em linhas gerais, ao firmar um contrato de licença de uso, o detentor dos direitos autorais do programa de computador, ou quem possua legitimidade para fazê-lo, por força de contrato de distribuição, autoriza o uso da obra intelectual, em caráter definitivo ou temporário mediante determinada remuneração. Portanto, trata-se de obrigação de dar, conforme Ferdinando Aires Barreto, ao dizer que: "Ensinam os civilistas que as obrigações positivas subdividem-se em prestações de coisas e prestações de fatos. As prestações de coisas consistem na entrega de um bem (obrigação de dar), enquanto as prestações de fatos consistem em atividades do devedor (obrigações de fazer ou de não fazer). Protótipo de prestação de coisas são os contratos de locação (obrigação de dar). *As obrigações de dar têm por objeto a entrega de uma coisa ao credor, para que este adquira sobre a coisa um direito, enquanto 'as obrigações de fazer têm por direito um ou mais atos do devedor, quaisquer atos, de que fora parte a entrega de uma coisa*'".[42]

39. O art. 2º da Lei n. 9.609/1998 tem a seguinte redação: "o regime de proteção à propriedade intelectual de programa de computador é o conferido às obras literárias pela legislação de direitos autorais e conexos vigentes no país".

40. Renato Lacerda de Lima Gonçalves, *A Tributação do Software no Brasil*, p. 52.

41. Idem, pp. 77 e 78.

42. Citação feita por Renato Lacerda de Lima Gonçalves na p. 89 da obra citada, referindo-se a trecho da obra denominada *Grandes Questões Atuais de Direito Tributário*, 5º v., "ISS, PIS e COFINS não incidem sobre Locação de Bens Móveis", São Paulo, Dialética, 2001, p. 12. Texto de Ferdinando Aires Barreto.

Logo a atividade de cessão de direito de uso de um programa de computador é o mesmo que dar a autorização para um direito de uso sobre uma obra intelectual, caracterizando-se como obrigação de dar.

Portanto, o legislador ao editar a Lei Complementar n. 116/2003, norma geral e abstrata que institui critérios para a cobrança de ISS – Imposto Sobre Serviços na atividade de licença de uso de programa de computador, tributa atividade que não constitui uma obrigação de fazer e sim obrigação de dar.

Por outras palavras utiliza-se como critério material de norma que institui critérios gerais para a tributação de serviços, uma atividade que não se constitui como serviço, interpretando a expressão licença de uso de forma contrária ao uso comum da expressão, que foi retratado na Lei de Proteção de Propriedade Intelectual do *Software* (Lei n. 9.609/1998) e na Lei de Direitos Autorais (Lei n. 9.610/1998).

Apesar de não ser objeto deste trabalho, esclareço que há outras atividades ligadas aos programas de computador, que não o licenciamento de uso do programa que se caracterizam como obrigação de fazer e, portanto, podem integrar o critério material de norma jurídica tributária que determina a incidência do ISS, a exemplo das atividades de implementação, customização (adaptação dos programas) e desenvolvimento de *software* por encomenda.

A incidência ou não de qualquer tributo, também deve ser apurada em função de sua materialidade, do núcleo do conceito mencionado na atividade normativa. E essa materialidade, segundo o próprio ordenamento, não poderá ter significação diversa da definição, conteúdo e alcance dos institutos de direito privado.

2.3 O art. 110 do Código Tributário Nacional

No nosso ordenamento jurídico, a utilização da expressão "licença de uso", incluindo no rol de possibilidades, as licenças de uso de programas de computador, remete a uma significação de obrigação de dar e não de obrigação de fazer, caracterizadora de serviços.

Também estabelecemos como premissa desse artigo que um dos limites à interpretação da norma é justamente a significação usual do vocábulo ou expressão. Mas do que consistiria, para fins desse trabalho, a "significação usual do vocábulo ou expressão"?

Justamente, seriam as definições, conceitos e formas adotadas no direito privado, utilizados expressa ou implicitamente pela Constituição Federal para aquele vocábulo ou expressão, utilizados na construção da norma.[43] O legislador constituinte ao estabelecer as competências tributárias, concedeu aos Municípios a possibilidade de instituir tributo sobre serviços de qualquer natureza, excetuando-se o disposto no art. 155, II (ICMS), definidos em Lei Complementar.

Portanto, somente poderá constar do critério material da norma jurídica que institui o imposto sobre serviços, atividades caracterizadoras de serviços, cuja significação usual se encontra no campo do Direito Civil.

Neste ponto, convém esclarecer que não se pretende subverter a hierarquia do sistema, colocando em posição de superioridade legislação infraconstitucional, mas sim, ao contrário, trata-se de manter a própria hierarquia jurídica do sistema.

Melhor dizendo, o próprio constituinte adotou as significações do Direito Privado para repartir as competências tributárias e manter essas significações na construção das normas jurídicas, implica em observar a Constituição e não colocá-la em posição de inferioridade. Portanto, salvo se a Constituição da República introduzir nova significação ao conceito de Direito Positivo, somente nessa hipótese, não se deve

43. Tathiane dos Santos Piscitelli, ob. cit., pp. 89 e ss.

obedecer às significações usualmente adotadas pelo Direito Privado.

Conforme leciona Tathiane dos Santos Piscitelli: "Os conceitos e institutos de direito privado utilizados pela Constituição da República para determinar a competência tributária dos entes da Federação (ex.: renda, propriedade, importação, mercadoria, operação financeira, etc.) terão, portanto, o mesmo significado que possuem no direito privado, salvo expressa determinação constitucional em sentido contrário. Caso o texto constitucional não diga, inequivocadamente, que o conceito de 'renda' compreende 'patrimônio', ou, ainda, que por 'circulação' deve-se entender a simples saída física de bens, sem negócio jurídico que a albergue, não poderá a legislação infraconstitucional ou, pior ainda, o aplicador do direito, entender de forma diversa e, assim, negar o uso habitual da expressão na seara do direito privado".[44]

Portanto, o legislador que adotou a significação de licença de uso como serviço, agiu de forma a não considerar a significação de serviço usualmente utilizada pelo direito privado e adotada pelo legislador constituinte ao repartir as competências tributárias.

3. Conclusão

A partir das premissas adotadas por esse artigo, sendo elas em linha gerais: (*i*) O Direito é linguagem prescritiva de condutas, e, por ser linguagem tem seu sentido construído pelo intérprete a partir do texto de Direito Positivo. (*ii*) Portanto, um dos limites que esse intérprete deverá observar, ao desenvolver seu mister de construir o sentido do texto, ao produzir a norma jurídica, unidade com sentido completo que prescreve condutas, é dado pelo uso comum dos vocábulos em determinada comunidade jurídica. O uso comum dos vocábulos é limitado pela historicidade refletida na Constituição da República de 1988, posto que o intérprete deverá usar as mesmas significações adotadas pelo legislador constituinte por ocasião da promulgação da Constituição.

Também afirmamos ser o Direito um bem cultural, e como todos dessa espécie, são criados pelos homens para realizar valores. O direito ao cumprir sua função de regular comportamentos, realiza valores, que como definido acima são "preferências por certos conteúdos de expectativa".

A Lei Complementar n. 116/2003, ao introduzir no sistema lista de serviços passíveis de tributação pelo ISS – Imposto Sobre Serviços, inclui em seu rol, a atividade de licença de uso de programas de computador, que de acordo com nosso ordenamento jurídico não é obrigação de fazer, caracterizadora da prestação de serviços, mas sim obrigação de dar.

Dessa maneira, o legislador autorizou que o Distrito Federal e os Municípios criem normas jurídicas tributárias, no exercício de sua competência, com o objetivo de fazer incidir o ISS – Imposto Sobre Serviços, mas que adota critério material ilógico para a implicação pretendida. Assim sendo, utiliza-se de uma obrigação de dar (cessão de direito de uso), para tributar como se fosse obrigação de fazer caracterizadora de serviço.

Portanto, ao adotar significação diversa do uso comum das expressões "serviços" e "licença de uso", tendo como referência o momento histórico da promulgação e vigência da Constituição Federal de 1988, o direito não realiza os valores implícitos nas normas jurídicas e, introduzidos em nosso sistema, pelo Preâmbulo da Constituição, com destaque para o valor *segurança jurídica*, ficando claro, que o legislador construiu a norma sem o rigor técnico necessário, ou ainda, movido por outros interesses, talvez arrecadatórios, aceitando como jurídico o "pré-jurídico".

Nesse sentido a lição de Alfredo Augusto Becker: "O maior equívoco do Direito Tributário é a contaminação entre princípios e conceitos jurídicos e princí-

44. Ob. cit., p. 91.

pios e conceitos pré-jurídicos (econômicos, financeiros, políticos, sociais e etc.). Esta contaminação prostitui a atitude mental jurídica, fazendo com que o juiz, a autoridade pública, o jurista, o advogado e o contribuinte desenvolvam (sem disto se aperceberem) um raciocínio pseudo-jurídico. Deste raciocínio pseudo-jurídico resulta, fatalmente, a conclusão invertebrada e de borracha que se molda e adapta ao caso concreto segundo o critério pessoal (arbítrio) do intérprete do direito positivo".[45]

Ressalve-se ainda, que a Lei n. Complementar n. 116/2003, que institui a tributação pelo ISS – Imposto Sobre Serviços, das licenças de uso de programa de computador, alarga a competência constitucional tributária dos entes da Federação, de forma a invadir a competência residual da União, conforme art. 154 da Constituição da República. Ao fazê-lo, viola o princípio do pacto federativo, o que acarreta na transposição de limite objetivo à interpretação, conforme abordado neste artigo, sendo nesse sentido inconstitucional.

Por todos esses motivos, respondendo ao problema colocado na introdução deste artigo, não considero correto à luz da Constituição da República de 1988, do art. 110 do Código Tributário Nacional e do Direito Civil Brasileiro, o entendimento de que a "expressão licença de uso" signifique obrigação de fazer correspondente a um serviço, mas sim uma obrigação de dar e, portanto, não poderia integrar o critério material de norma jurídica que prescreve a possibilidade de criação por parte do Distrito Federal e Municípios do ISS – Imposto Sobre Serviços.

Portanto, considero errônea, inapropriada e inconstitucional a norma geral e abstrata constante da Lei Complementar n. 116/2003, que inclui no rol de serviços tributáveis pelo ISS – Imposto Sobre Serviços, a cessão de licença de uso de programas de computador, podendo e devendo ser questionada junto ao Poder Judiciário, para a preservação de nosso sistema de direito positivo.

45. Trecho da obra *Teoria Geral do Direito Tributário*, p. 39, citado por Renato Lacerda de Lima Gonçalves, na ob. cit., pp. 73 e 74.

4. Bibliografia

CARVALHO, Paulo de Barros. *Direito Tributário. Fundamentos Jurídicos da Incidência.* São Paulo, Saraiva, 2004.

______. *Curso de Direito Tributário.* São Paulo, Saraiva, 2004.

______. *Sobre o Método da Ciência do Direito.* Texto inédito de propriedade intelectual do IBET – Instituto Brasileiro de Estudos Tributários, São Paulo, 2007.

______. *Interpretação das Normas Jurídicas.* Texto inédito de propriedade intelectual do IBET – Instituto Brasileiro de Estudos Tributários, São Paulo, 2007.

______. *Teoria dos Valores.* Texto inédito de propriedade intelectual do IBET – Instituto Brasileiro de Estudos Tributários, São Paulo, 2007.

GONÇALVES, Renato Lacerda de Lima. *A Tributação do Software no Brasil.* São Paulo, Quartier Latin, 2005.

HOFFMANN, Suzy Gomes. *O Imposto Sobre Serviços de Qualquer Natureza*, Capítulo IX do *Curso de Especialização em Direito Tributário. Estudos Analíticos em Homenagem a Paulo de Barros Carvalho.* Rio de Janeiro, Forense, 2005.

KELSEN, Hans. *Teoria Pura do Direito.* Trad. João Baptista Machado. São Paulo, Martins Fontes, 2006.

MONTEIRO, Washington de Barros. *Curso de Direito Civil.* 4º v., São Paulo, Saraiva, 1991.

OLIVEIRA, Manfredo Araújo de. *Reviravolta Lingüístico-Pragmática na Filosofia Contemporânea.* São Paulo, Loyola, 2006.

PISCITELLI, Tathiane dos Santos. *Os Limites à Interpretação das Normas Tributárias.* São Paulo, Quartier Latin, 2007.

TOMÉ, Fabiana Del Padre. Parecer jurídico fornecido à empresa IFS – *Industrial and Financial Systems do Brasil*, dez./2006.

______. *A Prova no Direito Tributário.* São Paulo, Noeses, 2005.

VILANOVA, Lourival. *Estruturas Lógicas e o Sistema de Direito Positivo.* São Paulo, Noeses, 2005.

GRÁFICA PAYM
Tel. (011) 4392-3344
paym@terra.com.br

RDT 102

CADERNOS DE DIREITO TRIBUTÁRIO: TENDENZE DELLA FISCALITÀ NELL'UNIONE EUROPEA – VICTOR UCKMAR • SEGURANÇA JURÍDICA E MODULAÇÃO DOS EFEITOS – PAULO DE BARROS CARVALHO • COMPETÊNCIA TRIBUTÁRIA E A SUA ESTRUTURA NORMATIVA – TÁCIO LACERDA GAMA • GUERRA FISCAL NO ICMS – BENEFÍCIOS FISCAIS *X* BENEFÍCIOS NÃO FISCAIS – ARGOS CAMPOS RIBEIRO SIMÕES • AS SÚMULAS DOS TRIBUNAIS ADMINISTRATIVOS E OS LIMITES DE SUA OBRIGATORIEDADE POR SEUS ÓRGÃOS JULGADORES – FERNANDO L. LOBO D'EÇA • LA RIVALUTAZIONE DI AREE E PARTECIPAZIONI SOCIETARIE – RICCARDO CASADEI • TRIBUTAÇÃO SOBRE A PRESTAÇÃO DE SERVIÇOS INTELECTUAIS – JULIO CESAR PEREIRA • SINTAXE DA DECADÊNCIA E PRESCRIÇÃO – CÁSSIO VIEIRA PEREIRA DOS SANTOS • APLICAÇÃO DOS PRINCÍPIOS DA LEGALIDADE E DA TIPICIDADE AO INSTITUTO DO PLANEJAMENTO TRIBUTÁRIO – JULIANA FERREIRA PINTO ROCHA • ***ESTUDOS E COMENTÁRIOS***: DESVIO DE FINALIDADE DAS CONTRIBUIÇÕES DE INTERVENÇÃO NO DOMÍNIO ECONÔMICO – DANIEL MONTEIRO PEIXOTO • ICMS-COMUNICAÇÃO: DA EFETIVA PRESTAÇÃO DE SERVIÇOS *VERSUS* EFETIVA COMUNICAÇÃO – RUBYA FLORIANI DOS ANJOS • AS VICISSITUDES DO CRÉDITO PREVIDENCIÁRIO EM FACE DAS OBRIGAÇÕES ACESSÓRIAS – CARLOS VALDER DO NASCIMENTO • APLICAÇÃO DO ART. 27 DA LEI N. 9.868/1999 NO CONTROLE DIFUSO DE CONSTITUCIONALIDADE – VANESSA VILELA BERBEL • APONTAMENTOS SOBRE PRINCÍPIOS INTERNACIONAIS TRIBUTÁRIOS – FLÁVIA CAVALCANTI • NÃO-CUMULATIVIDADE DO ICMS: DIMENSÃO NORMATIVA E EFICÁCIA – ANDERSON TRAUTMANN CARDOSO • BASE DE CÁLCULO DA COFINS NO REGIME CUMULATIVO, EM FACE DA DECLARAÇÃO DE INCONSTITUCIONALIDADE DA LEI N. 9.718/1998 PELO STF E DA LEI N. 10.833/2003 – MANUELA BALAROTTI ALHO DA SILVA • O ISS – IMPOSTO SOBRE SERVIÇOS E A CESSÃO DE LICENÇA DE USO DE *SOFTWARE* – ROSANA OLEINIK PASINATO

MALHEIROS EDITORES